D. Quinn Mills
Die neuen Chefs

D. QUINN MILLS
Professor an der Harvard Business School

DIE NEUEN CHEFS

ERFOLGSSTRATEGIEN DER MANAGER VON MORGEN

ZWEITE AUFLAGE

Springer Fachmedien Wiesbaden GmbH

CIP-Titelaufnahme der Deutschen Bibliothek

Mills, Daniel Quinn:
Die neuen Chefs : Erfolgsstrategien der Manager von
morgen / D. Quinn Mills. [Aus d. Amerik. von Ingrid
Hyland]. – 2. Aufl. – Frankfurt (Main) : Frankfurter
Allg. Zeitung ; Wiesbaden : Gabler, 1989
Einheitssacht.: The new competitors <dt.>

Aus dem Amerikanischen übersetzt von Ingrid Hyland

1. Auflage 1988
2. Auflage 1989

Authorized translation from English language edition published by John Wiley & Sons, Inc.

© Springer Fachmedien Wiesbaden
Ursprünglich erschienen bei Betriebswirtschaftlicher Verlag Dr. Th.
Gabler GmbH, Wiesbaden 1989
Softcover reprint of the hardcover 2nd edition 1989

Das Werk einschließlich aller seiner Teile ist urheberrechtlich geschützt.
Jede Verwertung außerhalb der engen Grenzen des Urheberrechtsgesetzes
ist ohne Zustimmung des Verlages unzulässig und strafbar. Das gilt insbesondere für Vervielfältigungen, Übersetzungen, Mikroverfilmungen und
die Einspeisung und Verarbeitung in elektronischen Systemen.

ISBN 978-3-322-84761-4   ISBN 978-3-322-84760-7 (eBook)
DOI 10.1007/978-3-322-84760-7

Zum ersten Mal erscheint in der von der Frankfurter Allgemeinen Zeitung und dem Gabler Verlag gemeinsam herausgegebenen Buchreihe ein amerikanischer Titel.

Kann das Management hierzulande wirklich aus den amerikanischen Erfahrungen lernen, um im Wettbewerb von morgen, der an Härte zweifellos zunehmen wird, zu überleben oder sogar zu gewinnen?

Diese Frage kann im Falle des vorliegenden Buchs nur mit „ja" beantwortet werden. Was D. Quinn Mills hier an Ergebnissen, Erfahrungen und Erkenntnissen ausbreitet, ist so zukunftsweisend, daß es den Unternehmern, Managern und Nachwuchsführungskräften im deutschsprachigen Raum nicht vorenthalten werden darf. Der Autor – Professor an der Harvard Business School und Wirtschaftsberater im Auftrag des amerikanischen Präsidenten – ist nicht nur ein exzellenter Schreiber, er ist auch selbstbewußt genug, um gängige Prinzipien der Unternehmensführung in Frage zu stellen und neue, erfolgversprechende Lösungen anzubieten. Seine klaren Rezepte sind auf die europäischen Verhältnisse durchaus übertragbar. Darüber hinaus ist es für deutsche und europäische Unternehmen wichtig, sich rechtzeitig auf die amerikanischen Zukunftsstrategien einzustellen.

Die deutsche Ausgabe ist eine leicht gekürzte Version des amerikanischen Originals. Im Hinblick auf die Informationsbedürfnisse des deutschsprachigen Lesers sind zwei Kapitel, die sich mit der Rolle der amerikanischen Gewerkschaften befassen, entfallen.

Vorwort

Vorwort zur zweiten deutschsprachigen Auflage

Was Mitte der achtziger Jahre schon deutlich wurde, ist heute erst recht augenfällig. Das Tempo, mit dem sich das wirtschaftliche Geschehen wandelt, wird immer schneller. Im Jahre 1989 haben die europäischen Unternehmen begonnen, die Herausforderungen anzunehmen, die ihnen der geplante europäische Binnenmarkt, das neue Verhältnis zur Sowjetunion, ein schwacher Dollar und der technologische Fortschritt stellen. In diesem herausfordernden Umfeld sind die Themen meines Buches noch brisanter geworden. Denn folgende Faktoren sind nicht zu übersehen:

- Zwar wurde die Generation, die jetzt in Spitzenpositionen aufsteigt, erst nach dem Zweiten Weltkrieg geboren. Trotzdem sind deren Vorstellungen über die Arbeitsweise eines Unternehmens oft schon veraltet.
- Der Wettbewerb zwischen den Unternehmen verschärft sich weiter, so daß eine wettbewerbsorientierte Zielsetzung für die ganze Belegschaft eines Unternehmens von größerer Bedeutung ist denn je. Je komplexer die Geschäftswelt wird, desto mehr steigen die Risiken aufgrund unzulänglicher Kommunikation.
- Das Thema „Arbeitslosigkeit" bleibt in Europa aktuell, und die Angst vor einem weiteren Ansteigen der Arbeitslosigkeit als Folge des europäischen Binnenmarkts kann bewirken, daß dem erforderlichen Wandel in den Unternehmen erheblicher Widerstand entgegengesetzt wird.
- Die Notwendigkeit, unter den Mitarbeitern besondere Talente zu entdecken, zu fördern und zu halten, war niemals größer als heute. Die Zukunft gehört den Unternehmen, die die kreativsten und kompetentesten Mitarbeiter an sich binden können.
- Wenn Unternehmen sich verkleinern müssen und deshalb Managementpositionen abbauen, gewinnen jene, die das operative Geschäft besorgen, an Einfluß und müssen dann in der Lage sein, auch die komplexeren Aufgaben zu bewältigen.

Vorwort

- Der Preiskampf fordert, daß alle Bereiche eines Unternehmens soviel wie möglich zur Wertschöpfung beitragen.
- Eine effiziente Führung ist notwendiger denn je. Phantasie und Ideenreichtum sind erforderlich, um ein Unternehmen erfolgreich zu positionieren und seine Mitarbeiter zu Spitzenleistungen zu motivieren.

Diesen neuen Herausforderungen müssen wir uns stellen. Gerade der Blick auf 1992 macht mein Buch DIE NEUEN CHEFS zur notwendigen Lektüre.

Harvard University, im Mai 1989 *D. Quinn Mills*

Vorwort der Originalausgabe

Heute ist Status quo gleichbedeutend mit ständigem Wandel. Dennoch stellen sich manche Unternehmen der sich rasch verändernden Wirklichkeit nur widerstrebend. Viele Manager glauben, sie könnten die notwendigen Veränderungen dadurch bewirken, daß sie die Unternehmensstruktur reorganisieren, aber in Wirklichkeit wenden sie damit nur weiterhin die alten Methoden in einer neuen Umwelt an. Dieses Buch will neue Denkanstöße zum Thema Management geben. Diese neuen Ansätze sind für die Unternehmen und vor allem für die Manager überlebenswichtig. Auf allen Organisationsebenen, bei hochqualifizierten Spezialisten, gewerkschaftlich organisierten Arbeitern oder bei den gewerblichen Arbeitnehmern sind Veränderungen erforderlich: Sie betreffen jeden – vom Vorstandsvorsitzenden bis zu den Arbeitern in den Werkshallen.

DIE NEUEN CHEFS ist zum einen eine Bestandsaufnahme des amerikanischen Managements, wie es sich heute präsentiert. Zum anderen gibt dieses Buch allen Managern Anregungen, was sie tun können, um ihre eigene Leistung und die ihrer Unternehmen zu verbessern. Beim Schreiben dieses Buches konnte ich mich auf mehrere Informationsquellen stützen. Eine wichtige Quelle ist die Erfahrung, die ich als Consultant und Management-Dozent sammeln konnte. In dieser Eigenschaft bin ich Tausenden von Managern begegnet, die mein Denken geprägt haben. Ich habe von ihnen ebensoviel gelernt wie sie von mir.

Die zweite Grundlage ist die Feldforschung, die in Zusammenarbeit mit der Harvard Business School durchgeführt wurde und sich in Fallbeispielen niederschlägt, die dort gelehrt werden. Diese Fälle bieten ein reichhaltiges Material, das aus der Wirklichkeit der Unternehmen stammt. Hinzu kam Material aus Gesprächen und Interviews, die ich im Laufe der Jahre mit Führungskräften geführt habe. Auf diese Weise ist es mir vielleicht ein wenig gelungen, die Spannung einzufangen, die der Fallbearbeiter bei seinen Nachforschungen erlebt haben muß, und die Managergruppen empfinden, wenn sie einen Fall diskutieren. Ich habe auch versucht, im Leser einen gewissen Entdeckergeist zu wecken. Alle Personen und Unternehmen sind echt. Bei manchen wurde jedoch aus naheliegenden Gründen der Name geändert.

Die dritte wichtige Materialquelle ist eine Reihe von Interviews, die für dieses Buch mit Führungskräften aus vielen Unternehmen durchgeführt wurden. Mehr als 400 Führungskräfte in über 300 Firmen wurden von LDG Associates Inc. of Gardner, Massachusetts interviewt.

Zu den Unternehmen, in denen Manager interviewt wurden, zählen alle Spitzenunternehmen, die auf der Liste der „meistbewunderten Unternehmen" der Zeitschrift *Fortune* aufgeführt sind. Leider sind nicht alle Unternehmen, die es eigentlich verdienten, von *Fortune* oder anderen Managermagazinen nominiert worden.

In der Literatur sind bisher vor allem die Kleinunternehmen vernachlässigt worden. Wie unsere Untersuchungen gezeigt haben, bemühen sich gerade Kleinunternehmen oft auf besonders effektive und fortschrittliche Weise, ihre Wettbewerbsfähigkeit zu sichern. Es ist allgemein bekannt, daß erfolgreiche Kleinunternehmen in bezug auf Wachstum und Attraktivität ihrer Aktien den „Riesen" häufig haushoch überlegen sind. In der Managementliteratur mangelt es an der Beschreibung der innovativen und erfolgreichen Methoden kleinerer, aber dennoch bedeutender Firmen.

Im übrigen handelt dieses Buch nicht von Unternehmen, sondern von Managern. Viele Managementbücher gehen irrtümlicherweise davon aus, daß es die Organisationen sind, die handeln. Dabei ist es jedoch gerade im Unternehmensbereich eine ganz wesentliche Erkenntnis, daß nicht die Organisationen, sondern die Mitarbeiter die Handelnden sind. Es kommt auf die Einsatzbereitschaft, den Ideenreichtum und die Anpassungsfähigkeit der einzelnen Mitarbeiter an, aus denen eine Organisation besteht. Einzelne Manager handeln, und dies mag von außen den Eindruck erwecken, als ob das Unternehmen als Ganzes handle. Deswegen rückt das Buch weniger das Unternehmen, sondern vielmehr die darin arbeitenden Manager in den Mittelpunkt.

Daraus ergibt sich logischerweise die Überzeugung, daß die Leistung einzelner für den Erfolg des Unternehmens von maßgeblicher Bedeutung ist. Dies trifft insbesondere auf die Leistung von Managern zu, ist aber nicht auf sie beschränkt. Viele Unternehmen erkennen heute, welchen Beitrag jeder einzelne Mitarbeiter, auf welcher Ebene er auch immer im Unternehmen steht, zur Wettbewerbsfähigkeit leisten kann, und diese Unternehmen versuchen, ihren Mitarbeitern entsprechende Chancen zu geben.

Da einzelne Mitarbeiter entscheidend am Erfolg oder Mißerfolg eines Unternehmens beteiligt sind, lehnt dieses Buch die populäre sozialwissenschaftliche Auffassung ab, wonach äußere Umstände und Umweltbedingungen den Verlauf beeinflussen, den ein Unternehmen nimmt. Jedes Unternehmen wird von seinem sich verändernden Umfeld herausgefordert, aber diese Herausforderung diktiert dem Unternehmen nicht zwangsläufig eine bestimmte Reaktion.

Auf die äußeren Bedingungen sind unterschiedliche Reaktionen möglich. Manager und andere Mitarbeiter in einem Unternehmen treffen die Wahl, wie sie reagieren. Manche Unternehmen sind erfolgreich und florieren, aber nicht alle. Für Beobachter, die im nachhinein Ereignisse beurteilen, erscheint die richtige Reaktion selbstverständlich. Dies ist eine Illusion – die Illusion des Abwehrspielers, der am Montagmorgen denkt, daß das Spiel vom Vortag nur so und nicht anders ablaufen konnte, daß die Trainer und Spieler beider Teams keine Patzer gemacht und keine Gelegenheiten verpaßt oder daß sich ihre Fehler gegenseitig ausgeglichen hätten. Denn Erfolg läßt sich dadurch erzielen, daß man die richtige Spieltaktik wählt und sie richtig durchführt.

Das gleich trifft auf das Geschäftsleben zu. Manager können nicht davon ausgehen, daß die äußeren Bedingungen ihre Unternehmen automatisch zum Erfolg führen werden; außerdem sind die Konkurrenten ebenso wie alle anderen darauf bedacht, Chancen zu nutzen. DIE NEUEN CHEFS zeigt, wie erfolgreiche Manager und Mitarbeiter Unternehmen formen, die imstande sind, die Gelegenheiten in unserer sich schnell wandelnden Umwelt beim Schopf zu packen.

Hinter den Reizwörtern und modischen Erscheinungen im Management verbergen sich häufig solide, erprobte Methoden. Diese Methoden will dieses Buch allen Lesern vermitteln, die ihre Managementfähigkeiten erweitern möchten.

Boston, Massachusetts, im Februar 1985   *D. Quinn Mills*

Inhalt

Vorwort 7

1. Kapitel
Die beste Organisation, der Sie je angehört haben 15
Die neue Managergeneration 19
Wie ältere Führungskräfte auf dem laufenden bleiben 20
Wie stellt man sich auf die neuen Manager ein? 27
Wie entwickelt man einen Führungsstil? 30

2. Kapitel
Der neue Wettbewerb 31
Herausforderung aus dem Ausland 33
Die Herausforderung von innen 36
Der Herausforderung begegnen 36
Wertschöpfung durch das Management 40
Manager müssen reagieren 42
Der Schleier des Geheimnisses 46

3. Kapitel
Das betriebliche Bermudadreieck 49
Ein Sicherheitsventil 51
Herausfinden, was los ist 59
Informationsflüsse aufzeichnen 63
Taten sind wichtiger als Worte 65
Die Subjektivität überwinden 66
Der Tiger bekommt neue Streifen 68

4. Kapitel
Sichere Beschäftigung: An die Chancen denken 71
Eine Aufgabe unserer Zeit 74
Sicherheit oder Unsicherheit: Was motiviert mehr? 77
An die Chancen denken 79
Kooperationsbereitschaft als äußere Fassade 80
Wo Sicherheit des Arbeitsplatzes nicht motiviert 82

Voraussetzungen für eine sichere Beschäftigung 83
Sichere Beschäftigung oder Sicherheit des einzelnen
Arbeitsplatzes? 86
Sichere Beschäftigung – Nur für erfolgreiche
Unternehmen interessant? 87
Sichere Beschäftigung – ja oder nein?............... 88

5. Kapitel
Den Nachwuchs fördern – die Stars hätscheln............ 93
Zeit für Personalentwicklung aufwenden............... 96
Wen soll man befördern?............... 103
Test oder Leistungsbeurteilung?............... 105
Wem gehört der Job? Wem gehört der Mitarbeiter?............ 109
Die Fußangeln einer schnellen Karriere............... 112
Stabsfunktionen und Linienverantwortung............... 115
Aufstieg bis an die Spitze............... 118

6. Kapitel
Durch Entlohnung motivieren............... 125
Bezahlung oder anspruchsvolle Tätigkeit?............... 129
Entgelt als Belohnung............... 135
Es tut sich eine Menge............... 138
Flexibles Arbeitsentgelt............... 141
Warum Menschen arbeiten............... 144

7. Kapitel
Bezahlung nach Leistung
und personalisierte Bezahlung............... 149
Bezahlung nach Leistung ist gerecht............... 152
Günstlingswirtschaft vermeiden............... 157
Ein praktischer Grund für Vertraulichkeit............... 160
Keine willkürlichen Verteilungskurven............... 161
Personalisierte Bezahlung............... 162

8. Kapitel
In der Reifephase neue Chancen entdecken............ 165
Wenn die Produktivität nachläßt............... 168

Der Wachstum-Reife-Verjüngungszyklus.................................. 171
Was ist unser Geschäft? Wer sind unsere Konkurrenten?......... 176
Es geht ums Geschäft, nicht ums Produkt.............................. 179
Aus der Reifephase ausbrechen.. 181

9. Kapitel
Wie man sich schützt, wenn wichtige Mitarbeiter kündigen... 185
Vertagsmäßige Beschränkungen... 189
Geheimhaltungsvereinbarungen.. 193

10. Kapitel
Nur nicht aufs Abstellgleis geraten..................................... 195
Wenn ein Manager keine Leistung bringt................................. 198
Entlassen ist meistens unklug.. 200
Offenheit oder Manipulation... 202
Ein bitteres Ende vermeiden... 205
Personelle Ressourcen brauchen Pflege................................... 209
Wenn Unternehmensbereiche überflüssig werden................... 212

11. Kapitel
Mehr aus den Mitarbeitern machen................................... 213
Ein unkonventioneller Betrieb... 217
Ein Wettbewerbsvorteil... 227
Experimentelle Arbeitssysteme... 231
Der gefährlichste Augenblick.. 236
Die Grenzen eines hohen Engagements................................... 238

12. Kapitel
Eine Arbeitsethik entwickeln.. 243
Wertvorstellungen prägen.. 245
Eine unternehmensspezifische Arbeitsethik entwickeln........... 253
Gewinne sind nichts Anrüchiges... 257
Die Persönlichkeit eines Unternehmens................................... 259
Die Unternehmenspersönlichkeit ändern.................................. 267
Wie beurteilt man die eigene Unternehmenspersönlichkeit?.... 274

13. Kapitel
Zur Wertschöpfung beitragen............ 277
Eine unerwartete Herausforderung............ 279
Alle im gleichen Boot............ 286
Probleme auch im operativen Bereich............ 294
Ein Dilemma wird beseitigt............ 296

14. Kapitel
Entscheiden oder nicht entscheiden............ 299
Das Problem des Benjamin-Projekts............ 301
Unbehagen beim Topmanagement............ 304
Was war die Frage?............ 304
Eine Antwort wird gegeben............ 306
Was bedeutet diese Antwort?............ 306
Verantwortung und Delegation werden neu bestätigt............ 312
Manchmal ist es klug, keine Entscheidung zu treffen............ 314

15. Kapitel
Was der Chef tun sollte............ 319
Der Chef als Visionsträger............ 321
Ein Unternehmen wird aufgeweckt............ 323
Fenster nach außen öffnen............ 326
Manager des Wandels............ 329
Manager als Führende............ 335
Die ältere Generation ändert ihren Stil............ 337
Von der Notwendigkeit des Wandels überzeugen............ 340
Das Vermächtnis einer guten Führung............ 342

16. Kapitel
Im Wettbewerb zeigt sich, wer erfolgreich ist............ 345
Unkonventionelles Management............ 347
Auch ein Manager hat nur begrenzte „Aufnahmekapazität"............ 353
Der langfristige Wettbewerbsvorteil............ 356
Ein letztes Wort............ 366

Anmerkungen............ 369

Stichwortregister............ 371

1. Kapitel

Die beste Organisation, der Sie je angehört haben

Eine neue Generation von Managern wächst heran. Diese Manager steigen heute oft aus Spezialfunktionen in die Geschäftsleitungen auf oder gründen ihre eigene Firma. In beide Bereiche bringen sie ihre spezifischen Wertvorstellungen und Interessen ein. Dazu zählen Unabhängigkeit, individueller Lebensstil sowie ein Interesse für die menschlichen Aspekte des Unternehmens. Darauf müssen sich moderne Unternehmen einstellen. Doch welchen Führungsstil werden diese neuen Manager praktizieren? Wie können die neuen Manager unterscheiden, welcher Führungsstil richtig, welcher falsch ist? Was wird sich als brauchbar erweisen und was nicht? Diese Fragen können nicht isoliert beantwortet werden, die Antwort hängt vielmehr von den äußeren Bedingungen ab, unter denen der Manager arbeiten muß, und hier steht an erster Stelle der verschärfte Wettbewerb.

Die erfolgreiche Organisation

Welche Organisation, der Sie je angehört haben, ist die beste? Vielleicht ist es die Firma, bei der Sie heute arbeiten, vielleicht auch eine kirchliche Gruppe, die freiwillige Feuerwehr oder ein privater Club. Die zweite Frage lautet: Warum halten Sie diese Organisation für die beste?

Vielleicht nennen Sie die gleichen Merkmale wie mehrere hundert Topmanager, denen ich in den letzten Jahren diese Frage stellte:

- Die Aufgaben waren klar; jeder wußte, was er zu tun hatte.
- Die Leute waren kreativ und kooperativ.
- Alle kommunizierten offen miteinander.
- Jedes Mitglied übernahm seinen Teil der Arbeitslast.

Diese Aufzählung mag zwar trivial erscheinen, ist aber dennoch höchst interessant, denn es fehlen bezeichnenderweise einige Antworten, die man bisher für besonders wichtig gehalten hat; Merkmale wie „starke Führung", „klare Autoritätslinien" oder „genaue Anweisungen" erwähnten die meisten Topmanager nicht.

Noch vor wenigen Jahren standen diese Prinzipien für Führungskräfte an erster Stelle, und zwar aufgrund der Erfahrungen, die sie im Krieg gemacht hatten. Während des Kriegs hätten unklare Befehle, Unentschlossenheit und die Beteiligung einfacher Soldaten an den Entscheidungen Gefahr für Leib und Leben bedeutet. Die erfolgreiche Kampforganisation hatte eine starke Führung, eine klare Befehlskette und gab der Mannschaft eindeutige Anweisungen. Die Kriegssituation verlangte nach einer vertikalen, hierarchischen Organisation. Durch Befehle wurde die Strategie der obersten Ebene in die Tat umgesetzt, und diese Strategie wurde geheim entwickelt. Diese militärische Konzeption war tief in einer Generation verwurzelt, die sie dann in Friedenszeiten auf das Berufsleben übertrug.

Doch der Krieg, der dieses militärische Modell hervorbrachte, ist nun seit über 40 Jahren vorbei. Die meisten Arbeitnehmer und Führungskräfte von heute sind am Zweiten Weltkrieg nicht beteiligt gewesen, und die Erinnerungen der Aktiven sind verblaßt.

Wenn junge Leute heute an erfolgreiche Organisationen denken, so fällt ihnen ganz bestimmt nicht zuerst das Militär ein. Statt dessen denken sie an Firmen, religiöse und politische Gruppen, Clubs und Vereine. Mit einem Spitzenunternehmen bringen sie klare Autoritätslinien und eindeutige Anweisungen nur selten in Zusammenhang. Sie wollen nicht länger Arbeiten auf Befehl ausführen, sondern sich mit einer Aufgabe identifizieren, bei der sie Beteiligte oder Partner sind.

Dennoch geben sich die Manager von heute mit den zuvor genannten Merkmalen einer erfolgreichen Organisation nicht ganz zufrieden. Auf die Frage, warum sie „entschlossene Führung" und „klare Anweisungen" nicht genannt hätten, antworten viele, sie hätten diese Prinzipien nur versehentlich weggelassen, es seien Prinzipien, die wahrscheinlich doch dazugehören.

Ehemalige Kriegsteilnehmer hätten eine solche Unterlassungssünde bestimmt nicht begangen. Der Markt als Schlachtfeld ist eine beliebte und in vielerlei Hinsicht zutreffende Metapher. Aber sie läßt sich eher auf das äußere Umfeld des Marktes als auf dessen innere Dynamik anwenden. Das militärische Modell wurde früher gar zu gründlich auf die Unternehmen übertragen. Eine Zeitlang hat dies die Fähigkeit der Manager eingeschränkt, die heutigen Arbeitskräfte zu führen und sich im in- und ausländischen Wettbewerb erfolgreich zu behaupten.

Jede Generation lebt in einer Welt, die sich von der ihrer Vorfahren unterscheidet. Oft wird dieser Unterschied von den technologischen Entwicklungen gekennzeichnet, die eine Generation hervorbrachte; diese Entwicklungen werden zum Symbol des Wandels. Die Technik umreißt und definiert unsere Welt. Wenn Veränderungen auftreten, kann die Technik unsere Ansichten über die Welt, in der wir leben, grundlegend verändern und die Parameter unserer Vorstellungen neu definieren. Politische Ereignisse und gesellschaftliche Bewegungen wirken ebenso nachhaltig. Die heutige Managergeneration unterscheidet sich von den vorigen aufgrund dieser sozialen und politischen Einflüsse, ebenso wie sie sich aufgrund des technologischen Wandels unterscheidet, der ihr Leben prägt.

Die neue Managergeneration

Heute strebt eine neue Generation von Managern Führungspositionen in unseren Unternehmen an. Nach einer etwa zehnjährigen Erfahrung in spezialisierten Unternehmensbereichen wie Rechnungswesen, Verkauf, Produktion oder im Personalbereich, arbeiten sie sich in die Unternehmensführung vor.

Diese Führungskräfte sind gut ausgebildet, ehrgeizig und tüchtig. Da sie sich in der neuen Technologie auskennen, sind die meisten mit dem Computer vertraut, können sich also fast immer auf ein „zweites Gehirn" stützen. Erfahrung, Intelligenz und der Umgang mit dem Computer sind entscheidende Vorteile, die den Zugang zu höheren Managementpositionen erleichtern. Trotz dieser guten Voraussetzungen fühlen sich die neuen Manager manchmal unsicher – sie fragen sich, was sie alles noch nicht wissen.

Die Erfahrungen und Fähigkeiten, über die sie zum gegenwärtigen Zeitpunkt verfügen, haben den Managern von heute bei spezialisierten Aufgaben gute Dienste geleistet. Wenn sie jedoch ins Topmanagement aufsteigen, nimmt die Spezialisierung ständig ab. Manager ist ein Beruf, der keinem anderen gleicht. In Berufen, die auf fachlichen Disziplinen basieren, wie Jura, Medizin und Architektur, beginnt die Laufbahn eines Menschen mit einer ziemlich breiten Schul- und Universitätsbildung und schreitet hin zur Spezialisierung. Im Management verläuft diese Entwicklung umgekehrt. Ausgehend von der Spezialisierung müssen Manager immer allgemeinere Aufgaben übernehmen.

Als Produktionsmanager sind junge Führungskräfte Experten für die Technologie dieser Abteilung, und sie wissen genau Bescheid über die Fähigkeiten und Kenntnisse ihrer Mitarbeiter. Werden sie Betriebsleiter, so sind ihnen weitere Abteilungen wie Marketing, Verkauf, Forschung und Entwicklung sowie das Personalwesen unterstellt, deren Angehörige zusätzliche Kenntnisse und Fähigkeiten aufweisen. Es ist einfach nicht möglich, daß sie die hinzugekommenen Abteilungen in jedem Detail ebensogut kennen wie die Produktionsabteilung. Im Topmanagement eines Unternehmens kommen schließlich Stabsfunktionen wie Finanzwesen, Rechnungswesen und Planung als weitere Aufgaben hinzu. Bei jedem Schritt in ihrer Laufbahn wird das Aufgabengebiet der Manager also nicht spezialisierter, sondern allgemeiner.

Junge Führungskräfte, die ihre Laufbahn beginnen oder schon mitten in einer Karriere sind, fragen sich, was sich von dem bisher Erlernten weiterhin anwenden läßt. Welche Fähigkeiten, Methoden und Wertvorstellungen werden mir auf meinem Weg nach oben hilfreich sein? Welche Hindernisse werden sich mir in den Weg stellen? Muß ich durch die neue Technologie alle herkömmlichen Managementweisheiten nun in Zweifel ziehen? Oder gelten in manchen Fällen die alten Rezepte noch? Welcher Managementstil paßt zu den heutigen Gegebenheiten? Was kann ich aus der Vergangenheit lernen, und was sollte ich besser über Bord werfen? Was hat sich von dem, was frühere Managergenerationen gelernt haben, als brauchbar erwiesen? Welche Fähigkeiten und Kenntnisse muß ich erst noch entwickeln?

Wie ältere Führungskräfte auf dem laufenden bleiben

Die neuen Manager sind von anderen Lebenserfahrungen geprägt als diejenigen, die sie allmählich in den Topmanagementpositionen ablösen. Erfahrungen bestimmen die Erwartungen, Einstellungen und das Verhalten eines jeden von uns. Unterschiedliche Erfahrungen führen auch bei vielen Menschen der neuen Generation zu unterschiedlichen Wertvorstellungen.

Ältere Führungskräfte bestreiten manchmal, daß die jüngere Generation sehr viel anders sei. „Sie sind ebenso ehrgeizig, jagen ebenso dem Geld nach", meinen die älteren oft. Bei manchen trifft dies zu, aber bei vielen, wenn nicht sogar bei den meisten, ist das nicht der Fall. Ältere Führungskräfte machen häufig den Fehler, daß sie versuchen, jüngere Manager dazu zu zwingen, so zu sein wie sie selbst. Dies geschieht dadurch, daß sie Leute befördern, die sich so verhalten, wie *sie* es für richtig erachten – wobei sie oft nicht erkennen, daß ein solches Verhalten vorgetäuscht sein kann oder wirklich vorgetäuscht ist. Wenn ältere Führungskräfte nur solche

Vertreter der jüngeren Generation einstellen und befördern, die sich ihnen total anpassen, nehmen sie ein großes Risiko auf sich. Die Gefahr besteht darin, daß aufstrebende Führungskräfte, die der älteren Generation zu sehr gleichen, möglicherweise im Geschäftsleben von morgen wenig erfolgreich sein werden – sie unterscheiden sich vielleicht zu sehr von ihrer eigenen Generation, um deren Bedürfnisse und Ziele verstehen zu können.

Reginald Jones, zwischen 1970 und 1981 Chairman der General Electric Company (GE), ist einer der meistbewunderten amerikanischen Manager. Doch als er einen Nachfolger bestimmen mußte, der GE durch die 80er Jahre führen sollte, wählte er ganz bewußt einen sehr viel jüngeren Mann, dessen Persönlichkeit sich ganz erheblich von seiner eigenen unterschied. Zu seiner Entscheidung befragt, nannte Jones zwei Regeln für die Auswahl eines Nachfolgers: 1. „Wähle niemand, der so ist wie du", und 2. „Wähle jemand, der auf die Zukunft eingestellt ist."

Wie sah Jones die Zukunft? Seine Zukunftsvision war von drei Elementen geprägt: schärferer Wettbewerb, ständig wachsende Bedeutung der Technologie und neue Wertvorstellungen bei der Bevölkerung. Die Persönlichkeitsmerkmale, die er bei einem Nachfolger suchte, ergaben sich aus dieser Zukunftsvision: Er mußte wettbewerbsorientiert und Technologe sein, ein jüngerer Mensch zudem, der die Erfahrungen und Wertvorstellungen der Generation verkörperte, die von nun an die Gesellschaft beherrschen würde.

Da nur wenige ältere Führungskräfte sich solche Gedanken machen wie Reg Jones, laufen viele Topmanager Gefahr, sich von denen zu isolieren, die sie führen. Sie sind von anderen Lebenserfahrungen geprägt als die heutige Managergeneration der etwa 30- bis 45jährigen.

Zwischenmenschliche Kommunikation basiert auf der Fähigkeit, andere zu verstehen, zu wissen, mit wem man spricht, wen man möglichst gut motivieren, entwickeln und ermutigen sollte. Erfolgreiche Manager müssen den einzelnen Mitarbeiter und seine Denkweise verstehen. Für die Manager von heute sind Faktoren aus dem Umfeld ihrer Mitarbeiter dafür maßgebend, wie sie sie motivieren, entlohnen, ermutigen und entwickeln können. Wie sieht dieses Umfeld aus?

Alle Beschäftigten lassen sich nach ihrem Lebens- oder Arbeitsstil in vier Gruppen unterteilen:

1. Der traditionelle Arbeitnehmer ist der Alleinverdiener, dessen Frau und Kinder keiner bezahlten Arbeit nachgehen.
2. Der alleinstehende Arbeitnehmer arbeitet in der Regel nur für seinen eigenen Lebensunterhalt.
3. Der nichttraditionelle Arbeitnehmer lebt in einem Haushalt mit mehr als einem Verdiener.
4. Der unkonventionellste Arbeitnehmer ist die Alleinverdienerin, die ihre Familie unterhält.

Die meisten Topmanager gehören zur Gruppe der traditionellen Arbeitnehmer, und sie schätzen daher ihre Mitarbeiterschaft oft völlig falsch ein, wenn sie von sich ausgehen. Die Mehrzahl aller Arbeitnehmer gehört nämlich zur dritten Gruppe, das heißt, sie leben in Haushalten mit mehreren (meist zwei) Verdienern. Dies zeigt, daß sich die Lebensweise der Bevölkerung gewandelt hat. Früher war die traditionelle Familie mit einem Alleinverdiener allgemein üblich, doch sie ist im Laufe der Jahrzehnte langsam in die Minderheit geraten.

Personen in Familien mit mehreren Verdienern denken und verhalten sich in bezug auf die Arbeit anders. Sie müssen auch noch die berufliche Tätigkeit der anderen Familienmitglieder berücksichtigen, daher brauchen sie an ihrer eigenen Arbeitsstelle mehr Flexibilität. Sie sind oft weniger bereit, zu reisen oder umzuziehen. Sie legen vielleicht weniger Wert darauf, für eine bestimmte Firma zu arbeiten, als an einem Wohnort zu bleiben, an dem der Ehepartner ebenfalls beschäftigt ist.

Topmanager interpretieren solche Erwägungen oft als übertriebene Weichlichkeit, als Egozentrik, die zu Lasten des Unternehmens geht. Anstatt zu versuchen, den Bedürfnissen der Menschen gerecht zu werden, beklagen sie sich über einen angeblichen Mangel an Loyalität und Engagement.

Manager sind manchmal bestürzt über die scheinbare Kurzsichtigkeit jüngerer Mitarbeiter, die der Zukunft nur wenig Bedeutung zumessen. Die Zukunft ist jedoch heute weit ungewisser als in der Vergangenheit, und dies nicht nur wegen der Gefahr eines Atomkrieges. Die demographische und wirtschaftliche Entwicklung vollzieht sich auf eine Art und Weise, die die Zukunft risikoreicher macht. Eine Zukunftsplanung ist sehr schwierig.

Angesichts der Probleme, in der sich heute schon die Rentenkassen befinden, müssen jüngeren Menschen die Versprechungen, die ihnen Politiker und die Führungskräfte der Unternehmen über eine sichere finanzielle Zukunft machen, suspekt erscheinen. Betrachtet man die Tatsachen, die einer solchen Einstellung zugrunde liegen, überrascht es nicht, wenn jüngere Menschen nach anderen Formen der Sicherheit streben oder bezweifeln, daß es eine solche Sicherheit überhaupt geben kann.

Ein Topmanager, der sich mit einem Mitarbeiter zu einer Leistungsbeurteilung, zur Planung seiner beruflichen Karriere oder zu einem Gehaltsgespräch zusammensetzt, sieht sich jemandem gegenüber, der die Welt und die Zukunft aus einem anderen Blick

Der prozentuale Anteil traditioneller Arbeitnehmer geht zurück

	Prozent
Traditioneller Arbeitnehmer (Ehemann ist Alleinverdiener)	14
Ehegatten, bei denen die Frau Alleinverdienende ist	1
Lohnempfänger in Familien mit mehreren Verdienenden	63
Alleinstehende Arbeitnehmer	22

Tabelle 1

winkel betrachtet als er selbst. Der jüngere Mensch ist mit einem langsameren Wirtschaftswachstum konfrontiert, und er steht im Wettbewerb mit zahlreichen Gleichaltrigen aus den geburtenstarken Jahrgängen, die ebenfalls Spitzenpositionen anstreben. Der jüngere Mensch gehört auch einer besser ausgebildeten Arbeitnehmerschaft in einer Wirtschaft an, in der traditionelle Arbeitsplätze in Industrie und Handwerk verschwinden, sich dagegen aber Chancen in neuen Bereichen bieten. Der Topmanager hat sehr wahrscheinlich einen anderen Lebensstil. Er geht vielleicht von gemeinsamen Zielen und Wertvorstellungen aus und nimmt an, daß sein Mitarbeiter die Welt weitgehend mit den gleichen Augen betrachtet. Solche Annahmen können jedoch zur Quelle von Mißverständnissen werden.

Der Baby-Boom nach dem Krieg hat ein Arbeitnehmerprofil geschaffen, in dem die größte Gruppe im leistungsstarken Alter zwischen 25 und 54 ist. Daher suchen viele Manager Sicherheit in ihrer eigenen hohen akademischen und beruflichen Qualifikation und weniger im Unternehmen, dem sie deshalb auch weniger Loyalität entgegenbringen. Das Problem für den Topmanager besteht dann darin, genügend Chancen zu schaffen, um gute Mitarbeiter im Unternehmen zu halten und die Loyalität der Manager zu gewinnen, deren Zukunftschancen in der Tat begrenzter oder zumindest nicht so klar sind wie die der Topmanager.

Falsche Vorstellungen eines Vorgesetzten über den Lebensstil seiner Mitarbeiter können die Kommunikation erheblich beeinträchtigen. Seit immer mehr Frauen im Arbeitsleben stehen, verstärkt sich der Druck auf das Topmanagement, die Arbeitsbedingungen neu zu gestalten, um speziellen Bedürfnissen gerecht zu werden, beispielsweise flexible Arbeitszeiten, Job-Sharing und kürzere Wochenarbeitszeiten für Mitarbeiter mit berufstätigen Ehefrauen einzuführen, damit sie die Haushaltsführung und Kindererziehung mit ihrer Frau teilen können. Die Aufgabe der Topmanager ist es, diese besonderen Bedürfnisse ihrer Mitarbeiter mit den Bedürfnissen des Unternehmens zu vereinbaren, so daß sowohl das Unternehmen wie auch dessen Mitarbeiter einen Vorteil daraus ziehen können und den berechtigten Interessen beider gedient ist.

Wenn man diese Entwicklung ins Gesamtbild einbezieht, so können Topmanager in der neuen Generation kein jüngeres Spiegelbild ihrer selbst oder ihrer einstigen Lebensweise und ihrer persönlichen Erwartungen mehr sehen.

Heute führen Topmanager höchstwahrscheinlich keine Mitarbeiter, die auf dem gleichen Wege wie sie zu ihrer gegenwärtigen Position gelangt sind. Es gibt zahllose Geschichten darüber, wie Unternehmensleiter ihre Karriere als Laufbursche begannen, ihr Metier in einem Unternehmen von der Pike auf lernten und ihr ganzes Lebenswerk ihrer Firma widmeten. In der überwiegenden Mehrzahl der Fälle heute ist der Weg zum mittleren Management anders verlaufen. Die Grundlage für die Profilierung eines jüngeren Managers ist die Kombination von guter Ausbildung und Berufserfahrung in einem oder mehreren Unternehmen. Die Angestellten von heute haben den höchsten Ausbildungsstand im Vergleich zu allen früheren Generationen. Die explosionsartige Zunahme von Studenten mit einem akademischen Grad in Jura und Betriebswirtschaft geht typischerweise mit dem Bestreben einher, rasch Karriere zu machen. Obwohl dies in gewissem Sinne das Lernen von der Pike auf ersetzt, genügt die akademische Ausbildung jedoch nicht ganz. Ausbildung kann Erfahrung nicht völlig ersetzen. Der Topmanager hat die Aufgabe, den Mitarbeitern einerseits klarzumachen, daß ihnen keine Vorrechte aufgrund ihrer Investition in eine qualifizierte Ausbildung zustehen, während er ihnen andererseits die Möglichkeit anbieten muß, sich auf Gedeih und Verderb mit der Firma einzulassen und sich die gründliche branchenspezifische Erfahrung anzueignen, die notwendig ist, komplexe Unternehmen von heute zu führen. Dies wird eine immer schwierigere Aufgabe, da die Professionalisierung des Geschäftslebens fortschreitet.

Aufgrund dieser Faktoren, die noch mit anderen Variablen zusammenhängen, zeigt sich bei den heutigen Managern wie auch bei akademischen Freiberuflern, Büroangestellten und Arbeitern im Laufe der letzten 20 Jahre eine immer geringere Arbeitszufriedenheit und eine noch geringere Zufriedenheit mit den jeweiligen Arbeitgebern und ihrer Politik. Dieser Trend ist langfristig zu beobachten. Die jungen Manager beurteilen ihre Unternehmen deshalb so schlecht, weil sie überzeugt sind, daß die Topmanager den Kontakt zu den Mitarbeitern auf allen Ebenen verloren haben.

Infolgedessen wünschen die Manager, daß sie in den inneren Zirkel einbezogen werden, in dem die Unternehmensentscheidungen getroffen werden. Die Ablehnung dieses Wunsches kann verheerende Folgen in einer Belegschaft haben. Manager können diese Weigerung als mangelnde Bereitschaft des Topmanagements interpretieren, das zu tun, was in ihrer Macht steht, um ihre Situation im immer schärferen Wettbewerb auf dem Arbeitsmarkt zu verbessern. Warum nicht die Stelle wechseln, wenn man selbst nicht die Möglichkeit erhält, sich voll hineinzuknien und selbst zu investieren? Manager auf mittlerer Ebene oder andere Angestellte können in ihrem Engagement für das Unternehmen nachlassen und dies direkt durch eine mangelnde Aufmerksamkeit dem Kunden gegenüber zum Ausdruck bringen. Da die Zukunft der Arbeitnehmer ungewisser geworden ist, scheinen sie gesetzliche Vorschriften als offenbar einziges Mittel zu betrachten, die Kontrolle über ihre Situation zu behalten. Eine Flut von Arbeitsgerichtsprozessen zeigt erhöhte Sensibilität in bezug auf eine gerechte Behandlung des Arbeitnehmers und stellt den Versuch dar, Rechte gesetzlich festzulegen, wo sie nicht freiwillig zugestanden werden.

Im Zusammenhang damit können Arbeitnehmer beispielsweise überempfindlich gegenüber wirklicher oder eingebildeter Kritik werden, was auf einer allgemeinen Unsicherheit basiert. Das damit verbundene Gefühl der Hilflosigkeit beruht teilweise auf der sehr realistischen Frage, ob harte Arbeit wirklich zu größerer Sicherheit und sonstigen Vorteilen führen wird. Diese Unsicherheit erscheint dem Topmanagement oft bestenfalls als unangemessen und schlimmstenfalls als Anzeichen einer echten Fehlanpassung. Aber die aufstrebenden Manager leben in der Geschäftswelt der 80er Jahre, die einem stärkeren Wettbewerb ausgesetzt ist und in vielerlei Hinsicht unsicherer ist als die Welt, wie sie der Topmanager erlebt.

Wie stellt man sich auf die neuen Manager ein?

Es gibt gewisse Anzeichen dafür, daß sich das Topmanagement sehr wohl des sich wandelnden Umfelds bewußt ist und sich bemüht, die Loyalität der Manager und dadurch die der Mitarbeiter zu gewinnen. Bei einer vor kurzem durchgeführten Umfrage zur Personalplanung meinte ein Wirtschaftsführer: „Unsere Umwelt verändert sich. Unsere heutigen Ansätze zur Personalplanung unterscheiden sich grundlegend von der Verfahrensweise vor 37 Jahren, als ich anfing. Sie erfordern mehr Einfühlungsvermögen in den einzelnen und die Abschaffung alter Konzepte. Die Umstellung ist schwer zu verdauen. Sie erfordert Flexibilität und Toleranz."

Tatsächlich kommt es sehr darauf an, wie Menschen behandelt werden. Unterschiedliche Generationen haben unterschiedliche Erfahrungen; dies führt zu verschiedenen Auffassungen darüber, wie Menschen behandelt werden sollten. Größtenteils werden diese Konzepte langsam institutionalisiert, weil Menschen andere so behandeln, wie sie selbst behandelt worden sind. Es ist schwer für eine Generation, ihre alten Verhaltensweisen aufzugeben und andere, weniger tief verwurzelte Methoden anzuwenden. Wir müssen uns auf andere Wertvorstellungen einstellen, und dieses Umdenken ist für uns alle schwierig. Die Bedingungen, die eine sich wandelnde Arbeitnehmerschaft geschaffen hat, führen bei manchen Unternehmen zu Anpassungsschwierigkeiten, anderen eröffnen sie neue Chancen. Wer es versäumt, diese Entwicklungen als Chance zu sehen, kann auch keinen Nutzen aus ihnen ziehen. Dies ist ein Managementfehler erster Ordnung; er führt dazu, daß ein Unternehmen den einfallsreicheren und effektiveren in- oder ausländischen Konkurrenten ausgeliefert ist.

Wie erkennt man diese Chancen? Wie läßt sich das Vertrauen wiederherstellen? Die Unternehmen sind nicht die einzigen, die Vertrauen zurückgewinnen müssen. Menschen mißtrauen allen Arten von Institutionen, aber es zeigt sich auch, daß sie die Ursachen des Mißtrauens beseitigen wollen. Ein Produktionsleiter faßte die Notwendigkeit einer solchen Veränderung selbstkritisch zusammen:

„Wir haben Gewinne gemacht, aber wir haben nicht die Erwartungen erfüllt, die wir an uns gestellt haben. Das liegt daran, daß wir es versäumt haben, unsere Mitarbeiter angemessen zu behandeln und zu entwickeln. Unsere Erwartungen sind hoch. Wir sind nicht zufrieden mit dem, was wir erreicht haben."

Im allgemeinen hat das Management in der Vergangenheit seine Mitarbeiter nicht mit dem Respekt behandelt, den sie verdient hätten. Der Vorgesetzte akzeptierte es oft nicht, wenn ein Mitarbeiter Fragen stellte. Der Mitarbeiter fühlte sich dadurch herabgewürdigt und entmündigt. Das Management der Zukunft kann sich eine solche Haltung nicht mehr leisten. Die Einstellung der Führenden muß sich ändern.

Wie läßt sich dies erreichen? Manager neigen dazu, sich selbst als Angelpunkt des Unternehmens zu sehen, um den sich alle anderen drehen. Diese Sichtweise wird durch Organigramme, die senkrecht nach unten verlaufende Anordnungsbefugnisse und senkrecht nach oben verlaufende Berichterstattungspflichten darstellen, verstärkt und visuell legitimiert. Diese grafische Unternehmensdarstellung hat einen starken Einfluß darauf, wie Menschen die grundlegende Dynamik der Organisation sowie ihren Platz und ihre Aufgabe darin begreifen. Oft gehört ein solches Organigramm zu den ersten Eindrücken eines neuen Mitarbeiters und prägt sich deshalb auch besonders nachhaltig ein.

Wie wir gesehen haben, denken Menschen bei effektiven Organisationen nicht an Betriebe, in denen sie eine genormte, spezialisierte Aufgabe auf Befehl ausführen, sondern an Unternehmen, in denen sie Bestandteil einer Gruppe sind und dennoch die Möglichkeit haben, als Individuum ihren Beitrag zum Ganzen zu leisten. Ein kluger Manager sucht einen Weg, aus dem Mittelpunkt des Universums herauszutreten, indem er anderen gestattet zu bestimmen, wie sie ihren Beitrag leisten und wie sie ihre Arbeitsbeziehungen gestalten wollen. Topmanager können einen Weg finden, sich der Gruppe anzuschließen, ohne ihre grundlegende Führungs- und Managementverantwortung aufzugeben.

Wie stellt man sich auf die neuen Manager ein?

Um Untergebene zu motivieren, müssen Manager wissen, woher ihre Mitarbeiter kommen und welche Werte ihre Entscheidungen bestimmen. Indem ein Vorgesetzter Rücksicht auf Anliegen nimmt, die den persönlichen Lebensbereich des einzelnen betreffen, wie etwa den Schutz des Mitarbeiters vor Arbeitsüberlastung durch eine möglichst gute Arbeitseinteilung, kann er die Loyalität von Mitarbeitern und deren Familien leicht gewinnen. Als Gegenleistung dafür werden die Mitarbeiter wahrscheinlich bereitwillig einspringen, wenn einmal Überstunden anfallen. Es empfiehlt sich dabei, daß die Manager ihre eigene Arbeit möglichst weitgehend selbst gestalten und kontrollieren, so daß sie Engpässe sich selbst zuzuschreiben haben. Menschen sind in der Regel engagierter und eher bereit, die Verantwortung für ihre eigenen Fehler als für die anderer zu übernehmen; auf diese Weise lernen sie daraus.

Manager, die zwischen 30 und 40 Jahre alt sind, zeigen zuweilen weniger Bereitschaft, Zugeständnisse zum Wohle des Unternehmens zu machen; dies mögen manche Topmanager als mangelnden Ehrgeiz oder fehlendes Karrierestreben mißverstehen. Der jüngere Manager hat vielleicht andere Ambitionen; er will Karriere im Unternehmen machen und gleichzeitig anderen Aufgaben und Pflichten gerecht werden. Dadurch, daß das Unternehmen Rücksicht auf den persönlichen Lebensstil des Mitarbeiters nimmt, gewinnt es ein wichtiges Instrument, um sich dessen Loyalität zu versichern, einer Loyalität, die der Mitarbeiter als Gegenleistung für die Loyalität des Unternehmens ihm gegenüber erbringt. Wenn Topmanager geschickt handeln, werden sie diese neuen Ambitionen berücksichtigen und in Motivation umwandeln.

Das Verlangen nach Selbstentfaltung kann dazu genutzt werden, den Mitarbeiter zu ermutigen, sich Kenntnisse und Fertigkeiten anzueignen, die seinen gegenwärtigen und potentiellen Arbeitsaufgaben zugute kommen. Dazu ist das Gespräch mit dem einzelnen Mitarbeiter nötig, um zu klären, wo seine Interessen liegen und inwieweit sie mit den Interessen des Unternehmens übereinstimmen. Wir werden uns mit dieser zentralen Frage der Kommunikation im 3. Kapitel näher beschäftigen.

Wie entwickelt man einen Führungsstil?

Wie bereits besprochen, laufen ältere Führungskräfte oft Gefahr, nur unter solchen Leuten nach Managementnachwuchs zu suchen, die ihnen möglichst ähnlich sind. Andererseits neigen jüngere Manager häufig dazu, all das gedankenlos zu verwerfen, was ihre Vorgänger über Management gelernt haben. Manche alten Vorgehensweisen sind zwar ineffektiv, aber manche haben auch weiterhin ihre Daseinsberechtigung. Die Manager von morgen müssen herausfinden, welche Verfahrensweisen gut funktionieren.

Der Manager muß heute darauf achten, daß sein Führungsstil gut auf die äußeren Bedingungen abgestimmt ist. Zum Beispiel bekommen die alten Grundsätze des Delegierens von Verantwortung und der Leistungs-beurteilung eine neue Bedeutung, wenn technisch komplizierte Fragen von Fachleuten entschieden werden müssen, die diese Probleme am besten verstehen. Andererseits sind traditionelle Vorgehensweisen für Management wie Arbeitnehmer weitgehend ungeeignet, wenn es etwa um die Beziehungen zwischen den Sozialpartnern geht.

In den folgenden Kapiteln werden alte und neue Managementtechniken an den heutigen Bedingungen gemessen, um herauszufinden, welche man weiterhin mit Erfolg anwenden kann und welche überholt sind. Dieser Ansatz widerspricht denjenigen, die meinen, alles sei heute anders und man könne nichts aus den traditionellen Methoden lernen. Er steht aber auch im Widerspruch zu denjenigen, die behaupten, es gebe eigentlich keine wirklich neuen Voraussetzungen, alle alten Praktiken hätten weiterhin Bestand, und man könne auch in Zukunft so handeln wie eh und je.

2. Kapitel

Der neue Wettbewerb

Der neue Wettbewerb kommt von inländischer wie ausländischer Konkurrenz. Die Manager sehen sich einer doppelten Herausforderung gegenüber: Sie müssen die Organisation anpassen, sie auf sich selbst und die Mitarbeiter abstimmen, während sie gleichzeitig in einer risikoreichen Geschäftswelt wettbewerbsfähig bleiben müssen. Diese beiden Ziele miteinander in Einklang zu bringen, erfordert Manager mit besonderen Qualitäten. Die Anpassungsfähigkeit der Organisation wird die zentrale Variable der künftigen Wettbewerbsfähigkeit eines Unternehmens sein. Diese Anpassungsfähigkeit setzt voraus, daß Mitarbeiter auf allen Ebenen erkennen, welche Fähigkeiten und Kenntnisse sie brauchen, um ihre Arbeit gut zu machen.

Wir leben im Zeitalter eines neuen Wettbewerbs, in dem viele alteingesessene Unternehmen zu Fall gebracht werden und große Konzerne kleinere Konkurrenten schlucken. Daher ist heute Anpassungsfähigkeit die größte Tugend. Die großen Unternehmen von heute werden überleben, indem sie eine Metamorphose durchmachen und einen Zustand erreichen, der sich ganz wesentlich von ihrem ursprünglichen unterscheidet. Dies wird am folgenden Beispiel deutlich:

„Das Geschäft gehört nicht uns", erklärt ein Abteilungsleiter seinen versammelten Mitarbeitern. „Das Geschäft gehört niemandem. Niemand besitzt diesen Industriezweig. Das Geschäft gehört nur den besten – denjenigen, die dafür sorgen können, daß es wächst, produziert, am Leben bleibt. Heute sind wir in diesem Geschäft, aber morgen gehört es demjenigen, der besser ist."

Herausforderung aus dem Ausland

Seit Ende des Zweiten Weltkriegs spielt die amerikanische Industrie eine führende Rolle. Heute zielen ehrgeizige Manager in anderen Industrieländern auf die amerikanischen Schlüsselindustrien ab und versuchen, deren Märkte zu erobern. Regierungen und Unternehmer in der Dritten Welt betrachten ihre stark wachsende Bevölkerung und niedrige Lohnkosten als Wettbewerbswaffe, um die Produktion aus amerikanischen Betrieben abzuziehen und in ihre eigenen Fertigungszentren zu locken.

Die Weltbevölkerung wächst rasch. Bis zum Ende dieses Jahrhundert werden weitere 750 Millionen Menschen auf den weltweiten Arbeitsmarkt drängen – 90 Prozent davon außerhalb der Industrieländer. Welchen Lohnkostenvorteil haben dabei die Entwicklungsländer! Im Jahre 1984 betrug der Fertigungslohn (in US-Dollar zu jeweils gültigen Wechselkursen) in Mexiko, Korea, Malaysia und Taiwan im Durchschnitt etwas weniger als zwei Dollar pro Stunde. Dies entspricht etwa einem Sechstel des durchschnittlichen Fertigungsstundenlohns mit Lohnnebenkosten in den Vereinigten Staaten. In diesen Ländern ist bei der Montage von Elektronikteilen, Herstellung von Autoteilen und Textilien ein rascher Zuwachs zu verzeichnen. In Indien beträgt das gesamte Arbeitsentgelt umgerechnet 30 Cent pro Stunde. In China, das heute ein wichtiger Exporteur von Bekleidung und Schuhwerk ist, wird das Gesamtentgelt auf 25 bis 30 Cent pro Stunde geschätzt. Die indischen und chinesischen Lohnsätze entsprechen rund 5 Prozent der vergleichbaren amerikanischen Lohnsätze in der Bekleidungsindustrie und nur 3 Prozent der Lohnsätze in der gesamten amerikanischen verarbeitenden Industrie.

Hat es dieses Lohngefälle schon immer gegeben? War es früher von geringerer Bedeutung? Diese Fragen werden häufig gestellt, und sie sind durchaus berechtigt. Mit anderen Worten: Ist die Situation wesentlich anders als zuvor? Leider ist sie in ihrem Ausmaß anders. Die Lohnunterschiede sind wegen der Stärke des Dollars und des raschen Anstiegs des Lebensstandards in den Industrieländern nach dem Zweiten Weltkrieg größer, ein Anstieg, der im größten Teil der Dritten Welt keine Parallele hat.

Außerdem ist die Bedeutung der Lohnunterschiede für den Wettbewerb weit größer als in der Vergangenheit. Die Fortschritte in der Kommunikations- und Transporttechnik erleichtern den Einsatz von billigen Arbeitskräften in der Dritten Welt als Wettbewerbswaffe im Kampf um Marktanteile in den Industrieländern.

Diese Unterschiede in den Lohnkosten werden sich aller Wahrscheinlichkeit nach in den nächsten Jahren nicht zugunsten der USA verändern. Sie beruhen auf den ganz unterschiedlichen demographischen Gegebenheiten in den Industrieländern und den Ländern der Dritten Welt. In Amerika, Westeuropa, Japan, Südafrika und Argentinien wächst die Bevölkerung nur langsam. Die Bevölkerungen überaltern allmählich, da die geburtenstarken Jahrgänge nach dem Zweiten Weltkrieg älter werden und selbst nur wenige Kinder haben. Nur etwa 30 Prozent der Bevölkerung ist jünger als 20 Jahre.

In der Dritten Welt, wo die Mehrheit der Erdbevölkerung lebt, ist eine ganz andere Bevölkerungsdynamik zu beobachten. Die Bevölkerung wächst rasch, und ihr Durchschnittsalter sinkt. Mehr als 50 Prozent der Bevölkerung ist unter 20. Es herrscht massive Arbeitslosigkeit, und die Regierungen suchen verzweifelt nach sinnvollen Beschäftigungsmöglichkeiten. In weiten Teilen der Welt, vor allem in Lateinamerika, nimmt der durchschnittliche Lebensstandard seit zehn Jahren ständig ab, was auch zu politischen Unruhen führt.

Die Lohnkosten sind nicht der einzige Vorteil, den die neuen Wettbewerber mitbringen. Eine fähige Managerklasse hat sich entwickelt. Die Japaner sind seit einiger Zeit so erfolgreich und es wird so viel über sie berichtet, daß zahlreiche Manager nichts mehr von ihnen hören wollen. Andere Staaten versuchen, den Japanern nachzueifern. Ausländische Manager machen den amerikanischen Konkurrenz, indem sie offenkundige Schwächen für ihre eigene Marktstrategie nutzen.

Niedrige Lohnkosten allein genügen allerdings noch nicht, um sich erfolgreich dem Wettbewerb zu stellen. Wer sie jedoch mit aggressivem Marketing und einer gesunden Geschäftsstrategie zu kombinieren versteht, ist nur schwer zu schlagen.

Über die ausländische Konkurrenz äußerte ein Topmanager: „Manche Wettbewerbsnachteile müssen wir wahrscheinlich als gegeben hinnehmen. Bei unserem hohen Lebensstandard sind die Personalkosten einer dieser Nachteile. Das bedeutet, daß wir Wege finden müssen, um unsere Arbeitskraft das wert zu machen, was wir dafür bezahlen."

Immerhin sollten amerikanische Unternehmen aus der jüngsten Erfahrung gelernt haben, daß es sehr schwierig ist, das weniger lukrative Marktsegment widerstandslos an einen aggressiven Konkurrenten abzutreten und trotzdem die übrigen Segmente zu behalten.

Viele amerikanische Unternehmen hofften, die ausländische Konkurrenz ausschalten zu können, wenn die Regierung protektive Maßnahmen wie Einfuhrzölle einführte oder Gesetze zum Schutze des inländischen Marktes vor ausländischen Importen durchsetzte – selbst auf die Gefahr eines Handelskrieges hin. Obwohl amerikanische Firmen durch solche Maßnahmen anfangs tatsächlich geschützt werden können, haben Handelsschranken letztlich wenig Sinn, denn ausländische Unternehmen können sie umgehen, indem sie Betriebe in den Vereinigten Staaten kaufen und amerikanische

Arbeitskräfte einstellen. Aus der Sorge heraus, daß die amerikanische Regierung beginnen wird, die Binnenmärkte vor Importen zu schützen, kaufen ausländische Unternehmen in nie gekanntem Ausmaß Immobilien und Produktionsstätten in den Vereinigten Staaten.

Die Herausforderung von innen

Der neue Wettbewerb geht jedoch nicht nur vom Ausland aus. Für manche Unternehmen ist der ausländische Wettbewerb überhaupt nicht von Bedeutung, obwohl sie sich Wettbewerbsherausforderungen gegenüber sehen, die genauso schwerwiegend sind wie diejenigen, die von ausländischen Unternehmen ausgehen. In Wirklichkeit ist der Binnenwettbewerb, obgleich er weniger Publizität erhält, im heißen Wirtschaftklima unserer Zeit vielleicht sogar von größerer Bedeutung.

Die Technologie heizt den Wettbewerb zusätzlich an. Am Halbleiter ist deutlich geworden, was die Telefonindustrie aufgrund der staatlichen Regulierungsmaßnahmen lange Zeit nicht begriffen hat, nämlich daß Computer und Kommunikationstechnologie weitgehend zur gleichen Branche gehören. Daraus ergibt sich heute der unmittelbare Wettbewerb zwischen den Giganten der beiden Industrien, und das nicht nur in den Vereinigten Staaten, sondern weltweit.

Der Herausforderung begegnen

Wie reagieren die amerikanischen Unternehmen auf den verschärften Wettbewerb? Gehen sie in die Offensive? Versuchen sie, verlorene Märkte wiederzugewinnen, indem sie die Herausforderer aus dem Wettbewerb verdrängen? Manchen ist dies gelungen, aber allzu viele sind erfolglos geblieben.

In den USA wurden im Spätsommer 1983 Führungskräfte aus 224 Unternehmen über den wachsenden Wettbewerb befragt. Verglichen mit den Unternehmen, die keinem verstärkten Wettbewerb ausgesetzt waren, versuchten die meisten Unternehmen mit stärkerer Konkurrenz einfach nur, ihren Marktanteil zu halten. Zu einem

Der Herausforderung begegnen

gewissen Grad läßt sich eine solche defensive Einstellung rechtfertigen, wenn die Ressourcen fehlen, um aggressiv auf Wettbewerbsherausforderungen zu reagieren. Vielleicht könnten die Unternehmen aber auch mehr Ideenreichtum aufbringen, um ihren Konkurrenten besser entgegenzutreten.

So hat IBM seine Position in den 80er Jahren sehr erfolgreich gegen seine Konkurrenten verteidigt. Dieser Erfolg beruhte weitgehend auf den Bemühungen des Unternehmens in den 70er Jahren, die Herstellungskosten durch Verbesserung der Produktionsanlagen, Technologien und Geschäftsmethoden zu senken.

Leitende Angestellte des Unternehmens wurden befragt, ob sie diese Strategie stark unter Druck gesetzt habe und ob es schwer gewesen sei, die Manager und Angestellten dazu zu bringen, im voraus auf potentielle Wettbewerbsherausforderungen zu reagieren. Die Antwort war: „Unsere Nachforschungen haben ergeben, daß Unternehmen, die versuchen, an veralteten Produkten festzuhalten, die Kräfte ihrer Verkaufs- und Produktionsleute sehr schnell verschleißen. Rasche Veränderungen in der Technologie und bei den Produkten schaffen zwar einigen Streß, aber es bedeutet noch mehr Streß, wenn man versuchen muß, in allen Bereichen aufzuholen."

Aggressivität und Erfolg bringen auch Probleme mit sich. Dies trifft jedoch ebenso auf Abstieg und Fehlschläge zu. Die meisten Menschen ziehen die Probleme, die mit Wachstum und Erfolg zusammenhängen, den Problemen bei Abstieg und Fehlschlägen vor.

Der neue Wettbewerb wirkt sich auf erfolgreiche wie erfolglose Firmen gleichermaßen immer stärker aus. Auch Firmen, die selbst keine unmittelbare Konkurrenz haben, werden mit in den Strudel hineingezogen.

Durch den Wettbewerb stellt sich heraus, welche Unternehmen in einer Branche eine starke Position haben. Es zeigt sich, ob die Lieferanten oder die Kunden des zunächst vom Wettbewerb betroffenen Unternehmens in der stärkeren Position sind.

Die Abhängigkeit von nur einem Zulieferer, die immer als zu riskant galt, weil ein Streik oder ein anderes unvorhergesehenes Ereignis die Lieferungen gefährden konnte, feiert ein Comeback. Großunternehmen beteiligen sich heute am Aktienkapital ihrer Lieferanten, liefern Technologie, strecken Kapital vor und unterzeichnen langfristige Lieferverträge. Wegen der hohen Kosten dieser Verfahrensweise beschränken sie sich auf wenige Lieferanten eines bestimmten Produktes, so daß oft eine exklusive Zulieferbeziehung entsteht.

Wenn die Beziehung zwischen Lieferanten und Industriekunden so eng wird, stellt sich die Frage, ob die stärkeren Firmen nicht einfach den Lieferanten aufkaufen oder das Produkt selbst herstellen sollten, und manche greifen auch zu dieser Lösung. Oft jedoch glaubt die größere Firma, daß sie nicht zu so geringen Kosten wie die kleinere Firma arbeiten könne, vor allem, was die Personal- und Gemeinkosten betrifft.

Ein weiteres Symptom des verschärften Wettbewerbs ist es, daß manche Firmen größere Unternehmensbereiche einfach abstoßen, wenn zu befürchten ist, daß sie auf längere Zeit unrentabel bleiben werden. Manchmal versuchen die betroffenen Arbeitnehmer, einen Betrieb selbst zu übernehmen, und bleiben weiterhin Zulieferer an die ehemalige Muttergesellschaft. Durch Zugeständnisse der Beschäftigten und durch Senkung der Gemeinkosten können die Kosten dieser neuen eigenständigen Firmen verringert werden, so daß die Muttergesellschaft günstiger beliefert werden kann, als wenn sie die Produkte selbst herstellte.

Eine straffere Organisation ist eine weitere Folge des neuen Wettbewerbs. Personal- und Gemeinkosteneinsparungen, die man während der Rezession der frühen 80er Jahre vorgewonnen hat, werden aufrechterhalten. Während der Rezession verloren viele Angestellte im mittleren Management größerer Unternehmen ihren Arbeitsplatz. Eine Umfrage ergab, daß dies auf die meisten großen Unternehmen zutraf. In einer späteren Umfrage wurden Topmanager gefragt, ob sie glaubten, daß die wirtschaftliche Erholung des Unternehmens durch den Verlust dieser Positionen gefährdet sei. „Überhaupt nicht", lautete überwiegend die Antwort. „Sind die

Leute ersetzt oder die Stellen neu geschaffen worden?" – „Im allgemeinen nicht." – „Wer erfüllt jetzt ihre Aufgaben?"– „Ihre Aufgaben werden meist von Untergebenen und anderen Managern auf mittlerer Ebene erledigt."

Um dem Wettbewerb erfolgreich standhalten zu können, müssen Unternehmen die Kosten soweit wie möglich reduzieren und hier vor allem die Lagerkosten, weil Unternehmen, die ihren Lagerbestand gesenkt haben, als Ergebnis unerwartete Einsparungen in anderen Bereichen erlebten. So wirkt sich ein hoher Lagerbestand auch auf den Platzbedarf des Unternehmens aus – kostbare Quadratmeter Raum werden benötigt, die man anders gewinnbringender einsetzten könnte.

Auf strategischer Ebene wenden sich viele Industrieunternehmen wieder verstärkt ihren ursprünglichen Unternehmensbereichen zu. Manche Unternehmen stoßen solche Tochtergesellschaften ab, die mit ihrem ursprünglichen Geschäftszweck nur noch wenig zu tun haben. Andere erwerben eng damit zusammenhängende Firmen, um somit besser strukturierte Unternehmen zu schaffen, die effektiver geleitet werden können. Die Unternehmen konzentrieren sich mehr auf ihr Kerngeschäft und werden dadurch gestärkt.

Andere Firmen gehen genau umgekehrt vor. Zwei amerikanische Beispiele: Sears diversifizierte im Finanzdienstleistungsbereich. Citicorp begann, durch Kataloge, die den Rechnungen für Mastercard- und Visa-Kreditkarten beigefügt waren, Waren an seine Kunden zu verkaufen. Weit davon entfernt, ihr Geschäft auf einen Bereich zu konzentrieren, betreiben diese und andere bedeutende Unternehmen eine Diversifikation in Bereichen, die mit ihrem ursprünglichen Geschäftszweck nichts zu tun haben.

Ein gemeinsamer Wesenszug verbindet diese anscheinend völlig divergierenden Strategien. Die Unternehmen verfallen unter dem Eindruck des neuen Wettbewerbs keineswegs in wilden Aktionismus. Vielmehr versucht jedes Unternehmen, durch das, was es als seinen wesentlichen Marktvorteil betrachtet, eine größere Hebelwirkung zu erzielen.

Sears' größter Vorteil ist der Kontakt zu Millionen von Verbrauchern durch seine Einzelhandelskanäle. Citicorps größter Vorzug ist der Kontakt zu Millionen durch die Kreditkarten. Der nächste logische Schritt einer Wettbewerbsstrategie besteht in der Nutzung dieser Vorteile durch die Erweiterung des Produkt- und Dienstleistungsangebots.

Für viele Hersteller ist der wichtigste Wettbewerbsvorteil die eigene patentrechtlich geschützte Technologie oder das Management-Know-how. Die Hebelwirkung dieses Vorteils kann man am besten nutzen, indem man sich auf Vorhaben rückbesinnt, die unmittelbar mit der betreffenden Technologie oder dem Know-how zusammenhängen. Deshalb betreiben Einzelhandel und Finanzdienstleistungsbereich Diversifikation, während man sich in der Industrie wieder auf Technologie und Know-how konzentriert.

Eine der wesentlichen Quellen für die Wettbewerbskraft haben die Unternehmen jedoch bisher viel zu wenig genutzt: Es bestand immer die Tendenz, die Wettbewerbskraft in erster Linie beim Topmanagement zu suchen, in den Fähigkeiten und im Einsatz der Führungsspitze. Wie man jedoch am besten am Beispiel Japan sehen kann, geht eine beträchtliche Kraft vom Engagement und der Leistungsbereitschaft der Belegschaft aus, die eine gleichbleibend hochwertige Ware oder Dienstleistung hervorbringt. Um wettbewerbsfähig zu bleiben, stehen die amerikanischen Firmen nun vor der Herausforderung, diese Einsatzbereitschaft bei ihren Mitarbeitern zu fördern.

Wertschöpfung durch das Management

Ein erfolgreiches Unternehmen ist keine Finanzmaschine. Es ist eine menschliche Institution, die sorgfältig gehegt werden muß, um leben und gedeihen zu können. Diversifikation kann ein Unternehmen stärken, aber nur, wenn sie einen Schutz gegen das Auf und Ab des Marktes bietet.

Aktionäre können zumindest theoretisch selbst etwas zu ihrem Schutz tun, indem sie ihren Aktienbesitz streuen. Aber ein erfolg-

Wertschöpfung durch das Management

reiches Unternehmen schafft Werte durch die Mitwirkung anderer Partner: Lieferanten, Kunden, Kommunen, Darlehensgeber spielen hier eine Rolle. Diese Partner des Unternehmens können ihre Interessen nicht durch Streuung ihrer Aktien auf dem Finanzmarkt schützen. Und auch nicht alle Investoren können dies tun. Zum Beispiel können Angestellte mit kleinen Aktienbeteiligungen, die in den Aktienankaufsplan ihres Unternehmens eingebunden sind, keine Diversifikation betreiben. Die Arbeitsplätze der Mitarbeiter, die wirtschaftliche Infrastruktur einer Kommune und das Geschäft eines Lieferanten oder Kunden werden nicht durch Diversifikation geschützt. Und doch ist der Beitrag eines jeden Partners für den beständigen Erfolg eines Unternehmens notwendig. Die Diversifikation über ein konjunkturabhängiges Geschäft hinaus kann möglicherweise das Geschäft zugunsten seiner verschiedenen Partner schützen.

Es ist ermutigend, daß der neue Wettbewerb wieder klargemacht hat, welche Bedeutung der Wertschöpfung und den Fähigkeiten der Manager, Werte zu schaffen, in unseren Unternehmen zukommt. Nirgendwo ist der Respekt vor dem Manager deutlicher geworden als im Verhalten der Schlüsselfiguren bei der Gemeinde der Investoren – den Venture-Capital-Gebern.

Jedes neu gegründete Unternehmen, das Kapital braucht, erstellt einen ausführlichen Geschäftsplan und Prognosen über die voraussichtlichen Einnahmen und Ausgaben für mehrere Jahre. Produkte werden vorgeführt, Patente analysiert. Doch überraschenderweise richten sich die Kapitalgeber wenig nach den einzelnen Geschäftsplänen. Sie sind davon überzeugt, daß man sich auf Zahlen, das heißt Umsatz- und Gewinnprognosen, nicht verlassen kann.

Welche sind also die wichtigsten Kriterien für die Vergabe von Venture-Kapital? „Man setzt immer auf die Manager", meinte ein erfolgreicher Kapitalgeber. „Man hält sich entweder an einen Manager, der bereits in der Branche erfolgreich ist, oder, wenn er noch keine Erfolge nachweisen kann, hält man sich an jemanden, den man kennt und in den man Vertrauen hat."

Für viele Unternehmer, die Risikokapital brauchen, sind diese Kriterien entmutigend. Wenn sie keine Leistungen vorweisen können und der Kapitalgeber sie nicht persönlich kennt, ist finanzielle Unterstützung nur unter großen Schwierigkeiten zu erreichen. Ein Manager, der bereits geschäftliche Erfolge vorweisen kann, wendet sich vielleicht mit einem durchschnittlichen Produkt oder einer mittelmäßigen Dienstleistung an den Kapitalgeber und erhält die gewünschte Finanzierung. Ein anderer dagegen, der ein überlegenes Produkt oder eine hochwertige Dienstleistung anbieten kann, aber noch unbekannt ist, bekommt möglicherweise kein Geld.

Dies zeigt, wie wichtig ein hochklassiges Management für ein Unternehmen sein kann – wichtiger oft als das Produkt oder die Dienstleistung, die die Firma anbietet.

Manager müssen reagieren

Wettbewerbsfähigkeit erfordert nicht nur Innovationen, sondern man muß auch darauf achten, ob und wie diese Innovationen durchgeführt werden. Sorgfältig erdachte Geschäftsstrategien können nur dann erfolgreich sein, wenn sie in die praktische Realität umgesetzt werden. Selbst Consulting-Unternehmen, die in den 70er Jahren eine Blüte erlebten, indem sie strategische Planungsdienste anboten, müssen in jüngerer Zeit angesichts ihrer rückläufigen Geschäfte zugeben, daß ihre Kunden mehr tun müssen als planen.

Doug Howell legte beim Consulting-Unternehmen Arthur D. Little in den 70er Jahren besonderen Wert auf Produktivität, als dies in den Kreisen der amerikanischen Topmanager noch kein populäres Konzept war. Zu Beginn der 80er Jahre wurde er President der Hyatt-Clark Industries, einer Division, die General Motors wegen zu hoher Kosten abgestoßen hatte und die daraufhin von den Mitarbeitern der Division gekauft wurde. Seine Tätigkeit bei Hyatt-Clark bestärkte Howell in seiner Überzeugung, daß die Produktivität für den Geschäftserfolg von großer Bedeutung war. Als er die Hyatt-Clark Industries verließ, kehrte Howell wieder in die Welt der Unternehmensberatung zurück und ging zu Bain and Company, einem führenden strategischen Planungsunternehmen. Dort argumentierte er, daß ein Unternehmen heute nicht über Strategie reden könne, ohne zugleich über Produktivität zu sprechen, weil Kostenkontrolle der Schlüssel zur Wettbewerbsfähigkeit sei.

Versicherungsgesellschaften haben von jeher Außendienstmitarbeiter oder Vertreter eingesetzt. Sie haben sich jedoch nie viel um Marketing gekümmert. Die rasche Inflation gegen Ende der 70er Jahre war für sie ein brutaler Schock, da Millionen von Verbrauchern keine normalen Versicherungen mehr abschlossen. Im Jahre 1980 standen einige der größten amerikanischen Versicherungsunternehmen vorübergehend vor dem Konkurs. Ein Rückgang der Inflation brachte die Rettung, aber die Deregulation führte dazu, daß viele neue Unternehmen in den Finanzdienstleistungsbereich eindrangen. Die Versicherungsgesellschaften hatten immer noch ihre Außendienstmitarbeiter, aber hatten sie auch noch die richtigen Produkte?

Eine Versicherungsgesellschaft in Boston stellte eine Marketing-Task-Force auf und ernannte einen der intelligentesten jungen Führungskräfte des Unternehmens zu ihrem Leiter. Mit der Task Force waren eine Marketing-Abteilung und eine neue Palette finanzieller Dienstleistungsprodukte ins Leben gerufen worden.

Der Leiter dieser Task Force meinte dazu: „Ich habe gelernt, daß man zweierlei kennen muß, um in diesem scharfen Wettbewerb zu bestehen: Das erste sind die Kunden. Wir müssen unseren Vertretern Produkte an die Hand geben, die sie verkaufen können. Vor sieben Jahren waren 80 Prozent unseres Umsatzes Lebensversicherungen auf den Todesfall. Heute sind 60 Prozent fondsgebundene und dynamische Lebensversicherungen. Und das zweite, was man genau kennen muß, sind die Kosten. Sonst kann man zwar die neuen Produkte verkaufen, aber kein Geld verdienen."

Zwei fundamentale Voraussetzungen einer erfolgreichen Unternehmensführung – die Wünsche der Kunden zu verstehen und die Kosten im Auge zu behalten – waren jahrelang bei solchen Unternehmen in Vergessenheit geraten, die durch gesetzliche Vorschriften oder den Mangel an Konkurrenz vor dem Wettbewerb ge-

schützt waren. Unter dem Eindruck verschärften Wettbewerbs jedoch muß die Industrie mehr denn je auf die folgenden Schlüsselkonzepte erfolgreichen Marketings zurückgreifen:
- *Primärnachfrage:* die Vorstellung, daß die Gesamtnachfrage nach einem Produkt von Verbraucherbedürfnissen, vom Lebenstil der Menschen erzeugt wird.
- *Lebenszyklus des Produkts:* die Vorstellung, daß jedes Produkt, sei es eine Lebensversicherung oder ein Dosenöffner, verschiedene Phasen durchläuft, in denen die Zahl der Wettbewerber, das Verhältnis von Werbungkosten zu Umsatz und dergleichen sich ändern.
- *Marktsegmente:* die Einteilung von Verbrauchern einer Produktklasse in Gruppen, die unterschiedlich angesprochen werden müssen.
- *Produkt-/Marktanpassung:* die Notwendigkeit, Produkteigenschaften, Preis, Vertriebswege und Kundendienstleistungen jedem Marktsegment anzupassen.
- *Mit einer ungewissen Zukunft fertig werden:* Ein Manager muß Entscheidungen über Produkte und Marketing treffen, obgleich es unmöglich ist, das künftige wirtschaftliche Umfeld seines Unternehmens vorauszusehen.[1]

Das Umfeld eines Unternehmens ist von vielen Ungewißheiten gekennzeichnet, wie etwa der technologischen und konjunkturellen Entwicklung, aber die Hauptungewißheit wird durch den Wettbewerb selbst geschaffen: Was werden die Wettbewerber tun? Für viele Unternehmen bedeutete Wettbewerb in den vergangenen Jahren niedrige Preise; das Unternehmen mußte bei jeder verkauften Einheit einen Verlust hinnehmen, um seinen Anteil am Gesamtmarkt zu behalten.

Manche Finanztheoretiker meinen, daß Unternehmen dieser Wettbewerbsfalle durch bessere Planung entgehen können. Es ist jedoch mehr erforderlich als nur eine differenziertere Analyse der verschiedenen Investitionsmöglichkeiten für ein Unternehmen, die möglicherweise nach einem der quantitativen Finanzoptionsmodelle erstellt wird, die in den letzten Jahren entwickelt wurden. Bei der Wahl einer Strategie kommt es entscheidend darauf an, wie die

Wettbewerber reagieren werden, aber das können die Manager oft nicht vorausahnen. Die praktische Frage lautet nicht, ob man in ein neues Produkt oder Unternehmen investieren soll, wenn man die wahrscheinlichen Konsequenzen vorhersehen kann, sondern vielmehr, was zu tun ist, wenn die Reaktion der Wettbewerber unbekannt ist.

Deshalb verlassen sich erfolgreiche Unternehmen weniger auf sorgfältig ausgedachte Pläne als vielmehr auf eine anpassungsfähige Organisation. Die Mitarbeiter eines Unternehmens werden zum Schlüssel seiner Unternehmensstrategie; nicht in dem Sinne, daß sie Strategien entwickeln und Ziele setzen, sondern daß sie die Strategien in die Tat umzusetzen, indem sie sich an das sich ständig wandelnde Umfeld anpassen und auf die Schachzüge der Wettbewerber reagieren.

Spitzenmanager verlassen sich auf die Anpassungsfähigkeit ihrer Organisation, um dem zunehmenden Wettbewerb zu begegnen. Sie suchen nicht nach einer strategischen Antwort, einem bestimmten Plan oder einer Idee, sondern nach dem strategischen Reaktionsvermögen, das das Unternehmen dem Können und dem Engagement seiner Mitarbeiter verdankt.

Die wichtigste geschäftsstrategische Frage der 60er und 70er Jahre lautete: „In welchem Geschäftszweig sind wir tätig oder wollen wir tätig sein?" Sobald ein Unternehmen einmal das Bedürfnis ermittelt hatte, das seine Produkte bei den Verbrauchern befriedigte, ergab sich daraus eine Reihe von Entscheidungen über Marketing, Produktion und Investitionen. Diese Erkenntnis trug dazu bei, die Entwicklung der strategischen Unternehmensplanung und der sie begleitenden Beratungspraktiken zu beschleunigen.

Doch dabei übersah man die Frage, wie man vorgehen sollte, um in diesem Geschäft erfolgreich zu sein. Man ging davon aus, daß das Unternehmen, wenn man erst einmal ein Geschäftsziel gewählt hatte, ohne größere Schwierigkeiten Erfolg haben würde.

Der verstärkte Wettbewerb der letzten Jahre hat vielen Unternehmen jedoch keine Gewinne, sondern Verluste gebracht. Als Reaktion darauf begann man sich in den 80er Jahren, bevor man sich für einen bestimmten Geschäftszweig entschied, die Fragen zu stellen: „Wer sind wir? Wie sehen uns unsere Kunden? Wie sehen uns unsere Mitarbeiter? Wie sehen wir uns selbst?" Am Ende dieser Liste steht die zentrale Frage der Unternehmensstrategie, die sich nicht mehr auf ein Ziel konzentriert, sondern vielmehr auf seine praktische Umsetzung. „Welche Aufgabe kann dieses Unternehmen gut erfüllen? Worin liegen seine Stärken und Schwächen? Was kann das Unternehmen erreichen?" Erst nachdem diese Fragen beantwortet sind, wird die Frage „In welchem Geschäftsfeld wollen wir tätig sein?" sinnvoll.

Der Schleier des Geheimnisses

Eine solche Anpassungsfähigkeit kann man nur durch fortgesetzte Bemühungen erreichen. Viele Manager haben gelernt, selbst wichtige Beiträge zu leisten, können aber nicht delegieren, damit auch andere dies lernen. Sie haben gelernt, wie sie Untergebene lenken und kontrollieren, aber nicht, wie sie sie motivieren können. Schließlich haben Manager die Techniken der Disziplin am Arbeitsplatz gelernt, ohne zu wissen, wie sie Engagement und Loyalität der Mitarbeiter erreichen und erhalten können.

In den letzten Jahren haben viele Manager jedoch allmählich erkannt, daß Delegation, Motivation und Engagement für den Geschäftserfolg von zentraler Bedeutung sind. Spitzenunternehmen, die das begriffen haben, wissen auch, wie sehr dies ihre Wettbewerbsfähigkeit fördert. Sie erkennen, daß ihre Konkurrenten, die diese Lektion nicht gelernt haben, auf dem Markt ganz deutlich ins Hintertreffen geraten.

„Wir sind eines der bestgeführten und eines der fünf ertragsstärksten Unternehmen in den Vereinigten Staaten", sagte der Senior Vice President einer Supermarktkette im Osten der USA. „Wir planen die Entwicklung unserer Mitarbeiter, weil dies zur Stabilität unseres Unternehmens beiträgt. Man muß planen, damit man keine Pannen erlebt. Ein Unternehmen kann nicht bis zur letzten Minute warten, um qualifizierte Leute zur Verfügung zu haben."

Welchen Stil hat das Unternehmen im Umgang mit seinen Managern? „Partizipativ", antwortete er. „Ich möchte keine Auskunft darüber geben, was wir genau machen, denn ich will nicht, daß unsere Konkurrenten dies erfahren."

Der President einer Konkurrenzfirma hatte eine andere Auffassung: „Wir sind an Personalplanung nicht interessiert", sagte er. „Das Land befindet sich in einer Rezession. Es ist heute nicht schwer, Leute zu bekommen. Sie sind motiviert, weil die Arbeitsmarktlage schlecht ist. Wir sind nicht daran interessiert, mehr zu tun."

Der Unterschied zwischen diesen beiden Topmanagern konkurrierender Firmen ist eklatant. Der eine arbeitet mit Eifer daran, seine Organisation für die Zukunft zu rüsten. Der andere gibt sich damit zufrieden, was ihm das äußere wirtschaftliche Umfeld bringt. Kein Wunder, daß der erste Topmanager keine Einzelheiten über seine Bemühungen bekanntgeben will. Warum sollte er es riskieren, einen Konkurrenten aus dem Dornröschenschlaf zu wecken?

Eine weitere Firma der gleichen Branche war gerade dabei, sich zu dieser Frage Gedanken zu machen. „Wir stoßen auf einen immer stärkeren Wettbewerb", sagte der Betriebsleiter. „Wir sind sehr bemüht, unsere Kosten zu senken. Wir möchten, daß unsere Mitarbeiter Vorschläge machen. Wir versuchen, ein Programm aufzustellen und informieren uns so gut wie möglich."

Aus Angst, seine Konkurrenten würden aufwachen und den Vorsprung sehen, den er insgeheim gewonnen hat, hüllt sich der erste der befragten Topmanager in Schweigen. So führt der Wettbewerb dazu, daß sich ein Schleier des Geheimnisses über die ideenreichsten Bemühungen von Managern senkt, die versuchen, damit einen Wettbewerbsvorteil zu gewinnen.

In den folgenden Kapiteln wollen wir diesen Schleier lüften, um die Grundlagen und Methoden des neuen Managements zu verdeutlichen.

3. Kapitel

Das betriebliche Bermudadreieck

Die Kommunikation innerhalb eines Unternehmens ist von entscheidender Bedeutung. Heute gibt es in den meisten großen Unternehmen eine Art Bermudadreieck, in dem viele wichtige Informationen zu verschwinden scheinen oder verstümmelt werden. Die Leute auf der obersten und der untersten Ebene bekommen zu wenige oder sogar falsche Informationen. Um dies zu ändern, müssen die Manager sich besonders bemühen, die Informationen, die sie erhalten, deutlich zu formulieren und weiterzuleiten. Durch bessere und andere Arten der Kommunikation können Manager die Wettbewerbsfähigkeit des Unternehmens positiv beeinflussen. Eine hohe Leistung wird möglich, wenn Mitarbeiter verstehen, was getan werden soll und warum. Manager müssen ihre Mitarbeiter außerdem so motivieren, daß diese freiwillig ihren optimalen Beitrag leisten.

Vor mehreren Jahren übernahm ein neues Managementteam ein bedeutendes Unternehmen, das in den Jahren zuvor stagnierende Umsätze und Erträge auswies. Diese Manager bemerkten mit Besorgnis die unzureichende Arbeitsmoral und mangelnde Leistung der Mitarbeiter. „Die Mitarbeiter dieses Unternehmens sind in der Vergangenheit schwer vernachlässigt worden", meinte der neue Chairman dazu. „Man hat ihnen keine besondere Aufmerksamkeit geschenkt, und sie fühlen sich dadurch mittelmäßig. Dies kommt in ihrer Einstellung zur Arbeit zum Ausdruck."

Um dem abzuhelfen, beschloß man, mit den Mitarbeitern in Kontakt zu treten, und entwickelte ein Programm, demzufolge sich jeder mit Beschwerden oder Anfragen direkt an die Personalleitung des Konzerns wenden konnte.

Ein Sicherheitsventil

Dieses Programm sah folgendes vor: Zuerst sollten sich die Mitarbeiter mit ihrem Problem an ihren unmittelbaren Vorgesetzten wenden. Wenn sie mit der Behandlung ihres Problems unzufrieden waren oder es für angebracht hielten, über den unmittelbaren Vorgesetzten hinauszugehen, konnten sie als zweiten Schritt auf besonderen Formularen direkt an den Programmkoordinator schreiben. Sie sollten das Formular zwar unterschreiben, es wurde ihnen jedoch Vertraulichkeit zugesichert. Drittens konnten Angestellte, die immer noch unzufrieden waren, ein Gespräch mit dem Chairman führen. Man erwartete, daß nur wenige solcher Gespräche anfallen würden, so daß der Chairman sie gut bewältigen konnte.

Das Programm stieß beim gesamten Topmanagement mit Ausnahme des Chairmans auf beträchtliche Skepsis und Widerstand. „Das Programm ist völlig überflüssig, wenn unsere Manager gut führen", wandte ein Vorstandsmitglied ein. „Es sprengt die Befehlskette und unterminiert die Autorität der Linienführungskräfte. Das wichtigste Kommunikationsglied in jeder Organisation ist die Verbindung zwischen dem Mitarbeiter und seinem unmittelbaren Vorgesetzten, und dieses Programm legitimiert, daß der Mitarbeiter dieses Bindeglied übergeht."

„Die Manager werden sich selbst nicht mehr für die Kommunikation verantwortlich fühlen", meinte ein anderer. „Sie werden sagen: ‚Wenn die Konzernleitung mit den Mitarbeitern sprechen will, soll sie das tun, nicht ich.'"

„Wir wissen, daß die Vorgesetzten das nicht mögen", sagte ein anderer. „Manche meinten sogar, mit diesem Programm solle ihre Tätigkeit überwacht werden. Andere glaubten, daß die Mitarbeiter ihnen damit eins auswischen könnten. Warum sollten wir diese wichtige Gruppe von Managern unnötig vor den Kopf stoßen?"

Ein weiterer Topmanager brachte Einwände gegen die administrative Seite des Programms vor: „Man wird uns triviale Fragen stellen", sagte er. „Die Manager werden sich mit Bagatellen abgeben müssen. Die Durchführung des Programms wird teuer, weil die Leute den Koordinator mit albernen Beschwerden und Fragen überschwemmen werden."

„Und es wird bei den Mitarbeitern zu hohen Erwartungen führen", gab das letzte Komiteemitglied zu bedenken. „Sie werden glauben, sie könnten die Dinge schon dadurch verändern, daß sie einen Beschwerdebrief schreiben. Wenn das nicht geschieht, werden sie enttäuscht sein. Dieses Programm wird die Moral nicht verbessern, sondern schädigen. Und wenn die Leute sehen, daß es nicht funktioniert, werden sie es auch nicht mehr anwenden."

Der Chairman führte das Programm dennoch ein. In den ersten drei Monaten gingen 53 Anfragen und Bitten um ein Gespräch mit dem Chairman ein – eine Zahl, die durchaus zu bewältigen war. Die Anfragen waren unterschiedlich. Zum Beispiel schrieb die Sekretärin Lucy Murphy an den Koordinator: „Ich möchte eine Beschwerde vorbringen, weil ich mein Überstundengeld nicht bekommen habe. Als Sekretärin von Stephen Lloyd habe ich in den letzten drei Monaten etwa 60 Überstunden gemacht. Meine Arbeit erfordert, daß ich nach Geschäftsschluß an mindestens drei Abenden pro Woche noch bleibe und meine Schreibarbeiten fertigstelle. Jedoch weigert sich Mr. Lloyd, meine Kontrollkarte zu unterschreiben. Er sagt, ich müßte in der Lage sein, meine Arbeit innerhalb der regulären Arbeitszeit zu erledigen – aber das schaffe ich wirklich nicht. Ich habe jemandem von dieser Situation erzählt, und man hat mir gesagt, ich hätte ein Recht auf meinen Überstundenlohn. Können sie das bitte klären? Ich hätte gerne das Geld, das ich rechtmäßig verdient habe."

Zuvor hatte der Koordinator ein kleines Komitee von Managern eingerichtet, das ihn beraten sollte. Lucy Murphys Beschwerde war die erste, die er dem Komitee vorlegte. „Was sollen wir damit machen?" fragte er.

„Wir müssen herausfinden, ob das stimmt", sagte ein Manager.

„Wie können wir das tun, ohne mit Lloyd zu sprechen?" fragte ein anderer.

„Aber wenn wir mit Lloyd sprechen, können wir Lucy Murphys Anfrage nicht vertraulich behandeln."

„Wenn das stimmt, was sie sagt, muß sie das Überstundengeld bekommen. Das ist gesetzlich vorgeschrieben."

„Aber wenn wir ihr das Geld bezahlen, wird Lloyd ihr vielleicht kündigen."

„Wegen der Beschwerde über ihren Überstundenlohn? Das wäre illegal."

„Nein, weil sie ihre Arbeit nicht während der regulären Arbeitszeit erledigt."

„Wir können das prüfen", sagte einer. „Lassen Sie uns Lloyds Leistungsbeurteilungen für Lucy Murphy anschauen. Darin müßte etwas stehen, wenn ihre Leistungen nicht gut sind."

„Ich weiß nicht", antwortete ein anderer. „Wahrscheinlich wird darin stehen, daß sie prima ist. Viele unserer Manager schreiben in diesen Beurteilungen nicht die Wahrheit, vor allem nicht, wenn sie ungünstig sind, weil der Mitarbeiter sie zu sehen bekommt."

„Nun, wenn Lloyd sie als zufriedenstellend, gut oder ausgezeichnet beurteilt hat, dann hat er keine Grundlage, ihr wegen mangelnder Leistungen zu kündigen."

„Vielleicht ist das nur die Spitze des Eisbergs", meinte der Koordinator. „Vielleicht schreibt Lucy Murphy für eine Gruppe von Leuten."

„Vielleicht sollten wir nur einen Brief an alle Vorgesetzten schikken, einschließlich Lloyd, um sie an ihre gesetzliche Pflicht bezüglich der Überstundenbezahlung zu erinnern."

„Nun, das könnte etwas Gutes bewirken – aber es wäre möglich, daß Lloyd die Vorschriften auch weiterhin mißachtet."

„Wenn es wirklich zutrifft, daß er sie mißachtet! Wir wissen das ja noch nicht sicher. Wir haben noch nicht nachgeforscht."

„Aber wenn wir zu Lloyd gehen, wird er herausfinden, daß Lucy Murphy sich beschwert hat, und dann haben wir die Zusage gebrochen, die Mitarbeiteranfragen vertraulich zu behandeln."

„Nun", unterbrach der Koordinator, „wir sind bei der Lösung dieses Falls noch keinen Schritt weiter gekommen. Wenden wir uns dem nächsten Fall zu."

„Ich bin wissenschaftlicher Mitarbeiter ohne Geschäftsbereich, deshalb darf ich nicht auf dem Managerparkplatz parken, der, wie Sie wissen, etwas näher am Haupteingang unseres Gebäudes liegt. Ich sehe ein, daß es gewisse Privilegien gibt, die zum Managerstatus gehören – aber dieses halte ich nicht für sinnvoll. Ich komme jeden Morgen um 7 Uhr zur Arbeit, das heißt mindestens eine Stunde vor den anderen. Ich sehe nicht ein, warum ich in der hintersten Ecke parken muß, wenn ich so früh komme. Es ist wirklich lästig und unangenehm, bei Kälte und Schnee so weit über einen leeren Parkplatz zu laufen. Ich beantrage eine Veränderung dieses Systems. Statt dessen sollte man ein System nach dem Motto ‚Wer zuerst kommt, mahlt zuerst' einführen."

„Legen Sie das weg", rief eines der Gruppenmitglieder. „Werfen Sie das in den Papierkorb!"

„Wer hat das geschrieben?" rief ein anderer. „Das ist das dümmste Zeug, das ich je gehört habe. Muß ich meine Zeit damit verschwenden?"

Ein Sicherheitsventil

„Warten Sie einen Moment", wandte ein Dritter ein, „ich glaube, er hat recht. Er sollte nicht so weit zu Fuß gehen müssen nur wegen der reservierten Parkplätze. Er leistet ebenso seinen Beitrag wie die Manager."

„Meinen Sie das ernst?"

„Ja, ich meine es ernst. Wie würden Sie ihm unsere Politik erklären?"

„Ich würde ihm sagen, es ist ein Vorrecht der Manager. Wenn er mal Manager wird, bekommt auch er einen reservierten Parkplatz."

„Na, ich weiß nicht", meinte ein anderer. „Wir haben ja deshalb reservierte Parkplätze, weil die Manager tagsüber oft wegfahren müssen und wieder zurückkommen. Wir könnten ihm das erklären."

„Wissen Sie, er ist vielleicht nicht der einzige Mitarbeiter, der sich darüber aufregt. Wir möchten doch, daß sich unsere Mitarbeiter als Teil eines Teams fühlen, nicht als Angestellte zweiter Klasse."

„Was sollen wir jetzt tun?" fragte der Koordinator.

„Wir könnten unsere Politik öffentlich darlegen und erklären", schlug einer vor.

„Wir könnten sie überprüfen und ändern", konterte ein anderer.

„Laßt uns einen anderen Brief besprechen", meinte der Koordinator.

„Ich schreibe diesen Brief, weil ich darin den letzten Ausweg sehe. Ich habe große Probleme mit meinem Chef, der, nebenbei bemerkt, verheiratet ist und zwei Kinder hat. Er ist seit sechs Monaten mein Vorgesetzter. In den ersten drei Monaten ging alles gut; er hat mir sehr viel beigebracht und mir bestätigt, daß ich meine Arbeit gut mache. Im großen und ganzen war ich mit meiner Aufgabe zufrieden. Dann ging ich eines Abends mit ein paar Kollegen nach Geschäftsschluß zum Essen. Wir blieben ziemlich lange. Ich habe meinen Chef nicht dazu ermutigt, aber er begann, eindeutige Annäherungsversuche zu machen. Das Ganze hat mich ziemlich durcheinandergebracht. Erstens bin ich nicht dafür, mich mit verheirateten Männern einzulassen, und zweitens habe ich es mir zum Grundsatz gemacht, nicht mit Männern aus der eigenen Firma auszugehen. Ich sagte ihm gerade heraus, daß ich an einer intimen Beziehung nicht interessiert sei und er mich bitte in Ruhe lassen möge. Er wurde ärgerlich, und aus seinem Bemerkungen war zu entnehmen, daß mein Arbeitsplatz in Gefahr sei. Seit diesem Abend ist alles anders geworden. Mein Chef ist seither sehr abweisend. Die Art und Weise, wie er mich behandelt, behindert mich in meiner Arbeit. Er gibt mir inzwischen keine Hilfe oder Anleitung mehr. Ich bekam viele mühsame und langweilige Aufgaben und bin von mehreren Abteilungsbesprechungen ausgeschlossen worden. Gelegentlich macht er jedoch vielsagende Bemerkungen und erneute Annäherungsversuche."

Der Koordinator reagierte irritiert, als er von einigen Seiten ein Kichern vernahm: „Hier gibt es nichts zu lachen. Das sind schwerwiegende Beschuldigungen. Sexuelle Belästigung ist gesetzeswidrig."

„Aber wir wissen gar nicht, ob es stimmt. Es ist genau wie bei der Überstundenbeschwerde, es ist nur eine Beschuldigung. Irgend jemand muß mit ihrem Chef reden."

„Aber wir haben ihr Vertraulichkeit zugesichert."

„Vielleicht sollten wir uns da heraushalten und sehen, ob sich noch etwas anderes ereignet."

„Das kann uns ganz schnell ein Verfahren wegen sexueller Belästung einbringen. Wir sind informiert worden, und wenn wir nichts tun, sieht es aus, als ob die Firma solche Dinge dulde."

„Wenn ich ihr Chef wäre, so wollte ich, daß dieser Sache nachgegangen wird. Wenn es nicht wahr ist, wolltet ihr etwas wie dies in den Personalunterlagen stehen haben, ohne jemals die Möglichkeit zu haben, die Sache richtigzustellen? Natürlich nicht!"

„Aber es ist wahrscheinlich wahr", schloß einer.

Ein Sicherheitsventil

„Wie können Sie das sagen?" wurde er angegriffen.

„Es liest sich, als ob es wahr wäre. Niemand könnte so etwas einfach erfinden." Er machte eine Pause. „Und das kommt oft vor – überall."

„Mein Nachbar hatte vor kurzem mit einem ähnlichen Problem zu tun", warf ein anderer ein, „und er erzählte mir davon. Mein Nachbar leitet ein Unternehmen mit etwa 200 Mitarbeitern. Er hat einen erstklassigen Ingenieur, der für die Firma wirklich wichtig ist. Aber es ist ein dicker, nicht sehr attraktiver Typ. Jeden Freitagabend nach der Arbeit verbrachte er mit seinen Mitarbeitern einige Stunden in einer Kneipe. Irgendwann erfuhr mein Nachbar, daß dieser Ingenieur seinen Mitarbeiterinnen gegenüber zudringlich wurde, sie anfaßte und so weiter. So fragte ich meinen Nachbarn: ‚Was hast du getan?' – ‚Ich mußte einfach etwas tun', sagte er, ‚weil der Ingenieur wirklich gut war und ich ihn nicht verlieren wollte. Aber ich konnte das nicht weiter mit ansehen. So bestand ich darauf, daß er am nächsten Freitagabend zu einem Gespräch in mein Büro kommen solle, genau zu der Zeit, als er mit den anderen ausgehen wollte. Er war etwas verärgert darüber, weil er bei seiner Gruppe sein wollte, und sagte mir das auch. Darauf sagte ich ihm, das sei genau der Punkt, weshalb ich mit ihm reden wolle. Er müsse aufhören, seine Mitarbeiterinnen anzufassen. Zuerst machte er sich darüber lustig. Er meinte, daß es doch nur zum Spaß sei und die Mädchen das auch mochten.

Ich sagte ihm, dies träfe nicht zu und daß sie sich bei mir darüber beschwert hätten. Er hörte auf zu lachen und begann sich zu winden.

Er meinte, daß er diese Zusammenkünfte wirklich gerne möge, daß er hart arbeite und eigentlich für sie lebe.'

Mein Nachbar erwiderte daraufhin, daß er das wisse, er aber dennoch damit aufhören müsse und daß ihn eben nicht jeder so gern hätte.

Mein Nachbar saß nur da, während der Ingenieur diese Mitteilung verdaute. Schließlich sagte dieser, daß er nicht wisse, was er am Freitagabend tun solle und sich so einsam fühle.

‚Ich weiß', meinte mein Nachbar. ‚Aber Sie können da nicht mehr hingehen. Noch nicht. Wir beide wissen, daß Sie das Problem noch nicht im Griff haben ...'"

Das Komitee schwieg längere Zeit, bis sich die Gedanken der Mitglieder wieder dem Brief zuwandten, der vor ihnen lag. „Also müssen wir es nachprüfen", meinte er. „Die Frau hat ein Recht auf Nachforschung und ihr Chef ebenfalls. Und die Firma kann in zu große Schwierigkeiten geraten, wenn wir der Sache nicht nachgehen."

„Aber was ist mit der Vertraulichkeit?"

„Also, laßt uns zuerst zu ihr gehen. Wir werden ihr sagen, daß dies sehr schwerwiegende Beschuldigungen sind. Wenn sie bei ihrer Behauptung bleibt und die Beschuldigungen erhärten kann, müssen wir Nachforschungen anstellen und mit ihrem Chef und ihren Kollegen als Zeugen reden. Wir können sie versetzen, wenn sie das wünscht."

„Ich glaube, wir besprechen dies besser mit einem Rechtsanwalt", meinte der Koordinator. Dann schloß er mit den Worten: „Das war unsere erste Besprechung, und ich glaube, es ist ziemlich klar geworden, warum wir ein solches Programm brauchen. Ich kann mir wirklich nicht vorstellen, daß eine der beiden Frauen mit ihren Beschwerden zu ihrem jeweiligen Vorgesetzten gegangen wäre, eben weil die Vorgesetzten selbst das Problem sind.

Wahrscheinlich verhalten sich die meisten unserer Vorgesetzten nicht so, aber wir führen besser einige Besprechungen und Schulungsprogramme ein, um das sicherzustellen. Die Mitarbeiter sollten sich mit ihren Sorgen in den meisten Fällen an ihre Vorgesetzten wenden, so wie Sie es im allgemeinen befürworten, und dann den Instanzenweg nach oben weitergehen. Aber wir brauchen dieses Sicherheitsventil für schwierige Fälle."

Herausfinden, was los ist

Der Gegensatz zwischen der Arbeitsweise an der Führungsspitze und der auf der unteren Ebene eines Unternehmens ist heute sehr groß. In den letzten Jahren hat sich in vielen Firmen eine beträchtliche Offenheit, Flexibilität und Formlosigkeit in der Kommunikation und den Beziehungen zwischen den Managementteams entwickelt. Die Manager leisten ihre Beiträge zu aktuellen Problemen, ohne die Funktionen klar abzugrenzen. Die einzelnen erkennen, daß sie Bestandteil eines Teams sind, das gemeinsame Ziele verfolgt. Wenngleich auch persönlicher Ehrgeiz, Eifersucht und Leistungswettbewerb auftreten, wie es in jeder Gruppe von Individuen der Fall ist, so werden doch in den meisten Firmen die Beziehungen untereinander davon nicht beherrscht.

Auf der unteren Organisationsebene, wo große Gruppen von Angestellten oder Arbeitern versammelt sind, herrscht ein ganz anderes Klima. In den meisten Unternehmen blüht die Bürokratie. Die Mitarbeiter sind weitgehend auf ihren eigenen Aufgabenbereich beschränkt, arbeiten unter strenger Aufsicht, und es fehlt ihnen an der Offenheit und Flexibilität der oberen Managementebenen.

Unter den Managern sind die Kommunikationsabläufe interaktiv; sie ermöglichen für beide Seiten fruchtbare Diskussion zwischen Menschen und Funktionen verschiedener Ebenen. Auf der unteren Ebene der Organisation verläuft die Kommunikation in eine Richtung, im allgemeinen von oben nach unten, durch schriftliche und mündliche Anweisungen. Weil jedoch alle Menschen Offenheit und Interaktion in der Kommunikation wünschen und davon profitieren, sind Leistung und Zufriedenheit auf der unteren Ebene der Organisation oft weit geringer als an der Spitze.

In den umfangreicheren mittleren Ebenen eines Unternehmens, im mittleren Management und bei Angestellten mit hohem akademischem Ausbildungstand gibt es ein großes schwarzes Loch, ein betriebliches Bermudadreieck, in das die Information von beiden Enden einfließt und verschwindet. Von oben fließen in das Dreieck nicht nur die Ziele des Topmanagements, sondern auch die Begründungen des Unternehmens für bestimmte notwendige Vorgehensweisen. Wenn die Kosten die Gewinne schmälern, kommen von oben Pläne zur Kosteneinsparung. Sie werden dadurch erklärt, daß zunächst bestimmte Teilpläne Kosten einsparen sollen. Diese einzelnen Pläne werden wiederum zu einem Gesamtplan koordiniert. Aus dem Bermudadreieck des mittleren Managements jedoch wird eine Reihe von zusammenhanglosen, anscheinend willkürlichen Anordnungen ohne Erklärung, Sinn oder Zusammenhang an die Belegschaft weitergegeben. Der Sinn ist aus dem Buchstaben gewichen, nur der Buchstabe bleibt. Die Belegschaft bekommt so wenig Information, daß sie den Sinn der Anweisungen nicht versteht und deshalb auch keine eigenen kreativen Ideen beitragen kann.

Nach oben fließen aus der Belegschaft Informationen über Einstellungen, Erwartungen und Produktionsprobleme, die wiederum im Dreieck verschwinden. Vom mittleren Management fließen vor allem Berichte über Ergebnisse einer Reihe zusammenhangloser Fragen nach oben. Das Bermudadreieck führt dazu, daß es zu Dialogen wie dem folgenden kommt:

„Was geht vor im internationalen Kreditgeschäft?" fragte der Executive Vice President einer großen Bank. „Ich kenne die Zahlen, aber was geht wirklich vor? Warum sind die Zahlen so?" Oder: „Was passiert am Arbeitsplatz, daß die Arbeitsmoral der Angestellten so schlecht ist?"

Sehen es die Manager im Bermudadreieck als ihre Aufgabe an, die Gründe für die Anweisungen der Geschäftsleitung der Belegschaft mitzuteilen? Im allgemeinen ist das nicht der Fall. Sie haben weder genügend Achtung vor der Belegschaft noch wissen sie, daß bessere Informationen und die Einsicht in Hintergründe Qualität, Produktionsleistung und Wirtschaftlichkeit verbessern können.

Sehen die Manager im Dreieck ihre Aufgabe darin, die Anliegen der Mitarbeiter an das Topmanagement weiterzuleiten? Im großen und ganzen ist auch dies nicht der Fall. Entweder denken sie, daß ihre Chefs „diese Bagatellen" nicht hören möchten, oder sie sagen: „Dafür ist der Betriebsrat oder die Personalabteilung zuständig." Außerdem glauben sie nicht, daß sie von ihren Chefs Antworten auf die Anliegen ihrer Mitarbeiter oder auf arbeitsbezogene Fragen bekommen.

Mitarbeiter betrachten jedoch in vielen Fällen weder den Betriebsrat noch die Personalabteilung als geeignet, ihre Anliegen weiterzuleiten.

Wegen des Bermudadreiecks leistet die Organisation als Ganzes keine gute Arbeit, was das Anhören und Zuhören betrifft. Die Ziele des Managements dringen nicht bis zur Belegschaft durch, die Anliegen und Beiträge der Belegschaft gehen der Führungsspitze verloren. Das Dreieck nimmt solche Informationen auf, leitet sie aber nicht weiter.

Kommunikation muß personalisiert werden, um effektiv zu sein. Das Topmanagement kann durch gelegentliche Rundgänge im Betrieb die Stimmung ein wenig verbessern, was aber kaum ins Gewicht fällt. Wirklich lohnend ist nur, wenn das mittlere Management für die Belegschaft zugänglich wird, so daß sich eine persönliche Beziehung entwickeln kann.

Der persönliche Kontakt baut Loyalität und Engagement auf. Er gibt den Mitarbeitern Anerkennung durch das Management und macht die Manager darauf aufmerksam, was an der Arbeitsstätte passiert. Die Hewlett-Packard Company, die von ihren Managern den Aufbau solcher persönlichen Beziehungen fordert, hat dem Konzept des „Management by Walking Around" (MBWA) zur Popularität verholfen. Ein Kunstgriff, das Dreieck zu umgehen, besteht für den MBWA-Manager darin, aus dem Büro, weg von schriftlichen Berichten und anderen Managern, hinaus in den Betrieb, in die Verkaufsbüros oder ins Forschungslabor zu gehen und sich die Zeit zu nehmen, mit den Mitarbeitern vor Ort zu reden. Gäbe es kein Bermudadreieck, so wäre das MBWA überflüssig.

Leider genügt in vielen Situationen auch das MBWA nicht, um dem Dreieck zu entrinnen. Der Leiter eines großen Forschunglabors praktizierte das MBWA seit langem und war fest davon überzeugt, daß er zu den ihm unterstellten Wissenschaftlern und Technikern einen guten Kontakt hatte. Eines Tages erhielt er zu seiner

Verwunderung einen anonymen Brief, der an seinen Chef gerichtet war, mit Kopien an sechs seiner ihm unterstellten Manager, in dem auf zwei vollen Seiten die Beförderungspraxis und die Verteilung der Aufgabengebiete kritisiert wurde.

Er berief daraufhin eine Besprechung ein, wie in dieser Angelegenheit vorzugehen sei. Die Manager dachten lange und intensiv darüber nach, ob die Beschwerden gerechtfertigt seien. Der Leiter war auch deshalb über den Brief beunruhigt, weil er zeigte, daß die Kommunikation mit seinen Mitarbeitern gestört war. „Unsere Firma ist gewachsen", meinte er dazu. „Ich hatte früher alle meine Leute in einem einstöckigen Gebäude. Nun haben wir einige Abteilungen in drei anderen Gebäuden in der Nähe untergebracht, und ich komme kaum zu ihnen. Und, wenn ich darüber nachdenke, bleibe ich beim Umhergehen immer bei denselben Leuten stehen. Ich spreche gar nicht mit allen."

Schließlich beschloß er, den Brief abzulegen und auf weitere Mitteilungen des Verfassers zu warten, sowie eine regelmäßige Sprechstunde in seinem Büro einzuführen. Das Umherwandern war zwar eine Hilfe, aber sie reichte nicht aus. Es war auch wichtig, den Mitarbeitern die Gelegenheit zu bieten, ihn selbst anzusprechen.

Als Reginald Jones Chairman der General Electric Company war, führte er eine neuartige Methode ein, um zu einer Beurteilung seiner eigenen Leistung zu kommen. Während ja die meisten Manager bereit sind, ihre Untergebenen zu beurteilen, sind sie nicht bereit, sich selbst von diesen beurteilen zu lassen. Eine solche Beurteilung ist jedoch ein sehr wichtiger Teil einer Kommunikation nach oben. Was Belegschaft und Manager der mittleren Ebene darüber denken, wie der Chef seine Arbeit bewältigt, geht in der Regel im Bermudadreieck der Organisation verloren. Jones war ein zu guter Manager, um dies geschehen zu lassen. Aber selbst er konnte nicht erwarten, daß die Mitarbeiter in sein Büro kommen und ihm ihre Kritik aufrichtig ins Gesicht sagen würden.

Die Unternehmensleitung hielt eine jährliche Konferenz ab, um das Geschäftsergebnis und die Leistung der Topmanager zu besprechen. Am letzten Tag fand ein formloses Abendessen statt. Jones zog sich in sein Hotelzimmer zurück und nahm nicht daran teil. Aber er bestimmte einen angesehen Topmanager, der schon lange bei der Firma war und dessen Integrität allgemein anerkannt war, als seinen Stellvertreter. Die Spielregeln bestanden für die Essensteilnehmer darin, sich offen und ungehindert über die Leistung des Unternehmens unter Jones und über dessen Führung zu äußern. Es durfte nicht festgehalten werden, von wem ein bestimmter Kommentar stammte. Schriftliche Notizen waren verboten. Außer der Vertrauensperson durfte niemand mit Jones über den Verlauf des Abends sprechen.

Am folgenden Morgen traf sich Jones mit seiner Vertrauensperson, um die Diskussion des Vorabends mit ihm durchzusprechen. Es wurden keine Namen genannt, aber er erfuhr die volle Kritik an seiner Führung, seine Stärken und seine Schwächen. Es bedarf einer starken Persönlichkeit, sich selbst einer solchen persönlichen Kritik zu stellen und zu versuchen, daraus zu lernen.

Informationsflüsse aufzeichnen

In einem Betrieb mit 7000 Mitarbeitern gab es sechs Managementebenen. An der Spitze war die Managementstruktur offen – einzelne hatten leichten Zugang zu allen Bereichen. Auf der unteren Ebene verlief die Kommunikation lediglich in der Form einer Befehlskette; Mitarbeiter konnten ihre Probleme anderen nicht mitteilen, oft auch nicht ihren Chefs; es herrschte ein Informationsdefizit, und man wußte nicht, wie man Informationen beschaffen könnte. Zwischen Topmanagement und unterer Ebene verschluckte das Bermudadreieck die Informationen.

Eine Personalplanungsgruppe wurde eingesetzt, die nach Möglichkeiten suchte, die Produktivität zu verbessern, und sie sprach diese Frage an. Die Gruppenmitglieder erstellten als erstes ein Diagramm, um die Kommunikationsprobleme zu ermitteln. Die Information wurde in vier Kategorien unterteilt: Allgemeine Informationen über das Unternehmen (Wie geht es uns? Wo liegt unsere Chance oder unser dringendes Problem?); Informationen, wie die Arbeit zu tun ist; Informationen, wie sich der einzelne in seinen

Arbeitsprozeß einfügt; Anerkennung des Beitrags, den der einzelne leistet. Als nächstes wurde die Mitarbeiter des Betriebes in vier Kategorien unterteilt: Topmanagement, Projekt- oder Abteilungsmanagement, mittleres und unteres Management, Arbeiter und Angestellte. Eine Matrix wurde erstellt, in der die Informationsarten angekreuzt wurden, die die einzelnen Mitarbeitergruppen des Betriebes erhielten. Die Arbeitsgruppe machte dann ein Kreuz bei jeder Mitarbeitergruppe, die eine Information erhielt. Eine Vielzahl von leeren Kästchen zeigte, wo Informationslücken gehäuft auftraten.

Für jeden Mitarbeiter im Dreieck konnte eine Kommunikationsanalyse erstellt werden. Zuerst ging es um den Vorgesetzten: Wieviel Information kommt von meinen Vorgesetzten an mich, und wie rechtzeitig kommt sie? Wieviel Information geht von mir an meinen Vorgesetzten, und wie rechtzeitig gebe ich sie weiter? Dann wurde im Hinblick auf die Untergebenen untersucht: Wieviel Information geht von mir an die Untergebenen, und wie rechtzeitig gebe ich sie weiter? Und schließlich: Wieviel Information gelangt von meinen Untergebenen an mich, und wie rechtzeitig bekomme ich sie?

Die Unternehmensleitung hatte mit dieser Maßnahme die Manager zum Nachdenken darüber gebracht, wie Informationen nach oben und nach unten fließen und was dabei verlorengeht. Dies war ein erster Schritt, um Informationen aus dem Bermudadreieck freizusetzen.

In vielen Unternehmen wird die Kommunikation des mittleren Managements durch Computernetze erleichtert. So besuchten zum Beispiel Stabskräfte aus der Zentralverwaltung eines großen Unternehmens ständig verschiedene Niederlassungen des Unternehmens. Jahrelang bekam diese Stelle die Unruhe zu spüren, wenn einer dieser Manager eine Niederlassung kontaktierte, ohne zu wissen, daß in der Woche zuvor schon einer seiner Kollegen dagewesen war. Der Versuch herauszufinden, wer wo gewesen war, und die Besuche durch Telefonanrufe zu koordinieren, hatte sich als sehr teuer, zeitraubend und unzureichend erwiesen.

Schließlich ließ das Unternehmen die Besuchstermine seiner Stabsführungskräfte vom Computer koordinieren. Nun ruft ein Topmanager, der eine bestimmte Niederlassung besuchen will, einfach per Computer eine Liste der bereits erfolgten Besuche anderer Stabsmanager auf.

Taten sind wichtiger als Worte

Kommunikation bedeutet viel mehr als Worte oder Daten. Die bedeutendsten Kommunikationsleistungen sind nämlich Taten. Viele Unternehmen versuchen heute, Mitarbeiter dazu zu bringen, daß sie neue Technologien akzeptieren. Darüber sind manche Mitarbeiter verständlicherweise beunruhigt. Die Manager sollten ein Vorbild sein, aber manchen gelingt das noch nicht so besonders gut.

Helen Sullivan war 54 und Sekretärin in der Zentrale eines großen Unternehmens, als sie erstmals ein Computerterminal benutzte; sie war die erste, die ihre Schreibmaschine aufgab und zur Textverarbeitung überging, die erste, die an die Datenbank des Unternehmens angeschlossen war. Sie hatte sich so gut eingearbeitet und war ein so leuchtendes Vorbild für andere Mitarbeiter, daß sie Kurse über die neue Bürotechnik abhalten durfte.

Acht Jahre später war sie 62 und von Computern ebenso begeistert wie eh und je. Dann mußte die Firma Personal einsparen. Ihre bisherige Stelle wurde gestrichen, und sie ging zu einem Vorstellungsgespräch für eine neue Stelle im gleichen Gebäude. Im Vorzimmer ihres neuen Chefs sah sie ein Computerterminal. Deshalb berichtete sie, was alles sie schon per Computer gemacht hatte. Der Chef antwortete, er benutze das Gerät nicht, und das, was es angeblich könne, sei übertrieben. „Sie brauchen nur einen Block zum Diktat mitzubringen, und wir werden gut miteinander zurechtkommen", sagte er.

Mrs. Sullivan ging zurück zur Personalabteilung. „Es hat mir so viel Spaß gemacht, in den letzten acht Jahren mit der neuen Technologie zu arbeiten", sagte sie, „daß ich ganz einfach nicht zu den alten Systemen zurückkehren kann." Damit verließ sie die Firma.

Eine andere amerikanische Firma hingegen hatte ein gutgehendes, wenn auch kleines Geschäft, das Bücher mit Marktdaten an Versandfirmen lieferte. In den frühen 70er Jahren stellte die Firma ihre Auftragsabwicklung und die Kundenliste auf Computer um. 1980 wurde die Marktdatenbasis des Unternehmens mit der Filmsetzmaschine verbunden, so daß der Druck der Bücher im wesentlichen über Computer ablaufen konnte.

Anfang der 80er Jahre kamen die Microcomputer auf, und kleinere Kunden hatten nun erstmals die Möglichkeit, Marktdaten zur Computeranalyse zu benutzen. Die betreffende Firma hatte Pionierarbeit bei der Anwendung neuer Technologien für die betriebsinternen Produktionsprozesse geleistet – konnte sie nun auch ein Pionier bei der Anwendung ihres Produktes sein?

Der President des Unternehmens kaufte 1982 zwei Microcomputer, die seine Mitarbeiter sofort in Gebrauch nahmen. Daß die Daten rasch für Kundenbedürfnisse aufbereitet werden konnten, ergab sich bald aus der bereits auf Computer umgestellten internen Datensammlung und den bestehenden Verarbeitungsprozessen.

Diese Firma hatte keine Probleme, den technologischen Wandel, der unter den Kunden im Gange war, den eigenen Mitarbeitern klarzumachen. Taten sprachen eine deutlichere Sprache als Worte. Die jahrelange Pioniertätigkeit bei der Anwendung der neuen Technologie im eigenen Unternehmen führte ganz selbstverständlich zu einer Pionierrolle bei den Kunden. „Ich hätte meine Leute nicht zurückhalten können, selbst wenn ich das versucht hätte", meinte der President dazu.

Die Subjektivität überwinden

Das Hauptproblem bei der Kommunikation zwischen Managern und ihren Untergebenen ist die Unfähigkeit vieler Menschen, zwischen Individuen und ihren Handlungen zu unterscheiden. Wenn also jemand schlechte Leistungen bringt, so wird dies zu einem Spiegel seiner oder ihrer persönlichen Qualitäten im Hinblick auf seine Kompetenz, seine Intelligenz und sein Potential. Es stimmt

Die Subjektivität überwinden

zwar, daß Leistung und Fähigkeiten manchmal im Zusammenhang stehen, aber oft sind sie voneinander unabhängig. Manager, die nicht zwischen der schlechten Leistung von heute und den Möglichkeiten von morgen unterscheiden können, tun sich oft schwer, das Verhalten eines Untergebenen konstruktiv zu kritisieren. Deshalb weiß der Untergebene nicht, wo das Problem liegt.

In einem typischen Fall sagt ein Vorgesetzter einem Mitarbeiter beim jährlichen Gehaltsgespräch, daß er gut gearbeitet habe, gibt ihm dann aber nur eine sehr geringe Gehaltserhöhung. Der Mitarbeiter reagiert ärgerlich und verunsichert, verärgert über die kleinliche Belohnung für eine angeblich gute Leistung und verunsichert darüber, was denn an seiner Leistung tatsächlich zu wünschen übrigläßt. In extremen Fällen können Vorgesetzten ihren Mitarbeitern überhaupt nicht gegenübertreten. Daher bewerten sie einfach die Leistung als zufriedenstellend, geben eine mäßige Gehaltserhöhung und hoffen, daß sie befördert werden oder daß der Untergebene von selbst kündigt oder sich versetzen läßt.

Bei manchen Unternehmen lautet die Devise: „Hart sein bei der Einhaltung der Leistungsnormen." Das bedeutet, daß auch Manager, die persönliche Konfrontationen scheuen, mit Nachdruck Leistung von ihren Untergebenen verlangen müssen. „Aber nicht hart sein im Umgang mit Menschen", wird manchmal hinzugefügt. Ein Manager soll dafür sorgen, daß Leistungsnormen erfüllt werden, und nicht den Menschen kritisieren. Es kommt darauf an, was die Mitarbeiter tun, nicht, wer sie sind. Es zählt das Verhalten, nicht die Persönlichkeit oder persönliche Eigenschaften. Diese Devise ist sehr konstruktiv. Sie zwingt einen Manager zu versuchen, die Normen einzuhalten, und macht ihn frei, den Umgang mit seinen Mitarbeitern der Art und Weise anzupassen, wie jene sich im Laufe der Zeit verändern.

Die Normen bleiben hoch; sie werden durch die Unternehmenspolitik und Vorbilder aufgestellt, durch Überprüfungen und Beobachtung gemessen und durch Anerkennung und Belohnungen verstärkt. Aber das ist nur ein Teil der Aufgabe eines Managers. Der andere Teil besteht darin, Personalentwicklung zu betreiben und

Mitarbeiter zu motivieren. Menschen sind komplizierter als Normen, und man muß daher anders mit ihnen umgehen. Menschen brauchen neben Beurteilung und Belohnung auch Führung und Ermutigung. Ein Mensch, der im Augenblick eine schlechte Leistung bringt, kann trotzdem gut sein und in der Zukunft eine Chance haben.

Alfred P. Sloan, der Gründer von General Motors, sagte einmal: „Es ist für die Gesundheit einer Organisation von ausschlaggebender Bedeutung, sich immer über die Subjektivität zu erheben."[2] Dies ist nirgendwo wichtiger als bei der Leistungsbeurteilung und der Übermittlung dieser Beurteilung an die Mitglieder der Organisation. Subjektivität muß man bei der Leistungsbeurteilung vermeiden – nicht nur die eigenen Freunde leisten gute Arbeit.

Der Tiger bekommt neue Streifen

Kann ein gestandener Manager, der in seiner Arbeitsweise mehr oder weniger festgefahren ist, lernen, seine Mitarbeiter besser zu motivieren und zu inspirieren? Die Antwort lautet hier: vielleicht. Der Manager muß lernen, sein Verhalten zu ändern, und dies erfordert viel Fingerspitzengefühl, das man nicht ohne weiteres von Vorlesungen oder aus Lehrbüchern lernen kann.

Ende der 70er Jahre begann General Motors, sich verstärkt darum zu bemühen, die Beziehungen zwischen Managern, der Belegschaft und dem Betriebsrat in den Einzelbetrieben zu verbessern, und berücksichtigte dabei besonders das schwierige Problem der Verhaltensänderung. Wenn sonst das Unternehmen ein neues Programm einführte, bekam jeder Betriebsleiter einen Anweisungskatalog, in dem Punkt für Punkt Ziel und Inhalt des Programms dargelegt waren. In jedem Betrieb wurden Besprechungen abgehalten, das Programm war in kleinere Abschnitte unterteilt, und jeder Manager mußte dabei eine bestimmte Aufgabe erfüllen.

Aber für dieses neue Projekt zur Verbesserung der zwischenmenschlichen Beziehungen im Unternehmen gab es nur sehr wenige schriftliche Anweisungen. Statt dessen wurden vielfältige

Hilfsmittel angeboten – Bücher, Artikel, Seminare, Besuche bei anderen Betrieben und in anderen Unternehmen, woraus Manager und Mitarbeiter ihre eigene Vorgehensweise entwickeln sollten.

„Wir konnten ihnen nicht sagen, was sie tun sollten", sagte Jim MacDonald, der President von GM, später. „Es hatte keinen Zweck, ihnen Befehle zu geben. Wir versuchten, sie in Seminare und Besprechungen zu schicken, wo sie eine Geschichte nach der anderen hörten, wie man die Dinge verändern könnte. Manche glaubten es nicht, aber wir ließen sie so lange kommen, bis schließlich irgendein Manager Feuer gefangen hatte. ‚Ich wußte nicht, daß so etwas durchführbar ist', meinte dieser voller Überraschung. Er sah plötzlich die Möglichkeiten vor sich und versuchte anschließend, sie für sich selbst in die Tat umzusetzen."

4. Kapitel
Sichere Beschäftigung: An die Chancen denken

Hohes Engagement und Leistung sind notwendig für die Wettbewerbsfähigkeit in einem Unternehmen. Doch was motiviert die Mitarbeiter? Wirken Unsicherheit und Angst vor dem Verlust des Arbeitsplatzes motivierend? Oder ist es im Gegenteil eine sichere Beschäftigung? Ein Unternehmen muß zwischen diesen beiden Möglichkeiten wählen und im Einklang mit der einen oder anderen handeln. Auf seiner Ebene muß ein Manager die gleiche Wahl treffen. Er hat enorme Chancen, Motivation und Leistung zu verbessern, wenn er seine Mitarbeiter als „mündige Bürger" des Unternehmens und nicht als austauschbare Ware betrachtet. Dennoch müssen für die Sicherung des Arbeitsplatzes von den Mitarbeitern Gegenleistungen erbracht werden, da sonst genau das Gegenteil von dem erreicht wird, was das Unternehmen anstrebt. Bei richtigem Einsatz kann ein gewisser Grad an Arbeitsplatzsicherheit dazu führen, daß die Energie der Mitarbeiter dem Unternehmen zugute kommt und somit, wie es sich bei Spitzenunternehmen gezeigt hat, maßgeblich zum Wettbewerbserfolg beiträgt.

Ein aufschlußreicher Bericht

J. E. Frankum, Vice President für Transportwesen bei einer bekannten Fluggesellschaft, studierte einen Bericht, der vom Trainingspersonal des Unternehmens erstellt worden war. Die Fluggesellschaft verlor Marktanteile an neue Wettbewerber. Man hatte begonnen, Leute zu entlassen. Bald würden alle Mitarbeiter mit weniger als zehn Jahren Betriebszugehörigkeit das Unternehmen verlassen haben. Befragungen hatten ergeben, daß sich die Kunden über die schlechte Einstellung und den mangelhaften Service des Personals beklagten. Frankum hatte seinen Stab beauftragt, das Problem zu untersuchen. „Im großen und ganzen kann man sagen", begann der Bericht, „daß das Serviceproblem aus der Art und Weise resultiert, wie der Service geleistet wird – er ist zwar effizient, aber es mangelt an Freundlichkeit. Die Mitarbeiter bringen zwar eine formal einwandfreie Leistung, sind aber so kurz angebunden, daß dabei weder Engagement noch der Wunsch zum Ausdruck kommt, wirklich Dienst am Kunden zu leisten."

Um das Problem zu verdeutlichen, wurden im Bericht Beispiele für das Desinteresse der Mitarbeiter und den Mangel an kleinen Höflichkeitsgesten gegenüber den Fluggästen aufgeführt. Die Mitarbeiter waren in ihrer Erscheinung ungepflegt und nachlässig. Fehlzeiten, Zuspätkommen und eine hohe Fluktuationsrate wiesen auf eine schlechte Arbeitsmoral hin. Frankum las im Bericht weiter: „Es herrscht überall der Eindruck, daß sich die Mitarbeiter nicht als Bestandteil der Organisation fühlen, weil sie nicht in die Angelegenheiten des Unternehmens einbezogen werden und der Meinung sind, daß ihre Vorgesetzten sowieso nicht auf ihre Anregungen achten oder danach handeln ..."

Er fand es erfreulich, daß der Bericht nicht nur eine Litanei von Beschwerden über Mitarbeiter enthielt, sondern die Grundphilosophie des Unternehmens widerspiegelte, wonach es letztlich die Aufgabe des Managements sei, Probleme der Arbeitsmoral zu lösen. Der Bericht brachte die Überzeugung zum Ausdruck, daß Mitarbeiter nicht von Natur aus faul oder verantwortungslos sind. Er wies auf die Grundursachen des Problems hin: „Die überwiegende Mehrzahl der Mitarbeiter wollen, unabhängig davon, welche Position sie haben, gute Leistungen bringen; sie wollen eine Zufriedenheit, die auf Erfolg beruht; sie wollen ihre Arbeit gut machen..." Doch der Bericht schloß: „Es fehlen die äußeren Bedingungen, um jene Motivation zu erzeugen, die für eine gute Leistung erforderlich ist..."

Frankum überdachte das Problem. Wie schafft es ein Manager, seine Mitarbeiter so zu motivieren, daß sie die in sie gesetzten Erwartungen erfüllen? Unternehmen, die in einem intensiven Wettbewerb stehen, brauchen Mitarbeiter, die mehr an den Tag legen als eine rein technische Kompetenz, die verhältnismäßig leicht zu vermitteln und zu kontrollieren ist. Sie brauchen Mitarbeiter, die sich um ein Höchstmaß an persönlicher Dienstleistung am Kunden bemühen. Dieses Bemühen ist erforderlich, obwohl es über die technischen Grenzen einer Stellenbeschreibung hinausgeht. Dies läßt sich nicht durch eine Vorschrift, sondern nur auf freiwilliger Basis erreichen. „Aber", überlegte Frankum, „zeigen Mitarbeiter diese Einsatzbereitschaft, wenn sie sich im Unternehmen sicher und eingebunden fühlen, oder engagieren sie sich mehr, wenn sie ihre Stellung als unsicher und risikoreich betrachten?"

Eine Aufgabe unserer Zeit

Er konnte sein Unternehmen in die eine oder die andere Richtung steuern. Welches war der bessere Weg?

Auch Manager machen sich heute Sorgen über die Sicherheit ihres Arbeitsplatzes. Während der letzten Rezession wurden in US-Unternehmen viele Manager entlassen. Diese Generation von Managern sieht sich auch einem scharfen Wettbewerb um Spitzenjobs durch eine große peer group gegenüber. Auf sichere Beschäftigung werden die Manager wahrscheinlich ebenso wenig bauen können wie ihre Untergebenen, weil die Aufstiegsmöglichkeiten innerhalb der Firma relativ begrenzt sind.

In den amerikanischen Unternehmen herrschen traditionsgemäß drei verschiedene Einstellungen zur Frage der Sicherheit der Beschäftigung vor.

Die meisten Unternehmen bieten ihren Mitarbeitern weder implizit noch explizit eine sichere Beschäftigung an. Wenn das Geschäft

Eine Aufgabe unserer Zeit

schlecht geht, werden Arbeiter, Angestellte und eben auch Manager entlassen. Entlassungen werden in der Regel mit einer sehr kurzen Vorwarnzeit vorgenommen. Bei gewerkschaftlichen Verträgen und Regelungen, die sich auf die Dauer der Betriebszugehörigkeit beziehen, ist manchmal eine Kündigungsfrist erforderlich – sie beträgt im Durchschnitt höchstens eine Woche.

Eine zweite Gruppe von Unternehmen setzt sich stärker für die Mitarbeiter ein, bietet aber noch lange keine sichere Beschäftigung. Entlassungen werden vermieden, bis sie absolut unumgänglich sind, und oft wird eine Hilfe zur Umschulung und/oder Versetzung durch das Unternehmen selbst, durch die unternehmensseitige Unterstützung von staatlichen Sozialprogrammen oder eine Kombination dieser beiden Möglichkeiten gewährt. Das Verhalten dieser Unternehmen ist in der Regel durch eine Mischung aus humanitären Beweggründen und der Befürchtung motiviert, daß, wenn amerikanische Unternehmen nicht freiwillig die Verantwortung zur Erleichterung des Übergangs für entlassene Mitarbeiter übernehmen, gesetzliche Regelungen in der Öffentlichkeit zunehmend Unterstützung finden werden.

Die Motivation der Manager beruht auch auf anderen Public-Relations-Gesichtspunkten. Es ist durchaus notwendig, das Bild zu korrigieren, das sich die Allgemeinheit von manchen wirtschaftlichen Grundtatsachen macht. In der öffentlichen Meinung machen zum Beispiel die Unternehmensgewinne einen großen Anteil des Umsatzes aus, und die wirtschaftliche Begründung von Entlassungen wird kaum anerkannt. Wie aus einer Umfrage hervorging, schätzten die Befragten allgemein, daß die durchschnittliche Gewinnspanne eines Herstellers nach Steuern 37 Prozent betrage.[3] Im Jahre 1982 lag die richtige Zahl jedoch bei 3,8 Prozent.[4] Unternehmen und ihre Manager haben Grund genug, sich um ihr Image in der Öffentlichkeit zu kümmern, wenn die Meinung der Allgemeinheit so sehr danebenliegt.

Unternehmen in den Vereinigten Staaten sind empfindlich gegen Kritik, wonach Gewinne einen höheren Stellenwert als Menschen hätten, wenngleich die durchschnittlichen Gewinne nicht so hoch sind, wie es sich die Öffentlichkeit vorstellt. Die Medien zeigen ein besonderes Interesse an diesem Thema. Mike Wallace berichtete vor kurzem über die Geschichte und die Auswirkung der Schließung eines metallverarbeitenden Betriebes von General Electric (GE) in Ontario, Kalifornien, der seit 50 Jahren bestand. Der Betrieb brachte Gewinn, aber nicht genug, und GE fürchtete, daß sich die abnehmenden Gewinne bald in Verluste verwandeln würden, falls man den Betrieb nicht stillegte. Al Kennel, der Sprecher des Betriebes, erklärte, daß sich GE vor allem deshalb aus der Metallverarbeitungsbranche zurückzöge, weil die Marketingleute darauf hingewiesen hätten, daß sich die Verbraucherpräferenzen rasch von Metall auf Kunststoff verlagerten und eine Umrüstung des Betriebs zu langwierig und kostspielig wäre.

Die 850 Mitarbeiter und einige Mitglieder der Gemeinde sahen die Situation aus einer anderen Perspektive. Der Bürgermeister fürchtete, daß bei einer Schließung letztlich 2000 Beschäftigte ihren Arbeitsplatz in der Gemeinde infolge des Schneeball-Effekts verlieren würden. Er meinte, daß GE zwar Gewinn machte, aber noch mehr Gewinn erzielen würde, wenn es die Produktion in Billiglohn-Länder verlegte. GE andererseits meinte, daß es hier nicht um die Lohnkosten ginge, aber daß die Firma bereits einen Betrieb in Singapur hätte und die Verlegung der Produktion ins billigere Ausland Wege in ausländische Märkte erschließen könnte.

GE hielt an seiner Enscheidung fest. Bemühungen seitens der Gewerkschaft, einen Käufer für den Betrieb zu finden oder ihn selbst zu kaufen, ja selbst das Angebot, eine Lohnminderung zu akzeptieren, waren für GE kein gangbarer Weg, den Fortbestand des Unternehmens zu sichern. Den Mitarbeitern wurde sechs Monate vor der Schließung gekündigt; manche wurden in einen anderen GE-Betrieb versetzt, und ein staatlich organisiertes Arbeitsplatzbeschaffungsprogramm sollte den Übergang, wo möglich, erleichtern.

Schließlich gibt es, wie bereits erwähnt, einige Unternehmen, die sich freiwillig auf eine Politik der sicheren Beschäftigung verpflichtet haben. Sie nehmen große Mühen und Kosten auf sich, um diese Verpflichtung einzuhalten. Während der 70er Jahre war IBM von zwei Rezessionen betroffen. Bis zum Ende der ersten wurden 12 000 IBM-Mitarbeiter versetzt; von diesen wurden 5000 für neue Aufgaben umgeschult.[5] Bis zum Ende der Rezession von 1974-75 waren weiteren 5000 Mitarbeitern neue Aufgaben zugewiesen worden, und fast die Hälfte davon war umgeschult worden.

Sichere Beschäftigung ist bei amerikanischen Unternehmen eher die Ausnahme als die Regel. Umfragen zeigen, daß nur etwa 1,5 Prozent der großen amerikanischen Unternehmen keine Entlassungspolitik betreiben.[6]

Es herrscht die Meinung vor, daß nur sehr große Unternehmen die Mittel haben, um eine Politik der sicheren Beschäftigung durchzuführen. Aber viele kleine Familienbetriebe, die auf einer paternalistischen Philosophie basieren, haben sich ebenfalls für sichere Beschäftigung eingesetzt und Entlassungen vermieden. Die Leiter dieser Unternehmen wissen, daß Entlassungen teure Lösungen sind. Zu diesen Kosten gehören „Abfindungen, höhere Arbeitslosengeldabgaben, die Weiterzahlung von Krankenversicherungsbeiträgen und anderen Zusatzkosten über einen bestimmten Zeitraum nach der Entlassung, Verwaltungs- und Rechtskosten, die Kosten der Wiedereinstellung und Ausbildung von Mitarbeitern, wenn die Nachfrage wieder steigt, Outplacement-Kosten – die alle zusammen zu einer erheblichen finanziellen Last anwachsen und den Gewinn, den ein Unternehmen durch Personaleinsparungen erwartet, erheblich mindern."[7]

Sicherheit oder Unsicherheit: Was motiviert mehr?

Was motiviert die Menschen innerhalb eines Unternehmens – Sicherheit oder Unsicherheit? Für den Manager gibt es keine grundlegendere Frage. Sie ist deshalb grundlegend, weil Motivation ein Schlüssel für die Leistung der Mitarbeiter in einem Unternehmen ist und weil die Motivationsfrage im Gegensatz zu vielen anderen Führungsproblemen eine Entweder-Oder-Entscheidung erfordert. Erfolgreiche Manager sind häufig Manager, denen es gelingt, gegensätzliche Anforderungen gegeneinander abzuwägen und einen

Ausgleich – und somit genau die richtige Mischung miteinander konkurrierender Ziele oder Mittel – zu finden. Bei der Frage der sicheren Beschäftigung geht dies nicht: Es ist einfach nicht möglich, daß sich ein Mitarbeiter gleichzeitig sicher und unsicher fühlt. Hier gibt es nur die eine oder andere Möglichkeit. Es fragt sich nur, welche Möglichkeit besser ist.

Jedes Unternehmen muß diese Frage für sich entscheiden. Entweder sollten die Mitarbeiter nur geringes Vertrauen in die Sicherheit ihrer Beschäftigung haben und wissen, daß sie durch eine Verschlechterung der Geschäftslage oder durch die Schließung eines Betriebes oder eines Betriebsteils ihren Arbeitsplatz verlieren können, oder sie sollten sich darauf verlassen können, daß das Unternehmen sie, wenn immer nur möglich, behalten wird. Wie sich das Unternehmen entscheidet, wird von dem Vorteil bestimmt, den es zu erreichen hofft. Wenn es glaubt, daß die Mitarbeiter durch Unsicherheit motiviert werden, dann muß es sie wissen lassen, daß diese Unsicherheit tatsächlich besteht. Wenn sie darüber im unklaren sind, kommt eine motivatorische Wirkung nie zustande.

Wenn das Unternehmen glaubt, daß die Mitarbeiter am besten durch Sicherheit motiviert werden, dann muß es wünschen, daß die Mitarbeiter an diese Sicherheit auch glauben, denn sonst bleibt die motivatorische Wirkung wiederum aus. Dem Unternehmen nützt es nichts, wenn bei den Mitarbeitern Unklarheit über eine solche Frage herrscht. Ein Unternehmen könnte natürlich versuchen, die Mitarbeiter in die Irre zu führen, indem es verspricht, keine Entlassungen durchzuführen, obwohl es in Wirklichkeit ganz andere Absichten hat. Aber in jeder von Konjunkturschwankungen geprägten Wirtschaft werden die wahren Absichten bald ans Tageslicht kommen – spätestens wenn die Geschäftslage endgültig ihren Tiefpunkt erreicht.

Im übrigen kann ein Unternehmen, das Sicherheit verspricht, aber wegen eines extremen Umsatzrückgangs nicht in der Lage ist, dieses Versprechen einzulösen, trotzdem noch Loyalität und Motivation gewinnen, wenn seine Bemühungen, möglichst viele Mitarbeiter zu behalten, aufrichtig und umfassend sind. Die Mitarbeiter verstehen den Markt oft besser, als die Manager glauben.

So lautet denn die Frage: Welches ist die bessere Politik? Ist Unsicherheit und die Angst vor dem Verlust des Arbeitsplatzes ein besserer Motivator als eine sichere Beschäftigung und Vertrauen der Mitarbeiter zu ihrer Firma?

An die Chancen denken

Harte Zeiten haben durchaus einen motivierenden Effekt. Als die Arbeitslosenrate in den USA zu Beginn der 80er Jahre auf über 10 Prozent hochschnellte, bemerkten viele Manager, daß sich die Einstellung der Menschen zu ihrer Arbeit zu ändern begann. Die Mitarbeiter schienen dankbar dafür zu sein, einen Arbeitsplatz zu haben. Sie arbeiteten pünktlicher, sie akzeptierten Anweisungen bereitwilliger und führten ihre Aufgaben mit größerer Sorgfalt und höherem Einsatz durch. Unsicherheit, so schien es, ist ein wirksamer Motivator.

Daher ist es erstaunlich, daß man einige sehr erfolgreiche Unternehmen findet, die offensichtlich eine hohe Mitarbeiterleistung aufweisen, Unsicherheit als Mittel zur Motivation zugleich aber ablehnen. Zu ihnen zählen große und alteingesessene Firmen wie IBM, die Hewlett-Packard Company sowie die Upjohn Company, aber auch junge Firmen wie Tandem Computers und Apple Computer, Inc. sowie die meisten großen japanischen Firmen. Diese Firmen führen in schlechten Zeiten keine Entlassungen durch, oder sie sehen Entlassungen zumindest als letzten Ausweg an.

Die Sony Corporation hatte viele Jahre lang einen Betrieb in San Diego. Dort kam es plötzlich zu einem Umsatzrückgang. Bald produzierte der Betrieb nur noch auf Halde und begann dann, die Produktion zu drosseln. Wo konnte man Kosten einsparen? lautete die alles entscheidende Frage.

Die amerikanischen Manager des Betriebs erbaten von der japanischen Konzernzentrale die Erlaubnis, Entlassungen vorzunehmen. Dieser Antrag wurde abgelehnt. Sie stellten einen neuen Antrag, wiesen darauf hin, daß die Umsätze zurückgegangen waren und daß man bald deutlich in die roten Zahlen rutschen würde.

Darauf antwortete Akio Morita, der Gründer von Sony: „Denkt an die Chancen!"

„Welche Chancen?" fragten die amerikanischen Manager. „Wir werden immer mehr rote Zahlen produzieren."

„Denkt an die Chancen", wiederholte Morita. Dann erklärte er: „Wenn wir unsere amerikanischen Mitarbeiter in diesen schwierigen Zeiten behalten, werden sie begreifen, daß wir uns ihnen gegenüber wirklich verpflichtet fühlen. Und dadurch werden sie sich uns gegenüber verpflichtet fühlen."

Es gab keine Entlassungen. Der Konzern fing die Verluste eine Zeitlang auf, bis sich das Geschäft wieder erholte. In den nächsten Jahren erbrachte der Betrieb in San Diego sehr gute Leistungen, in manchen Fällen sogar bessere Leistungen als die japanischen Betriebe – der erste ausländische Produktionsbetrieb von Sony, bei dem dies der Fall war.

Kooperationsbereitschaft als äußere Fassade

Zweifellos steigern hohe Arbeitslosigkeit und die Gefahr des Arbeitsplatzverlusts bei vielen Mitarbeitern die Kooperationsbereitschaft. Wenn dann aber der Konjunkturaufschwung einsetzt und die Gefahr der Arbeitslosigkeit wieder abnimmt, neigen die Menschen dazu, in die alten, in der Regel weniger kooperativen Verhaltensmuster zurückzufallen.

Andererseits führt die Sorge um den Verlust des Arbeitsplatzes oft zu einem Verhalten der Mitarbeiter, das die Leistungsfähigkeit eines Unternehmens untergräbt. Aufgaben oder Tätigkeiten werden in die Länge gezogen, damit man möglichst gut mit Arbeit „versorgt" ist; dabei werden dem Unternehmen wenig Engagement oder Loyalität zuteil, weil die Mitarbeiter ja jederzeit damit rechnen, daß ihnen die Kündigung ins Haus flattert. Die Mitarbeiter tun nur, was unmittelbar belohnt wird, langfristige Belohnungen sind durch die Gefahr des Arbeitsplatzverlustes schließlich unsicher. Dazu kommt, daß sich die Mitarbeiter technologischen Neuerungen entgegenstellen, weil sie befürchten, daß ihr Arbeitsplatz dadurch wegrationalisiert wird.

Kooperationsbereitschaft als äußere Fassade

Diese ungünstigen Auswirkungen der Beschäftigungsunsicherheit werden in Zeiten der Hochbeschäftigung nur verschleiert sichtbar. Stets sind sie aber keineswegs auf blue collar-workers beschränkt. Diese genießen lediglich mehr Publicity. Unsicherheit prägt auch das Verhalten von Büroangestellten, akademisch und technisch ausgebildeten Mitarbeitern und sogar von Managern.

Samuel Hayward war mittlerer Manager bei einer großen Ölgesellschaft. Das Unternehmen hatte seinen Mitarbeitern zu verstehen gegeben, daß die Manager einen sicheren Arbeitsplatz hätten. Dann wurde es jedoch von einem branchenfremden Konzern übernommen, und bald wurden die ersten Manager entlassen.

Haywards Kommentar zu den Entlassungen macht deutlich, welchen Konflikten er ausgesetzt war. „Die Entlassung von Mitarbeitern bewirkte, daß eine Schockwelle durch das ganze Unternehmen ging. Die Leute wollten langsamer arbeiten, weil sie sich an der Firma rächen wollten. Ich habe mich immer mit meiner Firma verbunden gefühlt – immer hart gearbeitet – aber mir ging es genauso," sagte er. „Ich muß immer noch aufpassen, denn wenn ich nicht arbeite oder wenn sie glauben, ich strenge mich nicht an, kann ich rausgeworfen werden." Er zuckte mit den Achseln. „Da haben wir's. Heute arbeite ich, weil ich Angst habe, nicht zu arbeiten – ich arbeite aus Angst. Wenn ich ein Angebot von einer anderen Ölfirma bekomme, werde ich es annehmen. Ich schaue mich jetzt um."

Die Sicherheit des Arbeitsplatzes kann diesen Mechanismus ins Positive umkehren. Sie kann Mitarbeiter ermutigen, Methoden, die die Produktivität verbessern, zu entwickeln und auch preiszugeben, weil sie wissen, daß sie dadurch nicht ihren Arbeitsplatz verlieren. Sichere Beschäftigung erlaubt den Mitarbeitern, Ideen, Wissen und Anstrengungen gleichsam wie einen Samen zu säen und später in Form von Anerkennung und Zusatzleistungen die Ernte bei derselben Firma einzuholen. Aufgaben brauchen nicht „gestreckt" zu werden; es braucht keine Zeit mit Stellensuche vergeudet zu werden. Sichere Beschäftigung kann dazu beitragen, daß ein Mitarbeiter für das Unternehmen bessere Leistungen erbringt.

Die Bereitschaft der Mitarbeiter, rasche technologische Veränderungen zu akzeptieren, anzuwenden und zu unterstützen, die heute für die Wettbewerbsfähigkeit vieler Unternehmen lebenswichtig sind, kann ebenfalls durch die Sicherheit des Arbeitsplatzes beeinflußt werden. Wie nehmen Mitarbeiter die neuen Technologien auf? Dazu gibt es unterschiedliche Beobachtungen. In manchen Unternehmen gibt es versteckte Feindseligkeit, in anderen werden sie widerwillig akzeptiert, in anderen aktiv unterstützt. Am größten scheint die Unterstützung dort zu sein, wo keine Arbeitsplätze gefährdet sind. Eine vor kurzem durchgeführte Umfrage zeigte, daß in einem Unternehmen mit sicherer Beschäftigung und raschem technologischen Wandel die überwältigende Mehrzahl der Mitarbeiter die Einführung neuer Technologie aktiv begrüßte. War dies auf die Sicherheit der Arbeitsplätze zurückzuführen? Das Unternehmen selbst hielt dies für sehr wahrscheinlich.

Wo Sicherheit des Arbeitsplatzes nicht motiviert

Sicherheit des Arbeitsplatzes kann zur besseren Einstellung und zu besserem Verhalten der Mitarbeiter führen – aber das ist nicht automatisch der Fall. Der Zusammenhang ist nicht direkt und mechanisch, sondern indirekt, subtil und von vielen Faktoren beeinflußt – wie alle menschlichen Kausalitäten. Sicherheit des Arbeitsplatzes ist in den USA in vielen Fällen jahrelang geboten worden, ohne daß sich dies in jedem Fall für die Arbeitgeber ausgezahlt hätte.

Zum Beispiel haben Arbeitnehmer des öffentlichen Dienstes von jeher einen sicheren Arbeitsplatz. Doch gibt es wenig Anzeichen dafür, daß sich dadurch ihre Einstellung und ihr Verhalten verbessern. College-Fakultäten haben schon immer einen sicheren Arbeitsplatz geboten, aber wiederum mit bestenfalls beschränkten Ergebnissen für den Arbeitgeber. Tarifvereinbarungen sorgten dafür, daß viele Tausende von Industriearbeitern aufgrund der Dauer ihrer Betriebszugehörigkeit den Arbeitsplatz behielten. Sogar in der schweren Rezession von 1981-82, als in den USA Hunderttausende von Industriearbeitern entlassen wurden, blieben andere Arbeiter, die eine lange Beschäftigungszeit nachweisen konnten, von Entlassungen verschont.

Hat die Sicherheit dazu geführt, daß Angestellte im öffentlichen Dienst, an den Colleges und in gewerkschaftlich organisierten Industrieunternehmen sich persönlich für ihre Arbeit engagierten, neuen Technologien gegenüber aufgeschlossen waren, produktivitätssteigernde Ideen einbrachten und eine große Palette anderer Beiträge leisteten, um den Erfolg ihrer Unternehmung zu vergrößern? Für manche Individuen trifft dies sicher zu, aber für viele, wahrscheinlich die Mehrheit, lautet die Antwort „nein". Die Sicherheit ihres Arbeitsplatzes spornte sie nicht zu höherer Leistung an – ganz im Gegenteil. Die Sicherheit des Arbeitsplatzes wurde nicht zur Chance, Leistung zu bringen, sondern eher zum Schutzschild, hinter dem man schlechte Leistung verbergen konnte.

Vielleicht ist die schlechte Erfahrung, die staatliche Stellen, Colleges und gewerkschaftlich organisierten Firmen mit der Sicherheit des Arbeitsplatzes gemacht haben, dafür verantwortlich, daß Manager in vielen privaten Unternehmen kritisch hinterfragen, ob diese wirklich motivierend wirkt.

Voraussetzungen für eine sichere Beschäftigung

Welches Wissen versetzt IBM, Hewlett-Packard, Upjohn und andere Unternehmen in die Lage, sichere Beschäftigung in einen Motivationsfaktor und die Motivation des Mitarbeiters wiederum in einen Wettbewerbsvorteil auf dem Markt zu verwandeln?

Sie wissen zwei sehr wichtige Dinge: Erstens sind sie sich der Voraussetzungen bewußt, die notwendig sind, um sichere Beschäftigung dem Unternehmen zum Vorteil, nicht zum Nachteil gereichen zu lassen. Zweitens kennen sie den Unterschied zwischen sicherer Beschäftigung und Sicherheit des Arbeitsplatzes.

Was sind die Voraussetzungen dafür? Die Mitarbeiter eines Unternehmens müssen verstehen, daß es Gegenleistungen für eine sichere Beschäftigung gibt: Flexibilität und Anpassungsfähigkeit. Ein Unternehmen muß auf dem Markt erfolgreich sein, wenn es sichere Beschäftigung bieten will. Dies ist nur möglich, wenn die Mitarbeiter bereit sind, bei der Übernahme von Aufgaben, beim Erlernen neuer Technologien und Fertigkeiten und in Hinsicht auf den Beschäftigungsort flexibel zu sein.

Der große Fehler im öffentlichen Dienst, bei den Colleges und gewerkschaftlich organisierten Industriebetrieben bestand und besteht darin, sichere Beschäftigung zu bieten, ohne von den Mitarbeitern entsprechende Gegenleistungen zu erhalten. Das Ergebnis sind Organisationen, die schlechte Leistungen bringen und hohe Kosten verursachen. Nur wenige haben davon profitiert. Sogar die Gewerkschaften, die dazu beigetragen haben, Arbeitsplatzsicherheit von der Dauer der Betriebszugehörigkeit abhängig zu machen, ohne eine andere Gegenleistung als ein Mindestleistungsniveau festzuschreiben, haben durch das Ergebnis Schaden erlitten. Nicht wettbewerbsfähige Unternehmen können langfristig nun einmal keine sichere Beschäftigung bieten.

Das Problem ist jedoch nicht nur von den Gewerkschaften verursacht, es ist auch eine Reaktion auf das Versagen des Managements. Wenn Manager weder bereit noch fähig sind, Mitarbeiter selbstständig arbeiten zu lassen, unfähig sind, wirkliche Leistungsträger von ihren persönlichen oder politischen Günstlingen zu unterscheiden, unfähig sind, ihre Vorurteile beiseitezuschieben oder zu sehr mit anderen Dingen beschäftigt sind, um zu wissen, wen man belohnen und wen man disziplinieren muß – dann muß die Sicherheit des Arbeitsplatzes von außen garantiert werden. Es ist sehr wichtig, den Unterschied zu erkennen. In diesen Fällen wird dem Management die Sicherung der Beschäftigung infolge schlechten Managements in der Vergangenheit von außen aufgezwungen. Kein Wunder, daß es hier keine Gegenleistung gibt.

In mancherlei Hinsicht erreichen die Arbeitnehmer im öffentlichen Dienst, aber auch die Gewerkschaften, die die Sicherheit des Arbeitsplatzes erzwingen wollen, damit genau das Gegenteil. Ein solches Verhalten fördert weder besseres Management noch trägt es zu einer Organisation bei, die effektiv genug ist, um langfristige Sicherheit zu gewährleisten. Der Grund dafür ist, daß ein Unternehmen, das allen oder fast allen Mitarbeitern Sicherheit bieten will, sehr gut geführt sein muß.

Dies ist die andere wichtige Voraussetzung für ein erfolgreiches Programm für eine sichere Beschäftigung. Vom Management wird

Voraussetzungen für eine sichere Beschäftigung

dabei viel Planung und Selbstdisziplin gefordert. Der einfachste Weg, Sicherheit zu bieten, besteht darin, schneller zu wachsen, als Mitarbeiter hinzukommen, aber dies ist langfristig für die meisten Unternehmen nicht möglich. Stattdessen wird Sicherheit geboten, indem man sich an einer festgelegten Wachstumsrate orientiert, die langfristig eingehalten werden kann; indem man Mitarbeiter aus stillgelegten Bereichen in wachsende Bereiche versetzt; indem man Mitarbeiter weiterbildet, damit sie nicht überflüssig werden; indem man, wo möglich, Versetzungsmöglichkeiten anbietet.

Dies sind teure Vorschläge, die einer erheblichen Personalplanung bedürfen und auch Ausgaben für Umschulung und Versetzung erfordern. Es ist bemerkenswert, was Unternehmen, die eine solche Politik der sicheren Beschäftigung haben, tun können, um die Arbeitsplätze für ihre Mitarbeiter zu erhalten. Von IBM ist zum Beispiel bekannt, daß in weiten Bereichen des Unternehmens Einstellungsstopps vorgenommen wurden, bis einige wenige Leute, die durch eine Betriebsschließung ihre Stelle verloren hatten, gleichwertige Positionen an anderer Stelle im Unternehmen angeboten bekamen. IBM-Managern wurde tatsächlich gesagt: „Ihr könnt jeden einstellen, den ihr wollt, solange er aus dem Betrieb kommt, den wir gerade schließen mußten."

Planung ist von entscheidender Bedeutung. Wenn Aufträge schnell hereinkommen, ohne daß etwas getan wird, steigt die Beschäftigung bis zu einem Niveau, das bei dem unvermeidlich folgenden Produktionsrückgang wieder Entlassungen erfordern wird. Um dies zu vermeiden, setzt man Puffer ein. Man vergibt die Arbeit an Subunternehmer oder stellt Zeitpersonal ein. Wenn der Abschwung eintritt, ist die Stammbelegschaft so verhältnismäßig wenig betroffen.

So wichtig die Planung auch ist – Selbstdisziplin ist noch wichtiger. Manager müssen zugunsten einer sicheren Beschäftigung Unbequemlichkeiten in Kauf nehmen. So ist es unbequem, die Mitarbeiter nur aus den Leuten rekrutieren zu dürfen, die in anderen Bereichen des Unternehmens überflüssig geworden sind, Subunternehmer zu finden oder auf Wachstum zu verzichten, Leute zeitweise einzustellen, Leute zu behalten, anstatt „frisches Blut" in den Betrieb zu holen, und die Kosten zu tragen, die aus alldem resultieren.

Und dennoch liegen hierin, wie schon Akio Morita von Sony andeutete, auch Chancen. Ein Unternehmen, das lernt, gut für eine sichere Beschäftigung zu planen, lernt auch im allgemeinen, sein Kapital gut zu nutzen. Zwar müssen Mitarbeiter in technischen Fertigkeiten weitergebildet werden, aber sie kennen bereits das Unternehmen, seine Vorgehensweisen und Abläufe. Hierin liegt oft ein großer Vorteil, der dem Unternehmen andere Ausbildungskosten spart. Auch Baulichkeiten lassen sich für andere Zwecke wiederverwenden; dabei werden Baukosten gespart, und man gewinnt nicht nur die Loyalität der Mitarbeiter, sondern auch die des Gemeinwesens gegenüber dem Unternehmen.

IBM-Manager erzählen von einem Betrieb in Südfrankreich, der seit 20 Jahren existierte und in dieser Zeit mehrere Veränderungen durchgemacht hatte. Vor 20 Jahren wurden dort elektromechanische Geräte hergestellt. Vor zehn Jahren begann man, Transistoren zu produzieren. Heute ist es ein Halbleiterwerk. Viele Mitarbeiter, die von Anfang an dabei waren, sind dort immer noch beschäftigt, obgleich das Werk zweimal seine Produkte umgestellt und die Anlagen zweimal umgerüstet hat. Wie ließ sich das erreichen? Die Antwort ist verblüffend einfach: Das Unternehmen gibt fast 9 Prozent seines Personalbudgets für Aus- und Weiterbildung aus.

Sichere Beschäftigung oder Sicherheit des einzelnen Arbeitsplatzes?

Geschäftliche Entscheidungen darf man nicht nur treffen, um Arbeitsplätze zu sichern. Wenn dadurch die Wettbewerbsfähigkeit auf dem Markt beeinträchtigt wird, darf der Standort eines Betriebes nicht dort gewählt werden, wo sich die Mitarbeiter im Augenblick befinden. Die Kosten düfen nicht in die Höhe getrieben werden, nur um die Beschäftigung zu erhalten. Der Markt muß den Vorrang haben. Andernfalls wird das Unternehmen langfristig scheitern und sichere Beschäftigung ein frommer Wunsch bleiben.

In diesem Punkt stellt die Politik der sicheren Beschäftigung die höchste Anforderung an den Manager. Schlechte Manager können in der Praxis keine effektive Politik einer sicheren Beschäftigung betreiben. Das sorgfältige Abwägen der Anforderungen des Marktes einerseits und der Planung von personellen Anpassungsprozessen andererseits ist eine zu komplexe Aufgabe. Hier müssen von der einen oder anderen Seite Opfer gebracht werden, und hier wird letztlich zu Lasten der sicheren Beschäftigung entschieden, denn ein Unternehmen, das sichere Beschäftigung über Wettbewerbsfähigkeit stellt, wird nicht lange überleben.

Aus diesem Grund verwechseln Unternehmen, die eine Politik der sicheren Beschäftigung betreiben, die sichere Beschäftigung nicht mit der Sicherheit des einzelnen Arbeitsplatzes. Den Mitarbeitern wird keine Sicherheit in ihren gegenwärtigen Arbeitsstellen geboten, sondern in einer Folge von Tätigkeiten, die sich mit der Zeit zu einer Karriere innerhalb des Unternehmens entwickeln. Kein Unternehmen kann sich die Starrheit leisten, bestimmte Stellen zu erhalten und bestimmte Mitarbeiter auf diesen Stellen zu belassen.

Die Sicherheit des Arbeitsplatzes steht, so betrachtet, im Widerspruch zu der Flexibilität und Anpassungsfähigkeit, die notwendig ist, um eine Organisation wettbewerbsfähig zu halten. Die grundlegende Bedeutung dieser Tatsache kommt darin zum Ausdruck, daß amerikanische Tarifverträge manchmal durchaus anerkennen, daß aufgrund wirtschaftlicher Umstände einige Arbeitsplätze verloren gehen werden. Oder Tarifverträge sehen vor, daß ältere Mitarbeiter in andere Stellen überwechseln müssen, um der Entlassung zu entgehen. Doch oft führt das sogenannte *bumping* dazu, daß die meisten Stellen mit unerfahrenen Leuten besetzt werden, und dies zu einer Zeit, da die Kosten hoch und die Umsätze gering sind und Erfahrung viel zählen würde.

Sichere Beschäftigung – nur für erfolgreiche Unternehmen interessant?

Wodurch wird es einem Unternehmen möglich, eine Politik der sicheren Beschäftigung zu verfolgen? Oft wird argumentiert, daß

Unternehmen wie IBM, Hewlett-Packard und Upjohn sichere Beschäftigung bieten können, weil sie wachsen und erfolgreich sind. Daraus folgt, daß sich Unternehmen, die weniger Erfolg haben oder zu keiner Wachstumsbranche gehören, einen solchen Luxus für ihre Mitarbeiter nicht leisten können.

Trifft dies wirklich zu? Sowohl IBM als auch Hewlett-Packard sind in der Kommunikationsbranche tätig. Das gilt auch für viele andere Unternehmen, aber nur wenige sind so erfolgreich wie diese beiden. Allein an der Branche kann es also nicht liegen. Vielmehr scheint die Politik der beiden Unternehmen, vor allem ihre Personalpolitik, zu ihrem Erfolg beizutragen und ihn gleichzeitig auch zu reflektieren. In gleicher Weise hat Upjohn in einer von starkem Wettbewerb gekennzeichneten Branche Erfolg, wobei wiederum die Personalpolitik zum Erfolg des Unternehmens beigetragen hat.

Auf einen einfachen Nenner gebracht, geht es hier darum, wie Ursache und Wirkung zu interpretieren sind. Bieten diese Unternehmen eine sichere Beschäftigung, weil sie erfolgreich sind? Oder ist ihre Politik der sicheren Beschäftigung die Ursache für ihren Erfolg? Es scheint, daß es sich hier um eine sich gegenseitig verstärkende Kausalität handelt. Wenn dies zutrifft, ist die Auffassung vieler Manager, ihre jeweilige Branche sei für eine sichere Beschäftigung zu instabil, möglicherweise unzutreffend. Ungeachtet der Unbeständigkeit des konjunkturellen Klimas kann doch durch Planung und Selbstdisziplin eine Kernbelegschaft erhalten werden, der eine sichere Beschäftigung gewährt wird. Wenn die Firma wettbewerbsfähig bleiben soll, müssen die Mitarbeiter begreifen, daß sie dafür Gegenleistungen erbringen müssen. Gleichzeitig muß das Unternehmen kompetente Manager haben, damit sichere Beschäftigung zur Realität werden kann.

Sichere Beschäftigung – ja oder nein?

Zwischen Produktivität und sicherer Beschäftigung scheint also ein unmittelbarer Zusammenhang zu bestehen. Ein Unternehmen führte Kostensenkungen über einen Zeitraum von zehn Jahren auf seine Personalpolitik zurück, Einsparungen, die „ohne produktive

Sichere Beschäftigung – ja oder nein?

und engagierte Mitarbeiter unmöglich gewesen wären. Und ein großer Teil ihres Engagements beruht darauf, daß sie wissen, daß wir wir eine sichere Beschäftigungspolitik betreiben."[8]

Sollten Manager ihre Unternehmen dazu drängen, eine solche Politik formell zu verkünden? Manche Manager empfehlen, daß das Unternehmen keine formellen Erklärungen gegenüber Mitarbeitern oder der Öffentlichkeit abgeben sollte. Stattdessen sollte es seine Politik in die Tat umsetzen – in der Hoffnung, daß es Produkt- und Konjunkturzyklen, technologischen Wandel und alle die anderen Schocks und Umstellungen überleben wird, die Bestandteil eines wettbewerbsorientierten Umfeldes sind. Stillschweigen über diese Frage zu bewahren ist eine Möglichkeit, aber nicht unbedingt die beste. Selbst wenn das Unternehmen sich dazu nicht äußert, werden die Mitarbeiter aufgrund von Taten wissen, ob es sich ehrlich bemüht, Entlassungen zu vermeiden. Solche Dinge sprechen sich schnell herum, und eine starre Poltik ist nicht wirklich das Ziel. Gibt es keine formell angekündigte Poltik, müssen auch nicht Versprechen gebrochen werden, wenn Entlassungen notwendig werden, obgleich sich das Unternehmen nach besten Kräften bemüht hat, diese möglichst gering zu halten oder ganz zu vermeiden.

Es kommt auf die Praxis an. Manche Unternehmen erklären sichere Beschäftigung ausdrücklich zu einem ihrer Unternehmensziele. Sie kündigen an, daß sie Lohnminderungen, Lohnstopps und dergleichen durchführen, Entlassungen aber nur als allerletzten Ausweg wählen werden.

Eine Kombination unterschiedlicher Maßnahmen wird von den wenigen Unternehmen angewandt, die sich offiziell oder informell für sichere Beschäftigung einsetzen. Einstellungsstopps werden sofort verkündet, wenn der Arbeitskräftebedarf im Verhältnis zur Produktnachfrage zu sinken beginnt.[9] Zu den Instrumenten der sicheren Beschäftigung gehören zum Beispiel die Versetzung von Mitarbeitern an andere Standorte innerhalb des Unternehmens; ein „Puffern" von stoßweisem Arbeitskräftebedarf durch Überstundenmanagement; Vergabe von Arbeiten an Lieferanten und Subunternehmer, sowie Teilzeit oder reduzierte Arbeitszeit. Anreize für eine frühzeitige Pensionierung, Outplacement-Beratung und sogar das Ausleihen von Arbeitskräften an andere Unternehmen sind weitere Möglichkeiten.

Viele Gründe zwingen Unternehmen, ihren Mitarbeitern die Beschäftigung soweit wie möglich zu garantieren: Das Engagement auf seiten der Manager wie auch der ganzen Belegschaft wird größer, und die Human-Ressourcen können langfristig effektiver genutzt werden. Wenn Unternehmen mit weniger strukturierten, liberaleren Bedingungen experimentieren, kann vielleicht die sichere Beschäftigung die Bindung schaffen, die die Mitarbeiter in einem solchen sich rasch wandelnden und empfindlich auf Veränderungen reagierenden Betrieb festhält.

Die Verpflichtung auf sichere Beschäftigung ist mit Kosten verbunden. Die Unternehmensplanung muß eng mit diesen Bemühungen verbunden sein. Und Planung ist teuer. Mit dem Kostenaufwand muß die Disziplin seitens des Topmanagements und der nachgeordneten Manager gekoppelt sein. Dies schließt die Verpflichtung ein, sich mit dem Problem zu beschäftigen, was mit Mitarbeitern geschehen soll, denen andere Aufgaben zugewiesen oder die an andere Standorte versetzt werden müssen. Es ist nämlich in vielerlei Weise leichter, sie zu entlassen, als gemeinsam mit ihnen zu versuchen, einen Platz zu finden, an dem sie weiterhin ihren Beitrag leisten können.

Unter den oben genannten Umständen wird eine Verpflichtung auf sichere Beschäftigung höchstwahrscheinlich dazu beitragen, ein Unternehmen wettbewerbsfähig zu halten.

Unabhängig davon, wie man zur Frage der Beschäftigungssicherheit steht, sollte man die Einstellung des Chairman von Sony im Auge behalten. Angesichts einer Situation, in der andere nur Probleme sahen, war Morita klug genug, seine Manager zu fragen: „Wo liegt hier die Chance?", und sie zu ermutigen, „an die Chancen zu denken".

Was auch immer passiert – grundsätzlich sollte ein Manager stets zuerst fragen: „Wo liegt die Chance?" Es ist erstaunlich, wie oft diese Frage zu wertvollen Entdeckungen führt.

5. Kapitel

Den Nachwuchs fördern – die Stars hätscheln

Die Fähigkeiten der Manager lassen sich daran messen, wie sie den Managementnachwuchs ermitteln und fördern. Während die Entwicklung und Anwendung objektiver Auswahlnormen eine wichtige Aufgabe der 70er Jahre waren, wird in den 80er und 90er Jahren eine sorgfältige Mischung von objektiven und subjektiven Bewertungskriterien notwendig sein. Die richtige Person auf den richtigen Platz zu stellen, ist ein Schlüsselelement für die erfolgreiche Durchführung einer jeden Wettbewerbsstrategie. Außerdem hängt der Erfolg eines Unternehmens von der Anwendung eines Entlohnungssystems ab, das Aufstrebenden genügend Anreize bietet.

Überraschender Karriereknick

In optimistischer Stimmung betrat Jack Simpson das Büro des Executive Vice President (EVP). Sein Chef war gerade befördert worden, so daß auf der Ebene des Division Vice President eine Position frei geworden war.

Jack, der stellvertretender Division Manager war und für die größte Produktgruppe verantwortlich zeichnete, war sicher, daß er die Stelle bekommen würde. Sein Karriere war von raschen Beförderungen gekennzeichnet. Nur selten hatte er eine Position länger als 18 Monate innegehabt, und er konnte eine Reihe von Erfolgen verbuchen. Für ihn war die Tatsache, daß seine Nachfolger stets schlechtere Betriebsergebnisse hatten als er, ein Beweis für sein überragendes Können.

Doch das Gespräch nahm einen ganz anderen Lauf, als Jack erwartet hatte. Als erstes stellte der EVP eine Frage: „Nennen Sie drei Leute, die heute auf Ihrer Ebene oder auf einer höheren Ebene stehen, weil Sie sich mit ihnen beschäftigt haben." Nach einer Pause, in der Jack voller Unbehagen herauszufinden versuchte, ob der EVP seine Frage ernst meinte, antwortete er: „Ich kann niemanden nennen."

„Jack", sagte der EVP, „Sie haben gute Arbeit für diese Firma geleistet. Was Sie persönlich getan haben, war erfolgreich. Die Abteilungen, die Sie leiten, haben gute Leistungen vorzuweisen. Aber sie zeigen keine guten Leistungen mehr, nachdem Sie verlassen haben. Der Faktor, der das Wachstumspotential unseres Unternehmens begrenzt, sind gute Manager. Es gibt keine wichtigere Aufgabe als gute Leute zu finden und zu entwickeln. Die Zahlen sind nicht das Wichtigste; es geht um die Qualität der Leute. Mein wichtigstes Kriterium bei der Beurteilung von Führungskräften ist ihre Fähigkeit, Mitarbeiter zu beurteilen und zu entwickeln."

Der EVP ging an eine Flip-Chart und zeichnete eine Matrix (Abb. 1). Auf der einen Seite schrieb er: „Der Einzelbeitrag eines Managers", auf der anderen: „Fördert Untergebene und entwickelt die Fähigkeiten der Organisation" Dann wandte er sich zu Jack und zeigte die obere linke Ecke des Kastens. „Sie sind hier, Jack", sagte er, „ich brauche ausgewogenere Leute".

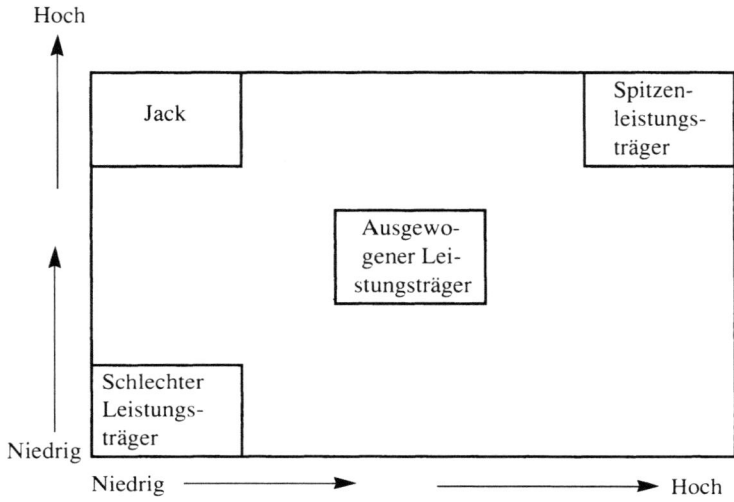

Entwickelt Mitarbeiter und Chancen für das Unternehmen

Abbildung 1

„Und das", schloß der EVP, „ist der Grund dafür, daß wir Sie nicht befördern. Sie haben zu sehr auf die Karriereleiter geschielt und es dabei versäumt, den Nachwuchs für dieses Unternehmen zu entwickeln."

Enttäuscht und verwirrt verließ Jack das Büro des EVP und machte seinem Ärger Luft: „Warum zum Teufel hat er mir das nicht fünf Jahre früher gesagt?"

Zeit für Personalentwicklung aufwenden

General Electric (GE) hat eine zu Recht bekannte Management-Training- Einrichtung in Croton-on-Hudson etwa 50 Meilen nördlich von New York City. Wenn Leute in den Managementebenen von GE aufsteigen, verbringen sie oft einige Wochen in Croton-on-

Hudson, um Kurse zu besuchen, in denen sie auf umfassende Aufgaben vorbereitet werden.

„Die neue Herausforderung für diese Leute, wenn sie allmählich im Unternehmen aufsteigen", sagte einer der Direktoren von Croton-on-Hudson einem neuen Dozenten, „besteht darin, daß sie nun beginnen müssen, Manager zu führen. Sie müssen beginnen, über die Fähigkeiten der Manager nachzudenken, die ihnen unterstellt sind, und darüber, wie sich die Fähigkeit der Organisation insgesamt aus den Fähigkeiten einzelner zusammensetzt. Sie müssen vom Blickwinkel der Organisation aus die Manager des Unternehmens führen."

In der Regel beginnt die Entwicklung neuer Manager bereits bei ihrer Einstellung. Ein Manager kann aber auch eine schon funktionierende Organisation erben; danach kann er die Personen auswählen, die neu ins Unternehmen eintreten. Dabei sind Manager unterschiedlicher Auffassung, wie dies geschehen soll. Sollen Leute eingestellt werden, um die offene Stelle in geeigneter Weise zu besetzen, oder sollen Mitarbeiter eingestellt werden, weil sie langfristig einen Beitrag für das Unternehmen leisten können?

Der Betriebsleiter eines großen Dienstleistungsunternehmens meinte dazu:

„Einen Pool von Mitarbeitern bereitstehen zu haben, ist nicht realistisch. Das ist in einem Dienstleistungsbetrieb unmöglich. Wir haben nicht die Mittel, Manager so lange zu behalten, bis wir sie brauchen. Wenn ein Unternehmen einen Mitarbeiter für einen neuen Job zurechtstutzt, so tut es nicht, was es eigentlich tun sollte."

Ron Falks, der Geschäftsführer eines kleinen Produktionsbetriebs, führte aus eigener Erfahrung ein ähnliches Argument an. „Ich habe zwei Unternehmen von Grund auf aufgebaut und sie dann verkauft. Ich habe in diesen Unternehmen keine Managemententwicklung betrieben. Wenn man dies nicht tut, geht das nur, wenn man das Unternehmen verkauft, solange es klein ist. Wenn das Unternehmen größer wird, muß man Personalentwicklung betreiben. Ich verkaufe es vorher, und damit überlasse ich das Problem der Managemententwicklung dem Käufer."

In einem Vortrag vor Studenten der Harvard Business School nahm Jack Welch, der Chairman von GE, zur Frage der Managemententwicklung Stellung:

„Es geht darum, das Kurzfristige gegen das Langfristige abzuwägen. Manche Leute sagen, das amerikanische Management sei zu kurzfristig orientiert und berücksichtige langjährige Entwicklungen nicht. Ich weise dieses Argument für unsere Firma zurück."

Mit seiner Managemententwicklung bereitet sich GE auf die Zukunft vor, während es sich gleichzeitig mit dem Tagesgeschäft auseinandersetzen muß.

In den 70er Jahren riet Clifford Hardin, Vice Chairman und Forschungsdirektor von Ralston Purina, im Hinblick auf die Zukunft von Unternehmen anderen Managern: „Wenn ihr junge Leute in eure Organisation bringt, so versucht, nur Spitzenleute auszuwählen – Leute, von denen ihr glaubt, daß sie rasch aufsteigen. Nun könnte man einwenden: ‚Aber wir brauchen nicht so viele hochkarätige Leute. Wir haben eine Anzahl von Routinejobs, die keine Superstars erfordern.' Ich meine hingegen, daß Sie bei der Auswahl von Spitzenleuten immer noch genügend Fehler bei der Beurteilung machen, so daß die Routinejobs gerade noch gut genug besetzt werden können. Sie würden das Potential Ihres Unternehmens erheblich begrenzen, wenn Sie es sich erlauben, Leute zu akzeptieren, die eine derzeit offene Position gerade noch ausfüllen können, aber wahrscheinlich nicht weiterkommen werden."

Und Hardin fuhr fort: „Die Gleichheit anderer Faktoren vorausgesetzt, wird jemand eine bessere Führungskraft werden, wenn er bereits vor seinem 30. Lebensjahr gelernt hat, Entscheidungen zu treffen. Pädagogen wissen, daß ein Kind an einem bestimmten Zeitpunkt in seiner Entwicklung lesen lernen will, und wenn es das Lesen zu diesem Zeitpunkt beigebracht bekommt, wird es das besser lernen als zu jedem anderen Zeitpunkt in seinem Leben. Es gibt eine Zeit, in der man sportliche Fähigkeiten und Sprachen erlernt; wenn man diesen Zeitpunkt verpaßt, fällt einem das Lernen

Zeit für Personalentwicklung aufwenden

später schwerer. Die meisten Leute lernen am besten, Entscheidungen zu treffen, wenn sie zwischen 20 und 30 sind. Ein Mitarbeiter braucht kein Direktor zu sein, um diese Erfahrung zu gewinnen. Es gibt genug andere Positionen, in denen man Erfahrungen in der Entscheidungsfindung sammeln kann."

Reg Jones von GE vertrat 1982 bei einer Diskussion mit den Teilnehmern des Harvard's Advanced Management Program eine ähnliche Auffassung. Jones nannte zwei wichtige Dinge bei der Entwicklung von Managern: Erstens: Zeit für Personalentwicklung aufwenden. In den zehn Jahren, als Jones GE führte, hatte er mit dem Vice President für Führungspersonal öfter und länger getagt als mit den Leitern aller anderen Unternehmensfunktionen – einschließlich Finanzwesen, Marketing und Unternehmensplanung. Zweitens: Den Leuten frühzeitig Aufgaben im General Management geben, damit sie Managementqualitäten und -fähigkeiten entwickeln können.

Spitzenführungskräfte sind für ein Unternehmen von weit größerer Bedeutung, als die meisten Manager denken. Statt dessen wird in der Regel vermutet, die Qualität oder Neuartigkeit eines Produkts beziehungsweise eines Dienstleistungskonzepts seien der Schlüssel zum geschäftlichen Erfolg. Die meisten Topmanager glauben jedoch, daß es weit mehr ausgezeichnete Geschäftschancen gibt, die auf neuen Produkten oder Dienstleistungen beruhen, als Leute, denen es zuzutrauen ist, diese Möglichkeiten auch geschäftlich erfolgreich zu verwirklichen.

Trotz der herausragenden Management-Entwicklungsarbeit von GE stellte Jack Welch immer wieder fest: „Unser größter Mangel bei GE ist der Mangel an effizienten Managern, an Leuten, denen wir einen neuen Geschäftszweig anvertrauen können und von denen wir wissen, daß er dort in guten Händen ist."

Ein erfolgreiches Unternehmen weiß, wie wichtig hochkarätige, gut ausgebildete Manager für seine Zukunft sind. Nur in zweitklassigen Unternehmen wird ein neues Projekt in der Regel nach dem Motto bewertet: „Können wir bei der Realisierung die Kosten so niedrig halten, daß es profitabel ist?„ Dies ist natürlich eine sehr wichtige Frage, aber ein wirklich erstklassiges Unternehmen nähert sich dem

Problem aus einem wesentlich weiter gefaßten Blickwinkel: „Wenn wir dieses Projekt durchführen – wird es genügend abwerfen, um hochbegabte Leute zu bezahlen, die diesem Geschäft zum Wachstum verhelfen und dafür sorgen können, daß es auch in Zukunft wettbewerbsfähig bleibt?"

Der Unterschied in den beiden Sichtweisen besteht darin, daß im ersten Fall nur nach dem kurzfristigen Gewinn gefragt wird. Im zweiten Fall wird nach einem Gewinn gefragt, der gute Leute dazu bringt, sich vollständig auf das betreffende Geschäft zu konzentrieren, so daß es langfristig erfolgreich ist. Im ersten Fall handelt es sich um die statische Betrachtung kurzfristiger Zahlen, im zweiten um die dynamische Betrachtung der langfristigen Wettbewerbsfähigkeit. In beiden Fällen muß gewinnbringend gewirtschaftet werden, aber im ersten Fall wird dies als eigenständiges Ziel betrachtet, im zweiten als Mittel, um einen langfristigen Erfolg zu sichern. Durch solche feine Nuancen unterscheiden sich erstklassige von zweitklassigen Managern.

In ihrem Artikel über die amerikanischen Investmentbanken weisen Mike Spence, heute Dekan der Faculty of Arts and Sciences in Harvard, Samuel Hays und David Marks darauf hin, daß Gewinn langfristig als Mittel gesehen werden sollte, um gute Leute anzuziehen und zu behalten. „In der Geschichte des Investmentbankwesens haben auch alteingesessene Bankhäuser – wie etwa die Seligmans – ohne talentierte Leute, die für Flexibilität sorgten, harte Zeiten erlebt... Ihre Stärke bestand in ihrer Fähigkeit, eine Gruppe von Investoren... effektiver als alle anderen zusammenzubringen. Infolgedessen konnten die Banken ihre begabten, qualifizierten Manager ... entsprechend entlohnen. Von ihnen hingen sowohl die Gewinne als auch die Loyalität der Kunden ab." Mit anderen Worten: Während viele Leute einen Abschluß tätigen und dabei ein wenig Geld verdienen konnten, begriffen die Firmen, aus denen sich die großen Investmentbanken entwickelten, daß solche Gewinne nur dazu dienten, jene Top-Leute zu halten, die gleich eine ganze Reihe von Geschäftsabschlüssen erzielen konnte.

Ein Topmanager einer führenden amerikanischen Ölgesellschaft

Zeit für Personalentwicklung aufwenden

kritisierte, daß in der Regel der Manager gefördert wird, der schnelle Antworten auf Geschäftsprobleme gibt, und nicht derjenige, der mit einem unfassenden Konzept an die Dinge herangeht, dabei neue Fragen aufwirft und relevantes Material findet. Im Ölgeschäft zwingt der sehr hohe Cash Flow – über 4 Milliarden Dollar pro Jahr im Unternehmen des genannten Topmanagers – die Manager dazu, sehr genau zu überlegen, wo Investitionen getätigt werden sollen. Soll ein wesentlicher Teil der Erträge in die Suche nach mehr Öl gesteckt werden, oder soll das Unternehmen Diversifikation in anderen Geschäftszweigen betreiben? Bei solchen Entscheidungen geht es nicht darum, schnelle Lösungen für eng umrissene Probleme zu finden. Gefragt sind vielmehr sorgfältige Überlegungen und kreative Gedanken, wie man an eine solche breite Palette von Wahlmöglichkeiten sinnvoll herangehen kann.

Oft kritisieren die Europäer amerikanische Manager wegen ihrer „Kurzsichtigkeit". Nach vierjähriger Tätigkeit in den Vereinigten Staaten meinte ein deutscher Manager: „In dem amerikanischen Tochterunternehmen meiner Firma sind die amerikanischen Manager so mit Routinearbeiten zugedeckt, daß sie keine Zeit haben, ihren Horizont zu erweitern. Sie lesen nicht; sie hören auch kaum Nachrichten aus dem Ausland. Sie haben wenig Allgemeinwissen über die Welt, in der sie zu umfassenden Unternehmensentscheidungen beitragen sollen. Sie wissen zum Beispiel sehr wenig über die Länder der Dritten Welt; deshalb verstehen es die Europäer oft viel besser, ihre Produkte an diese Länder zu verkaufen. Wenn ich mich in Deutschland über die Ereignisse in der Welt so wenig auf dem laufenden hielte wie meine amerikanischen Kollegen, bliebe ich nicht lange Führungskraft."

Die Japaner haben ihre eigene Vorstellung davon, wie einzelne begabte Mitarbeiter zum Unternehmen als ganzem beitragen können. Die Manager dort werden von ihren Vorgesetzten nicht dazu ermutigt, ihre Befähigung unmittelbar zur betrieblichen Entscheidungsfindung zu nutzen. Stattdessen sollen sie ihren Wissensvorsprung dazu einsetzen, die Beziehungen zwischen den Mitarbeitern zu verbessern und den langsameren Gruppenmitgliedern zu helfen, ebenfalls gute Leistungen zu erbringen.

Eine wichtige Methode, um Managementtalente zu entwickeln, besteht darin, Herausforderungen zu stellen. Dazu gehört, einem Mitarbeiter mehr Verantwortung zu geben, als der Betreffende glaubt, bewältigen zu können. Wenn der Zweck dieser Strategie darin besteht, menschliche Fähigkeiten zu entwickeln, so hat sie auch bei der Förderung des Managernachwuchses einen Sinn. Wenn sie allerdings dazu führt, daß der Betreffende unter der Belastung zusammenbricht, ist sie weder nützlich noch angemessen.

In den letzten Jahren kam es entscheidend darauf an, bei den Managern Verständnis für den technologischen Fortschritt zu fördern. Dazu meint ein Topmanager eines großen Industrieunternehmens: „Wir erwarten von unseren Managern, gleich in welcher Funktion, daß sie sorgfältig genug ausgebildet worden sind und genügend praktische Erfahrung gesammelt haben, um gegenüber den übrigen Mitarbeitern mit dem entsprechenden Fingerspitzengefühl zu reagieren. Heute (im Jahr 1983) kommt das hinzu, was man unter ‚Technologie‘ versteht. Unsere Manager, in welcher Funktion auch immer, müssen die neue Technologie verstehen und wissen, wie man damit umgeht. In der Produktentwicklung sagen unsere Ingenieure zu ihren Managern: ‚Ihr versteht das nicht; ihr verlangt Unmögliches.‘ Und in anderen Bereichen ist das Gegenteil der Fall. Den Managern wird weisgemacht, dieses oder jenes Problem könne mit der Technologie gelöst werden, obwohl das in Wirklichkeit gar nicht erwiesen ist. Es gibt in diesem Bereich nur allzu viele Scharlatane. Deshalb möchten wir, daß unsere Manager die Bedeutung der Schlüsseltechnologien für unser Unternehmen, unsere Mitarbeiter und die Gesellschaft erkennen. Um im Geschäft zu bleiben und den Vorsprung vor unseren Konkurrenten zu halten, brauchen wir die Technologie, auch wenn unsere Abhängigkeit von ihr ständig zunimmt."

Die Business Schools versuchen, dieses Bemühen zu unterstützen. Seit mehreren Jahren verlangen manche Schulen, daß die Studenten Microcomputer benutzen. So führte die Harvard Business School 1983 bei den Kursen für das mittlere Management für etwa 250 amerikanische und ausländische Führungskräfte Microcomputer ein.

Beim ersten Kurs gaben 90 Prozent der Teilnehmer an, noch keine Erfahrung mit Microcomputern zu haben, und zwei Drittel sagten, sie hätten Angst, einen Computer zu benutzen. Deshalb wurde in jedem Studentenzimmer ein Computer aufgestellt. Einer der Studenten wollte diesen Zimmergenossen nicht. Ihm wurde gesagt, daß Harvard keine Zimmer ohne Microcomputer habe. Während des 14wöchigen Kurses benutzten die Teilnehmer die Geräte. Bei der abschließenden Bewertung des Kurses erwähnte keiner der Teilnehmer den Computer. Der Computer war inzwischen ebenso selbstverständlich geworden wie das Telefon.

Wen soll man befördern?

Terry Fashig hatte in der technischen Abteilung der Universal Products in Minneapolis eine frei gewordene Stelle zu besetzen. Der Cheftechniker der Abteilung war in einen anderen Betrieb versetzt worden. Fashig wollte gerne Martha Greenisle, eine Technikerin in seiner Abteilung, auf diese Stelle befördern, aber zunächst mußte er – gemäß den Betriebsvereinbarungen – die Stelle im Betrieb ausschreiben.

Der Anschlag hing eine Woche, und neben Frau Greenisle bewarben sich zwei weitere Techniker um den Posten. Einer der Bewerber war Roger Fairfield, ein langjähriger Mitarbeiter Fashigs.

Fashig war sicher, daß Frau Greenisle für die Stelle am besten geeignet war. Sie war zwar erst vor zwei Jahren in die Firma eingetreten, hatte aber einschlägige Berufserfahrungen mitgebracht. Sie hatte ein angenehmes Wesen, arbeitete hart und war ausgesprochen ehrgeizig.

Fairfield dagegen stand kurz vor dem Ende seiner beruflichen Laufbahn. Er hatte nur geringe Führungsqualitäten und war mit den neuen technischen Möglichkeiten nicht so vertraut wie Frau Greenisle. Es schien, als ginge es Fairfield vor allem darum, einen bequemeren Posten zu bekommen. In einem Gespräch mit Fairfield bestätigte sich Fashigs Einschätzung. Fashig versuchte, ihn davon zu überzeugen, daß er seine Bewerbung zurückziehen sollte. Dieser Versuch scheiterte jedoch.

Fashig konnte auswählen, wen er wollte, solange sich der Bewerber offiziell um die Position beworben hatte. Eigentlich sprach also nichts gegen Frau Greenisle. Außerdem war man gehalten, sich für den qualifiziertesten Bewerber zu entscheiden.

Dennoch zögerte Fashig. Er hatte erfahren, daß es Mitarbeiter gab, die meinten, daß die Beförderung eigentlich Fairfield zustände. Immerhin könne er die Position ausfüllen und sei schon viel länger bei der Firma als Frau Greenisle. Und irgendjemand hatte sogar angedeutet, daß Frau Greenisle nicht nur wegen ihrer beruflichen Qualitäten befördert werden sollte.

In ähnlichen Situationen hatte Fashig bisher stets den dienstältesten Mitarbeiter befördert. Er hatte versucht, einen Ausgleich zu finden zwischem dem Recht des dienstältesten Mitarbeiters, als erster eine Beförderungschance zu bekommen, und dem Recht der Firma, Positionen mit demjenigen zu besetzten, der die besten Leistungen erwarten läßt. Jahrelang war Universal Products ein erfolgreiches Unternehmen gewesen. Insofern war es unproblematisch, vorübergehend ein langsameres Arbeitstempo und weniger Leistung zu akzeptieren, wenn eine solche Besetzung anstand. Vorwärtsstrebende jüngere Mitarbeiter müßten warten, bis sie an der Reihe wären, hatte Fashig entschieden. Mitarbeiter mit kurzer Betriebszugehörigkeit zu befördern, mußte unweigerlich zu Ärger und Frustration bei anderen Mitarbeitern führen. Das wollte Fashig lieber vermeiden.

In diesem Punkt verhielt sich Fashig wie viele andere Manager. Repräsentative Befragungen von Linienmanagern zeigen, daß bei Stellenausschreibungen in der Regel dienstältere Bewerber bevorzugt werden. Viele gaben zu, daß dabei jüngere Bewerber, die besser qualifiziert waren, übergangen wurden. Die Wahl des weniger fähigen, aber älteren Kandidaten sei gerechtfertigt, so meinten die Manager, um das Betriebsklima nicht zu stören.

In der aktuell gegebenen Situation war sich Fashig weniger sicher. Der Firma ging es nicht besonders gut; starke Konkurrenz schmälerte die Gewinne. Kosten sollten durch Sparmaßnahmen gesenkt werden, und Fashig und andere Manager mußten sich durchaus auch um ihre eigenen Arbeitsplätze Sorgen machen. Zum ersten Mal wurde Fashig in vollem Ausmaß klar, welchen Beitrag seine Abteilung zur Leistung des Gesamtunternehmens erbrachte, und zum ersten Mal nahm er sich vor, diesen Beitrag möglichst gut zu leisten. Es wurde immer schwerer, das Beste zu geben; sein Mitarbeiterstab war reduziert, sein Budget verringert worden, und die Arbeitsbelastung war gestiegen. In dieser Situation brauchte er in der Position des Cheftechnikers den leistungsfähigsten Mitarbeiter. Damit war die Entscheidung für Frau Greenisle gefallen. Fashig würde seine Entscheidung den Mitarbeitern erklären und versuchen, die möglicherweise entstandene Unzufriedenheit abzubauen.

Test oder Leistungsbeurteilung?

Im Jahr 1978 arbeitete Susan Polson für eine Telefongesellschaft. Mit einem Ingenieursexamen war sie 1970 in das Unternehmen eingetreten. Bis 1978 hatte sie, jeweils im Ingenieurwesen, vier unterschiedliche Managementfunktionen innegehabt. Sie war jetzt unterwegs nach Atlanta, um an dem dreieinhalbtägigen Beurteilungsverfahren für Anwärter des höheren Managements teilzunehmen. Dort traf sie auf andere mittlere Manager, die von ihren Chefs als Mitarbeiter mit hohem Managementpotential empfohlen worden waren.

Susan Polson nahm an sechs umfangreichen Beurteilungsverfahren teil, die alle speziell entwickelt worden waren. Bei zwei Zusammenkünften wurden Gruppenübungen, bei den vier anderen Sitzungen Einzeltests durchgeführt. Dabei wurde sie von Psychologen und einem aus Topmanagern des Unternehmens gebildeten Bewertungsteam beobachtet.

In der ersten Gruppenübung hatten die Teilnehmer Mitglieder eines Stadtrats bei einer Sitzung zu sprechen. Es war ein mehrere Millionen Dollar hoher Bundeszuschuß zu verteilen, mit dem die Versorgungsleistungen in der Stadt verbessert werden sollten. In der zweiten Gruppenübung war Polson ein Mitglied des sechsköpfigen Vorstands des Ajax Fund, einer kleinen Investmentgesellschaft. Hauptaufgabe: Ankauf und Verkauf von Wertpapieren.

Danach absolvierte Frau Polson die Einzelübungen. Zuerst war sie Assistant Vice President für Verkehrsentwicklung einer Eisenbahngesellschaft und arbeitete sich dabei durch einen Berg von Dokumenten, Berichten, Notizen und Korrespondenz bis zu einer Reihe äußerst komplizierter Fragen durch. Am Ende dieser Übung mußte Frau Polson erklären, wie sie die anstehenden Probleme gelöst hätte.

Als nächstes wurde Frau Polson gebeten, ein Programm zur Streßbewältigung zu entwickeln. Dieses wurde am Ende der Übung mündlich vorgetragen, so als ob es einer Gruppe von Führungskräften des Unternehmens präsentiert würde.

Zwischen diesen Übungen mußte Frau Polson eine Reihe schriftlicher Tests absolvieren. Abschließend wurde sie von einem Mitglied des Beurteilungsteams interviewt. Es war ihre einzige Gelegenheit, über sich selbst, ihre Begabungen, ihre Erfahrungen, ihren Werdegang und über ihre Ziele zu sprechen.

Als alles vorüber war, verließ Frau Polson erschöpft, benommen und mit heftigen Zweifeln, ob sie gut abgeschnitten hatte, das Testzentrum. Mehrere Wochen später wurde sie zu einer Besprechung mit einem der beteiligten Psychologen gebeten. Erst erwähnte er die positiven Dinge, dann das Negative, und schließlich erfuhr sie, daß sie schlecht abgeschnitten hatte. Das Urteil über Susan Polson lautete, sie habe schlechte Aussichten auf eine Beförderung in höhere Managementpositionen.

Susan Polson war aufgebracht. „In meinem ganzen Berufsleben habe ich keine Situation erlebt, in der ich einem solchen Druck ausgesetzt war.

Keiner hat mir jemals ein so negatives Feedback gegeben; ich muß das Ergebnis einfach in Frage stellen. Sie sollten sich meine Leistungen in der Praxis anschauen", meinte sie mit Nachdruck, „nicht die ganze Schauspielerei!"

Jede Beförderung ist eine wichtige Angelegenheit, denn Beförderungen, auch auf unterer Ebene, leiten Mitarbeiter in die Pipeline der Managementressourcen, auf die ein Unternehmen zurückgreift, wenn es Linien- oder Stabspositionen besetzen muß. Die Entscheidung, welcher Mitarbeiter für eine Beförderung in Frage kommt, ist eine komplizierte Angelegenheit, weil verschiedene Prioritäten beachtet werden müssen.

Große Unternehmen stützen sich heute in der Regel auf drei Informationsquellen über einen Kandidaten, der zur Beförderung ansteht: Erstens verfügen sie über Leistungsbeurteilungen hinsichtlich der Positionen, die der Betreffende bislang innegehabt hat. Zweitens kann man die Ergebnisse verschiedener Tests und Übungen heranziehen, die von geschulten Psychologen oder Personalfachleuten ausgewertet werden. Drittens zählt natürlich das persönliche Urteil. Insbesondere die Manager, die mit dem Kandidaten schon zusammengearbeitet haben, wissen, ob der Betreffende für eine Beförderung geeignet ist.

Doch welcher Information sollte man bei der Entscheidung über eine Beförderung Priorität einräumen? Zu einem gewissen Grad hängt die Anwort davon ab, aus welcher Perspektive man die Frage betrachtet. Manager, die Leute einstellen, die ihnen direkt unterstellt sind, werden sich in der Regel hauptsächlich auf ihr eigenes Urteil über diese Personen verlassen, in zweiter Linie auf Leistungsbeurteilungen und zuletzt auf die Resultate der formellen Testverfahren.

Aus dem Blickwinkel des Unternehmens liegen die Prioritäten etwas anders. Da dessen langfristiges Interesse darin besteht, Mitarbeiter zu befördern, die das Potential dazu haben, wird es sich bei seiner Entscheidung in erster Linie auf formelle Testergebnisse verlassen. Dabei wird in der Regel ermittelt, ob der Betreffende geeignet ist, auf eine um mindestens zwei Stufen höhere Position befördert zu werden als die, um die er sich derzeit bewirbt. Zweite Priorität hat normalerweise die Leistungsbeurteilung. Der persönliche Eindruck des Managers, dem der Bewerber unmittelbar unterstellt sein wird, ist nicht unwichtig, jedoch weniger wichtig als die anderen Faktoren.

Aus der Perspektive des Kandidaten sieht das alles noch einmal anders aus: An erster Stelle rangiert hier die Beurteilung der eigenen Leistung. „Was habe ich geleistet?" Dies ist ein eindeutiger Maßstab, der unmittelbar auf persönlichen Qualitäten beruht. Die meisten Kandidaten glauben, daß dies mehr ausssage, als die formellen Testverfahren. Im großen und ganzen scheinen Testverfahren jedoch weniger subjektiv zu sein als das persönliche Urteil der einstellenden Manager; sie erhalten somit Rang zwei in der Prioritätenliste.

Kandidaten, die sich um eine höhere Position bewerben, stehen einer Beurteilung durch die Manager, die die Position zu besetzen haben, oft skeptisch gegenüber, und zwar vor allem aufgrund des Generationenunterschieds. So haben jüngere Menschen Auffassungen über Lebensstil, Kleidung und Wertvorstellungen, die bei den älteren Managern Kritik hervorrufen können. Weibliche Kandidaten fürchten möglicherweise Vorurteile seitens ihrer männlichen Vorgesetzten.

Tabelle 2 zeigt die Prioritäten, die bei bei der Ermittlung der Eignung einer Person zur Beförderung zu berücksichtigen sind, aus jeder der drei Perspektiven.

Ein effektives Beförderungssystem muß alle drei geschilderten Perspektiven berücksichtigen. Der einstellende Manager hat Auf-

Prioritäten bei der Entscheidung, ob ein Mitarbeiter für eine Beförderung geeignet ist

Wie bewerten Sie	Aus dem Blickwinkel		
	des einstellenden Managers	des Unternehmens	des Kandidaten
Leistung	2	2	1
Formelle Testverfahren	3	1	2
Persönliche Kenntnis	1	3	3

Tabelle 2

gaben zu erfüllen und braucht ein zuverlässiges Team. Der Kandidat muß glauben, daß das System objektiv und vorurteilsfrei ist.

Die Organisation muß ihr langfristiges Interesse an der Karriere des Kandidaten an jeder Schnittstelle seines Aufstiegs berücksichtigen.

Unternehmen haben eine umfassendere Verantwortung als die einstellenden Manager und sollten deshalb auch andere Prioritäten setzen. Sie müssen Manager für höhere Positionen entwickeln. Die einstellenden Manager verfolgen in der Regel nicht die gleichen Ziele; stattdessen stellen sie viel kurzfristigere Anforderungen an den Kandidaten und erwarten von ihm, daß er so schnell wie möglich sein Bestes leistet.

Es gibt zwei Arten, wie man diese Diskrepanz bewältigen kann: Das Unternehmen kann seine Manager dazu erziehen, die längerfristigen Unternehmensziele zu verinnerlichen, oder es muß direkt in den Beförderungsprozeß eingreifen. Die am besten geführten amerikanischen Unternehmen tun beides, allerdings auf verschiedenen Ebenen. Auf der Ebene der obersten 1000 Manager greifen sie direkt in den Beförderungs- und Auswahlprozeß ein. Hinsichtlich der unteren Ebenen versuchen sie, den einstellenden Managern ihre Verantwortung für die Entwicklung von Mitarbeitern und deren positive Handlungsbereitschaft klarzumachen.

Wem gehört der Job?
Wem gehört der Mitarbeiter?

In den ersten 15 Jahren ihrer Tätigkeit in einem großen Industrieunternehmen hatte Cheryl North fast völlige Freiheit bei der personellen Zusammenstellung ihres Management-Teams. Sie war verantwortlich für die Leistung ihrer Abteilung, und es schien angebracht, daß sie die Leute auswählen konnte, die ihr am geeignetsten erschienen. Sie führte ein gut aufeinander eingespieltes Team und glaubte, daß die Art und Weise, wie sie ihre unmittelbaren Mitarbeiter auswählte und mit ihnen zusammenarbeitete, der Schlüssel ihres Erfolgs als Managerin war.

Als sie jedoch zum Divisional Vice President befördert wurde, begannen sich die Dinge zu ändern. Sie bemerkte, daß andere Leute im Unternehmen Ansprüche auf eine besondere Beziehung zu den Mitarbeitern geltend machten, die ihr direkt unterstellt waren.

Als sie darüber mit einigen Leuten aus ihrem Stab sprechen wollte, wichen diese aus. Alle waren nicht von Cheryl North eingestellt worden, und sie hielten Kontakt zu dem Manager, der sie eingestellt hatte – vielleicht in der Erwartung, daß dieser Mentor an sie denken würde, wenn er eine attraktive Stelle zu vergeben hätte. Auch fühlte sich jeder geschmeichelt durch das Interesse, das nun Manager auf höherer Ebene an seiner Karriere bekundeten, ebenso wie sich seinerzeit Frau North geschmeichelt gefühlt hatte, als sie selbst befördert wurde.

„Wem zum Teufel gehören diese Jobs?" klagte sie. „Und wem gehören diese Leute?" Es gab in der Tat zwei Anwärter, die einen Eigentumsanspruch auf die ihr unterstellten Positionen erhoben: sie selbst und das höhere Management des Unternehmens. Und es gab mehrere, die einen Eigentumsanspruch auf die Leute erhoben, die ihr unterstellt waren: sie selbst, das höhere Management, der Manager, der die jeweiligen Mitarbeiter eingestellt hatte, und der betreffende Mitarbeiter selbst. Diese Frage zog weitere nach sich: Wer sollte eine offene Stelle in einer Position besetzen, die Frau North unterstellt war? Wer sollte die Karrieren von Leuten managen, die in der Hierarchie des Unternehmens nach oben kletterten?

Die Ermittlung von Mitarbeitern mit hohem Potential ist ein sehr wichtiges Element der Personalentwicklung. Ein großes Finanzdienstleistungsunternehmen hat dazu ein sehr wirksames Verfahren eingeführt: Manager werden gebeten, unter ihren Untergebenen Mitarbeiter zu nennen, die zwei Ebenen aufsteigen könnten oder die das Potential hätten, Vice President zu werden. Der Manager muß angeben, warum er die jeweilige Person benannt hat und was er selbst tut, um Mitarbeiter mit hohem Potential zu fördern.

Des weiteren muß der Manager sein Urteil vor einem Gremium von Gleichrangigen begründen. Ist der Manager konsequent in der

Wahl dieser Leute? „Wem würdest du die Lösung einer schwierigen Aufgabe anvertrauen?" fragen die Kollegen dann vielleicht. Fällt dann ein Name, der nicht auf der Kandidatenliste steht, werden sie nach dem Grund fragen.

Vor mehreren Jahren beschloß der CEO einer großen amerikanischen Versicherungsgesellschaft, sich stärker um die Karriereentwicklung des Führungsnachwuchses zu kümmern. Mit Hilfe seines Mitarbeiterstabs ließ der CEO eine Umfrage darüber durchführen, wie drei wichtige Industrieunternehmen die Management-Entwicklung betreiben. Eines der Verfahren wurde dem Executive Committee präsentiert und angenommen. Dann wählten die Topmanager fünf Schlüsselpositionen aus und bestimmten, daß diese Positionen von jetzt an zum Unternehmen als ganzem gehören sollten und nicht mehr zu den Abteilungen oder Tochtergesellschaften, in denen sie angesiedelt waren. Die besten Nachwuchsführungskräfte durchwanderten diese Positionen. Bei der ersten Zusammenkunft des Executive Committee wurden 22 fähige Nachwuchskräfte ermittelt; innerhalb von sechs Monaten begannen 18 davon die geplante Karriereentwicklung. Das Executive Committee trat nun jedes Jahr für zwei Tage zusammen, um die 600 Manager in Schlüsselpositionen zu begutachten. Manager aus bestimmten Funktionen und Zweigniederlassungen unterbreiteten den besten dieser Leute interessante Stellenangebote. Durch dieses Instrument wurden Leute mit hohem Potential ermittelt, mittels Job Rotation durch verschiedene Tätigkeiten geschleust und so in ihrer Karriere gefördert.

Bei einer anderen großen Versicherungsgesellschaft sind der Eigentumanspruch, den der Konzern auf seine Mitarbeiter erhebt, und der Prozeß des Herausfilterns von Mitarbeitern mit hohem Führungspotential so weit fortgeschritten, daß ein 21jähriger Mitarbeiter in der Finanzabteilung, der erst seit einem Jahr bei der Firma arbeitet, bereits als künftiger Topmanager ermittelt wurde. Schon handelt die Führungsspitze auf Konzernebene so, als gehöre die Karriere nicht dem Betreffenden selbst, sondern dem Unternehmen als ganzem.

Die Fußangeln einer schnellen Karriere

Wegen seines hervorragenden Managementtrainings und des außergewöhnlichen Engagements seiner Topmanager steht General Electric (GE) im Ruf, eine erstklassige Entwicklung von Managementtalenten zu betreiben. Die GE-Manager stehen so hoch im Kurs, daß das Unternehmen zu einem Rekrutierfeld für andere Firmen geworden ist, die hochkarätige Führungstalente suchen. Deshalb spannt sich heute ein umfangreiches Netz von ehemaligen GE-Leuten durch die amerikanischen Unternehmen.

Die Managemententwicklung von GE beruht auf zwei Grundsätzen: Der erste lautet nach den Worten des Chairman von GE, Jack Welch, wie folgt: „Der Gewinner hat immer die richtige Person am richtigen Platz." Um die Chancen des technologischen Wandels und des sich verändernden Kundenverhaltens nutzen zu können, muß ein Unternehmen auf eine Quelle von Spitzenführungskräften zurückgreifen können. Der zweite Grundsatz lautet, daß ein Unternehmen die Auswahl beziehungsweise Entwicklung von Mitarbeitern für Managementpositionen nicht nur dem einseitigen Ermessen des einstellenden Managers überlassen darf. Führungspositionen sind wichtige Sprungbretter bei der Entwicklung von Managementbegabungen, die von der gesamten Firma gebraucht werden. Deshalb sollte das ganze Unternehmen mitentscheiden, an wen solche Positionen vergeben werden.

Der Eingriff der Unternehmensleitung in die Karriereentwicklung von aufstrebendem Managementnachwuchs ist notwendig, da Probleme entstehen, wenn ehrgeizige Manager versuchen, ihre eigenen Wege zur Spitze zu gehen. Manchmal werden Leute mit hohem Potential ungeduldig, weil ihnen der Aufstieg zu lange dauert. Sie befürchten, vergessen oder absichtlich übergangen worden zu sein, wenn andere befördert werden.

Außerdem kann es für den einzelnen wichtiger sein, verschiedene Geschäftszweige und Funktionen zu durchlaufen, statt allzuschnell aufzusteigen. Mit anderen Worten: Der schnelle Aufstieg in einer begrenzten Funktion oder in einem einzelnen Geschäftszweig kann

Die Fußangeln einer schnellen Karriere

dazu führen, daß die ehrgeizige Führungskraft zwar hoch auf der Unternehmensleiter steht, durch ihre Spezialisierung aber auf einem Plateau angelangt ist, von wo aus eine Position im General Management nicht mehr in Frage kommt.

In der Praxis finden es Unternehmen oft schwierig, Führungskräfte quer durch unterschiedliche Geschäftszweige zu bewegen, vor allem wenn für eine erfolgreiche Tätigkeit Branchenerfahrung notwendig ist. Angesichts dieser Schwierigkeit sind die Unternehmen darauf bedacht, daß ehrgeizige Manager keine Zeit und Energie auf den Versuch verschwenden, interne Grenzlinien zu überspringen, um ihre Fähigkeiten und Kenntnisse zu erweitern. Stattdessen ziehen es die Unternehmen vor, daß die Führungskräfte in ihrer eigenen Sparte oder Funktion nach Chancen Ausschau halten, während sie es dem Topmanagement des Konzerns überlassen, Mitarbeiter mit hohem Potential zu ermitteln und diese aufgrund von Ausnahmeregelungen nacheinander in den verschiedenen Abteilungen einzusetzen. Das Unternehmen übernimmt damit die Verantwortung, den vielversprechenden Mitarbeiter durch die verschiedenen Bereiche zu schleusen, hier und da einen Schwerpunkt zu setzen und ihn langsam auf die Spitzenposition vorzubereiten.

Ein junger Manager aus ein einem großen Industrieunternehmen wies auf ein Problem bei dieser Vorgehensweise hin. „Unser Unternehmen bekommt eine Menge guter Leute. Manche werden ermittelt, aber man sagt es ihnen nicht; sie verlassen die Firma. Andere wiederum sind gut und warten darauf, daß man sie findet.

Wie läßt sich am besten beurteilen, welche Eigenschaften ein guter Manager heute haben soll? Wie können diejenigen, die es wissen müssen, herausfinden, ob der Betreffende bei der Entwicklung von Begabungen Hilfe braucht? In einem großen Rüstungsunternehmen wird seit den 70er Jahren eine Liste von begabten Leuten geführt. Etwa 15 000 Mitarbeiter sind im Rahmen dieses Programms beurteilt worden. In diesem einzigartigen, wohlüberlegten Programm müssen Vorgesetzte, Gleichrangige und Untergebene multiple Bewertungen über die Fähigkeiten eines Managers abgeben. Jeder der sieben Bewerter benutzt einen Standardfragebogen, und jede Be-

wertung ist anonym. Die Bewertung wird nach den folgenden fünf Kriterien vorgenommen:
- Analytische Fähigkeiten
- Achtung vor den Fähigkeiten der Untergebenen
- Zwischenmenschliche Beziehungen
- Initiative
- Verantwortungsbereitschaft

Wenn eine Bewertung abgeschlossen ist, bespricht sie der Vorgesetzte mit dem betreffenden Mitarbeiter, und beide einigen sich auf zwei oder drei Entwicklungsziele, die der Betreffende im kommenden Jahr anstreben soll.

Standardisierte Trainingsprogramme innerhalb oder außerhalb des Unternehmens spielen bei der Entwicklung von Führungskräften eine wichtige Rolle. Wie bringt ein Unternehmen seinen Nachwuchs dazu, diese Ausbildung ernst zu nehmen? Der Zeitaufwand und die scheinbare Realtitätsferne solcher Trainingsprogramme erzeugt bei vielen Führungskräften Ablehnung. Als von den Topmanagern einer großen Bank einige einen internen Führungskurs nur sporadisch besuchten, entwickelte der neue CEO eine wirksame Methode, um sein Mißfallen zu äußern. Nach Abschluß des Kurses veanstaltete der CEO ein Frühstück, bei dem die Trainingsergebnisse diskutiert werden sollten; es durften nur die Teilnehmer kommen, die regelmäßig an dem Kurs teilgenommen hatten. Teilnehmer, die nur ab und zu erschienen waren, wollten Gründe für ihre Abwesenheit nennen und baten darum, doch auch an dem Frühstück teilnehmen zu dürfen. Dies wurde abgelehnt. Nach Abschluß des nächsten Kurses erschienen alle Manager zum Frühstück.

Eines der effektivsten Instrumente, um die Fähigkeiten eines Managers zu fördern, ist auch eines der einfachsten. In der Zentrale eines großen Computerunternehmens saß ein Besucher im Büro eines Hauptabteilungsleiters. „Es tut mir leid, ich kann sie heute nur hier empfangen", erklärte der Manager, „aber ich vertrete heute zugleich meinen Chef und dessen Vorgesetzten, da beide verreist sind. Heute kann ich wirklich zeigen, daß ich mein Geld wert bin", sagte er und griff zum Telefonhörer, um einen Anruf zu beantworten, der für seinen Chef bestimmt war. „Hier Roger Johnson", sagte er, „was kann ich für Sie tun?"

Stabsfunktionen und Linienverantwortung

Die Hauptverantwortung für die Entwicklung von Managementtalenten kann nicht von der Konzernzentrale übernommen werden. Die Verantwortung muß bei den Managern liegen, die die Mitarbeiter auf ihrem Weg nach oben betreuen. Manager haben die Verpflichtung, mit diesen Leuten zu arbeiten, um Leistungsziele festzusetzen, sie bei der Erreichung dieser Ziele zu unterstützen und ihre Leistung dabei zu beurteilen. Dabei ist die Aufgabe des betreuenden Managers von so entscheidender Bedeutung, daß viele wichtige Unternehmen Beurteilungszentren und andere Instrumente ablehnen, weil sie von der zentralen Betreuungsaufgabe des Vorgesetzten ablenken.

Ein gemeinsames Merkmal gut geführter Unternehmen besteht darin, daß sie die Bedeutung der Managemententwicklung anerkennen. Aber sie unterscheiden sich erheblich in der Art der Unterstützung, die sie den Betreuern bei der Ermittlung und beim Training neuer Manager gewähren. Ein Manager bei Hewlett-Packard meinte dazu: „Es gibt kein vorgeschriebenes Karriereentwicklungs- oder Aufstiegsschema. In vielen Unternehmen kann man sich hinsetzen und im wahrsten Sinne des Wortes ein Flußdiagramm anfertigen. Wenn man zu Punkt F kommen will, dann tut man A, dann B, dann C, dann D und E, und dann ist man bereit für F. Man kann jede Stelle beschreiben. Das trifft in unserem Unternehmen überhaupt nicht zu. Wenn eine Beförderung ansteht, versuchen wir, uns nach den besten Leuten umzusehen. Es gibt viele Beispiele für ungewöhnliche Karrieren bei HP. Man kann viele Wege beschreiben, um ein bestimmtes Ziel zu erreichen.

Zum Beispiel hatte ich in meinen ersten acht Berufsjahren sieben oder acht verschiedene Tätigkeiten und vier verschiedene Funktionen. Ein paar von ihnen entsprachen Seitwärtsbewegungen, ein paar Beförderungen. Man braucht weder einen höheren Titel zu bekommen noch eine höhere Gehaltsstufe, um neue Verantwortung zu übernehmen. Ich halte das für sehr positiv."

Hewlett-Packard vertritt nicht nur die Auffassung, daß die Mitarbeiter so am besten genutzt werden, sondern auch, daß die ständige gegenseitige Befruchtung quer durch die Funktionen die Koordination der Entwicklungs-, Herstellungs- und Distributionsprozesse verbessert. Diese Einstellung zur Beförderung erfordert jedoch verschiedene Mechanismen, um Kandidaten zu ermitteln, da sich diese ja oft nicht innerhalb desselben Unternehmensbereichs und auch nicht auf einem gemeinsamen „Vorbereitungsweg" befinden, nicht einmal innerhalb des gleichen Spezialgebiets.

Einige der Instrumente, die zusätzlich eine Rolle spielen, wurden von einem anderen Hewlett-Packard-Manager beschrieben: „Das Unternehmen sorgt ganz bewußt dafür, daß sich die Leute treffen und kennenlernen. Eine Möglichkeit dazu bietet das Sondierungsverfahren innerhalb jeder Sparte. Darüber hinaus nehmen wir uns sehr viel Zeit, um mit den Mitarbeitern zu reden, veranstalten Essen, um die Kommunikation zu verbessern, und dergleichen mehr. Es gibt viele gesellschaftliche Ereignisse wie Bierfeste oder Picknicks.

Wir haben eine Menge Task Forces – sie sind für uns ein wichtiges Instrument, um unsere Vorhaben zu verwirklichen. Dadurch kommen wir mit relativ wenig Personal aus. Wir meinen, das sind ‚echte Menschen, die echte Probleme lösen'. Zunächst einmal wird so die Arbeit wirklich erledigt. Tatsächlich ist das ein sehr, sehr wichtiger Bestandteil unserer Unternehmensführung. Und zugleich bekommen unsere Mitarbeiter auch mehr ‚Durchblick'."

Öffentliche Diskussionen über den Einstellungsbedarf tragen ebenfalls manchmal dazu bei, Kandidaten für offene Stellen zu ermitteln. Der Vice President einer Unternehmensgruppe erklärte dazu: „Wir haben gerade einen Verkaufsleiter für ganz USA eingestellt, der dem Marketingmanager unseres Konzerns unterstellt ist. Ich suchte überall nach einem geeigneten Bewerber. Wir hatten einige ernsthafte Kandidaten innerhalb des Konzerns, und ich sah sie mir an. Aber ich trat auch mit dem Operations Council in Kontakt und

Stabsfunktionen und Linienverantwortung

informierte ihn über die freie Stelle. Ich sagte, was für eine Person wir suchten und welche Erfahrung der Bewerber mitbringen sollte. Ich bekam von dort rund 10 Bewerbungen. Außerdem hatte ich schon etwa ein halbes Dutzend Bewerber, von denen ich während des vierteljährlich stattfindenden Sondierungsverfahrens gehört hatte.

Ich habe es auch allgemein bekannt gemacht, daß wir einen Verkaufsleiter für ganz USA suchten: Es war absichtlich eines der am schlechtesten gehüteten Geheimnisse. Zwei Leute riefen an und sagten, sie seien daran interessiert, ob man einmal darüber reden könnte... Wir halten es für gut, den Mitarbeitern ‚Durchblick' zu geben."

Bei GE ist der Executive Management Staff (EMS), also der Führungskräftestab, direkt dem Chairman unterstellt und auch organisatorisch von der Personalabteilung des Unternehmens getrennt. Der EMS, der Ende der 60er Jahre ins Leben gerufen wurde, ermöglicht nicht nur die frühzeitige Ermittlung aussichtsreicher Kandidaten für das Topmanagement, sondern sammelt auch Erfahrungen, wie deren Kenntnisse vergrößert und erweitert werden können. Der EMS betreut etwa 5000 Führungskräfte; die übrigen 395 000 Beschäftigten des Unternehmens sind der Personalabteilung unterstellt. Den 600 Spitzenkräften bei GE widmet der EMS seine besondere Aufmerksamkeit, den übrigen 4400 weniger.

Der EMS ist eine kleine Organisation, die eng mit den Toplinienmanagern zusammenarbeitet, obwohl sie unabhängig von ihnen ist. Jedem der sieben Sektorenleiter von GE ist ein Führungspersonalberater des EMS zugeordnet. Der interne Berater hat die Aufgabe, die Führungskräfte in jedem Sektor persönlich zu kennen, ihr Karrierepotential zu beurteilen, für ihre Entwicklung zu sorgen und Kandidatenlisten für offene Stellen zu bilden. Topmanager, die in den obersten 600 Positionen eine freie Stelle zu vergeben haben, müssen vom EMS eine Kandidatenliste bekommen und daraus einen Bewerber auswählen.

Die Berater, die an den EMS und damit an den Chairman berichten, ermöglichen den Topmanagern von GE Zugang zum gesamten

Pool des verfügbaren Spitzenmanagementpotentials im ganzen Konzern sowie eine objektive Beurteilung der Kandidaten.

Hilfen dieser Art bieten auch andere Unternehmen an, aber in einer weniger ausgefeilten Form. Bei einem großen Transportunternehmen werden Manager, die Führungspositionen besetzen, über das Ergebnis eines zweistündigen telefonischen Interviews unterrichtet, das ein Psychologe mit dem Stellenbewerber führt. Dem Kandidaten werden Open-End-Fragen gestellt. Oft bedarf die gegebene Antwort einer Erläuterung. „Es hängt davon ab", antwortet dann der Kandidat, „ob eine Situation so ist oder so". Der Psychologe lehnt es meistens ab, eine Frage zu erklären, und zwingt damit den Kandidaten, laut darüber nachzudenken, was die Frage bedeutet. Viele Manager in diesem Unternehmen teilen später dem erfolgreichen Kandidaten die Auswertung des Psychologen mit. Dadurch erfährt der Kandidat, wo nach Meinung eines Experten seine Stärken und Schwächen liegen.

Aufstieg bis an die Spitze

Eine der wichtigsten Personalentscheidungen ist die Ernennung eines neuen Chief Executive Officers. Dabei gibt es viele Gefahren. So kann der alte CEO jemanden auswählen, der ihm im Arbeitsstil und Auftreten weitgehend gleicht, dem aber die menschlichen Qualitäten fehlen. Oder jemanden, der den Mitarbeitern genehm ist, aber das Unternehmen nach außen nicht so repräsentieren kann, wie es von einem CEO erwartet wird. Zeitungsberichte und interne Diskussionen über Fehlgriffe bei der Besetzung von Top-Positionen sind so häufig, daß man sich fragt, ob Irrtümer verbreiteter sind als Erfolge. Hierzu zwei Beispiele:

Bei Robert Marshall, Chairman of the Board, President und CEO eines rasch wachsenden Instrumentenherstellers, klingelte das Telefon. „Hallo Rob, hier ist Jan Lever. Ich rufe dich an, um dich über die Reaktion auf unsere Stellenanzeige für einen CEO im Wall Street Journal zu informieren. Sie erschien ungefähr vor einem Monat, und du glaubst nicht, wie viele Bewerbungen und

Briefe ich bekommen habe. Beim letzten Durchzählen waren es über 700!"

"Unglaublich. Ich hoffe, du bist immer noch bereit, sie für mich durchzusehen."

"Sicher, aber es wird eine Weile dauern, bis ich dir die interessantesten Bewerbungen zuschicken kann. Das Lesen dieser Unterlagen macht sehr viel Arbeit, trotz der klaren Kriterien, die wir vorher zusammen ausgearbeitet haben. Ich weiß nicht, wann ich fertig sein werde, und noch immer treffen täglich Bewerbungen ein."

"Nun, ich habe es nicht eilig, und ich will dich und deine Mitarbeiter nicht unnötig unter Druck setzen. Mach eben so schnell du kannst, und wenn du mir einige Bewerbungen zusenden willst, bevor du sie geprüft hast, dann tu das."

Mit der Hilfe seiner Personalabteilung und einer Personalberatungsfirma sortierte Marshall aus den Antworten etwa 40 Personen heraus, die besonders gut für die Position geeignet schienen. Marshall interviewte schließlich acht dieser Bewerber, und nach eingehender Prüfung beschloß er, die Stelle Sal Marsulla anzubieten. Marsulla hatte vor kurzem seinen Posten als President der Cranston Equipment Corporation verlassen, einem Unternehmen, das Kunstoff und Verpackungsmaschinen herstellte. Marshall meinte dazu: "Sal war nicht nur ein erfahrener Ingenieur, er besaß auch einen Master's Grad in Fertigungstechnik und Maschinenbau. Er war bei der Marine gewesen und hatte verantwortliche Managementpositionen innegehabt. Er war im richtigen Alter. Er hatte nicht die Absicht, Firmenanteile zu erwerben – viele der Bewerber waren verständlicherweise an einer aktiven Unternehmensbeteiligung interessiert, und gerade das wollte ich vermeiden. Außerdem wohnte Marsulla in der Nähe. Ich wollte nicht die Verantwortung dafür übernehmen, jemanden aus seiner Arbeitsstelle herauszunehmen, ihn umziehen zu lassen und dann festzustellen, daß es nicht klappte."

Bevor Marshall Marsulla ein offizielles Angebot machte, arrangierte er ein Gespräch mit Phil Denton, einem Industriepsychologen.

Marsulla und Denton verbrachten etwa drei Stunden zusammen, und Marsulla hatte das Gefühl, daß er die Stelle bekommen würde, wenn das Interview und die paar schriftlichen Tests, die er absolvieren mußte, gut liefen. Marsulla täuschte sich nicht und wurde schließlich von Marshall offiziell gefragt, ob er CEO und damit President des Unternehmens werden wolle.

Marshalls Rolle als Chairman bestand im wesentlichen in einer Überwachungsfunktion. Er mußte den reibungslosen Ablauf in Produktion und Technik kontrollieren, ohne sich jedoch aktiv ins Tagesgeschäft einzuschalten. Marsulla stellte erstaunt fest, daß Marshall dabei oft sehr ins Detail ging.

Dennoch hatte Marshall bei der Suche nach einem neuen CEO das Ziel angestrebt, sich selbst aus dem Tagesgeschäft zurückzuziehen, damit er „den anderen über die Schultern schauen und sehen konnte, was verbessert werden mußte". Er wollte mehr Zeit im Außendienst verbringen, den Verkäufern die Vorteile der Produkte besser erklären und sie anleiten, wie man sie am besten verkaufen konnte. Marshall wollte sich also nicht von heute auf morgen zurückziehen; er wollte lediglich einen President und einen CEO, mit dem er harmonisch zusammenarbeiten konnte, und der in der Lage wäre, zu gegebenem Zeitpunkt seine Aufgabe als Chairman zu übernehmen. Doch schon wenige Monate nach Marsullas Eintritt kamen Marshall allmählich Zweifel.

„Ich meine, Marsulla setzt sich ein, arbeitet viel, ist interessiert und zeigt Engagement", sagte Marshall. „Aber ich bin nicht sicher, ob er die Fähigkeit hat, sich hinzusetzen und Problemlösungen zu entwickeln. Wird er eine echte Führungskraft werden? Hat er die Fähigkeit, unserer Strategie gemäß zu handeln? Vielleicht habe ich einen Fehler gemacht."

Hier nun das zweite Beispiel: Der am sorgfältigsten geplante Übergang der letzten Jahre ist vielleicht Reginald Jones bei GE geglückt: Wie Jones dem Verfasser dieses Buches berichtete, setzte sich seine Vorgehensweise aus zwei Schritten zusammen. Als erstes begann er, die sieben wichtigsten Bewerber um seine Position, die alle von General Electric kamen, zu ermitteln und kennenzulernen.

Ohne vorherige Ankündigung führte Jones mit jedem Kandidaten ein vertrauliches Gespräch, in dem er die Frage stellte: „Sie und ich sitzen im Flugzeug. Es stürzt ab, und keiner von uns überlebt. Wer sollte der nächste CEO bei GE sein?" Jones kommentierte: „Manche versuchten aus dem Wrack zu klettern, aber ich sagte: ‚Nein, nein – Sie müssen einen anderen wählen, nicht sich selbst.'"

Monate später wurde ein zweites Interview durchgeführt, in dem Jones eine ähnliche Frage stellte. Nun hörte er, wie jeder Kandidat eine sorgfältig überlegte Antwort gab. Jones erfuhr so etwas darüber, was seine Manager über einander dachten.

Als er die Liste der Kandidaten eingrenzte, verlegte Jones seine Aufmerksamkeit von der Auswahl eines Nachfolgers auf die Realisierung der Entscheidung.

Das Unternehmen wurde erst nach längerer Zeit der Führung von Jack Welch anvertraut. In dieser Zeit hatte sich Welch als klarer Favorit für Jones' Nachfolge herauskristallisiert, und man hatte ein Topmanagement-Team aufgestellt, das auf Welch zugeschnitten war. Jones hatte eine Persönlichkeit gewählt, die ihm im Stil nicht glich; deshalb wandte er zusätzliche Zeit und Mühe auf, um anderen in dem Unternehmen zu zeigen, daß er seine Wahl im Hinblick auf die Herausforderungen getroffen hatte, die seiner Meinung nach in Zukunft auf GE zukommen würden. Drei Jahre, nachdem Jones seinen Platz geräumt hatte und Welch Chairman geworden war, zeigte es sich, daß das Unternehmen erfolgreich an Welch übergeben worden war.

Von welchen Grundsätzen ging Jones bei der Wahl seines Nachfolgers aus? Zwei dieser Prinzipien wurden bereits erwähnt: jemanden auszusuchen, der einem selbst unähnlich ist, und eine Wahl zu treffen, die den Herausforderungen der Zukunft Rechnung trägt. Daneben lassen sich nun einige weitere Grundsätze nennen.

Erstens sollte man die Bewerber in- und auswendig kennen. In diesem Versäumnis lag Robert Marshalls großer Fehler. Der Bewerber, auf den seine Wahl fiel, erweckte den Anschein, gut geeignet zu sein, aber Marshall kannte Marsulla zu wenig, um ganz sicher sein zu können. Marshall hatte mit Marsulla kein Flugzeuginterview geführt, und er mußte diesen Fehler büßen.

Zweitens sollte man ein Team aufstellen. Nie sollte man sich darauf verlassen, daß ein einzelner allein ein großes Unternehmen führen könnte. Ein sorgfältig ausgewähltes Team fügt dem, was ein einzelner in eine Spitzenposition mitbringen kann, wichtige Dimensionen und Qualitäten hinzu. Die meisten amerikanischen Großunternehmen, die langfristig erfolgreich sind, werden durch ein Team von Topmanagern geleitet. Dies bedeutet nicht, daß es keinen Chef gibt, sondern vielmehr, daß es keinen Autokraten gibt.

Drittens: Um ein gut funktionierendes Team zu etablieren, muß der CEO bei der Suche nach einem Nachfolger die Beziehungen zwischen seinen wichtigsten Leuten kennen. In der Regel wäre es unklug, drei der besten sechs Kandidaten für ein Team auswählen, um die Topmanagementpositionen zu besetzen. Denn die Wahrscheinlichkeit, daß Eifersucht und Ressentiments die Atmosphäre vergiften, wäre sehr groß. Besser ist es, den Spitzenkandidaten und zwei andere Bewerber zu wählen, die weiter unten auf der Kandidatenliste stehen und bereit sind, untergeordnete Aufgaben zu übernehmen.

Und schließlich: Man darf nicht versuchen, ein Unternehmen weiter zu führen, nachdem man schon abgetreten ist. Auch dies war einer der Fehler, den Robert Marshall machte. Alle Führungskräfte geben nur widerstrebend die Kontrolle und den Einfluß in Unternehmen auf, in denen sie zeitlebens Wichtiges geleistet haben. Dies trifft nicht nur auf der Ebene des CEO zu, sondern an vielen Punkten in der Karriere eines Managers – wenn er ein Büro, einen Betrieb, eine Abteilung, einen Unternehmensbereich oder eine Tochtergesellschaft verläßt.

Wie kann ein dauerhafter Beitrag geleistet werden? Manche versuchen, der Politik oder den Verfahrensweisen eines Unternehmens, seinen Produkten, Dienstleistungen oder Strategien ihren Stempel aufzudrücken. Sobald sich das Unternehmensumfeld jedoch verändert, ist dies alles rasch überholt. Politik, Produkte, Dienstleistungen und Strategien müssen modifiziert werden, wenn sich der Markt ändert und dem Wettbewerb wirksam begegnet werden soll. Wenn das neue Management eines Unternehmens starr an der Politik der Vergangenheit festhält, wird es in der Zukunft höchstwahrscheinlich Fehlschläge erleben.

Ausscheidende Manager hinterlassen ein besseres Erbe, wenn sie ihre Aufgaben Leuten übertragen, denen sie in ihrer Entwicklung geholfen haben und auf deren Urteil sie vertrauen. Diese neuen Leute werden in der Lage sein, die Veränderungen in der Politik, den Produkten, Dienstleistungen und Strategien herbeizuführen, die der Markt erfordert. Sie sichern das Überleben des Unternehmens dadurch, daß sie gut ausgebildet und kompetent sind. Der ausscheidende Manager hinterläßt dann keine steinernen Tafeln, die für die Ewigkeit gedacht, in Wirklichkeit aber vergänglich sind; stattdessen hinterläßt er verantwortungsbewußte und flexible Leute, die das Unternehmen weiterführen. Durch die Entwicklung guter Leute hat der ausscheidende Topmanager einen bleibenden Beitrag für sein Unternehmen geleistet.

6. Kapitel

Durch Entlohnung motivieren

Das Arbeitsentgelt bleibt nach wie vor ein wichtiger Motivator, seine Bedeutung ist jedoch abgewertet und mißverstanden worden. Die neue Managergeneration ist wettbewerbsorientiert und will finanziellen Erfolg. In der traditionellen Sichtweise wird die motivierende Kraft des Arbeitsentgelts gering eingeschätzt; man versuchte vor allem, dadurch Probleme zu vermeiden, indem man für gleiche Leistung gleich bezahlte. Aber ebenso, wie Mitarbeiter durch die Zusage einer sicheren Beschäftigung motiviert werden können, lassen sich auch Entgeltsysteme zur Motivation nutzen. Hier geht es darum, flexibel zu sein, ohne ungerecht zu werden. Es ist möglich, aus der Zwangsjacke starrer Systeme auszubrechen, indem man neue Systeme entwickelt, die auf Leistung und Motivation des einzelnen sensibler reagieren.

"Die Frage der Entlohnung, die für Manager schon immer von großem Interesse war, bietet auch häufig Anlaß zur Kontroverse. Viele Leser dieses Buches sind in mittleren oder großen Unternehmen tätig und unterliegen einem fixen Gehaltssystem. Manche werden mit diesem System zufrieden sein, andere nicht.

Für aufstrebende Manager ist diese Sichtweise jedoch zu beschränkt. Denn General Manager dürfen sich nicht selbst in bezug auf das System sehen, sondern müssen vielmehr das System so betrachten, als ob es ihr eigenes wäre. Vor allem müssen sie in der Lage sein, das Entgeltsystem als ein System zu sehen, das sie managen, und nicht als eines, dem sie unterliegen. Sie müssen dafür sorgen, daß es bei ihren Untergebenen funktioniert – und dürfen sich nicht in erster Linie darüber Gedanken machen, wie es ihr eigenes Gehalt beeinflußt. Sie müssen verstehen, daß sie für das Entgeltsystem verantwortlich sind, nicht umgekehrt.

Bevor ein Manager über das Entgeltsystem nicht „hinausgewachsen" ist, kann er auch kein effizienter General Manager sein. Zu den Schlüsselfragen, die man bei der Auswahl von Mitarbeitern für höhere Aufgaben stellen muß, zählen folgende: Wie sehen sich die Leute selbst? Mit welcher Aufgabe können sie sich identifizieren? Kann der Bewerber wie ein Manager denken oder nicht?

Ein Entgeltsystem ist dazu da, einen Zweck für das Unternehmen und für die Führungskräfte, die dafür veranwortlich sind, zu erfüllen. Wenn jemand eine Führungsrolle übernehmen will, muß er die Gehaltspolitik des Unternehmens unabhängig von persönlichen Auswirkungen nüchtern und unparteiisch betrachten können.

Dieses Kapitel beschäftigt sich hauptsächlich mit den Problemen der Entgeltsysteme und den Versuchen, sie zu verbessern. Der Leser sollte dabei die Perspektive eines Managers einnehmen, der für das Entgeltsystem verantwortlich ist, nicht die eines Angestellten, der diesem System unterworfen ist.

Spitzenmanager wollen heute Entgeltsysteme, die mehreren Kriterien genügen: Das Entgeltsystem muß qualifizierte Arbeitskräfte anziehen und dazu beitragen, sie zu halten. Es muß auch kontrolliert und verwaltet werden können, damit die Personalkosten nicht aus der Kontrolle geraten. Es sollte motivierend wirken, indem es entsprechende Anreize bietet, und diejenigen belohnen, deren Leistung herausragend ist.

Um diese Ziele zu erreichen, müssen mehrere Voraussetzungen erfüllt sein. Das System muß richtig ausgelegt sein und sollte immer wieder überprüft werden, um festzustellen, ob es die gewünschten Resultate bringt. Jeder Manager muß dieses System verstehen, es unterstützen und seine Anforderungen verinnerlichen. Wenn Manager sich mit dem System nicht identifizieren können, muß es ihnen entweder auf überzeugende Weise nahegebracht werden oder man muß es zugunsten eines besseren verwerfen. Manager müssen das System den Mitarbeitern erklären und es fair ‚handeln'. Manager, die das System nicht verinnerlicht haben, können es weder anderen Mitarbeitern hinreichend erläutern noch glaubhaft machen, daß es gerecht gehandhabt wird.

Häufig betrachten Manager das System nicht als ihr eigenes, sondern so, als ob es ihnen von außen auferlegt, von der Konzernzentrale oder der Personalabteilung ausgedacht sei und ihren eigenen Managementstil eher störe. In dem Wunsch, ihre eigenen Teams möglichst gut zu bezahlen, werden Manager zu Marionetten, die von den eigenen Untergebenen vorgeschickt werden, um möglichst viel ‚herauszuholen'. Das bedeutet aber, daß Manager gegen die Interessen des Unternehmens handeln.

Konfrontiert mit dieser nur zu häufig auftretenden Situation, haben die Unternehmen die meisten der oben erwähnten Entlohnungsziele aufgegeben. Anstatt dazu beizutragen, gute Leute anzuziehen, zu halten und zu motivieren, gibt sich das Gehaltssystem damit zufrieden, die Schaffung großer Probleme zu vermeiden. „Wir wissen nicht, was wir vom Gehaltssystem in unserem Unternehmen erwarten", sagte ein Topmanager, „aber wir wissen, was wir nicht erwarten – nämlich große Probleme". Anstatt das Gehalt als Motivator zu betrachten, sieht man also nur die Möglichkeit, daß das Arbeitsentgelt demotivierend wirken kann. „Gib jedem, was der andere bekommt", lautet die Strategie, „und hoffe darauf, daß keiner darüber so verärgert ist, daß er den Aufstand probt". Aber reicht das Gleichheitsprinzip für ein Entgeltsystem aus, mit dem man in der heutigen Wettbewerbssituation bestehen kann?

Bezahlung oder anspruchsvolle Tätigkeit?

„Frank, die Sache ist klar: Wir haben Probleme, echte Probleme. Es ist wirklich so. Das tut uns weh, und ich habe zwei Kündigungen mitgebracht, um es zu beweisen."

John C. Boyd, der Senior Vice President für Finanzwesen von Megalith Inc., ging aufgeregt in seinem Büro auf und ab. An der Tür stand Frank C. Nicodemus, der Vice President für Personalwesen von Megalith. Die beiden Männer, die seit langem in diesem erfolgreichen multinationalen Unternehmen zusammenarbeiten, setzten eine Debatte fort, die schon viel früher begonnen hatte, nämlich damals, als Boyd die Gehälter seiner wichtigsten Manager um 25 Prozent erhöhen wollte.

„Du hast mir im letzten Juni gesagt, diese Leute seien zu jung und unerfahren und das Geld deshalb nicht wert", fuhr Boyd fort.„Und ich sagte darauf, wir sollten die Bezahlung nach ihrer Kompetenz ausrichten, nicht nach dem Dienstalter. Nun ist es Oktober, und zwei von ihnen haben letzten Monat die Kündigung eingereicht. Die beiden machen die Hälfte des Teams aus, das ich hier hereingebracht habe, damit die Finanzgruppe aus dem Steinzeitalter herauskommt, und sie waren für die Entwicklung der Gruppe die entscheidenden Leute. Und nun gehen sie beide woandershin – weil sie dort Gehälter bekommen, die ich ihnen schon vor Monaten zahlen wollte."

Boyd schüttelte verärgert den Kopf: „Frank, ich weiß: Was geschehen ist, ist geschehen, und wir bekommen Lonny und George nicht zurück. Was aber, wenn andere Topleute auch gehen? Wo würden wir dann stehen? Ich muß mehr Freiheit bei der Gestaltung der Gehälter haben, um außergewöhnlichen Leuten Rechnung zu tragen, die dafür gesorgt haben, daß in diesem Konzern etwas läuft."

Frank gab nicht auf: „John, du wirst dich daran erinnern, daß deine vier Spitzenleute alle ganz oben auf der Skala lagen. Unser Gehaltssystem ist ja nicht aus der Luft gegriffen; jedes Jahr überprüfen wir die Zahlen und vergleichen sie mit den Branchenwerten, und wir passen sie an, um sicherzustellen, daß wir über dem Durchschnitt liegen – daß wir mit den besten Firmen wettbewerbsfähig sind. Bei einem so ausgeklügelten System Ausnahmen zu machen, wäre voreilig und würde einen tiefen Eingriff darstellen. dann wäre bei uns der Teufel los, alles geriete aus dem Gleichgewicht.

Wir sollten diese Leute nicht überbezahlen, nur damit sie bleiben", argumentierte Frank.„Die beiden Manager, die gekündigt haben, haben bei ihren neuen Unternehmen größere Aufgaben übernommen, als sie bisher hatten. In solchen Fällen macht es keinen Sinn, jemanden zu halten. Wir können die beiden zu ihrem jetzigen Gehalt ersetzen."

Was war der Grund für die Kündigungen? – Hinter Boyd und Frank lag eine Periode von mehreren Jahren, in der sich die Geschäftstätigkeit rasch in den internationalen Markt ausgeweitet hatte. Um die vielseitigen neuen Herausforderungen auf dem Finanzsektor annehmen zu können, hatte das Unternehmen seine Finanzabteilung von 110 auf 630 Mitarbeiter erweitert und war damit mehrere Jahre lang um jährlich 50 Prozent gewachsen. In jüngster Zeit jedoch war das Wachstum auf rund 5 Prozent abgesunken, und die Arbeit der Abteilung war zur reinen Routine geworden. Die vier intelligenten jungen Manager, die der Executive Vice President eingestellt hatte, langweilten sich, und zwei hatten jetzt gekündigt. Sollte das Unternehmen die übrigen zwei zu halten versuchen, indem es ihnen entsprechende Gehaltserhöhungen anbot?

Je mehr sich Frank Nicodemus mit Boyds Forderung beschäftigte, desto mehr war er davon überzeugt, daß sie unangemessen war. Denn eine Befragung in Boyds Abteilung hatte ergeben, daß Boyds sieben Top Manager, einschließlich derer, die er zu verlieren befürchtete, mit ihrer Bezahlung durchaus zufrieden waren. Auf die Frage: „Wie würden Sie bei der Arbeit, die Sie leisten, Ihre gegenwärtige Bezahlung beurteilen?" lautete die Antwort: „etwas besser als zufriedenstellend".

Ganz und gar nicht glücklich waren sie jedoch mit dem Unternehmen, in dem sie arbeiteten. „In welchem Maße sind die Ziele unseres Unternehmens wirklich eine Herausforderung?" Die Antwort auf diese Frage lautete: „Nur zu einem sehr geringen Grad". „Im Verhältnis zu seinen Konkurrenten kommt unserer Firma keine Führungsrolle zu, sondern sie läuft unter ferner liefen." Auch die Vitalität des Unternehmens und der praktizierte Managementstil ließen zu wünschen übrig.

„Das Problem hier", betonte Frank Nicodemus gegenüber Allen Witfield, dem President von Megaliths, anläßlich eines Vier-Augen-Gesprächs, „ist nicht das Gehaltssystem. Im Vergleich zu anderen Unternehmen unserer Art und Größe liegen wir nicht schlecht. Das Problem ist woanders zu suchen: Die Leute in der Finanzabteilung haben nicht viel zu tun. Sie fühlen sich nicht gefordert, und sie glauben nicht, daß Megalith zu den Marktführern gehört. Deswegen kommt es zu Kündigungen."

„Was schließt du daraus?" fragte Witfield.

„Daß Boyd kein sehr guter Manager ist. Boyd müßte in der Lage sein, diese Leute zu ersetzen. Wenn er das nicht kann, hat er es versäumt, seine Manager auf entsprechender Ebene zu entwickeln."

„Springst du nicht ein bißchen hart mit ihm um?" fragte Witfield.

„Ich mag Boyd persönlich. Aber ich glaube nicht, daß er seine Leute sehr gut führt, und ich glaube erst recht nicht, daß wir unser Gehaltssystem aus den Angeln heben sollten, nur um ihm aus der Klemme zu helfen. Wenn wir seinen Leuten die Gehaltserhöhungen gäben, die er verlangt, müßten wir auch bei einer Menge anderer Manager in anderen Funktionen Anpassungen vornehmen. Das System muß im Gleichgewicht bleiben."

„Sind die Leute, von denen Boyd spricht, wirklich so gut, wie er sagt?" fragte Witfield.

„Ja, sie sind gut."

„Das meine ich auch. Du kennst sie doch?"

„Ja."

„Ich auch. Ich verliere nicht gerne so gute Leute."

„OK. Aber andererseits können wir zufrieden sein", erwiderte Nicodemus, „daß Megalith den Verlust von so fähigen Leuten verschmerzen kann. Jedes Unternehmen muß in der Lage sein, wichtige Führungskräfte zu ersetzen; wir können es uns nicht leisten, Manager zu haben, die unersetzlich sind. Boyd hat nicht alles getan, um seinen Managernachwuchs zu entwickeln, aber zum Glück gibt es genügend fähige Leute, die nun einspringen können. Ein Unternehmen ist stark, wenn es gute Leute ersetzen kann."

„Ja," antwortete Witfield, „aber wären wir nicht noch stärker, wenn wir gute Leute halten könnten? Es ist etwas Wahres dran an dem, was du sagst, Frank, aber es kann auch gefährlich sein. Ein Unternehmen, das einen ständigen Verlust von ausgezeichneten Leuten erleidet, es aber schafft, solche Positionen immer irgendwie zu ersetzen, mag sich vormachen, es sei dadurch um so stärker. In Wirklichkeit übernimmt es dabei doch nur die Kosten für die Managemententwicklung seiner Konkurrenz. Und die Auffassung, jedermann sei ersetzbar, kann die Firma für den besonderen Wert mancher Leute blind machen."

„Allen, da hast du schon irgendwie recht", antwortete Nicodemus. „Aber alle Unternehmen werden im Laufe der Zeit den Verlust einiger wichtiger Angestellter erleben und sollten in der Lage sein, sie zu ersetzen. Der Versuch, Mitarbeiter um jeden Preis zu halten, ist teuer und kann genau das Gegenteil von dem bewirken, was beabsichtigt war."

„Aber worin liegt nun wirklich John Boyds Fehler, Frank?" bohrte Witfield weiter. „Du hast mir gesagt, er fördere die Entwicklung seiner Leute ungenügend, sei ist nicht in der Lage, seinen Managern eine Herausforderung zu bieten und gefährde unser Gehaltsgefüge.

Du zitierst Mitarbeiterbefragungen, und ich stelle diese Daten gar nicht in Frage. Es ist nützlich, sie zu haben, und ich nehme sie durchaus zur Kenntnis. Aber die Frage ist doch, wie man sie interpretiert."

„Wir sind uns einig, daß die Leute, die uns verlassen, gute Leute sind. Vielleicht können wir mit unserem Gehaltssystem Spitzenleuten nicht gut genug bezahlen. Ich weiß, daß wir die Qual der Wahl haben, ob wir Leuten auf der gleichen Ebene das gleiche Gehalt geben, was nur gerecht wäre, oder ob wir hervorragende Leistungen besser bezahlen wollen."

Whitfield dachte weiter laut nach. „Wenn wir unsere Gehälter von der Leistung abhängig machen, haben wir das Problem, daß manche unserer Leute weniger bekommen als andere, die die gleiche Tätigkeit ausüben. Letztere würden das für ungerecht halten. Aber wie können wir finanzielle Anreize bieten, wenn wir unsere Gehälter nach Stellenklassifikationen festsetzen?

Unser Gehaltssystem ist ganz und gar auf Gerechtigkeit ausgelegt, indem wir Leuten mit der gleichen Tätigkeit das gleiche Gehalt zahlen, und dessen Höhe daran orientieren, was andere Unternehmen ihren Leuten zahlen. Das System ist gerecht nach innen, und es ist gerecht, wenn man es nach außen vergleicht.

Aber wir haben einige sehr gute Leute im Finanzbereich, dank John Boyd, der sie hereingeholt hat, und sie verlassen uns. Du weißt, das Finanzwesen ist nicht mehr das konservative, nüchterne Aufgabengebiet, das es vor einigen Jahren war. Heute gibt es da jeden Tag Veränderungen. Es gibt neue Instrumentarien, neue Kapitalgeber, neuartige Abschlüsse. Boyd und seine Leute sind am Ball geblieben, und ich bin nicht sicher, ob wir weiter so gut abschneiden, wenn seine wichtigsten Leute gehen."

„Wir müssen Leute gehen lassen", unterbrach Nicodemus. „Wenn Leute gehen und wir andere in ihre Positionen befördern, geschieht etwas Positives. Wir demonstrieren Stärke und beweisen vor allem, daß es tatsächlich Aufstiegschancen gibt."

„Ja, aber es ist sehr nachteilig, wenn man wirklich gute Leute gehen lassen muß und ihre Fähigkeiten anderswo eingesetzt werden, vor allem, wenn sie zur Konkurrenz gehen. Gute Leute sind schwer zu finden. Ich kann nichts Falsches darin sehen, wenn Boyd mit allen Mitteln versucht, seine besten Leute zu halten. Ich wäre verärgert, wenn er das nicht täte."

„Vielleicht sollte man das so sehen, daß die beiden, die gekündigt haben, uns etwas zu Boyds Geschäftspolitik signalisieren", meinte Nicodemus. „Sie treffen ihre Wahl, indem sie weggehen und sagen, bei Megalith gebe es keine Herausforderung mehr. Vielleicht sollten wir mit Boyd darüber sprechen, was in seinem Bereich vorgeht. Geht es langsamer, und warum?"

„Ja," stimmte Witfield zu. „Das ist ein gutes Argument. Aber was soll er tun?"

„Vielleicht könnte er einige zusätzliche Aufgaben übernehmen und seinen Bereich reorganisieren, so daß seine wichtigen Leute interessantere Tätigkeiten bekommen. Geld allein wird sie nicht halten."

„Das sehe ich auch so", sagte Witfield.

„Möchstest du mit Boyd darüber sprechen?" fragte Frank.

„Ja, aber es geht doch nicht nur darum, oder?"

„Warum nicht?"

„Wird die Herausforderung allein sie halten? Möchten sie nicht auch mehr Gehalt bekommen? Du weißt, Frank", fuhr Witfield fort, „das Gehalt ist der Punkt, an dem wir am wenigsten flexibel sind. Wir haben ein so komplexes System; wir versuchen, in so vielen unterschiedlichen Situationen gehaltsmäßige Gerechtigkeit walten zu lassen, daß wir auf Unerwartetes nicht mehr flexibel reagieren können.

Wenn wichtige Leistungsträger die Firma verlassen, dann ignorieren wir die Beschwerden über die Bezahlung und tun so, als würden sie bleiben, wenn ihre Arbeit interessanter wäre. Man könnte glauben, daß wir Herausforderung als Ersatz für Bezahlung anbieten. Fast ist es so, daß wir von den Leuten fordern, härter zu arbeiten, damit wir ihnen nicht mehr zahlen müssen. Es stimmt mich nachdenklich, daß unser Entgeltsystem dazu führt, daß wichtige Begabungen vergeudet werden. Und du sagst: ‚Gib denen, die bleiben, mehr zu tun, dann müssen wir ihnen nicht mehr zahlen.'"

„Gut", räumte Frank ein, „wenn sie mehr tun, dann sind Gehaltserhöhungen möglich."

„Wie?"

„Wenn zu einer Position Aufgabenbereiche hinzukommen, kann sie höher bezahlt werden."

„Und was ist bei besserer Leistung im gleichen Job?"

„Dann bleibt es bei dem, was wir heute bieten."

„Nun gut. Aber ich glaube nicht, daß Herausforderung allein genügt", schloß Witfield.

Entgelt als Belohnung

Große Herausforderungen bieten sich den Mitarbeitern manchmal ganz unerwartet. Im Frühherbst des Jahres 1981 verabschiedete der amerikanische Kongreß Präsident Reagans Steuersparpaket, das Economic Recovery Tax Act (Steuergesetz zur wirtschaftlichen Wiederbelebung). Aufgrund dieses Gesetzes konnten Unternehmen, deren Abschreibungen höher waren als ihre Gewinne, diese Abzüge im Rahmen des sogenannten „safe harbor leasing" auf andere Unternehmen überschreiben, um deren Steuern zu mindern. Überschüssige Abschreibungen konnten verkauft oder gekauft werden. Ein neuer Markt war entstanden.

Allerdings war es nicht leicht, diese Transaktionen einwandfrei abzuwickeln, und das Zusammenführen von Käufern und Verkäufern erforderte einige Mühe. Dazu kam, daß die Abschreibungsübertragung nur wenige Monate möglich sein sollte.

Bei der Kredittochter eines der größten amerikanischen Unternehmen machten sich die Finanzfachleute an die Arbeit. Sie sorgten für die entsprechenden rechtlichen Voraussetzungen, machten Verkäufer von Abschreibungen ausfindig und kauften so viele Abschreibungen auf, daß die Muttergesellschaft 1982 steuerfrei ausging, obwohl sie beträchtliche Betriebsgewinne auswies. So ersparten also acht clevere Leute durch ihren Einsatz ihrer Muttergesellschaft in wenigen Wochen mehr als 100 Millionen Dollar Steuern. Wie konnten sie belohnt werden?

Die Muttergesellschaft wandte ihr einheitliches Gehalts- und Sondervergütungssystem auch auf das Kreditunternehmen an. Und so wurde für die acht Leute eine Sondervergütung von durchschnittlich 3000 Dollar pro Mitarbeiter ermittelt.

Angesichts der Tatsache, daß jeder einzelne dem Unternehmen durchschnittlich mehr als 10 Millionen Dollar an Steuerersparnissen eingebracht hatte, waren die betroffenen Mitarbeiter mit ihren Sondervergütungen mehr als unzufrieden. Der Vergleich ihres Einkommens mit dem, was Wall-Street-Firmen üblicherweise für ähnliche Leistungen zahlen, machte sie noch ärgerlicher. Sechs Monate später hatten drei der acht Leute das Kreditunternehmen verlassen und sich neue Stellen gesucht.

Hätte die Muttergesellschaft die Sondervergütungen großzügiger bemessen sollen? Hätte sie die Leute behalten wollen, würde die Antwort „ja" lauten. Aber wollte sie das? Hätten nicht andere Leute in der gleichen Position ebensoviel geleistet? Kann man diejenigen, die gehen, ersetzen, ohne die zukünftige Leistung des Unternehmens zu untergraben? Solche Fragen sind hypothetischer Natur und lassen sich nur schwer beantworten. Aber sie zwingen dazu, sorgfältig über die Position des Unternehmens nachzudenken.

Die einzig richtige Antwort besteht darin, Gleichheitsprinzip und leistungsgerechte Entlohnung gegeneinander abzuwägen. Die selbe Muttergesellschaft, die die Mitarbeiter jenes Kreditunternehmens nicht angemessen belohnte, hatte auch Manager, die einen ähnlich gelagerten Fall mit wesentlich mehr Fingerspitzengefühl behandel-

Entgelt als Belohnung

ten: Durch Ausdauer und Findigkeit gelang es einem Ingenieur, ein schwieriges technisches Problem zu lösen. Damit brachte er dem Unternehmen eine Menge Geld ein.

Sein Vorgesetzter hatte keine Möglichkeit, ihm eine finanzielle Belohnung zu geben, deren Höhe seiner Leistung entsprach. Immerhin verlieh er dem Ingenieur aber eine Anerkennung für erstklassige Leistung und gewährte ihm eine Prämie von 1000 Dollar. Mit diesem Prämienvorschlag ging er zu seinem eigenen Vorgesetzten.

„Warum haben Sie diesen Mann für eine Prämie vorgeschlagen?" fragte dieser. Der Vorgesetzte des Ingenieurs nannte den Grund.

„Warum 1000 Dollar?" fragte er.

„Mehr kann ich nicht genehmigen", war die Antwort.

„Wieviel kann ich genehmigen?" fragte der Vorgesetzte des Vorgesetzten zurück.

„Doppelt soviel."

Der Vorgesetzte nahm den Antrag, strich die 1000 Dollar durch, schrieb 2000 Dollar darauf und unterschrieb. Dann bat er den Manager, den Antrag noch eine Stufe höher zum nächsten Vorgesetzten zu bringen.

„Warum geben Sie diesem Mitarbeiter eine Prämie?" fragte dieser.
„Warum 2000 Dollar?"

„Mehr kann mein Chef nicht genehmigen."

„Wieviel kann ich genehmigen?"

„Das Doppelte."

So strich auch dieser Vorgesetzte die 2000 Dollar auf dem Antrag durch, schrieb 4000 Dollar hin und setzte seine Unterschrift darunter.

Einige Wochen später erhielt der Ingenieur von dem Unternehmen eine Urkunde, durch die seine Leistung anerkannt wurde; vom Gehaltsbüro erhielt er die Prämie von 4000 Dollar und von seinem

Vorgesetzten eine Kopie des Prämienantrags, auf dem der Betrag zweimal erhöht worden war, samt den Unterschriften der Vorgesetzten. Aufgrund dieses persönlichen Vorgehens genügte eine begrenzte finanzielle Anerkennung, um einen wertvollen Mitarbeiter zu halten.

Es tut sich eine Menge

Das Arbeitsentgelt, so wird manchmal gesagt, sei ein Bereich, in dem sich nichts bewegt. Das ist ein schwerwiegendes Mißverständnis. Es trifft zu, daß unsere Gehaltssysteme heute komplex und oft sogar etwas starr sind. Vor allem aber sind es die Erwartungen der Mitarbeiter an das Arbeitsentgelt, die sich verändert haben.

In den 60er Jahren waren es die Amerikaner gewöhnt, jedes Jahr Gehaltserhöhungen zu bekommen, durch die sich ihr Lebensstandard ständig verbesserte. In den 70er Jahren zwangen Inflation und mehrere Ölkrisen die Menschen, ihre Erwartungen zurückzuschrauben. Es war nicht mehr selbstverständlich, daß es einem Jahr für Jahr besser ging, aber man erwartete immer noch Gehaltserhöhungen, um die Inflation ausgleichen zu können. In den frühen 80er Jahren waren die Lohnerhöhungen geringer als die Inflationsrate. Wieder schraubte man die Erwartungen zurück, aber die Mitarbeiter bestanden immer noch auf Erhöhungen, die zumindest einen Zugewinn zum Vorjahr brachten. Als die Inflationsraten in den 80er Jahren drastisch zurückgingen, fielen die Gehaltserhöhungen nochmals geringer aus. Da sich nicht nur die Bedingungen, sondern auch die Erwartungen verändert hatten, mußten sich die Chefs für ein unverändert gültiges Entgeltsystem folglich immer neue Erklärungen ausdenken.

Viele Vorgesetzte streben mehr Flexibilität in der Entlohnung ihrer Mitarbeiter an. Die meisten Mitarbeiter erhalten eine jährliche Lohnerhöhung, aber auch vierteljährliche Lohnerhöhungen sind in den USA nicht ungewöhnlich. Manche Unternehmen erhöhen die Gehälter sogar noch öfter: Um die Flexibilität eines Kleinunternehmens zu nutzen, beschloß Perfusion Services, Inc. (ein Hersteller chirurgischer Instrumente), die Gehälter beziehungsweise Löhne alle zwei Wochen geringfügig zu erhöhen. Die ständige, immer unterschiedlich ausfallende Erhöhung ihrer Bezüge schien die Mitarbeiter mehr zu motivieren als die jährliche Lohnanpassung.[10]

Manche Unternehmen haben jedich erfahren müssen, daß die Flexibilität, die die heutigen Marktverhältnisse erfordern, innerhalb eines einzigen Entgeltsystems gar nicht möglich ist, unabhängig davon, wie häufig Erhöhungen stattfinden. Vor allem sind stark diversifizierte Großunternehmen kaum in der Lage, mit ein und demselben Entgeltsystem die Erwartungen sämtlicher Mitarbeiter in verschiedenen Geschäftszweigen und Regionen zu erfüllen.

Im High-Tech-Bereich zum Beispiel bestehen Arbeitnehmer in Kalifornien darauf, an ihrem Unternehmen beteiligt zu werden, indem sie bestimmte Aktienoptionen erhalten. Aber auch andere beanspruchen „ein Stück des Kuchens" für sich. Der Unternehmer Kemmin Wilson, ein Mitbegründer der Holiday Inn, Inc., berichtete, daß er bei seinen jüngsten Projekten Mitarbeiter in Schlüsselpositionen zur Hälfte beteiligen mußte. „Es ist der einzige Weg, den ich kenne", sagte er gegenüber einem Reporter, „um die Leute zum Arbeiten zu bringen."

Bei den Finanzdienstleistungsunternehmen tragen seit einiger Zeit die Wertpapier- und Devisenhändler ganz erheblich zum Gesamtertrag bei. Erfolgreiche Händler sind stark gefragt und erzielen Spitzeneinkommen. Da ihre Bezahlung aus dem normalen Gehaltsgefüge herausfällt, haben die Unternehmen für Wertpapier- und Devisenhändler besondere Entgeltsysteme geschaffen. Die Manager dieser Unternehmen müssen feststellen, daß ihre eigenen Gehälter nur etwa die Hälfte oder ein Drittel der Provisionen ausmachen, die die ihnen unterstellten Wertpapier- und Devisenhändler erhalten. Auf entsprechende Klagen anderer weniger gut bezahlter Mitarbeiter müssen die Top-Manager antworten: „Wenn ihr selbst auch solche Transaktionen durchführen könnt, dann steigt dort ein – dann zahlen wir euch das, was erfolgreiche Wertpapier- und Devisenhändler bekommen".

Großbanken stellen heute nicht nur Mitarbeiter für die regulären kommerziellen Banktätigkeiten ein, sondern auch für das Investitions-Management, für die Abwicklung von Unternehmensfusionen und -akquisitionen, für den Wertpapier- und Devisenhandel und für Hilfsfunktionen wie die Datenverarbeitung. Jedes dieser Gebiete hat seinen eigenen Charakter. Angesichts dieser Vielfalt dürfen die Banken nicht mehr von einem einheitlichen Entgeltsystem ausgehen. In den USA hat ein überregionales Kreditinstitut heute in der Regel mindestens fünf unterschiedliche Systeme: Erstens: ein reines Gehaltssystem, zweitens: stundenweise Bezahlung, drittens: Bezahlung nach Leistung, viertens: einen Bezahlungsmodus, bei dem das Schwergewicht auf Privisionen liegt, und einen fünften Modus, bei dem ein begrenztes Gehalt mit potentiell hohen Sondervergütungen kombiniert wird. Angestellte der Bank haben sehr unterschiedliche Bezüge, die teilweise auf ihrer Tätigkeit, teilweise auf dem Entgeltsystem, in das sie eingestuft sind, beruhen.

Vor einigen Jahren kaufte ein großer Zeitschriftenverleger im Osten der USA eine Filmgesellschaft. Dabei wurde eine Gruppe von Produzenten und anderen Führungskräften übernommen, die an den Lebensstil von Hollywood gewohnt waren. Sie gingen davon aus, daß ihnen das Unternehmen ein Haus in Beverly Hills, einen Rolls Royce und ähnliche „Requisiten" gehobener Lebensart bieten würde, Zuwendungen, die nicht einmal die Top-Manager des Konzerns im Osten der USA bekamen. Nach monatelangem Widerstand beugte sich das Unternehmen der in der Unterhaltungsindustrie üblichen Praxis und gewährte den Top-Managern der Film-Tochter die Hollywood-üblichen Zusatzleistungen. Auf die Frage, ob die Manager im Stammgeschäft des Unternehmens dann auch mit solchen Sonderleistungen rechnen dürften, antwortete der CEO: „Eigentlich schon, wobei ich das natürlich ablehnen muß und versuche, alle unsere Verlagsleute von der Gegend um Los Angeles fernzuhalten."

Weit divergierende Bezahlungsniveaus und Entgeltmethoden in unterschiedlichen Branchen zwingen Unternehmen, die Diversifikation betreiben, unterschiedliche Entgeltsysteme zu entwicklen.

weil das vorhandene System den Gepflogenheiten in anderen Branchen unter Umständen nicht gerecht wird. So geht es heute nicht mehr so sehr um gleiche Bezahlung für Mitarbeiter, die ähnliche Tätigkeiten verrichten, sondern um die Berücksichtigung der tatsächlichen Marktkräfte im Entgelt.

„Was erwarten Sie von Ihrem Entgeltsystem?" wurde der CEO der Verlagsgesellschaft von einem verunsicherten Manager gefragt: „Gerechtigkeit nach außen oder Konsequenz nach innen?"

„Konsequenz nach innen ist schön und gut", antwortete der CEO, „aber ich muß dafür sorgen, daß jeder Geschäftszweig in seinem Markt wettbewerbsfähig bleibt. Einige unserer Bereiche haben das Lohn- und Gehaltsniveau gesenkt, um dem Wettbewerb standzuhalten. Bei anderen mußte es dagegen angehoben werden: In diesen Geschäftszweigen zwingt uns der Wettbewerbsdruck, Leute zu suchen, die gute Leistung bringen, und wir müssen sie gut bezahlen, um sie zu halten."

Flexibles Arbeitsentgelt

Akzeptiert man, daß die Entgeltsysteme heute flexibler sein müssen als früher, stellt sich die Frage, wie flexibel sie sein sollen. Trägt Flexibilität in einem Entgeltsystem dazu bei, Mitarbeiter zu motivieren? Nein, sagt eine sehr einflußreiche Schule. Die Menschen hätten eine Hierarchie von Bedürfnissen, von denen durch Geld nur die primitiveren (Nahrung, Kleidung und Wohnung) leicht zu befriedigen seien. Zu den höheren Bedürfnissen gehörten Selbstverwirklichung, persönliche Anerkennung und Entfaltung der Persönlichkeit. Diese Bedürfnisse könnten durch Geld kaum erfüllt werden.

Die finanzielle Entlohnung spielt folglich nur eine begrenzte Rolle, obwohl sie einerseits notwendig ist, um bestimmte Bedürfnisse zu befriedigen, ist sie zur Erfüllung anderer Bedürfnisse ungeeignet. Vor allem kann Geld die Mitarbeiter deswegen nicht zu besserer Leistung motivieren, weil es nicht die höheren Bedürfnisse befriedigt. Außerdem weiß ein Mitarbeiter meistens, was ein Kollege verdient, und insbesondere hinsichtlich seiner eigenen Leistung hat er einen starken Sinn für Gerechtigkeit. Wenn Mary weniger verdient als Jo, aber meint, sie müsse das gleiche bekommen, ist sie wahrscheinlich verärgert und eher weniger bereit, gute Leistungen zu erbringen. In solchen Fällen wirkt Bezahlung nicht motivierend, sondern demotivierend.

Daraus folgt, daß das Arbeitsentgelt in der Politik eines Unternehmens ein Negativposten sein kann: Es kann bei ungerechter Verteilung zu Irritationen führen und Motivation geradezu verhindern. Dies ist ein wichtiges Argument.

Ein höheres Bedürfnis des Mitarbeiters ist sein beruflicher Stellenwert, sein Status. „George ist sehr erfolgreich", bedeutet in der Regel, daß George ein gutes Gehalt bekommt. „Sam ist ein Spitzenmann", bedeutet meist, daß Sam gut gestellt ist. Selbst wenn die primären Bedürfnisse wie Nahrung, Wohnung und Kleidung befriedigt sind, trägt zusätzlicher Verdienst dazu bei, den Wunsch des Menschen nach Anerkennung seines Status und Erfolgs zu erfüllen.

Nicht von ungefähr stellen viele Amerikaner, wie schon Thorstein Veblen vor fast einem Jahrhundert beobachtete, ihren Konsum zur Schau. Sie messen ihr eigenes Prestige am Preis oder Image der Waren, die sie kaufen.[11] Es ist schwer zu glauben, daß sich daran seit Veblens Zeit viel geändert hat. Damit ist für die meisten Menschen gute Bezahlung ein Mittel zur Befriedigung wichtiger höherer Bedürfnisse.

Wie Allen Witfield von Megalith bemerkte, glaubt so mancher Vorgesetzte, neue berufliche Herausforderungen könnten eine angemessene Entlohnung ersetzen, anstatt ein begleitender oder ergänzender Faktor zu sein. Menschen brauchen Herausforderungen, um ihre höheren Bedürfnisse zu erfüllen; sie brauchen dazu aber auch Geld.

Schließlich wird bei der Frage des Arbeitsentgelts häufig Gleichheit mit Gerechtigkeit verwechselt. Dann allerdings hat das Argument, man könne durch Bezahlung Menschen nicht motivieren,

Flexibles Arbeitsentgelt

sondern nur demotivieren, sehr viel Gewicht. Die Amerikaner glauben traditionsgemäß, daß die Bezahlung eng mit dem Inhalt einer Arbeit verbunden sein sollte, die ein Mensch zu einer bestimmten Zeit verrichtet. Diese Auffassung geht auf das Prinzip „Gleicher Lohn für gleiche Arbeit" zurück. Deshalb hängt für den Amerikaner „Gerechtigkeit" davon ab, ob Mitarbeiter in den gleichen Positionen gleiche Bezahlung bekommen. Den demotivierenden Aspekt des Entgelts vermeiden, bedeutet, Mitarbeitern, die die gleiche Tätigkeit verrichten, das gleiche Entgelt zu zahlen.

Andere Vorgesetzte experimentieren mit anderen Kriterien für Gerechtigkeit. Hierzu zählen die Fragen, ob Menschen mit langer Berufserfahrung oder langer Firmenzugehörigkeit mehr verdienen sollten als andere, und ob sich nicht vor allem die Kontinuität guter Leistungen in der Bezahlung widerspiegeln sollte.

Entsprechende Analysen zeigen, daß in den Vereinigten Staaten bei der Aufstellung der Gehaltsskalen Erfahrung und Leistung von größerer Bedeutung sind, als allgemein angenommen wird. Die Erfahrung und das Können, die ein Mitarbeiter an seinem Arbeitsplatz erwirbt, werden von den Wirtschaftswissenschaftlern als Teil des Human Capital bezeichnet. Untersuchungen haben gezeigt, daß Mitarbeiter mit längerer Dienstzeit in vielen Unternehmen mehr verdienen als solche mit kürzerer Betriebszugehörigkeit, selbst wenn die Arbeit die gleiche oder sehr ähnlich ist.

Manche Unternehmen bezahlen ihre Mitarbeiter auch nach der Qualität ihrer persönlichen Beiträge, die sie im Laufe der Zeit leisten, je nachdem, wie sie von ihren Vorgesetzten beurteilt werden. Deshalb können Leute in vergleichbaren Stellen sehr unterschiedliche Arbeitsentgelte erhalten, die von der Qualität ihrer ständigen Leistung abhängen. Gerechtigkeit ist in den Vereinigten Staaten nicht vollständig an den Inhalt einer Tätigkeit gebunden, weil Erfahrung und Leistungsqualität auch die Einstellungen zum Arbeitsentgelt prägen.

Die Japaner sind bei der Reduzierung des Arbeitsinhaltes als wichtiges Kriterium für die Aufstellung von Gehaltsskalen noch weiter gegangen als die Amerikaner. Das Gehalt eines Mitarbeiters hängt nicht so sehr vom Inhalt seiner Tätigkeit, sondern vielmehr von der Dauer seiner Betriebszugehörigkeit und der Bedeutung seiner Position ab. Manager werden besser bezahlt als gewerbliche Arbeitnehmer oder Büroangestellte, das gleiche gilt für Ingenieure. Aber auch bei den gewerblichen Arbeitnehmern ist der Inhalt der Tätigkeit im einzelnen für die Festsetzung des Entgelts nur von geringer Bedeutung.

Nakao Yoshito ist eine Führungskraft in einem mittelgroßen japanischen Chemie-Unternehmen. Er bekommt ein Gehalt, und zweimal im Jahr erhält er eine beträchtliche Sondervergütung. In der Regel variiert die Sondervergütung nicht mit dem Erfolg oder Mißerfolg des Unternehmens. Dies ist nicht allgemein üblich, obwohl viele amerikanische Autoren fälschlicherweise behaupten, die japanischen Prämien variierten jährlich in Korrelation zu den Gewinnen der Firma. Läuft das Geschäft aber über Jahre schlecht, so ist es für Yoshito selbstverständlich, wenn seine Sondervergütung geringer ausfällt. Vor mehreren Jahren arbeitete Yoshito in einer Fabrik. Jetzt ist er im Verkauf tätig. Sein Gehalt änderte sich mit dem Stellenwechsel nicht. Seine Bezahlung ist an ihn gebunden, nicht an die Tätigkeit, die er ausübt. Sein Verdienst wird von der Dauer der Betriebszugehörigkeit, seinen Fähigkeiten und seiner Leistung bestimmt.

Warum Menschen arbeiten

Warum arbeiten Menschen? Die Frage mag hier seltsam erscheinen. Bei allen Überlegungen zur Entgeltfrage sind wir bisher davon ausgegangen, daß die Gründe, weshalb Menschen arbeiten, bei der breiten Mehrheit die gleichen sind. Umstritten ist jedoch, welcher Art diese Gründe sind. Arbeiten Menschen wegen des Geldes, arbeiten sie, um einen höheren Status zu erlangen oder um sich selbst zu verwirklichen?

Selbst bei einer flüchtigen Betrachtung der menschlichen Natur zeigt es sich, daß Menschen aus verschiedenen Gründen arbeiten. Eine informelle Umfrage unter mehreren hundert Managern (unter

Männern und Frauen mit technischer oder geisteswissenschaftlicher Ausbildung) ergab die folgenden Primärmotivationen für Arbeit mit folgender prozentualer Verteilung:

Weil es Spaß macht, um Prestige, Zufriedenheit und Leistung zu erreichen	32,5%
Um Macht und Einfluß zu gewinnen (das Recht zu haben, Entscheidungen zu treffen und zu handeln)	26,3%
Wegen der Bezahlung (um ein angenehmes Leben führen zu können)	16,3%
Um einen Beitrag zu leisten oder eine Pflicht zu erfüllen	15,0%
Um langfristig weiterzukommen	4,8%
Weil es reizvoll ist und eine Herausforderung bietet	3,8%
Wegen der Möglichkeit zur Selbstentfaltung	1,3%

Es läßt sich darüber streiten, ob dieser Kriterienkatalog und die genannten Prozentzahlen für größere Gruppen der amerikanischen Arbeitnehmer zutreffen. An diesem Punkt stellt sich die Frage, ob ein Entgeltsystem auf die Motivation des einzelnen ausgerichtet sein kann oder sollte. Mit anderen Worten: Sollte Entlohnung so breit definiert sein, daß sie sowohl Bezahlung als auch nichtpekuniäre Anreize und Möglichkeiten umfaßt? Und kann die Entlohnung so individuell gestaltet werden, daß sie den Einzelnen zur Leistung motiviert?

Manche Unternehmen versuchen das. Daniel Meager leitet eine sehr erfolgreiche kleine Firma, die auf technischen Service für abgelegene Fernseh- und Rundfunkstationen spezialisiert ist. Zum Unternehmen gehört eine größere Anzahl von Fahrzeugen, die von Teilzeitkräften gefahren werden, und ein professioneller Technikerstab. „Ich suchte die besten Leute heraus und brachte sie auf tausenderlei verschiedene Arten dazu, für mich zu arbeiten", erklärt Meager. „Die besondere Stärke meines Unternehmens ist Flexibilität. Da wir klein sind, brauchen wir uns nicht den staatlichen Beschränkungen zu unterwerfen (die Gesetze gelten, aber niemand nimmt sich die Zeit, uns zu überprüfen), und keine Gewerkschaft, Aktionäre oder Vorgesetzte reden uns dazwischen.

Wenn man Leute mit technischem oder Management-Talent finden will, muß man sie irgendwie am Unternehmenskapital beteiligen. Wenn man gute Teilzeitkräfte bekommen will, muß man ihnen einen guten Stundenlohn zahlen und dazu eine Prämie anbieten. Sie erwarten keine langfristige Beschäftigung und interessieren sich daher auch nicht für eine Beteiligung am Unternehmen. Aber sie müssen die Kunden gut bedienen und dazu beitragen, neue Geschäfte zu akquirieren; deshalb zahle ich ihnen eine Prämie, wenn sie einen neuen Kunden gewinnen oder wenn ein Altkunde einen neuen Auftrag erteilt.

Aufgrund dieser Flexibilität können wir spontan maßgeschneiderte Entlohnungen bieten, die für den einzelnen Mitarbeiter den größten Anreiz bedeuten. Ein LKW-Fahrer fuhr in 36 Stunden direkt von Chicago nach Florida, um einen Termin einzuhalten. Er war ein Held, und so gab ich ihm sofort auf Firmenkosten drei Tage Sonderurlaub. Ein anderer wichtiger Mitarbeiter bekam Schwierigkeiten mit seinem Vermieter, da half ihm unser Rechtsanwalt.

Manchmal hat man in einer kleinen Firma kein Geld in der Kasse, da kann man Reisen oder andere Anerkennungen dieser Art nicht ohne weiteres anbieten. Deshalb veranstalteten wir einmal ein Training für Leute, die sich selbständig machen wollten. Sie haben für uns gute Arbeit geleistet, uns dann aber verlassen. Aber wir arbeiten mit ihnen zusammen, sie sind keine Konkurrenz."

„Es gibt auch Schwachpunkte, wenn man klein ist", gab Meager zu. „Ich kann keine großen Zusatzleistungen bieten, vor allem keine Altersversorgung, und es gibt keine vorgezeichneten Aufstiegsmöglichkeiten. Ich muß mich darauf verlassen, daß die Mitarbeiter selbst die Initiative ergreifen, um weiterzukommen." In einem überraschend hohen Maße versuchen auch gut geführte

Großunternehmen, Flexibilität dadurch zu erreichen, daß sie auf die unterschiedlichen Motivationen von Mitarbeitern eingehen. Die IBM-Praxis zeigt die verschiedenen Aspekte der Entlohnung, die dem Verkaufspersonal zuteil wird. Das Unternehmen zahlt ein Gehalt, Umsatzprovision, Sondervergütungen für die Einhaltung von Zielen, Prämien für außergewöhnliche Leistungen, und verleiht im weiteren Sinne Anerkennung durch die Mitgliedschaft in Clubs, zu denen nur Spitzenleistungsträger gehören. Durch Prämien und Mitgliedschaft in Clubs wird persönliche Anerkennung mit finanzieller Belohnung gekoppelt.

Auf die Frage nach den wichtigsten Anreizen, die die Arbeit für dieses Unternehmen lohnend machten, gingen jedoch mehrere ehemalige Mitarbeiter weit über Bezahlung und Anerkennung des einzelnen hinaus:

Gehalt: konkurrenzfähig mit anderen Firmen

Prestige: Das Unternehmen ist Branchenführer

Sicherheit: keine Entlassungspolitik

Zusatzleistungen (Altersversorgung usw.): konkurrenzfähig mit anderen Großfirmen

Umfeld: Hochkarätige Leute, Teamgeist, gute Beziehungen zwischen Management und Verkaufspersonal

Aufstieg: nur aus den eigenen Reihen

Training: karrierebegleitend

Management-Politik: mitarbeiterorientiert, Vorschlagswesen

Leistungsplan: Möglicher Aufstieg, leistungsbezogene Gehaltserhöhungen

Macht und Einfluß: Der Aufstiegsweg für Manager läuft über den Verkauf; hohes Ansehen bei den Kunden wegen des guten Rufs des Unternehmens.

Pekuniäre wie auch nichtpekuniäre Entlohnungssysteme sind also von weitreichender Bedeutung. Bei der kleinen Servicefirma wie auch bei IBM bietet das Management in seiner Entlohnung sowohl Flexibilität als auch vielfältige Möglichkeiten. In gewisser Weise versuchen beide Unternehmen, ihr Entgeltsystem den unterschiedlichen psychologischen Bedürfnissen unterschiedlicher Menschen anzupassen.

Spitzenmanager haben erkannt, daß sie, um Menschen zu motivieren, die Hierarchie der Bedürfnisse wie auch die unterschiedlichen Motivationen unterschiedlicher Menschen berücksichtigen müssen.

7. Kapitel

Bezahlung nach Leistung und personalisierte Bezahlung

Gleiche Entlohnung bedeutet nicht zwangsläufig gerechte Belohung. Heute wollen die Mitarbeiter wegen ihres individuellen Beitrags anerkannt werden. Das ist in ihren Augen gerecht. Manager haben einen großen Spielraum bei der Festsetzung der Bezahlung, um die Leistung und die Beiträge des einzelnen zu fördern und zu würdigen. Es ist vielleicht möglich, die gruppenbezogenen Entgeltsysteme ganz aufzugeben und stattdessen ein System anzustreben, das erhebliche Differenzierungen zwischen den einzelnen Mitarbeitern erlaubt. In der heutigen wirtschaftlichen Situation kann dies wichtig sein, um Mitarbeiter zu halten, die für den Erfolg des Unternehmens von entscheidender Bedeutung sind.

Transparenz oder Geheimhaltung

Man erzählt sich, daß der Baseballspieler Yogi Berra, der als Catcher bei den New York Yankees spielte, sich mit den Batters der gegnerischen Teams so gut verstand, daß der Yankee-Manager Casey Stengel von Berra als von seinem „Insider" sprach. Was auch immer Stengel über die Strategie oder die Fähigkeiten seiner Gegner wissen wollte, quetschte Berra an der Fangstelle aus den Batters heraus. Als dies allzu offenkundig wurde, setzten die Club-Manager alles daran, ihren Batters Maulkörbe zu verpassen. Der Manager der Dodgers drohte gar, jeden Batter hinauszuwerfen, der mit Berra an der Fangstelle spräche.[12]

Nicht nur im Baseball versuchen Manager, Geheimnisse von der Konkurrenz fernzuhalten. Und in manchen Unternehmen werden Dinge sogar vor den eigenen Mitarbeitern geheimgehalten. Tom Canavan, ein Ingenieur der LEP Corporation, war gerade mit einem Projekt in der Halbleiter-Division von LEP betraut. Vor kurzem hatte er einen wesentlichen Durchbruch erzielt, und es ärgerte ihn, daß er für seine Bemühungen nicht gerecht bezahlt wurde. Er sagte seinem Vorgesetzten also, er halte seine Bezahlung für etwas zu niedrig. Allerdings sei er sich nicht ganz sicher, weil er nicht wisse, was seine Kollegen auf gleicher Ebene verdienten.

„Tom", sagte der Vorgesetzte, „ich bin bereit, mit Ihnen über Ihr eigenes Gehalt zu sprechen, aber nicht über das der anderen. Das wäre eine Verletzung der Privatsphäre. Wenn Sie glauben, daß Sie nicht genug verdienen, werde ich Ihnen sagen, wie sich Ihr Gehalt begründet und wie Sie Ihre Leistung steigern können, um eine Gehaltserhöhung zu bekommen."

Da seine Leistung allgemein als ausgezeichnet eingeschätzt wurde, war Canavan mit diesem Gespräch nicht zufrieden. Er wußte, daß er für LEP gute Arbeit leistete, aber er wußte nicht, ob er gerecht bezahlt wurde. Nun war es aber auch nicht schwierig, die Gehälter von einigen anderen Ingenieuren in seiner Abteilung herauszufinden. Er kannte die Gehaltsgruppierungen für Leute auf seiner Ebene, weil er vor kurzem in einer Mangement-Position als Projektleiter tätig war und Gehaltsempfehlungen für andere Mitarbeiter gegeben hatte, die auf der gleichen Stufe standen wie er. Jedoch hatte er nicht alle Gehälter gesehen, und er war vor allem bei zwei oder drei Kollegen unsicher, die sehr tüchtige Ingenieure waren. Weniger talentierte Leute waren bereit, ziemlich offen über ihre Gehälter zu reden. Die besten Leute schwiegen jedoch.

Das Unternehmen förderte diese Verschwiegenheit, indem es sich weigerte, Canavan die Einstufung oder gar das Gehalt von Mitarbeitern bekanntzugeben. Nach Canavans Ansicht war diese Verschwiegenheit übertrieben. Er begann, dem Unternehmen zu mißtrauen und erwog sogar, die Firma zu verlassen.

Am erstaunlichsten fand er es, daß andere Mitarbeiter sein Mißtrauen in die Gehaltspolitik von LEP nicht teilten. Er jedenfalls dachte, daß LEP keinen Grund habe, vor den Mitarbeitern so viel geheimzuhalten. Wenn das Gehaltssystem gerecht war, dann sollte es auch transparent sein. Wenn es nicht transparent war, konnte es auch nicht gerecht sein.

Bezahlung nach Leistung ist gerecht

Die Topmanager von LEP sind sich des Mißtrauens bewußt, das die vertrauliche Behandlung der Gehälter bei manchen Mitarbeitern hervorruft. Für sie ist es interessant zu beobachten, daß die Unzufriedenheit mit dem Gehalt in technischen Abteilungen am höchsten ist, wo Leute häufig in und aus Management-Positionen wechseln und das Entgeltsystem dadurch transparenter ist. In anderen Bereichen des Unternehmens, wo das Thema Bezahlung vertraulicher behandelt wird, gibt es weniger Beschwerden. Und wenn sich die Klagen nicht weiter verstärken, wird LEP in dieser Frage wohl weiterhin Zurückhaltung üben, und es gibt dafür gewichtige geschäftliche Gründe.

Erstaunlicherweise ist es nicht leicht, Manager und künftige Manager dazu zu bringen, gründlich über das Thema Bezahlung nachzudenken. Das Problem liegt darin, daß sie bei Gehaltsdiskussionen meist persönlich reagieren. Sie fragen sich dabei oft: Werde ich im Verhältnis zu meinen gleichrangigen Kollegen gerecht behandelt? Wieviel kann ich verdienen? Wie kann ich mehr bekommen?

Sie stellen diese Fragen aus der Perspektive einer Person, die in das Entgeltsystem eingebunden ist, nicht aus der Perspektive desjenigen, der das Entgeltsystem verwaltet. Da Manager hier eine Doppelrolle haben, indem sie dem System unterliegen und gleichzeitig dafür zuständig sind, haben sie die besondere Verantwortung, es von beiden Seiten zu sehen. Leider nehmen manche bereitwillig die Perspektive des Angestellten ein; erst nach jahrelanger Erfahrung sehen sie es aus dem Blickwinkel des Managers.

Aus der Perspektive des Managers stellen sich zum Thema Arbeitsentgelt folgende Fragen: Wie kann ich das Arbeitsentgelt zur Motivation von Mitarbeitern nutzen? Können die Arbeitskosten auf einem angemessenen Niveau gehalten werden? Möchte ich die Leistung einzelner Mitarbeiter belohnen, und wenn ja, welche Instrumente eines Entgeltsystems sind dafür geeignet?

Wie viele andere Unternehmen heute ist auch LEP darauf bedacht, diejenigen Mitarbeiter besonders belohnen zu können, die die wichtigsten Beiträge leisten. Jahrelang hat das Unternehmen versucht, die Methoden dafür zu verfeinern (wobei gleichzeitig Kosten und Arbeitsmoral unter Kontrolle gehalten werden sollten). Die Bezahlung ist vielleicht das empfindlichste Element in der Beziehung eines Unternehmens zu seinen Mitarbeitern, da hier die Möglichkeit der Unzufriedenheit enorm groß sein kann. Darüber hinaus sind Manager oft relativ lasch in der Durchführung eines leistungsbezogenen Entgeltsystems, so daß zu viele Mitarbeiter möglicherweise zu hoch eingestuft und zu großzügig entlohnt werden, was wiederum die Kosten des Unternehmens in die Höhe treibt.

Leistungsbezogene Bezahlung oder nicht – diese Frage bereitet vielen Unternehmen Kopfzerbrechen. Viele glauben, daß eine Differenzierung von Gehältern nach individueller Leistung Dritten nur schwer zu vermitteln ist und mit Sicherheit zu Lasten der Arbeitsmoral gehen wird. Folglich haben zwar viele Unternehmen eine Leistungskomponente bei der Bezahlung von Managern, bei normalen Mitarbeitern ist dies jedoch weit weniger der Fall.

LEP ist seiner Verfahrensweise treu geblieben. Anstatt neu zu überprüfen, ob nach Leistung bezahlt werden soll oder nicht, hat das Unternehmen versucht, das bestmögliche System zu entwickeln. Das Ergebnis ist eine überraschende Mischung aus Transparenz und Geheimhaltung. LEP hat sich geweigert, zwischen gerechter Bezahlung und der Belohnung von Spitzenleistungen einen Konflikt zu sehen. Und so versucht man, die Mitarbeiter davon zu überzeugen, daß die Anerkennung des Beitrags eines einzelnen in seinem Gehalt gerecht ist, und daß ein Bezahlungssystem, das unterschiedliche Leistungsbeiträge ignoriert, ungerecht ist.

Aus der Überzeugung heraus, daß Leistungsunterschiede unter den Menschen den American way of life entscheidend geprägt haben, hat LEP ein System zur Anerkennung und Belohnung individueller Leistung entwickelt. Dazu gehört, daß die Manager dazu angehalten werden, die Beurteilung von Leistung ernst zu nehmen. Ohne Genauigkeit in diesem fundamentalen Baustein eines Leistungssystems können leistungsstarke (oder leistungsschwache) Mitarbeiter nicht ermittelt werden. Ein leistungsbezogenes Entgeltsystem, das vor allem auf Günstlingswirtschaft basiert oder nur aufgrund der Möglichkeit geschaffen wird, daß ein Mitarbeiter vielleicht anderswo mehr verdient und die Firma verläßt, ist schlimmer als überhaupt kein leistungsbezogenes Entgeltsystem, denn im Lauf der Zeit wird es die Einsatzbereitschaft der Mitarbeiter untergraben und die Kosten des Unternehmens in die Höhe treiben.

Um das Leistungsprinzip zu unterstreichen, werden bei LEP nicht nur das Arbeitsentgelt, sondern auch andere Instrumente auf Leistungsbasis gehandhabt. Somit spiegeln auch Beförderungen, Versetzungen und die Zuteilung von Aufgabenbereichen in gewissem Maße die Qualität der Leistung des einzelnen wider.

Dies ist für die amerikanische Industrie allerdings ungewöhnlich. In vielen Unternehmen stehen leistungsbezogene Entgeltsysteme alleine und ohne die sichere Grundlage eines Leistungsbeurteilungssystems da. „Unsere Manager mögen die persönlichen Komponenten von Leistungsbeurteilungssystemen nicht", sagen Führungskräfte eines Großunternehmens, das berichtet, daß seine

Sparten über 30 verschiedene leistungsbezogene Entgeltsysteme haben.

Auch bezieht sich das Leistungsprinzip oft nur auf die Bezahlung, nicht aber auf andere Aspekte der Beschäftigung. Dies veranlaßt Spitzenleute zur Frage, warum ihr Wert vom Unternehmen ausschließlich finanziell anerkannt wird, sonst aber in keinerlei Hinsicht.

Leistungsbezogene Bezahlung birgt jedoch auch erhebliche Gefahren in sich. Es ist von entscheidender Bedeutung, daß das, was belohnt wird, auch wirklich Leistung und nicht die Folge von Günstlingswirtschaft ist. Auch ist eine gewisse grundsätzliche Einheitlichkeit der Bezahlung unter Leuten in ähnlichen Tätigkeiten, die ein gleiches Leistungsniveau haben, notwendig. In diesem Sinne wird bei der leistungsbezogenen Bezahlung der Gerechtigkeitsgedanke nicht aufgegeben, sondern es muß ein umfassenderer Gerechtigkeitsgedanke Anwendung finden. Es genügt nicht mehr, wenn der Mitarbeiter glaubt: „Ich habe den gleichen Job, ich bekomme die gleiche Bezahlung, das ist gerecht." Der Mitarbeiter muß vielmehr sagen: „Ich habe den gleichen Job, ich bringe die gleiche Leistung und habe das bereits eine Zeitlang getan; ich sollte die gleiche Bezahlung bekommen wie ein anderer in der gleichen Position, aber eine andere Bezahlung als jemand, der mehr leistet und schon länger bei der Firma ist."

Somit ist leistungsbezoge Bezahlung eine komplexe Angelegenheit. LEP mußte dazu vier Schlüsselkomponenten entwickeln und seinen Managern an die Hand geben.

Zunächst müssen Manager legitime individuelle Leistungsmaßstäbe für jeden Mitarbeiter zur Verfügung haben oder entwickeln. Selbst wenn der Mitarbeiter Teil eines Projektteams ist, hat der Manager die Verpflichtung, den individuellen Beitrag des einzelnen zu betrachten. Der Manager muß nahe genug am Mitarbeiter sein, um dessen Beiträge bewerten zu können.

Zweitens müssen Manager und Untergebene explizit verstehen, was vom Mitarbeiter erwartet wird – keine detaillierten Anweisungen, aber ein Katalog von Leistungen, die als hervorragend gelten. Dieses Verständnis muß von Managern und Untergebenen gemeinsam entwickelt und gegebenenfalls modifiziert werden, wenn sich die Umstände ändern. Es ist ein formloses, stillschweigendes Abkommen, auf das sich beide stützen können.

Diese beiden ersten Elemente setzen Leistungsziele für jeden Mitarbeiter, und sind ein Instrument, mit dem sich messen läßt, ob der Mitarbeiter die Ziele erreicht hat oder nicht.

Drittens muß LEP angesichts der Vielzahl seiner Mitarbeiter darauf achten, daß Leute in ähnlichen Positionen ähnlich behandelt werden. Die Tätigkeiten müssen auf geeignete Weise mit anderen Tätigkeiten von vergleichbarem Schwierigkeitsgrad, Können und Verantwortung abgestimmt werden. Die genaue Tätigkeitsbeschreibung obliegt dem Vorgesetzten; ihre angemessene Klassifizierung in bezug auf andere Tätigkeiten fällt in den Veranwortungsbereich des Personalstabs. Auch muß ein Budget für Gehaltserhöhungen vorgesehen werden, so daß Leute mit gleicher Tätigkeit, die die gleiche Leistung bringen, vergleichbare Gehaltserhöhungen bekommen können. Jeder Manager erhält also praktisch eine Tabelle, die die angemessene Gehaltserhöhung für einen Mitarbeiter anzeigt, je nach Tätigkeit und abhängig von einem beständigen Leistungsniveau. LEP ist nicht bereit, spontane Ausbrüche von außergewöhnlicher Leistung durch Gehaltserhöhungen anzuerkennen und zieht es stattdessen vor, solche einmaligen Beiträge durch spezielle Prämien zu honorieren. Gehaltserhöhungen sind ständiger, hoher Leistung vorbehalten.

Schließlich hängt die Effektivität des Systems davon ab, daß die Mitarbeiter von dessen gerechter Durchführung überzeugt sind. Jeder Mitarbeiter muß sehen, daß sowohl die einzelnen Manager als auch das Unternehmen als ganzes ihre Verpflichtung ernst nehmen, das System funktionstüchtig zu halten. Falsch eingestufte Tätigkeiten, falsch gemessene oder überhaupt nicht gemessene individuelle Leistung oder Gehaltserhöhungen, die nicht auf wirklicher Leistung, sondern auf Vetternwirtschaft beruhen, werden bei entsprechend häufigem Auftreten mit Sicherheit dazu führen, daß es viele Leute wie Tom Canavan gibt, die dann dem System als solchem mißtrauen.

Günstlingswirtschaft vermeiden

Günstlingswirtschaft ist ein Problem, das besonders schwer zu kontrollieren ist, da naturgemäß sowohl der Vorgesetzte, der sie praktiziert, als auch der Mitarbeiter, der davon profitiert, kein Interesse daran haben, darüber zu reden. Andere Mitabeiter hegen vielleicht einen Verdacht, können aber kaum etwas beweisen. Der Verdacht allein genügt oft, um das empfindliche Vertrauensverhältnis zwischen einem Unternehmen und seinen Mitarbeitern zu zerstören.

Bei LEP wurde in einem Betrieb an der Westküste der USA ein schwerer Fall von Günstlingswirtschaft bekannt. Wie in vielen Fertigungsbetrieben waren die Mitarbeiter im Produktionsbereich darauf bedacht, durch Überstunden ordentlich hinzuzuverdienen. Der Betriebsleiter John Williams mußte feststellen, daß bei den Umfragen zur Arbeitszufriedenheit plötzlich eine deutlich sinkende Tendenz festzustellen war.

Besonders überrascht war Williams darüber, daß die Hauptursache der Unzufriedenheit die Methode der Überstundenzuteilung war. Williams hatte sich selbst darum bemüht, sicherzustellen, daß das Unternehmen eine Politik betrieb, die Vetternwirtschaft ausschloß. Wurde diese Politik nur unzureichend durchgeführt?

Für jeden Mitarbeiter sollte eine monatliche Überstundenliste geführt werden. Wenn Überstunden anfielen, wurde zuerst der Mitarbeiter mit der geringsten monatlichen Überstundenzahl gefragt, ob er Überstunden machen wolle. Erst wenn dieser ablehnte, wurde der nächste gefragt, der schon mehr Überstunden geleistet hatte. Obwohl das Unternehmen in dringenden Fällen Überstunden anordnen konnte, sah die Unternehmenspolitik Überstunden auf freiwilliger Basis und ihre gleichmäßige Verteilung auf die Mitarbeiter vor.

In den folgenden Tagen stellte Williams fest, daß diese Politik durchaus auch in die Tat umgesetzt wurde. Jeder Schichtleiter führte eine Überstundenliste über die einzelnen Mitarbeiter. Wenn Überstunden anstanden, wandte sich der Schichtleiter zuerst an die Mitarbeiter, die bisher am wenigsten Überstunden hatten.

Einmal beobachtete Williams, wie Jacob Phillips, der Leiter der zweiten Schicht, zwei Überstundenkarten ausfüllte. Zuerst legte Phillips fest, daß er zwei Arbeiter brauchte, die am Freitagabend einige Stunden länger arbeiten sollten. Dann überprüfte er die Überstundenliste. Es war schon gegen Ende des Monats, trotzdem hatten Oscar Peterson und Roland Black keine Überstunden gemacht, und sie standen daher ganz unten auf der Liste. Phillips ging zuerst zu Black.

„Ich habe für morgen abend etwa vier Überstunden zu vergeben", sagte er. „Möchten Sie sie machen?"

„Verdammt!" fluchte Black. „Eigentlich gern, denn ich könnte das Geld gut gebrauchen, aber ich habe den Kindern versprochen, mit ihnen zu einem Fußballspiel zu gehen. Hätte ich das früher gewußt, dann hätte ich ein anderes Spiel ausgesucht, aber ich kann es jetzt nicht mehr ändern. Können Sie mir das in Zukunft nicht früher sagen?"

„Es tut mir leid", sagte Phillips, „aber ich weiß erst seit heute sicher, daß wir die Überstunden machen müssen."

Phillips' Gespräch mit Peterson führte zum gleichen Ergebnis. Da beide Mitarbeiter am Freitagabend keine Zeit hatten, nahm er erneut seine Liste vor. Erst als er bei den Namen, die ganz oben auf der Liste standen, angelangt war, fand er jemanden, der bereit war, die Überstunden zu machen. Sally Wallace war die erste, die sich dazu bereit erklärte.

„Sally, ich habe noch ein paar Überstunden für morgen abend zu vergeben. Möchtest du sie machen?"

„Sicher", sagte sie. „Du weißt, Joe und ich gehen nur samstags zum Bowling. Ihr kommt doch auch wieder, oder?"

„Ja", antwortete Phillips, „wir werden da sein. Ich trage dich für die Überstunden ein."

Williams konnte nichts Falsches daran finden, wie Phillips die Vergabe der Überstunden handhabte, und er schien es jedesmal so zu machen. „Vielleicht gibt es da doch kein Problem", dachte Williams. Aber ein paar Tage später, als er wieder einmal mit seinen engeren Mitarbeitern sprach, behaupteten diese, es gebe sehr wohl ein Problem. „Manche Leute verdienen eine Menge Geld, weil sie die ganzen Überstunden abbekommen", wurde ihm gesagt, „und die anderen sind wütend darüber."

LEP-Mitarbeiter aus verschiedenen Betrieben trafen sich mit Mitarbeitern aus Williams Betrieb bei Sportveranstaltungen, Gemeindefesten und in Lokalen. Wiederholt hörten sie dabei von einem „Begünstigungssystem", das dem Buchstaben nach die Spielregeln des Unternehmens nicht brach, aber gegen deren Geist doch erheblich verstieß. Es lief folgendermaßen ab: Am Anfang der Woche, wenn die Schichtleiter sahen, daß am Wochenende möglicherweise Überstunden erforderlich waren, gaben sie ihren Freunden in der Belegschaft privat den Tip, sich das Wochenende freizuhalten, falls Überstunden anfielen. Oft hörten die Mitarbeiter von den Überstunden erst am Donnertag oder Freitag, wenn sie formell geplant wurden. Die Schichtleiter wandten sich, wie vorgeschrieben, an die Leute, die ganz unten auf der Liste standen, aber diese hatten meist schon etwas anderes vor. Dann gingen sie die Liste nach oben durch, bekamen eine Absage nach der anderen, bis sie zu ihren Freunden kam, die ja schon vorgewarnt waren und das Wochenende für die Überstunden freigehalten hatten. Durch diesen einfachen, Trick halfen die Schichtleiter ihren Freunden, ein weit höheres Einkommen zu erzielen, als es die anderen Mitarbeiter erreichen konnten.

Williams ging dagegen vor, indem er den Betriebsleiter aufforderte, die Überstundenverteilung in jedem Bereich zu überprüfen, ungleichmäßige Verteilungen aufzudecken und deren Ursache festzustellen. Tatsächlich hörten die Schichtleiter mit dieser Praxis bald auf.

Ein praktischer Grund für Vertraulichkeit

Viele Unternehmen glauben, eine Politik der Offenheit helfe dem Unternehmen, den good will der Mitarbeiter zu erhalten. Es wird behauptet, Verschwiegenheit führe zu Mißtrauen, und der Mitarbeiter verschwende seine Zeit damit, sich Informationen darüber zu beschaffen, wie andere Mitarbeiter behandelt und wie die Management-Entscheidungen getroffen werden.

Doch kann ein Mangel an Vertraulichkeit auch zu Problemen führen. Vor allem ermutigt es diejenigen Mitarbeiter, die keine sehr guten Leistungen bringen, sich bei ihren Managern über die bevorzugte Behandlung der besseren Leistungsträger zu beschweren. Die Kernkraft-Abteilung eines großen Elektrokonzerns stellte vor kurzem von der vertraulichen Behandlung der Gehälter auf ein völlig offenes System um. Das Resultat war Chaos. Die 20-prozentige Gehaltsdifferenz zwischen Spitzen- und durchschnittlichen Leistungsträgern hatte sich bald ganz wesentlich verringert. Die Manager konnten die Mitarbeiter nicht davon überzeugen, daß manche Kollegen eine höhere Bezahlung erhalten sollten, und konnten somit nicht dem Druck widerstehen, fast allen Mitarbeitern die gleichen Gehaltserhöhungen zu gewähren.

Vielleicht ist es in einer vollkommenen Welt möglich, daß Vorgesetzte und Untergebene völlig offen zueinander sein können. Im wirklichen Leben ist das jedenfalls sehr schwer. Zum einen kennen die Mitarbeiter die Leistungen der anderen oft nicht in allen Einzelheiten. Je vielseitiger der Aufgabenbereich, je mehr Initiative aufgebracht wird, je größer der Spielraum für Kreativität, je höher das Entgelt für die Durchführung der Arbeit, desto weniger weiß vermutlich der eine Mitarbeiter Bescheid, welche Erwartungen an einen anderen Mitabeiter gestellt werden und wie dessen Leistung beurteilt wird. Wenn sich daher in einem offenen System ein Mitarbeiter über die Bezahlung eines anderen beschwert, muß der Vorgesetzte oft ausführliche Informationen über die Leistung des anderen Mitarbeiters geben – was die Privatsphäre des Betreffenden durchaus verletzen kann. In der Regel tun sich Manager schwer, wirkliche Leistung zu belohnen, wenn in diesem Bereich große Offenheit herrscht. Dies gilt sowohl für leistungsabhängige Gehaltsunterschiede als auch für die Auswahl von Mitarbeitern für eine Beförderung.

Nach einer alten Faustregel führt die Offenlegung des Gehaltssystems dazu, daß die Differenz zwischen dem Verdienst von Spitzenkräften und durchschnittlichen Mitarbeitern um die Hälfte gemindert wird. In der Regel kann ein Unternehmen, das über Gehälter Stillschweigen bewahrt, davon ausgehen, daß die Spitzenleistungsträger zwischen 10 und 20 Prozent mehr verdienen als der Durchschnitt. Ein Unternehmen, das nicht nur die Vertraulichkeit wahrt, sondern auch seine Manager dazu bringen kann, Leistungsziele mit den Mitarbeitern auszuarbeiten und die Resultate sorgfältig zu messen, kann eine Differenz von 30 bis 40 Prozent erreichen. Offenheit mindert diese Differenz um die Hälfte. Daraus ergeben sich praktische unternehmerische Gründe, Gehaltsfragen vertraulich zu behandeln.

Keine willkürlichen Verteilungskurven

Ein leistungsbezogenes Entgeltsystem, das sich im wesentlichen auf Vertraulichkeit stützt, ist daher kein unmoralisches oder unsauberes System. Wenngleich diese Denkweise heute nicht mehr so verbreitet ist, kann das Gehalt eines Menschen durchaus als Teil seiner Privatsphäre angesehen werden, als Information, die anderen nicht zugänglich sein sollte. Des weiteren erlaubt ein leistungsbezogenes Entgeltsystem einem Mitarbeiter, sein Einkommen durch die Qualität seiner Leistung zu beeinflussen; damit erfüllt es auch das wichtige Ziel, den Mitarbeiter gerecht zu behandeln.

Jedoch müssen wir nochmals auf die Pflichten zurückkommen, die Manager erfüllen müssen, damit das System von den Mitarbeitern als gerecht anerkannt wird. Um Kosten zu kontrollieren, zwingen viele Unternehmen ihre Manager, die Mitarbeiter in solche einzuteilen, die Spitzenleistungen, ausgezeichnete Leistungen, zufriedenstellende Leistungen usw. erbringen. Daraus ergibt sich eine „willkürliche Kurve", bei der manche Mitarbeiter zwangsläufig am unteren Ende der Leistungsbeurteilung stehen. Der Grund für diese willkürliche Kurve besteht in der Kostenkontrolle, da man bestrebt ist, dem erwarteten schleichenden Aufwärtstrend bei den Leistungsbewertungen Einhalt zu gebieten.

Bei LEP gibt es keine solchen Kurven. Jeder Manager wird angewiesen, diejenigen Mitarbeiter, die ihm unterstellt sind, nach der tatsächlichen Leistung zu beurteilen. Eine Kurve, die einige Leute in die unteren Einstufungsbereiche drängt, obwohl diese vielleicht ausgezeichnete Arbeit geleistet haben, hält man für unvereinbar mit der gerechten Behandlung, die das Unternehmen jedem einzelnen Mitarbeiter zukommen lassen will.

Wie kontrolliert nun LEP den schleichenden Aufwärtstrend von Leistungsbewertungen? Die wichtigste Methode besteht darin, daß Manager, denen große Abteilungen mit zahlreichen Mitarbeitern unterstellt sind, sich an Leistungsbewertungsverteilungen zu halten haben, die auf großen Zahlen basieren. Ein Betrieb oder eine Abteilung sollte also eine Kurve aufweisen, die der willkürlichen Verteilungskurve ähnelt, die andere Unternehmen benutzen. (In den USA machen außergewöhnliche und ausgezeichnete Leistungsträger heute etwa die Hälfte der Gesamtverteilung aus.) Wenn Leistungsbewertungen per Saldo eine schleichende Aufwärtstendenz aufweisen, wendet sich der Betriebs- oder Abteilungsleiter an die ihm unterstellten Manager, um sicherzustellen, daß die Leistungen der Mitarbeiter wieder realistischer bewertet werden.

Andere Unternehmen benutzen zusätzliche Instrumente. Eine große New Yorker Bank versucht, dem schleichenden Aufwärtstrend durch die Bestimmung entgegenzuwirken, wonach die anfängliche Leistungsbeurteilung eines Mitarbeiters nach jeder Beförderung nicht höher sein darf als zufriedenstellend. Dem Mitarbeiter wird diese Politik damit erklärt, daß der Mitarbeiter Zeit braucht, um sich in seine Tätigkeit einzuarbeiten.

Personalisierte Bezahlung

Die meisten Entgeltsysteme in großen amerikanischen Unternehmen sind heute so starr und bürokratisch, daß die vielen flexiblen

Elemente im System von LEP geradezu überraschen. Die Manager können Leistungsbewertungen unabhängig von irgendwelchen festgelegten Kurven vornehmen. Sie können an Spitzenleistungsträger größere Gehaltserhöhungen vergeben und sie dürfen – und müssen sogar – die Gehaltsstufen und das Gehalt eines jeden einzelnen vertraulich behandeln.

Schließlich hat LEP für die 1000 Stellen im höheren Management die Gehaltsstufen überhaupt abgeschafft. Handfeste unternehmerische Gründe, die auf menschlichem Verhalten und auf den persönlichen Einstellungen der Mitarbeiter beruhen, sind der Grund dafür. Die Gehaltsspielräume, die den betroffenen Managern auf informellem Wege bekannt waren, standen einer sinnvollen Karriereplanung im Wege. Die Manager schielten allzu sehr auf die genau festgelegten „job levels" und auf die oberen Gehaltsextreme, anstatt sich auf ihre Beiträge und Leistungen zum Wohl des gesamten Unternehmens zu konzentrieren.

Anstatt „job levels" hat LEP heute „peer groups", zu denen jeweils die Division Presidents, Vice Presidents und Top Functional Managers zählen. Die Kriterien für die Bezahlung richten sich im allgemeinen nach der Qualität der Leistung des Managers und danach, ob er, verglichen mit Leuten auf ähnlicher Ebene in anderen Unternehmen, „gut bezahlt ist". Es gibt in dem sogenannten „personalisierten Gehaltssystem" sehr viel Flexibilität.

Wird sich die personalisierte Bezahlung auch auf die unteren Ebenen des amerikanischen Geschäftslebens ausweiten? Jahrzehntelang haben Unternehmen Entgeltsysteme entwickelt, um die Mitarbeiter gleich zu behandeln – um sicherzustellen, daß die Manager bei Gehaltserhöhungen niemanden begünstigen. Auch ist die Vorgehensweise der Manager bei leistungsbezogenen Entgeltsystemen verbindlich durch einen zentralen Personalstab geregelt, der quantitative Richtlinien für Gehaltserhöhungen der Mitarbeiter erstellt, die sich nach dem jeweiligen Leistungsniveau und der gegenwärtigen Einstufung in eine Gehaltsgruppe richten.

Bei LEP hat das Spitzenmanagement ein solches Vertrauen in seine höchsten Manager entwickelt, daß sie nur noch ganz allgemeine Richtlinien erhalten und von ihnen erwartet wird, daß sie jeden ihrer Untergebenen persönlich und individuell behandeln. Vielleicht werden in den nächsten Jahren genügend amerikanische Manager so viel Kompetenz erlangen, daß sie die Beiträge der einzelnen Mitarbeiter fördern, bewerten und beurteilen können, daß das bürokratische Entgeltsystem in vielen Unternehmen durch ein personalisiertes Verfahren ersetzt werden kann. Früher war personalisierte Bezahlung gleichbedeutend mit Günstlingswirtschaft – morgen kann sie die Anerkennung von Motivation, Beitrag und Leistung des einzelnen bedeuten.

8. Kapitel

In der Reifephase neue Chancen entdecken

Nach einer alten Management-Faustregel sind weniger qualifizierte Manager am besten geeignet, reife Geschäftszweige zu leiten. Damit spart das Unternehmen Personalkosten, weil weniger qualifizierte Leute nicht so teuer sind. Aber ist diese Auffassung in einem von harten Wettbewerb geprägten Umfeld noch gerechtfertigt?

Trennen Sie sich von der überholten Vorstellung, daß reife Geschäfte keine Spitzenleute brauchen. Im harten Wettbewerb von heute können nur wenige Unternehmen überleben, wenn sie eine solche Philosophie vertreten. Produkte reifen, aber bei einem Geschäft tritt, wenn es richtig definiert ist, diese Reife nicht ein. Die sogenannte Reife eines Geschäfts erweist sich oft als vorübergehende Phase, die mit dem Verlust von Marktanteilen an neue Wettbewerber endet. Versucht man, reife Geschäfte erfolgreich gegen neue Wettbewerber zu verteidigen, sind hochkarätige Leute von zentraler Bedeutung.

Als John Boyd bei Megalith, Inc. untersagt bekam, die Gehälter seiner wichtigsten Manager zu erhöhen, um sie zum Bleiben zu bewegen, wurde ihm damit zugleich klargemacht, daß er sie in Wirklichkeit nicht brauchte. Das Wachstum seines Bereiches war weitgehend abgeschlossen, die Umsätze hatten ein Plateau erreicht, und der Planungsstab des Unternehmens sah seine Geschäfte nun mit anderen Augen. Das Unternehmen war nicht mehr bereit, in diesen Bereich zu investieren, sondern erwartete im Gegenteil, daß daraus die finanziellen Mittel für Investitionen in andere Vorhaben flossen. Boyds Bereich war in die „Erntephase" eingetreten.

„Ihre Produktlinien sind reif", sagten die Unternehmensplaner zu Boyd. „Wir erwarten wenig Wachstum. Ihre Aufgabe ist es jetzt, alles zu tun, um durch Rationalisierung der Produktion, des Vertriebs und des Kundendienstes die Kosten zu senken, und das mit möglichst geringen Investitionen. Sie haben einen gewinnträchtigen Bereich, und wir möchten den Gewinn, den Sie erwirtschaften, benutzen, um für das Unternehmen ein Portfolio von neuen Geschäftszweigen zu erwerben, die ein hohes Wachstumspotential haben."

Die Aufgabe vom Boyds Bereich hatte sich im Rahmen der Gesamtstrategie des Unternehmens gewandelt. Deshalb gab man ihm zu verstehen, er brauche nun nicht mehr dieselben Spitzenleute wie zuvor. Ja, es sei sogar gut, daß die „jungen Tiger" in andere Firmen weggelockt worden seien, denn in der veränderten Situation wären sie sicher unglücklich geworden.

In einem reifen Geschäft, so hieß es, könne Führungskräften kaum die Chance geboten werden, auf der Karriereleiter emporzuklettern, allenfalls ganz langsam. Anstatt neue Ideen und Innovationen zu entwickeln, müsse nun vor allem Wert auf Kosteneinsparungen und Effizienz gelegt werden. Statt mitreißender Motivation sei nun administrative Beständigkeit gefragt. Die Geschäfte seien reif, aufregende Neuheiten gebe es nicht mehr, und daher werde auch kein Kader von ehrgeizigen Leuten benötigt. Ein paar clevere Leute und eine Schar von „Fleißarbeitern" könnten die Aufgaben so gut erfüllen, wie es die Unternehmensstrategie erfordere.

Boyd konnte diese Überlegung durchaus nachvollziehen. In ihren Argumenten lag eine gewisse Logik, und es überraschte ihn nicht, daß sich sowohl Frank Nicodemus als auch Allen Witfield der Auffassung der Planer anschlossen. Boyds Bereich stand in der Prioritätenliste nicht mehr an erster Stelle, finanzielle Mittel und Human-Ressourcen konnten anderswo besser genutzt werden; er selbst und seine Manager hatten eine Verwalterrolle übernommen.

Wenn die Produktivität nachläßt

Boyd war nicht der einzige Topmanager in seinem oder in anderen Unternehmen, dem eine solche Verwalterrolle für ein Geschäft zugewiesen wurde, das nun als reif galt. Bei einer Umfrage, die Ende 1983 auf der Ebene von Spartenleitern in über 200 großen amerikanischen Unternehmen für dieses Buch durchgeführt wurde, ergab sich bei 24 Prozent der Befragten, daß ihnen das Ziel gesetzt worden war, ihren jeweiligen Marktanteil zu halten, anstatt ein Wachstum anzustreben.

Sparten, denen Unternehmen ein rasches Wachstum als Ziel gesetzt hatten, planten mit größerer Wahrscheinlichkeit nicht nur für das nächste Jahr, sondern auch langfristig. Reife Sparten hatten in der Regel keine Personalbedarfsplanung; hier wurden auch keine Listen von begabten und fähigen Leuten geführt; die Ausgaben für Weiterbildung und Mitarbeiterentwicklung waren sehr gering, und Pläne zum Ersatz von Managern in Schlüsselpositionen für den Fall ihres Ausscheidens gab es kaum. Hingegen waren alle Sparten, die rasches Wachstum zum Ziel hatten, an der Leistung ihrer Mitarbeiter sowie an der Auswirkung des Stils und der Qualität der Organisation auf die Motivation ihrer Mitarbeiter stark interessiert. Bei den reifen Geschäftszweigen hatte man daran meist kein Interesse.

Offenbar verringerte sich die Qualität des Managements, wenn eine Sparte den Status eines reifen Geschäfts erreicht hatte. Schlechtere Leute wurden dem Geschäftszweig zugeteilt; unternehmerische Entscheidungen wurden nicht mehr langfristig getroffen. Ein Topmanager einer großen Elektronikfirma beschrieb die Situation wie folgt: „Von den mehreren hundert Leuten, die wir in wichtigen Produktionsbereichen haben, waren nur 10 Prozent in Fertigungstechnik ausgebildet oder hatten einen entsprechenden akademischen Grad. Mehr als 60 Prozent der Manager waren seit 25 Jahren oder länger bei der Firma." Diese Tatsache erklärte der Manager folgendermaßen: "Der Grund dafür ist, daß wir die Leute in diese Geschäftszweige auf der Basis einer Kosten-Ertrags-Rechnung einteilen und nicht auf der Basis einer vorausschauenden Planung."

In reifen Geschäftszweigen im Fertigungsbereich akzeptierten die Manager nur hohe Amortisationsraten, deshalb wurden nur selten neue Anlagen angeschafft; neue Produkte durften in rascher Folge im Produktionsmix eingeführt werden; die Betriebe wuchsen, bis die größten von ihnen nicht mehr zu führen waren, weniger aufgrund technischer als aufgrund menschlicher und sozialer Probleme, und in den Personalbereich wurde nur wenig investiert.

Nach den Beobachtungen von Wickham Skinner, der die Entwicklungen im Bereich der Unternehmensführung seit langem aufmerksam verfolgt, verführte Kostendruck die Unternehmen offenbar dazu, Produkte und Teile selbst herzustellen, anstatt sie von Lieferanten zu beziehen; umfangreiche, zugleich aber sehr spezielle Produktionsprozesse mit hohem Volumen zu schaffen; sowie wenige, aber große Betriebe zu errichten, deren Standort nach Transportkriterien ausgewählt war. Diese Auswahlkriterien führten jedoch unmittelbar zu „Komplexität, mangelnder Flexibilität, mangelnder Konzentration auf das Wesentliche und zu Problemen in der Kontrolle und Lenkbarkeit."[13]

Nach der Auffassung vieler Topmanager und Unternehmensplaner brauchen reife Geschäftszweige, die sich in einer „Ernte-" oder „Cashphase" befinden, keine Spitzentalente mehr. Ironischerweise war jedoch festzustellen, daß die Verantwortlichen, die bei ihren sogenannten „reifen" Geschäftszweigen den Weg des geringsten Widerstands gingen und die dort Gewinne abschöpften, um andere Aktivitäten des Unternehmens zu fördern, sich bald in einem scharfen Wettbewerb wiederfanden und rasch Verluste machten.

Nirgends hat das amerikanische Unternehmertum offenkundiger bei der Durchführung eines gesamtstrategischen Konzeptes versagt als in der Schwerindustrie. Vor 20 Jahren gehörte ein großer Teil des Weltmarkts amerikanischen Firmen, und die meisten hatten den amerikanischen Binnenmarkt fest im Griff. Die amerikanischen Unternehmen wiegten sich in Sicherheit und schalteten auf „Erntestrategien" um. Man war der Meinung, daß man keinen übermäßigen Einfallsreichtum und keine dynamischen Manager brauchte, um diese Geschäftszweige zu führen. Die Folge war, daß die Produktivität stagnierte.

Im Jahr 1967 betrug die japanische Arbeitsproduktivität in der Industrie durchschnittlich 39 Prozent der amerikanischen. Im Jahr 1981 hatten die Japaner 98 Prozent der amerikanischen Produktivität erreicht, und 1983 die amerikanischen Zahlen übertroffen. Dabei handelt es sich nicht um die Raten der Produktivitätssteigerung, bei denen die Japaner seit vielen Jahren überlegen sind, sondern um die absolute Höhe der Produktivität, von der sowohl die Überlebensfähigkeit der Industriezweige als auch der allgemeine Lebensstandard abhängen.

In der Automobilindustrie wiesen die Japaner 1967 42 Prozent des amerikanischen Produktivitätsniveaus aus. Im Jahr 1979 hatten sie bereits eine höhere Produktivität als die amerikanischen Unternehmen; im Jahr 1981 betrug der Vorsprung bereits 20 Prozent. Dies bedeutet, daß die amerikanischen Automobilarbeiter 1981 nur vier Fünftel der in Japan gezahlten Löhne hätten verdienen dürfen, wenn die Lohnkosten pro Produktionseinheit gleich hoch sein sollten.

In der Stahlindustrie fällt der Vergleich für die USA noch weit schlechter aus. Bereits 1981 betrug die japanische Arbeitsproduktivität 115 Prozent und lag damit mehr als doppelt so hoch wie die amerikanische Arbeitsproduktivität. Um gleiche Lohnkosten pro Produktionseinheit (ein wichtiger Maßstab für die Wettbewerbsfähigkeit) zu erzielen, müßten die Lohnsätze der amerikanischen Arbeitnehmer weniger als die Hälfte der japanischen Lohnsätze betragen.

Diese Statistiken basieren auf japanischen Quellen und sind vielleicht etwas geschönt. Die Zahlen der amerikanischen Regierung liegen niedriger, zeigen jedoch den gleichen Trend. Bis 1980 wurde die japanische Arbeitsproduktivität in Eisen und Stahl 41,5 Prozent höher als die amerikanische geschätzt und japanische Lohnkosten pro Produktionseinheit auf 37,5 Prozent der amerikanischen Lohnkosten. Amerikanische Stahlarbeiter, die – aus welchen Gründen auch immer – weniger produktiv waren als ihre japanischen Kollegen, verdienten (auf Dollarbasis) den doppelten Stundenlohn. Trotzdem hat sich die steigende Produktivität für die japanischen Arbeiter bezahlt gemacht, denn im Jahr 1964 hatten sie nicht die Hälfte des Durchschnittslohns der amerikanischen Arbeiter verdient (wie 1980), sondern nur ein Sechstel.[14]

Bei dem Versuch, in ihren Stahlunternehmen „Ernte zu halten", diversifizierten amerikanische Unternehmen in Öl, Finanzdienstleistungen und andere Geschäftszweige mit Wachstumspotential. Aber die reifen Geschäfte brachten nicht die erwartete Leistung. Stattdessen wurden sie einem solch harten Wettbewerb durch das Ausland ausgesetzt, daß aus Gewinnen Verluste wurden. Beim Stahl und bei anderen Branchen konnte die Erntestrategie nicht sich selbst überlassen werden. Sie mußte sorgfältig und von guten Managern in die Tat umgesetzt werden – nicht anders, als das bei den Wachstumsstrategien der Fall ist.

Der Wachstums-Reife-Verjüngungszyklus

Was bedeutet die Reife eines Geschäftszweigs? Vereinfacht gesagt, durchläuft ein Geschäftszweig zuerst eine rasche Wachstumsphase, die dann in eine lange, von langsamem Wachstum, Stabilität oder langsamem Rückgang gekennzeichnete Periode übergeht. Diese Phase wird als Reifephase bezeichnet (Abb. 2). Während der Reifephase versucht ein Unternehmen, seinen Marktanteil zu halten, während es die Gewinne in andere Projekte steckt. Bemühungen, zusätzlichen Marktanteil, d.h. Wachstum, zu erlangen, werden für unsinnig gehalten, zum einen, weil dies die Investitition von Ressourcen erfordern würde, die anderswo gewinnbringender

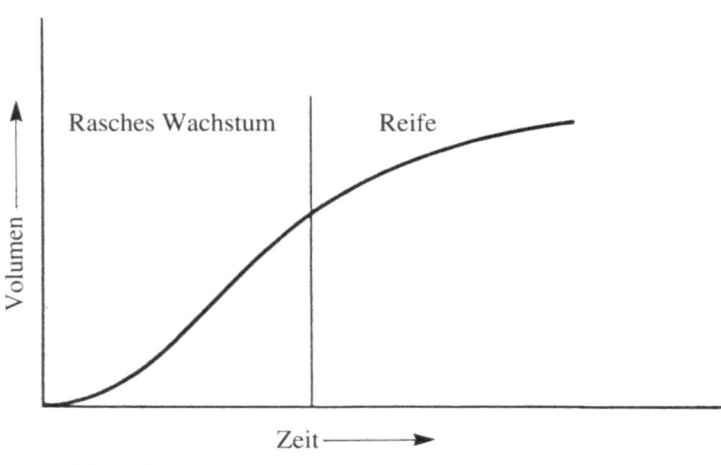

Abbildung 2

genutzt werden können, zum anderen, weil sie einen Preiswettbewerb durch Konkurrenzunternehmen auslösen könnten.

Jedoch haben die letzten 20 Jahre gezeigt, daß das, was für den einen Manager ein reifes Geschäft ist, dem anderen als Gelegenheit zum raschen Wachstum erscheint. In einem Industriezweig nach dem anderen konnten auf dem amerikanischen Markt, der insgesamt nur wenig gewachsen ist, neue Wettbewerber ein rasches Wachstum verbuchen und den alteingesessenen Unternehmen Umsatz- und Marktanteile streitig machen. In der Stahl-, Automobil-, Elektrogeräte-, Textil-, Apparatebau-, Schuh- und Holzindustrie sind ausländische Hersteller in den amerikanischen Markt eingedrungen, um rasch auf Kosten etablierter amerikanischer Firmen zu wachsen. Im Baugewerbe, in der Nachrichtentechnik, bei den Fluggesellschaften, im Güterkraftverkehr und im Finanzdienstleistungsbereich haben neue inländische Konkurrenten auf Kosten der etablierten Unternehmen an Boden gewonnen.

Dem Anschein nach reife Industriezweige sind also nicht reif, wenn Reife bedeutet, daß sich dort wahrscheinlich keine bedeutenden Veränderungen mehr vollziehen werden. Um dieses Phänomen

Der Wachstums-Reife-Verjüngungszyklus

am Beispiel der Automobilindustrie zu demonstrieren, haben drei Wissenschaftler das Konzept der Verjüngungsphase entwickelt.[15] Das Kernstück ihres Konzepts ist die Beobachtung, daß jedes Ereignis und jeder Umstand eine Industrie aus der Reife in die Aufbruchsphase treiben können. Zum Beispiel kann eine neue Technologie zur drastischen Senkung der Produktionskosten führen und damit dem Hersteller, der in diese Technologie investiert hat, einen Vorteil verschaffen. Der Halbleiter bot die Grundlage dafür, daß zahlreiche Neulinge Zugang zur Datenverarbeitungsindustrie bekamen. Arbeitspolitische Maßnahmen, die sich für die Unternehmen kostengünstig auswirken, können ebenfalls einen Schutzschild bilden, hinter dem neue Wettbewerber entstehen. So konnten in den USA viele neue Baufirmen Fuß fassen, weil ihre Betriebe gewerkschaftlich nicht gebunden waren. Eine Veränderung im äußeren Umfeld kann grundlegende Veränderungen bei dem Produkt eines Industriezweiges vorantreiben, so daß neue Firmen einen Vorteil erzielen können, indem sie ein besseres Produkt herstellen als die etablierten Firmen. Zum Beispiel verschafften auf dem amerikanischen Automobilmarkt die Benzinpreiserhöhungen der 70er Jahre den kleineren Fahrzeugen mit Frontantrieb, wie sie von ausländischen Herstellern angeboten wurden, einen Vorteil.

Die Schwäche des Reifegrad-Modells lag offenbar darin, daß es solche tiefgreifenden Veränderungen nicht vorsah. Es war von einem Produkt oder einer Produktreihe mit langsam sich verändernden Merkmalen ausgegangen, erzeugt durch Prozesse, die langsam auf größere Effizienz zustrebten (sogenannte Lernkurve). Wenn keine plötzlichen Störfälle eintraten oder niemand darauf bedacht war, sich plötzliche Veränderungen zunutze zu machen, leistete das Reifemodell und die dazugehörige „Erntestrategie" einen ganz guten Dienst. Aber in den 70er und 80er Jahren war eine ganze Schar von Unternehmern – manche innerhalb großer Gesellschaften, andere im Alleingang – darauf bedacht, jede Gelegenheit zu nutzen, um den reifen Geschäftszweig eines anderen in ein eigenes, wachstumsstarkes Unternehmen umzuwandeln.

Für den Manager von heute entspricht die exaktere, langfristige Betrachtungsweise eines Geschäftszweiges nicht dem Reifemodell von Abb. 2, sondern vielmehr dem zyklischen Modell, das in Abb. 3 dargestellt ist. Bei diesem Modell folgen auf Perioden des Wachstums Perioden der Stabilität, an die sich irgendwann eine neue Wachstumsperiode anschließt.

Alternativ dazu kann man den Prozeß auch als Kreis auffassen (siehe Abb. 4), bei dem im Lauf der Zeit die Wachstumsphasen durch Reifephasen ersetzt werden, und schließlich die Reifephase von einer Verjüngungsphase abgelöst wird. Diese Verjüngungsphase wiederum ermöglicht denjenigen Unternehmen ein rasches Wachstum, die neue Chancen der Technologie oder des Marktes nutzen.

Spitzenmanager müssen wissen, wo ihre Geschäfte innerhalb dieses Zyklus stehen, und Investitionen und Marketing auf die betreffende Phase abstimmen. Sie müssen erkennen, wann der Übergang zur Verjüngungssphase stattfindet, und sie müssen in neue Technologie und in Personal investieren, also in Ressourcen, die notwendig sind, um die Veränderungen zu nutzen und die Unternehmen auf Kosten anderer Wettbewerber zum Wachstum zu führen. Nur auf diese Weise können ihre Geschäfte erfolgreich sein.

Die Phase zu erkennen, in der sich ein Geschäft gerade befindet, und die notwendigen Maßnahmen zur Nutzung der ihr innewoh-

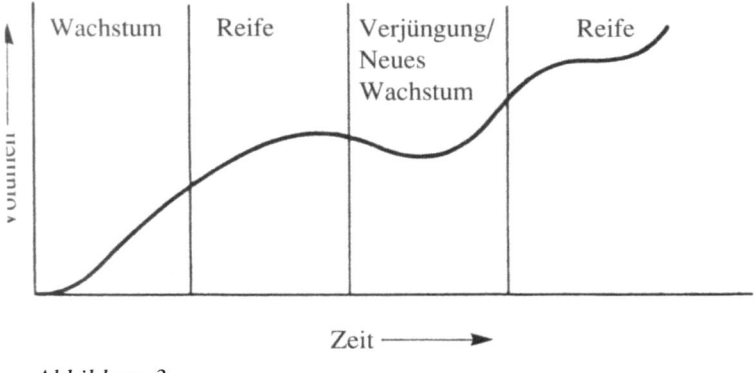

Abbildung 3

Der Wachstums-Reife-Verjüngungszyklus

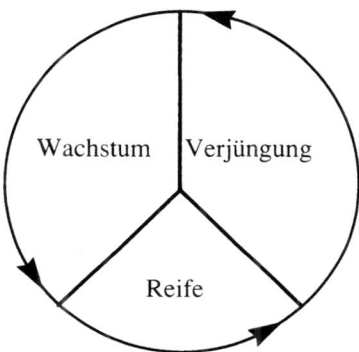

Abbildung 4

nenden Chancen zu treffen, sollte man weder nur einem „Verwalter" überlassen noch ausschließlich den Unternehmensplanern, die zu weit vom äußeren Umfeld entfernt sind. Planer werden letztlich die Phasenveränderung eines Geschäfts erkennen, aber oft kommt die Erkenntnis zu spät, um erfolgreich auf den Wettbewerb zu reagieren. Die Cash-Cow muß erhalten bleiben und darf nicht an den Wettbewerb verloren gehen. Diese Auffassung führte dazu, daß die Cash-Cow der 70er Jahre zum Kerngeschäft der 80er Jahre wurde.

Was ist unser Geschäft?
Wer sind unsere Konkurrenten?

Da jedes Geschäft immer wiederkehrende Phasen durchläuft, ist es nie im vollen Sinne ein "Sonnenuntergangsgeschäft", zumindest dann nicht, wenn es richtig verstanden wird. Selbst das klassische Gegenbeispiel, die Herstellung der Kutscherpeitsche, ist keine Ausnahme. Beim Anbruch des Automobilzeitalters hätte wohl niemand bezweifelt, daß die Herstellung von Kutscherpeitschen ein „Sonnenuntergangsgeschäft" ist. Aber in welchem Geschäft war der Hersteller tätig? Wenn er dabei nur die Kutscherpeitschen im

Sinne hatte, war das Geschäft wirklich in seiner Endphase. Aber wenn er es als Transportmittelzubehör-Geschäft verstand, dann befand er sich in Wirklichkeit in einer Verjüngungsphase und hatte Jahrzehnte raschen Wachstums vor sich. Das Transportgeschäft reifte nicht und ging auch nicht unter; es erlebte eine Blüte. Aber das Wachstum war von ständigem Wandel begleitet. Manche Hersteller erkannten dies und paßten sich an; andere erkannten es nicht und verschwanden.

„Womit machen Sie Ihre Geschäfte?" fragte der Direktor eines Schwergeräteherstellers den Manager, der für das Hochleistungsbohrer-Geschäft des Unternehmens verantwortlich war.

„Mit Bohrern", antwortete der Manager etwas überrascht. Und im Stillen dachte er: „Was soll diese Frage?"

„Nein, das stimmt nicht", fuhr ihn der Direktor an. „Sie machen Ihr Geschäft mit Löchern. Unsere Kunden wollen keine Bohrer, sie wollen Löcher. Sie kaufen nur Bohrer, um Löcher zu machen. Wenn unsere Konkurrenten sich eine bessere oder billigere Methode ausdenken, um Löcher zu machen, dann werden die Kunden dort kaufen. Daran müssen Sie denken!"

Produkte wie Bohrer durchlaufen einen Lebenszyklus, der irgendwann zu einem Ende kommt. Produkte reifen, werden uninteressant und verschwinden. Bei Geschäften ist dies – wenn man sie richtig versteht – nicht der Fall. Ein Geschäft dient der Erfüllung eines bestimmten Bedürfnisses. Die Methoden, durch die das Bedürfnis erfüllt wird, verändern sich – manchmal rasch – und erlegen dem Unternehmen damit Anpassungskosten auf. Alle erfolgreichen Geschäfte durchlaufen eine Folge von Produkten; ein erfolgloses Geschäft strapaziert sein Einzelprodukt bis zu dessen unvermeidlichem Ende – und verschwindet schließlich.

Wie kann ein Manager sich für die mögliche Verjüngungsphase wachhalten? Zunächst einmal muß der Wettbewerb beobachtet werden. Auf diesem Gebiet haben in den letzten Jahren viele Firmen sehr viel Geschick entwickelt. Neu hergestellte Produkte werden rasch von Wettbewerbern gekauft, auseinandergebaut und, wenn möglich, kopiert. Ebenso werden neue Dienstleistungsprodukte rasch nachgeahmt.

Vor allem aber kommt es darauf an festzustellen, wer als Konkurrent auftritt, weil die Wettbewerber heute aus unerwarteten Richtungen kommen. Wenn ein Unternehmen nur den traditionellen Wettbewerb beobachtet, so achtet es möglicherweise nicht auf den neuen Konkurrenten. Wer ist zum Beispiel der Konkurrent einer nationalen Buslinie? Greyhound stellte fest, daß es nicht nur die Continental Railways waren, sondern auch aufstrebende Billig-Fluggesellschaften, die dafür sorgten, daß es preiswerter war, größere Städten anzufliegen, als sie mit dem Bus zu erreichen.

Die ersten Konkurrenten der regionalen Banken waren andere Banken in der gleichen Gegend. Vor einigen Jahren kamen die Geldmarktfonds hinzu, dann die deregulierten Sparkassen, dann die großen überregionalen Geldinstitute und heute Sears, Roebuck and Company. Die überregionalen Geldinstitute beobachteten sich lange nur gegenseitig. Aber heute kommen die Innovationen hauptsächlich von den Finanztöchtern von Industrieunternehmen wie der General Electric Credit Corporation.

Wenn das Topmanagement das Herannahen der Verjüngungsphase eines Geschäfts nicht wahrnimmt, dann sind vielleicht die Angestellten dazu in der Lage. John Boyd von Megalith erhielt eine Vorwarnung, aber er erkannte sie nicht als solche. Seine besten Manager verließen die Firma zum Teil deswegen, weil sie sahen, wie das Geschäft in die Position „unter ferner liefen" abglitt. Er war jedoch zu blind, um dies zu erkennen, stattdessen gab er sich mit deren Behauptung zufrieden, ihre Unzufriedenheit basiere nur auf unzureichender Bezahlung. Wäre er der Sache auf den Grund gegangen, wie es die Interviewer der Beratungsfirma taten, hätte er festgestellt, daß seine Manager wußten, was die Konkurrenten taten, und daß sein Geschäft aus der Spitzenposition zurückgefallen war.

„Wir sind eine reifer Industriezweig", bemerkte der Vice President for Operations eines Heizgeräte-Unternehmens. "Wir investieren viel in unser Personal; wir brauchen vor allem gute Manager." Dies ist ein ganz anderes Konzept, als sich in reifen Geschäftszweigen mit einfallslosen Leuten zu begnügen. Nur mit guten Managern können die Signale einer Veränderung zur Verjüngungsphase wahrgenommen werden. Und nur mit guten Managern kann die sich langsam bewegende Organisation eines reifen Geschäfts plötzlich wiederbelebt werden, um mögliche Chancen zu nutzen.

Die Reifephase schafft jedoch ihre eigenen Probleme dadurch, daß sie den Mitarbeitern anscheinend keine Aufstiegsmöglichkeiten bietet. Wo liegt dann aber die Herausforderung? In der Möglichkeit einer Gehaltserhöhung? In Beförderungschancen? In der Regel wird man Anreize dieser Art nicht finden, aber manche Unternehmen bieten sie doch.

Selbst Unternehmen mit langsamem Wachstum eröffnen neue Büros, neue Zweigstellen, Absatzzentren, Verkaufsstellen oder Fabriken. Diese bieten den bereits im Unternehmen arbeitenden Managern Herausforderungen und die Möglichkeit, eine umfassendere Erfahrung zu gewinnen. In stark diversifizierten Unternehmen, wo es zwischen den einzelnen Geschäftszweigen wenig Synergien gibt, kann die Versetzung von Mitarbeitern sowohl eine Herausforderung bedeuten als auch als einigendes Band wirken.

Es geht ums Geschäft, nicht ums Produkt

Ebenso wie ein Geschäft von einem Produkt unterschieden werden muß, sollte man auch erkennen, wodurch sich ein erfolgreiches modernes Unternehmen von einem einzelnen Geschäftszweig unterscheidet. Venture-Capital-Geber sind hier in einer ähnlichen Position wie neue Hersteller eines einzelnen Produkts, das schnell verkauft werden kann und dadurch hohe Erträge und eine gute Rendite bringt. Einer der größten Venture-Kapitalisten behauptet, ein neues Unternehmen müsse innerhalb von vier bis fünf Jahren einen Umsatz von 40-50 Millionen Dollar erreichen können. Danach könne das Unternehmen verkauft werden, und der Kapitalgeber, der nun die Gewinne einstreicht, seine „Ernte" einbringen.

Oft kaufen Investoren jedoch nicht einen Geschäftszweig, sondern ein Ein-Produkt-Unternehmen. Wenn dieses Produkt das Reifestadium erreicht, was in einem Industriezweig mit rascher technischer Entwicklung schnell passieren kann, stagniert das Unternehmen. Wenn das Produkt von anderen überflügelt wird, kann das Unternehmen in Konkurs gehen, so daß die Investoren hohe Verluste hinnehmen müssen.

Nur durch Innovation kann ein Unternehmen überleben. Auf die Frage, wie seine große Computerfirma die Wettbewerbskraft von Branchenneulingen bewerte, antwortete ein Topmanager: "Wir beobachten ihr Forschungs- und Entwicklungsbudget. Haben sie genügend Ingenieure, die an den Produkten der nächsten Generation arbeiten? Ein gutes Einzelprodukt kann jeder haben – das allein macht uns noch keine Sorgen."

Erfolgreiche Unternehmen sind niemals Ein-Produkt-Unternehmen; sie sind auch in der Regel nicht nur in erster Linie Hersteller. Vertrieb und Verkauf sind ebenso wichtig wie die Produkte, die ein Unternehmen anbietet. Die Spitzenunternehmen tun heute weit mehr, als nur Produkte zu liefern. Sie helfen den Verbrauchern, das ganze Umfeld des Bedarfs abzudecken, auf den ihre Produkte abzielen.

Zum Beispiel bieten heute die meisten wichtigen Industrieunternehmen ihren Kunden Möglichkeiten zur Finanzierung ihrer Käufe. Dabei können so hohe Gewinne erzielt werden, daß vom Standpunkt der Rentabilität viele Unternehmen Finanzdienstleistungsunternehmen mit einem Industrieanhängsel sind. IBM gilt seit langem schon als Verkaufsorganisation mit einem Herstellungsbereich. General Motors hat sich zu einer Finanzdienstleistungsgesellschaft mit einer Produktionsbasis entwickelt. Aber diese Sichtweise vereinfacht den Sachverhalt zu stark.

Bei den erfolgreichsten modernen Firmen sind Verkauf, Kundenfinanzierung, Entwicklung neuer Produkte und Herstellung in einer solchen Mischung kombiniert, daß das Fehlen auch nur einer Komponente ein schwerwiegendes Manko darstellen würde. Unternehmen, die sich nur als Produktionsunternehmen verstehen, versäumen es meistens, bei den Einzelhändlern, Finanzdienstleistungsunternehmen oder Forschungslabors nach Ideen zu suchen, um für ihre Tätigkeit neue Akzente zu setzen. Hierbei handelt es sich um ein kurzsichtiges Management, oder aber sie verstehen das Geschäft, in dem sie tätig sind, nur unzureichend, denn die Produkte, die sie herstellen, sind nur ein Teil dessen, was den Verbraucher anzieht und was ihnen letztlich Geld bringt.

Ob in einem einzelnen Geschäft oder in einer Firma mit vielen Geschäftszweigen – die erfolgreiche Führungskraft muß heute die Merkmale eines erstklassigen General Managers besitzen. Jeder Managementstil, von dem man sagt, er sei allenfalls für ein reifes Geschäft, aber nicht für das Geschäft im allgemeinen geeignet, kann lebensgefährlich werden. Der Manager, der sich nur als Verwalter fühlt, wird bald zum Leichenbestatter, und das wenige Geld, das durch die Beschäftigung solch eines minderqualifizierten Managers eingespart wird, geht auf Kosten der Lebensfähigkeit des Geschäfts.

Aus der Reifephase ausbrechen

Wie können Unternehmen die Gefahren der Reifephase überwinden? Die wichtigste Methode ist Selbstdisziplin: Man muß sich zwingen, die Konkurrenten zu beobachten und von seinen eigenen Leuten versuchen zu erfahren, ob es Anzeichen dafür gibt, aus der Reifephase ausbrechen zu können. Am wichtigsten ist die Entwicklung einer inneren Einstellung, die langfristige Reife als Konzept und Richtlinie für das Management negiert und ständig nach Veränderung sucht. In den letzten Jahren hat es mehr Chancen gegeben denn je, obwohl nicht alle Geschäfte aus der Reifephase ausbrechen. Die Kunst des Managements beinhaltet auch, richtig zu beurteilen, ob ein Geschäft weit genug ist, um den Übergang von der Reife in die Verjüngungsphase vollziehen zu können. Dies kann dann auf unterschiedliche Art geschehen:

Per Technologie

Technologischer Fortschritt findet heute ständig statt und bietet große Chancen. Der Microchip ermöglichte die Entwicklung des Personal Computers, der zu einer Revolution in der Datenverarbeitung führte und auch die Management- und Verwaltungstätigkeiten revolutionieren wird. Die Biogenetik hat neue Generationen von Produkten für das Gesundheitswesen und die Viehzucht ermöglicht. Sowohl der Microchip als auch die Gentechnologie befinden sich im Anfangsstadium und werden in vielen Bereichen Anwendung finden. Die Suche nach Anwendungen neuer Technologien ist ein entscheidender Schlüssel, um reife Geschäfte aufzubrechen.

Viele Unternehmen setzen ihre Hoffnung auf große Forschungs- und Entwicklungsbudgets. Die Allied Corporation beispielsweise setzt auf ein System einer verbesserten Forschung und Entwicklung, das eng mit den Erfahrungen des Marketings im Hinblick auf die Kundenbedürfnisse verbunden ist.[16] General Electric baut darauf, daß die computergesteuerte und mit Robotern ausgestattete Fabrik von morgen die Produkte von GE durch Senkung der Herstellungskosten wettbewerbsfähiger machen kann und daß dieses Konzept an andere Unternehmen verkauft werden kann, wodurch ein weiter, neuer Geschäftszweig für GE geschaffen würde. IBM sucht nach flexibleren Herstellungsverfahren, um die Kosten zu dämpfen. Zugleich will man aber auch mit der ganzen Fülle der Produkte Schritt halten, die heute auf dem EDV-Markt angeboten werden.

Die Technologie läßt sich nicht immer zur Erzielung von Rentabilität einsetzen. Während das eine Geschäft durch neue Technologien möglicherweise wiederbelebt wird, kann es passieren, daß andere Unternehmen rasch die gleiche Technologie aufgreifen und damit den Vorsprung des Pioniers zunichte machen. Apple Computer Inc. entwickelte als erste den Personal Computer, aber viele andere Unternehmen folgten Apple dicht auf den Fersen, darunter auch IBM. Black & Decker erschien früh auf dem Markt mit „schicken" Handwerksgeräten – mit Mikroprozessorkontrolle der Geschwindigkeit von Schneidwerkzeugen und Bohrern –, doch bald erzielte Searks mit seinem starken Marketing beträchtliche Erfolge.

Per Marketing und Preissenkung

Eine überraschende Anzahl von amerikanischen Unternehmen ist nach wie vor produktorientiert – man verläßt sich hauptsächlich auf das Verkaufspersonal und die angestammten Vertriebswege, um das abzusetzen, was Technik und Produktion herzustellen beschlossen haben. Angesichts des immer stärker werdenden Wettbewerbs in den letzten Jahren ist diese Strategie nicht ungefährlich geworden.

Um aus einem stagnierenden Geschäft auszubrechen, beschreiten manche Unernehmen neue Marketingwege. So hat der Discount-Kleidermarkt die bisher reife Welt des Kaufhauses aufgebrochen und zwingt die großen Kaufhausketten, ihre Gewinnspannen zu verringern, da sie sonst Marktanteile verlieren würden. Durch den neuen Wettbewerb sind sie so provoziert worden, daß bei einem Branchenverbandstreffen 1983 der Chairman einer gut eingeführten Kette die Discounter wegen ihrer Praktiken attackierte und drohte, mit gleichen Maßnahmen zurückzuschlagen.

Auf ähnliche Weise sind die Discounter in das Börsenmakler-Geschäft eingedrungen. Die Hausse vom September 1982 bis August 1983 verdeckte zunächst, wie schwer die Herausforderung war, da ein Rekordhandelsvolumen den etablierten Wall-Street-Firmen satte Gewinne eintrug. In diesem Haussejahr stellte das Unternehmen Merrill Lynch Pierce Fenner & Smith Inc. fast 6000 neue Mitarbeiter ein und beteiligte sich an einem Angebotskrieg um Gehälter für Spitzenkräfte.[17] Als sich jedoch der Markt im Herbst 1983 wieder einpendelte, dann Anfang 1984 sogar wieder zurückging, stellten die etablierten Firmen fest, daß ihre Kosten viel zu hoch waren, um erfolgreich mit den Discountern konkurrieren zu können.

Während der Reifephase befindet sich das betreffende Geschäft in einem Schwebezustand. Technologie, äußere Ereignisse und Verbraucherpräferenzen bieten ständig Gelegenheiten, aus der Reifephase auszubrechen. Unaufmerksame Manager mit wenig Ehrgeiz oder Phantasie werden solche Chancen nicht erkennen. Kein Unternehmen kann sich das leisten.

9. Kapitel

Wie man sich schützt, wenn wichtige Mitarbeiter kündigen

Leute in Schlüsselpositionen zu halten, ist nicht nur wichtig, damit sie weiterhin ihren Beitrag für das Unternehmen leisten, sondern auch, weil sie der Konkurrenz nach ihrem Ausscheiden erhebliche Vorteile bringen können. Wer gute Leute halten will, muß für intensive Kommunikation, eine angemessene Entlohnung, Engagement und sichere Beschäftigung sorgen. Allerdings reicht dies nicht immer aus. Manager müssen die Möglichkeit des Verlustes wichtiger Leute vorhersehen und über genügend Schutzmechanismen verfügen, um die Weitergabe vertraulicher Informationen zu verhindern. Dies kann geschehen, ohne Rechtsstreitigkeiten zu provozieren oder die Rechte der Mitarbeiter zu verletzen.

Leute verlieren – oder halten

Im Jahr 1980 erwarb ein großer Mischkonzern eine vielversprechende, aber „alternativ" geführte junge Halbleiterfirma. Der Konzern, der seinen Hauptsitz an der amerikanischen Ostküste hatte, wies einen Jahresumsatz von 20 Milliarden Dollar aus und war für seine strengen Finanz- und Managementkontrollen bekannt. Als eines der vielen „Gegenkultur"-Unternehmen im kalifornischen Silicon Valley machte das Halbleiter-Unternehmen kaum 50 Millionen Dollar Jahresumsatz.

„Wie kann diese Neuerwerbung gutgehen?" fragten Wirtschaftsreporter den CEO des Konzerns. „Sie mischen Öl mit Wasser."

„Keineswegs", meinte der CEO. „Wir geben dem Halbleiterunternehmen viel mehr Autonomie als unseren anderen Firmen. Sie werden ihre Führungskräfte und ihren Managementstil beibehalten. Sie brauchen nur ihre bisherige Wachstumsrate zu halten und ihre finanziellen Ergebnisse in unser Berichtswesen einzubringen. Und wir haben ihnen unbegrenzten Zugriff auf unsere finanziellen Ressourcen gestattet – etwas, was wir bisher noch nie getan haben. Wir haben ihnen gesagt, daß sie so viel Kapital bekommen können, wie sie brauchen. Je mehr, um so besser, denn wir haben ein ungeheures Vertrauen in ihr Geschäft."

„Und was bekommen Sie dafür?" fragte der Reporter.

„Unser Unternehmen braucht ein Fenster zur Halbleiter-Technologie", antwortete der CEO. „Wir glauben, daß dies große Teile unseres Geschäfts revolutionieren wird, und wir sind der Meinung, daß diese Leute im Halbleitergeschäft die besten sind."

Der Konzern zahlte eine siebenstellige Summe für das kleine Unternehmen und setzte große Hoffnungen in die neuerworbene Firma. Ein Jahr später nahm der Chief Executive Officer und Gründer des Halbleiterunternehmens eine Stelle als Chief Operating Officer eines viel größeren, alteingesessenen Unternehmens an. Der Konzern war nicht übermäßig beunruhigt, denn sein Nachfolger war Mitbegründer des Unternehmens, und er galt als das schöpferische Genie, dem der Erfolg zu verdanken war.

Leider war der Nachfolger nicht nur ein Mensch mit erheblichem Selbstvertrauen, er besaß auch ein durch nichts zu erschütterndes Überlegenheitsgefühl. Er sah verächtlich auf die Führungskräfte im Konzern herab, und nachdem er CEO der Halbleiterfirma geworden war, machte er aus seiner Einstellung erst recht keinen Hehl mehr. Als sich seine Attacken auch gegen den Chairman des Konzerns richteten, war die Konfrontation vorprogrammiert.

Es kam zum Krach, und der CEO der Halbleiterfirma wurde entlassen. Dieser hatte seinen Abgang zum Leidwesen des Konzerns gut vorbereitet und nahm alle wichtigen Ingenieure des kleinen Unternehmens mit. Dem Konzern war nur noch die Hülse des Unternehmens übrig geblieben, für das es einen so hohen Preis bezahlt hatte.

David Packard, einer der beiden Gründer der Hewlett-Packard Company, wurde von dem Unternehmer Jim Pinto von Action Instruments gefragt, was der Schlüssel für erfolgreiche Unternehmensführung sei.

„Leute", antwortete Packard nur, „Leute."[18]

Packard war selbst ein ausgezeichnetes Beispiel dafür, wie wichtig ein einzelner Mensch sein kann. Packard hatte in den 30er Jahren anfangs für ein Großunternehmen gearbeitet, fühlte sich aber bald durch die Bürokratie zu sehr eingeengt. Mit äußerst geringem Grundkapital gründeten er und Bill Hewlett das Unternehmen, das ihren Namen trägt. Ein Schlüssel für ihren Erfolg ist ihre Fähigkeit gewesen, ausgezeichnete Ingenieure anzuwerben und zu halten. Heute, mehr als 40 Jahre nach seiner Gründung, zählt Hewlett-Packard bei den Dozenten und Studenten amerikanischer Ingenieurschulen nach wie vor zu den angesehensten Unternehmen – ein Ruf, um den HP sogar von Spitzenunternehmen wie IBM und General Electric beneidet wird. Ein Teil des Erfolgs beruht darauf, daß Hewlett-Packard sich außerordentlich viel Mühe mit der Rekrutierung von Ingenieuren macht; es ist eines der wenigen Unternehmen, die statt Personalfachleuten Stabsingenieure einsetzen, um sich an den Hochschulen ihre Ingenieure auszusuchen.

Vetragsmäßige Beschränkungen

Gute Leute zu bekommen ist schwierig genug; sie zu halten, ist nicht nur für Großunternehmen, sondern auch für kleinere Firmen ein Problem. Der Verlust wichtiger Leute kann für Großunternehmen wie den anfangs erwähnten Konzern ein teures Ärgernis sein. Für ein kleines Unternehmen kann er jedoch einen verheerenden Schlag bedeuten.

Sandvac ist ein kleines Plastikformunternehmen, das vor 15 Jahren als amerikanische Tochter eines deutschen Chemiekonzerns gegründet wurde. Die Technologie des Unternehmens ist patentrechtlich geschützt. Jahrelang hatte die Firma in den USA keine Konkurrenz. Als jedoch der Markt expandierte, entwickelten andere Unternehmen ähnliche Verfahren und traten zu Sandvac in Konkurrenz.

Da Sandvac seine Position nicht mehr durch Patente schützen konnte, war die Firma gezwungen, zunehmend ihr Produktions-Know-how zur Erhaltung der Wettbewerbsfähigkeit einzusetzen. Kostenwirtschaftlichkeit wurde dadurch erzielt, daß man die Kapazität der hochkomplizierten Maschinen so intensiv wie möglich nutzte. Sandvac entwickelte bald Instandhaltungs- und Management-Techniken, durch die die Anlagen mit der höchstmöglichen Betriebszeit gefahren werden konnten. Diese Verfahrensweise verhalf Sandvac zu einem deutlichen Wettbewerbsvorteil gegenüber seinen Konkurrenten.

Im Jahr 1980 begannen Produktionsmanager und Ingenieure das Unternehmen zu verlassen; erst war es einer, dann folgten andere nach. Der erste erklärte dem CEO von Sandvac, Roland Vesige, er wolle nicht mehr im Mittleren Westen (in diesem Falle Illinois) wohnen und suche eine Position an der Westküste. Sandvac wünschte ihm viel Glück.

Sechs Monate später traf Vesige seinen früheren Mitarbeiter bei einer Fachausstellung, auf der dieser den wichtigsten Konkurrenten von Sandvac, ein Unternehmen mit Sitz in Ohio, vertrat.

Durch diesen Vorfall war Vesige gewarnt. Seine Konkurrenten

waren offensichtlich dabei, auf raffinierte Weise seine wichtigsten Mitarbeiter abzuwerben. Er suchte nach einer Möglichkeit, einer solchen Abwanderung vorzubeugen. Zuerst setzte Sandvac zwei Vereinbarungen über Geheimhaltungspflichten auf. Die Arbeiter hatten ein kurzes Formular zu unterschreiben, die Angestellten einen längeren Vertrag. Darin verpflichteten sich die Angestellten unter anderem, daß sie vom Datum der Unterzeichnung an für zwei Jahre nicht in Konkurrenz zu Sandvac treten würden. Das Unternehmen schloß auch mit seinen Verkäufern und Beratern solche Verträge ab.

Einige Monate, nachdem die Mitarbeiter diese Verträge unterzeichnet hatten, stellte ein größeres Unternehmen, das nur am Rande mit Sandvac konkurrierte, einen Produktionsmanager aus einem der Sandvac-Betriebe ein. In der Sorge, daß dies auf einen geplanten Vorstoß dieser Firma in Sandvacs Kerngeschäft hindeuten könne, unternahm Roland Vesige einen ungewöhnlichen Schritt. Er schrieb dem Division Manager des Konkurrenzunternehmens einen Brief, erwähnte darin, daß dessen Unternehmen vor kurzem einen Sandvac-Manager angestellt habe, und führte die Klauseln an, die der ehemalige Sandvac-Manager unterzeichnet hatte. Sandvac wolle dem neuen Arbeitgeber seines ehemaligen Angestellten nur mitteilen, daß eine solche Vereinbarung existiere.

Vesige erhielt keine Anwort. Aber zwei Monate später berichteten Sandvac-Mitarbeiter, die ihren ehemaligen Kollegen getroffen hatten, daß er wohl ziemlich unglücklich sei. Offenbar hatte der Brief bewirkt, daß man ihn auf eine Stelle versetzt hatte, die seinem Können und seiner Erfahrung ganz und gar nicht entsprach. „Er ist mit seiner neuen Tätigkeit so unzufrieden", erfuhr Vesige, „daß er daran denkt, seine alte Stelle bei Sandvac wiederzubekommen."

Die dritte Kündigung ging nicht so glimpflich ab. Ein Verfahrensingenieur ging zu einem Konkurrenten. Sandvac schrieb einen Brief, in dem auf die Geheimhaltungsvereinbarung hingewiesen wurde, und bekam prompt zur Antwort, Sandvac solle nicht versuchen, andere Firmen oder frühere Mitarbeiter einzuschüchtern.

„Können wir die Konkurrenzausschluß-Klausel durchsetzen?" fragte Vesige seinen Anwalt.

„Haben Sie genau aufgeführt, welche Geschäftsgeheimnisse Sie haben? Wenn nicht, wird der betreffende Mitarbeiter einfach sagen, er sei sich der Vertraulichkeit nicht bewußt gewesen."

„Nein, das haben wir nicht", antwortete Vesige. „Aber wir werden es noch tun. Könnten wir ihn nicht per Klage zwingen, das Wettbewerbsverbot einzuhalten?"

„Sie können es versuchen, aber kein Gericht wird es positiv bewerten, wenn Sie versuchen, den Mann daran zu hindern, seinen Lebensunterhalt zu verdienen."

Sandvac unternahm in dieser Sache nichts, knüpfte aber die Maschen seines Sicherheitsnetzes enger. Dokumente wurden nun als „streng vertraulich", „geheim" oder „nicht geheim" klassifiziert. Eine Liste von Wettbewerbern wurde dem Konkurrenzausschlußvertrag beigefügt; in einem Abschnitt über Geheimhaltung wurden die Geschäftsgeheimnisse in verschiedene Kategorien eingeteilt und festgelegt, daß bei Ausscheiden aus der Firma alle vertraulichen und geheimen Dokumente zurückgegeben werden müßten.

Sandvacs Markt expandierte weiter, und der Wettbewerb wurde schärfer. Mehr als je zuvor hing Sandvacs Marktvorsprung von seinem Produktions-Know-how ab. Allerdings war Know-how sehr schwer zu klassifizieren oder gar schriftlich festzulegen. Die Geheimhaltungsvereinbarung schien folglich nicht allzuviel wert zu sein. Vesige überlegte sich, daß er zunehmend auf die Konkurrenzausschlußklausel setzen mußte.

Dann verließ Sandvacs Executive Vice President die Firma und wechselte zur Konkurrenz. Vesige war über die mangelnde Loyalität und die Undankbarkeit des Executive Vice President überrascht. Auch war er bestürzt darüber, welchen unerwarteten Gewinn an technischem und betrieblichem Know-how der Konkurrent nun vermutlich erhalten würde. Außerdem kannte der Executive Vice President alle Finanz- und Produktstrategien für die nächsten fünf Jahre; hierzu gehörten auch die Pläne für die erste größere Produktinnovation seit mehreren Jahren.

Als Vesige vom Ausscheiden dieser wichtigen Führungskraft erfuhr, begab er sich in Windeseile zur Unternehmenszentrale und veranlaßte das Wachpersonal, aus dem Büro des EVP alle persönlichen Dinge herauszuholen und sie auf den Rasen vor dem Gebäude zu legen. Alle geschäftlichen Unterlagen blieben dagegen im Büro. Als der EVP auf dem Parkplatz des Betriebs eintraf, wurde er von zwei Wachleuten in Empfang genommen, die ihn zu seinen Habseligkeiten begleiteten, ihn beobachteten, wie er mehrere Arm voll in sein Auto trug, und ihn dann aufforderten wegzufahren, weil ihm sonst eine Anzeige wegen widerrechtlichen Betretens des Grundstücks drohe. Er war kein Angestellter von Sandvac mehr.

Nun begann sich Vesige intensiv mit der Frage zu beschäftigen, wie größere Firmen den Verlust von Leuten in Schlüsselpositionen zu verhindern suchten. Trotz anderslautender Zeitschriftenberichte konnte er nur wenige Unternehmen finden, die einen formalen Arbeitsvertrag mit Mitarbeitern schlossen.[19] Einige der Verträge waren auf unbestimmte Zeit geschlossen und verlangten von einem Mitarbeiter eine sechsmonatige Kündigungsfrist, wenn er die Firma verlassen wollte. Nach dem Einreichen der Kündigung hatte das Unternehmen dann die Möglichkeit, dem ausscheidenden Mitarbeiter vertrauliche Informationen vorzuenthalten; die Informationen, die der Betreffende mitnehmen konnte, waren schon veraltet.

Ein großer Ölkonzern verlangte von allen Managern, im voraus Kündigungsschreiben zu unterzeichnen, die vom Unternehmen jederzeit akzeptiert werden konnten. Andere Arbeitsverträge wurden jeweils für sechs Monate abgeschlossen, ständig wieder erneuert und boten dem Mitarbeiter während dieses Zeitraums einen sicheren Arbeitsplatz. Wenn der Betreffende entlassen wurde, zahlte das Unternehmen die Gehälter für die restlichen Vertragsmonate.

Manche Verträge sahen eine Konkurrenzausschlußklausel bis zu drei Jahren vor, die Firma ihrerseits verpflichtete sich dagegen nur, eine Abfindung von wenigen Monatsgehältern zu zahlen, wenn sie dem Mitarbeiter kündigte. Solche Regelungen schienen im Ausland verbreiteter zu sein als in den Vereinigten Staaten.

Mit Erstaunen stellte Vesige fest, daß einige der bedeutenderen Hi-

Tech-Unternehmen überhaupt keinen Versuch unternahmen, Konkurrenzausschlußklauseln einzuführen. Einige von ihnen hatten sie früher angewandt, waren aber vor Jahrzehnten schon wieder davon abgekommen. Allgemein schienen die rechtlichen Probleme, Konkurrenzausschlußklauseln in den USA durchzusetzen, unüberwindlich.

Schließlich schien es sogar, daß sich Konkurrenzausschlußklauseln auf die Arbeitsmoral negativ auswirken könnten. Vesige hatte wohl bemerkt, daß Ingenieure und Manager zögerten, diese Klauseln zu unterschreiben. „Soll das heißen, daß ich keine andere Stelle finden kann, wenn Sie mich feuern?" fragten manche. „Das scheint mir sehr hart", beschwerte sich in anderer. Wieder ein anderer wollte den Vertrag erst einmal von seinem Rechtsanwalt überprüfen lassen, bevor er unterschrieb.

„Wenn ein Wettbewerbsverbot die Arbeitsmoral gefährdet und meistens auch nicht durchgesetzt werden kann, welchen Wert hat es dann?" fragte sich Vesige und beschloß, dieses Instrument aufzugeben. Stattdessen berief er zweimal im Jahr eine Besprechung mit seinen wichtigsten Managern und Ingenieuren ein und erklärte ihnen, wie wichtig es sei, als Team zusammenzuarbeiten. „Sandvac gibt uns Gelegenheit, unseren Lebensunterhalt zu verdienen, für unsere Familien zu sorgen und soziale Anerkennung zu genießen. Alles das hängt davon ab, daß Sandvac erfolgreich ist. Wenn einer von uns zu einem Konkurrenten wechselt, so fügt er jedem einzelnen von uns Schaden zu. Ich kann Sie nicht von Rechts wegen daran hindern zu gehen – das geht einfach nicht. Trotzdem: Wir müssen uns gegenseitig auf uns verlassen können – darauf, daß keiner von uns sein Teams im Stich läßt."

Geheimhaltungsvereinbarungen

Erschienen Konkurrenzausschlußklauseln sinnlos, so war dies bei den Geheimhaltungsvereinbarungen keineswegs der Fall. Sandvac definierte sorgfältig sein „geistiges Eigentum" und bereitete Verträge mit seinen Führungskräften vor, wonach sich diese verpflichten mußten, vertrauliche Unterlagen nicht an Außenstehende preiszugeben, weder während noch nach ihrer Beschäftigung bei Sandvac. Weiter war geregelt, daß Sandvac jegliche Rechte oder Ansprüche an jeglicher Idee, Erfindung oder Konstruktion seiner Mitarbeiter zustünden – gleichgültig, ob es sich dabei um ein Produkt oder ein Verfahren handelte, ob patentierbar oder nicht – sofern es sich auf das Geschäft von Sandvac bezog und auf irgendeine Weise aus der für oder bei Sandvac geleisteten Arbeit resultierte.

Nachdem die Konkurrenzausschlußklauseln aufgehoben und die Geheimhaltungsvereinbarung spezifiziert worden waren, konnte Vesige mit der Rechtsposition seiner Firma gegenüber Mitarbeitern mit hohem Know-how zufrieden sein. Er wußte, daß größere Unternehmen ihr geistiges Eigentum erfolgreich schützen konnten, indem sie Klage erhoben, wenn sie argwöhnten, ehemalige Mitarbeiter hätten vertrauliche Informationen an Konkurrenten weitergegeben. Diese Klagen kamen selten vor Gericht; üblicherweise einigte man sich außergerichtlich.

Schließlich aber sind Mitarbeiter, die sich dem Unternehmen eng verbunden fühlen und die daraus eine moralische Verpflichtung ableiten, eine weit bessere Abwehr gegen den Verlust von vertraulicher Information an die Konkurrenz als jeder Paragraph. Vesige beschloß daher, mit seinen wichtigsten Mitarbeitern eine Reihe von Gesprächen zu führen, damit sie begriffen, von welcher Bedeutung ihr Wissen für die Wettbewerbsfähigkeit des Unternehmens war; erst als sie sich dessen bewußt geworden waren, bat er sie, die Geheimhaltungsvereinbarungen zu unterzeichnen.

10. Kapitel

Nur nicht aufs Abstellgleis geraten

Traditionelle Management-Praktiken fördern die Entstehung von nutzlosen Gliedern – zum Beispiel Mitarbeiter, die nicht mehr bereit oder gar nicht mehr in der Lage sind, ihren Beitrag zu leisten. In jedem Falle sollte das Unternehmen, bevor es diese Mitarbeiter abschreibt, sich selbst kritisch überprüfen: „Gibt es im Unternehmen Strukturen oder Einstellungen, durch die Mitglieder aufs Abstellgleis geraten?" Aufgrund ihrer Wertvorstellungen sind die neuen Manager eher dazu bereit, die Verantwortung für leistungsschwache Mitarbeiter zu übernehmen. Das Problem kann nicht immer gelöst werden, aber es lohnt sich, die Investition des Unternehmens in seine Human-Ressourcen zu retten, wo immer es möglich ist. Leute loszuwerden, von denen man glaubt, daß sie „ausgebrannt" sind, bedeutet nicht unbedingt, daß man damit auch die Probleme los wird.

Kein Happy-End

In den 50er Jahren drehte Rod Serling seinen ersten Film: ein stundenlanges Drama über einen schon älteren Manager, dessen Chef unzufrieden über die nachlassende Leistung des Managers war und ihn deshalb zur Kündigung bringen wollte.[20] Bei diesem Film kann es manchem Manager leicht unbehaglich werden, er wird darin Leute wiedererkennen, die in seinem Unternehmen in einer ähnlichen Situation sind; vielleicht stellt er sich auch vor, daß seine eigene Situation in einigen Jahren so sein könnte.

Der Inhalt des Films soll hier kurz wiedergegeben werden: Andy Sloan war seit 20 Jahren in der Zentrale seines Unternehmens tätig. Zu Anfang hatte er für den Gründer gearbeitet. Jahre später übernahm ein neuer, sehr ehrgeiziger Chief Executive Officer namens Ramsey den Vorstand und baute das Unternehmen durch agressives Marketing und den Kauf verschiedener Firmen weiter aus. Er war ein Mann, der sparsam wirtschaftete und seine Untergebenen unliebsam behandelte. Er sah das Geschäft als harten Wettbewerbskampf und versuchte, in seinen persönlichen Beziehungen ebensoviel Festigkeit und Entschlossenheit zu zeigen, wie es seiner Meinung nach in dem rauhen Geschäftsklima nötig war. Je mehr das Unternehmen florierte, desto mehr gewann der CEO die Überzeugung, daß er recht hatte. Und um so mehr ärgerte er sich über Sloans Leistung, die in seinen Augen völlig ungenügend war.

Bald machte Ramsey aus seiner Unzufriedenheit mit Sloan vor den anderen Vorstandsmitgliedern keinen Hehl mehr. Man hatte Sloan ein größeres Büro in der Chefetage der Hauptverwaltung versprochen, das dann einem jüngeren, neuen Mitarbeiter zugeteilt wurde, der als Assistent des CEO eingestellt worden war. Die Aufgaben des neuen Managers waren denen Sloans verblüffend ähnlich. Für jeden in der Firma lag es auf der Hand, daß Sloans Nachfolger bereits gefunden war.

Ramsey setzte Sloan immer mehr unter Druck. Der neue Manager wurde zu den Besprechungen des Direktorengremiums eingeladen, und seine Ansichten wurden von Ramsey regelmäßig lobend hervorgehoben. Sloans immer seltener werdende Beiträge hingegen wurden lächerlich gemacht.

Bei einem Gespräch mit einem Freund gab Sloan zu, daß jetzt eine Flasche Schnaps in seinem Büro stehe und er häufig trinke. Auch würde sich seine Frau beklagen, er habe sein Leben der Firma geopfert, anstatt sich um seine Familie zu kümmern. Immer hätte sie die ständige Abwesenheit ihres Mannes vor den Kindern durch seine wichtige Position in der Firma zu rechtfertigten versucht. „Euer Vater hat das Unternehmen aufgebaut", erklärte sie oft ihren Söhnen, was ihn noch zusätzlich belastete.

Sloan wußte nicht, wie lange er das noch verkraften konnte. Die Demütigungen nagten an ihm, seine Selbstachtung und seine Gesundheit litten sichtlich darunter. „Sie zerren an deinem Stolz", vertraute er seinem Freund an, „an deiner Sicherheit, solange, bis du es nicht mehr ertragen kannst und aufgibst."

„Warum kündigst du nicht?" fragte sein Freund. „Warum bleibst du und läßt dir das alles gefallen?"

„Je höher die Position", meinte Sloan niedergeschlagen, „desto mehr versuchst du, daran festzuhalten."

Sloan hielt so lange aus, bis er schließlich einem Herzinfarkt erlag. Als der neue Manager, der Assistent Ramseys, Sloans Position nach dessen Tod angeboten bekam, nahm er sie an, schwor sich aber, nie solche Demütigungen hinzunehmen, wie sie Ramsey Sloan zugefügt hatte.

Wenn ein Manager keine Leistung bringt

Manager können lange darüber nachdenken, was dieser Film für sie selbst wie auch für andere bedeutet. Hätte Andy Sloan die Leistung bringen können, die Ramsey von ihm erwartete? Das ist eine grundlegende Frage. Manche Manager, die diesen Film diskutiert haben, glauben, der Ramsey-Sloan-Konflikt stelle ein Kommunikationsproblem dar; Ramsey habe Sloan nicht klargemacht, was er von jemandem in dieser Position erwarte. Hätte Sloan das verstanden, so hätte er die Leistung gebracht.

In vielen Fällen trifft diese Erklärung genau die gegebene Situation; es ist die Lösung, die viele Managementbücher anbieten, um mit einem Mitarbeiter, der nicht die geforderte Leistung bringt, umzugehen. Im wesentlichen wird argumentiert, daß der Manager, der einen leistungsschwachen Mitarbeiter hat, den Fehler zuerst bei sich selbst suchen soll. Dabei stellen sich folgende Fragen: Sind die Aufgaben und Leistungserwartungen dem Mitarbeiter klargemacht worden? Hat der Mitarbeiter sowohl die Fähigkeiten als auch die notwendige Autorität, um das zu vollbringen, was von ihm erwartet wird? Erst wenn alle diese Fragen positiv beantwortet sind und der Manager sicher ist, daß alle Managementaufgaben in der betreffenden Situation erfüllt worden sind, sollte die Fähigkeit oder die Einsatzbereitschaft des Untergebenen überprüft werden.

Dies ist sicher ein guter Ratschlag, doch läßt er die Frage offen, was in solchen Fällen zu tun ist, wo Aufgaben, Erwartungen, Ressourcen und Autorität jeweils klar und angemessen sind und die Leistung dennoch unzureichend ist. Manager sollten sich selbst nichts vormachen. Manche Leute bringen zu jeder Zeit und alle Leute irgendwann einmal ungenügende Leistungen. Dafür gibt es viele Gründe, und oftmals sind diese Gründe auch verständlich. Die Tätigkeit erfordert vielleicht Fachkenntnisse, die dem Betreffenden fehlen. Oder der Mitarbeiter wird auf Ebenen befördert, für die seine Fähigkeiten nicht mehr ausreichen. Tätigkeiten ändern sich, wenn sich die Umstände ändern. Die Technologie wird komplizierter, die Gesetze werden restriktiver, die Konkurrenten aggressiver; der Aufgabenbereich nimmt zu, und die Sloans können nicht mehr Schritt halten.

Außerdem „brennen" Leute „aus", wenn sie jahrelang die gleichen Aufgaben erfüllen. Immer mit dem gleichen Problem beschäftigt zu sein, führt zwar zu einem hohen Maß an Fachkenntnis und Spezialistentum, aber genauso kommen starres Denken, Blindheit gegenüber neuen Ansätzen und Langeweile auf, die weitere Perspektiven behindern. Ist ein solcher „ausgebrannter" Mitarbeiter in seinem gegenwärtigen Aufgabengebiet nicht mehr funktionstüchtig, so kann er doch in einem anderen Aufgabenbereich leistungsstark arbeiten. Oft hilft auch eine Ruhepause, die alte Form wiederzufinden.

Hätte Ramsey klare Leistungsziele gesetzt, hätte Sloan vielleicht Schritt halten können, vielleicht aber auch nicht. Auf jeden Fall hätte es keine Kommunikationslücke gegeben. Und in der Vorstellung vieler hätte dann Ramsey das gehabt, was ihm im Film abging: eine legitime, moralische Basis, von der aus er Sloan hätte feuern können. Doch auch im Film hatte Ramsey jederzeit die Möglichkeit, Sloan zu kündigen, ob nun zu Recht oder zu Unrecht, und dennoch tat er es nicht. Nun stellt sich die Frage: Warum hat Ramsey Sloan nicht gefeuert?

Entlassen ist meistens unklug

„Warum feuert dich Ramsey nicht einfach?" fragte Sloans Freund im Film.

„Auf unserer Ebene werden Leute nicht gefeuert", antwortete Sloan düster. Er machte sich keine Illusionen; er wußte, daß Ramsey ihn nicht rauswerfen würde, und daß die Initiative, ob er bleiben oder kündigen sollte, bei ihm lag.

Aber warum? Leute, die keine große Managementerfahrung haben, greifen häufig sehr schnell auf die angebliche Macht der Manager zurück, die es ihnen erlaube, leistungsschwache Mitarbeiter sogleich hinauszuwerfen. Gehen die Umsätze in einem Bereich zurück, feuert den Verkaufsmanager! Geht ein Firmenkauf daneben, werft denjenigen hinaus, der das unterstützt hat! Verdirbt eine Sekretärin einen wichtigen Brief, feuert die Sekretärin! Wenn Sloan seine Arbeit nicht tut und sich weigert, von selbst zu kündigen, dann feuert ihn!

Es ist sehr schwer, Mitarbeitern zu kündigen, manchmal ist es unmöglich und oftmals auch unklug. Sind Mitarbeiter gewerkschaftlich organisiert, muß der Manager nachweisen, daß die Leistung unzureichend ist und wiederholt abmahnen. Wird dies nicht getan, kann ein Schlichter bestimmen, daß der entlassene Mitarbeiter wieder eingestellt werden muß.

Ein Manager in einer nicht gewerkschaftlich organisierten Firma muß unter bestimmten Umständen genauso einen Nachweis der unbefriedigenden Leistung eines Mitarbeiters erbringen, wie wenn der Betrieb gewerkschaftlich organisiert wäre, zum Beispiel, wenn der zu entlassende Mitarbeiter einer besonders geschützten Arbeitnehmergruppe angehört, vielleicht behindert ist. Der Manager muß dann ebenfalls die unzureichende Leistung des Mitarbeiters nachweisen, um sich nicht moralischen Vorwürfen auszusetzen.

Heute können Führungskräfte genauso wie jeder andere Arbeitnehmer einen Prozeß wegen grundloser Entlassung gegen ihre Firma anstrengen; oft tun sie dies mit der Behauptung, sie würden ihres Alters wegen diskriminiert. Abgesehen von den möglichen rechtlichen Nachteilen – und diese waren in den 50er Jahren, als Ramsey meinte, er könne Sloan nicht entlassen, weit geringer – sollte eine Kündigung auch aus anderen Gründen vermieden werden. In der kollegialen Atmosphäre von Menschen, die eng im Team zusammenarbeiten müssen, läßt eine Kündigung Unruhe entstehen. Obgleich der Manager vielleicht weiß, daß die Entlassung gerechtfertigt ist, kennen andere Mitarbeiter möglicherweise nicht die Umstände, die dazu führten. Sie werden die Kündigung auf die unterschiedlichsten Motive zurückführen. „Sloan machte einen Fehler beim Aufkauf von Acme", spekulieren sie vielleicht, „und aus diesem Grund hat ihn Ramsey gefeuert."

Von Managern wird erwartet, daß sie Risiken eingehen. Wenn Ramsey aber Sloan mit der Begründung entläßt, er habe einen Fehler gemacht, dann besteht die Gefahr, daß andere Führungskräfte glauben, sie könnten ebenfalls wegen eines Fehlers sofort entlassen werden. Ihre Schlußfolgerung ist dann naheliegend, es sei besser, jede Entscheidung zuerst mit Ramsey abzuklären. Wenn diese Reaktion eintritt, wird der Manager einen einzelnen unliebsamen Mitarbeiter los, zahlt aber dafür den Preis, daß möglicherweise die Zusammenarbeit zwischen und mit den Führungskräften gestört wird und andere Teammitglieder keine eigenverantwortlichen Beiträge mehr leisten wollen.

Ein Team arbeitet in der Regel nur dann gut, wenn seine Mitglieder sich akzeptiert und sicher fühlen; dann investieren sie ihre Kraft und zeigen Einsatz. Wenn einem Teammitglied gekündigt wird, suchen auch andere nach neuen Möglichkeiten außerhalb der Firma, da sie befürchten, ihnen könnte das gleiche passieren.

Das bedeutet nicht, daß gute Führungskräfte keine Mitarbeiter entlassen dürfen. Tarifverträge erlauben eine Entlassung aus vielen Gründen, die Betriebsvereinbarungen erfordern es bei bestimmtem Verhalten. Eine Frage, die manche Topmanager bei der Eignungsbeurteilung von Bewerbern um hohe Managementpositionen stellen, lautet: „Wen haben sie vor kurzem gefeuert und warum?" Topmanager erwarten, daß die Antwort lautet: „Ja, ich habe einige Leute gefeuert, und ich nenne Ihnen die Gründe dafür."

Ein Manager muß also Leute entlassen können; und doch geschieht dies selten und dann meistens wegen einer bekannten unentschuldbaren Handlung, wie etwa Unterschlagung, und nicht aufgrund mangelnder Leistung. Das Unternehmen und das Umfeld, in denen der Manager tätig ist, läßt die Kündigung zu einer ungewöhnlichen und nicht sehr häufig gebrauchten Möglichkeit werden.

Offenheit oder Manipulation

So unsympathisch Ramsey auch erscheinen mag – sein Verhalten sollte doch genauer betrachtet werden. Welche Möglichkeiten standen ihm zur Verfügung? Er entließ Sloan nicht, obwohl dieser keine Leistung mehr brachte. Ramsey hatte einen Ersatzmann an der Hand, der eher seinen Wünschen entsprach als Sloan. Und wenn der Ersatzmann so wie viele aufsteigenden Manager war, würde er schon ungeduldig darauf warten, Sloan aus dem Weg zu räumen.

Ramsey hatte keine Zweifel daran, daß Sloan wußte, wie unzufrieden er mit ihm und seinen Leistungen war, aber welche Möglichkeiten hatte Ramsey noch? Er entschied sich, offenen Druck auf Sloan auszuüben, damit dieser kündigt. Er hätte dabei subtiler vorgehen können. Vielleicht ist aber die Möglichkeit der subtilen Vorgehensweise oder der Manipulation, wie wir sie als nächstes untersuchen werden, noch weniger akzeptabel als die, die Ramsey wählte. Obwohl Ramsey grausam war, war er doch zumindest ehr-

Offenheit oder Manipulation

lich. Ramsey hat Sloan nicht manipuliert, sondern eingeschüchtert. Für das Beispiel der Manipulation eines Mitarbeiters wenden wir uns einem anderen Fall zu.

John Turvey war Vice President für Produktion in einem großen Mischkonzern. Seine Stabsposition auf Konzernebene unterlag keiner unmittelbaren strategischen Verantwortung. Er hatte diese Position schon mehrere Jahre und erwarb sich in dieser Zeit die Achtung und Sympathie seiner Kollegen in den Linienbereichen wie auch in den Stabsfunktionen des Konzerns. Doch das Unternehmen, für das Turvey arbeitete, geriet allmählich in finanzielle Schwierigkeiten, die hauptsächlich durch die hohen Kosten im Produktionsbereich verursacht waren. Der CEO des Unternehmens gelangte daraufhin zu der Überzeugung, daß man für Turveys Position einen Topmanager bräuchte, dessen Kenntnisse auf dem neuesten Stand sein müßten und der die Produktionsmanager der wichtigsten Bereiche anspornen und ihnen Hilfestellung geben könnte. Aber Turvey gehörte zu sehr zum Inventar der Firma, als daß man ihn hätte entlassen können.

Der CEO rief die Führungskräfte zweier großer Bereiche mit beträchtlicher Produktionskapazität zusammen. „Bittet Turvey, sich um eure Produktionsbereiche zu kümmern", sagte er ihnen. „Beziehht ihn in die Entscheidungen über neue Technologien mit ein. Bittet ihn um Programme zur Verbesserung der Arbeitsproduktivität. Fordert von ihm Pläne, durch die ihr Zugeständnisse von den Gewerkschaften erreichen könnt." Zwar spiegelte jedes dieser Problemfelder legitime Bedürfnisse der Bereiche wider, doch hatte jede Sparte eigene Möglichkeiten, sich mit diesen Dingen auseinanderzusetzen, und Turvey war bisher noch nie aufgefordert worden, sich persönlich darum zu kümmern. Der CEO vermutete, daß Turvey sich selbst nicht in der Lage fühlen würde, den beiden Bereichen viel Hilfestellung zu geben.

Einige Wochen später nahm Turvey den CEO bei einem Geschäftsessen beiseite und stellte die Überlegung an, ob es sich das Unternehmen wohl leisten könne, ihn vorzeitig zu pensionieren. „Ich bräuchte eine ordentliche Abfindung", meinte Turvey.

Der CEO beschwichtigte ihn. „John, Sie sind für diese Firma sehr wichtig. Sie wissen, wie wir darum kämpfen, unsere Herstellungskosten zu senken. Ich will Sie nicht gehen lassen."

Am nächsten Morgen rief der CEO die beiden Bereichsleiter zu sich und sagte ihnen, sie sollten weiterhin Druck auf John Turvey ausüben. Es vergingen zwei Wochen, bis Turvey noch einmal mit dem CEO sprechen wollte. Turvey erwähnte zuerst, daß die beiden Bereichsleiter ihn stark in Anspruch nähmen. „Ich werde sozusagen mit Anfragen überschüttet."

„Gut, dann geben Sie ihnen eben viel Hilfe", ermutigte ihn der CEO. „Sie brauchen es."

„Sollten sie nicht selbst in ihren eigenen Betrieben genug fähige Leute haben?" fragte Turvey.

„Nein, John", antwortete der CEO. „Sie sind der wichtigste Mann in der Produktion. Hier ist Ihre Aufgabe und deshalb sollen sie zu Ihnen kommen."

Turvey verabschiedete sich sichtlich niedergeschlagen. Nach einer gewissen Zeit fand wieder ein Gespräch zwischen Turvey und dem CEO statt. „Wie geht es Ihnen, John?" fragte der CEO.

„Nun, ich habe Mühe, mit meiner Arbeit nachzukommen. Die Bereiche wollen, daß ich eine Menge Dinge erledige, zu denen ich seit längerer Zeit nicht mehr gekommen bin. Vielleicht sollte ich daran denken, mich zurückzuziehen. Wir haben einmal über eine Abfindung gesprochen."

„John, ich will Ihnen den Abgang nicht leichter machen", sagte der CEO. „Sie sind einer unserer besten Leute. Wenn Sie gehen möchten, dann haben Sie das Recht dazu, aber ich will nicht, daß Sie oder sonst irgendjemand denkt, ich habe Sie abschieben wollen. Ich möchte, daß Sie bleiben."

„Ich weiß", anwortete Turvey, „und ich weiß das auch zu schätzen. Aber ich möchte trotzdem gehen. Ich kann nicht das leisten, was die Bereichsleiter von mir verlangen."

Am nächsten Morgen rief der CEO die beiden Leiter zu sich. „John Turvey will gehen, ihr braucht ihm keine Arbeit mehr zu geben", sagte er ihnen.

„Aber", antwortete einer, „was ist, wenn er seine Meinung ändert?"

„Das wird er nicht", antwortete der CEO. „Er ist bereit zu gehen, und er ist ein aufrichtiger Mensch."

Ein bitteres Ende vermeiden

War der CEO ein aufrichtiger Mensch? Daß er Turvey manipulierte, stand außer Frage, aber hätte er besser Turvey die Wahrheit ins Gesicht sagen sollen? Sicher, ohne den Druck durch die Bereichsleiter wäre Turvey niemals gegangen. Ihre Anfragen, wie sehr sie auch an den Haaren herbeigezogen waren, zeigten Turvey und bestätigten dem CEO, daß Turvey nicht mehr das leisten konnte, was das Geschäft erforderte.

Und dennoch hätte sich wahrscheinlich eine anständigere, offenere und ehrenwertere Methode finden lassen, bei der Turvey die Firma nicht hätte verlassen müssen. Eine andere Aufgabe oder eine Arbeitsgruppe hätte es John Turvey vielleicht ermöglicht, seine Fähigkeiten nutzbringend einzusetzen.

Letztlich ist das Problem der Geschichte von Andy Sloan und der von John Turvey das gleiche: Die CEOs waren nicht aufrichtig genug, ihre Erwartungen an die beiden Führungskräfte zu formulieren.

Die Schwierigkeit bei der Führung von Mitarbeitern, die keine volle Leistung mehr bringen, liegt jedoch bei den Leistungsschwachen selbst. Warum kündigte Sloan nicht von sich aus? Was veranlaßte ihn dazu, bis zum bitteren Ende auszuharren?

Die Pyramide der Positionen in einem Unternehmen wird an ihrer Spitze sehr eng. Von den vielen Leuten, die voller Ehrgeiz und Hoffnung in eine Firma eintreten, schaffen es nur wenige bis zur Spitze, die meisten Karrieren kommen früher oder später auf einem Plateau zum Stillstand. An einem Punkt wird jeder, wahrscheinlich unbewußt, die Position erreicht haben, von der sich irgendwann herausstellt, daß sie die höchste Verantwortungsebene für ihn ist. Und dann, nach einigen weiteren Jahren, wird die Leistungsfähigkeit allmählich nachlassen.

In den meisten Fällen rührt das jedoch nicht etwa daher, daß der betreffende Manager weniger fähig ist, seine Arbeit zu verrichten, nur im Vergleich wird er nachlassen. Der Chef aber will sehen, welche neue Perspektive, welche neuen Fähigkeiten und Energien er in diese Position einbringen kann. Es tritt hier ein wenig das „Was-haben-Sie-in-jüngster-Zeit-für-uns-getan"-Syndrom auf, und leider kommt die Zeit, in der der Betreffende Dankbarkeit für frühere Leistungen erwartet. Dankbarkeit hat ihre Berechtigung, aber sie ist nicht die Basis, auf der eine zukunftsorientierte Unternehmung ihre Aufgaben verteilen sollte.

Als Beispiel sollen hier zwei Führungskräfte betrachtet werden, die ihrer Firma auf unterschiedliche Weise dienen. Nennen wir sie Joseph und Samuel. Joseph bringt Spitzenleistungen, Samuels Leistungen hingegen sind weit geringer. Langfristig gesehen wird Samuels Arbeitszufriedenheit nicht lange der Josephs entsprechen, denn viele Mitarbeiter beziehen einen großen Teil ihrer Arbeitszufriedenheit aus der Effektivität der Beiträge, die sie leisten.

Andy Sloans Unzufriedenheit mit seiner Arbeit beruhte zum großen Teil auf der ruppigen Behandlung durch Ramsey. Zum Teil war sie aber auch darauf zurückzuführen, daß es ihm langsam dämmerte, daß seine Leistungen gegenüber früher nachgelassen hatten und den gegenwärtigen Anforderungen der Firma nicht mehr genügten. „Ich will Vorschläge hören", rief Ramsey ihm bei einer Besprechung zu, „nicht nur Nörgeleien."

Das Schlimmste, was einem Menschen im Geschäftsleben passieren kann, ist nicht Undankbarkeit, die wir fast alle erleben, auch nicht, in Intrigen verwickelt zu sein (was ebenfalls häufig passiert), sondern in einer Position festzusitzen, die man nicht mehr ausfüllen kann. Der Betroffene klammert sich an diese Position und weiß dabei die ganze Zeit, daß er wahrscheinlich überflüssig ist und wenig oder keine Befriedigung aus der Arbeit gewinnt.

Ein bitteres Ende vermeiden

Dies passierte Andy Sloan. Es wird mit der Zeit fast allen passieren, jedoch ist es keinesfalls unvermeidlich. Denn lange bevor Chefs wie Ramsey im Geschäftsleben beginnen, einen Menschen hinauszudrängen, kann dieser seine eigene Situation beurteilen und Maßnahmen ergreifen, damit er Verletzungen und Demütigungen, die vielleicht auf ihn zukämen, vermeiden kann.

Will jemand erkennen, ob seine Leistungsfähigkeit mit der Zeit nachläßt, muß er auf Anzeichen achten, die zeigen, ob dies bereits geschehen ist. Wird die formale Leistungsbeurteilung schlechter? Bringt der Bereich, den der Betreffende leitet, weniger Gewinn? Zeigen Untergebene oder Kollegen weniger Bewunderung oder Respekt? Langweilt sich der Betreffende? Man braucht diesen „emotionalen Puls" nicht jeden Tag zu fühlen, aber es ist durchaus angebracht, in periodischen Abständen darauf zu achten.

Es ist wichtig, einen Wechsel des Arbeitsplatzes vorzubereiten, solange man noch Einfluß und Respekt genießt. Die Bitte um eine neue Aufgabe wird keinen Vorgesetzten beleidigen, er kann das Gesuch ja jederzeit ablehnen. Jedoch ermöglicht es dem Betreffenden einen reibungslosen Übergang auf eine parallele oder untergeordnete Position. Denn wenn es soweit ist, weiß bereits jeder, daß der Betreffende nicht mehr auf der Aufstiegsleiter ist.

Der Executive Vice President in der Hauptverwaltung eines großen internationalen Konzerns der Metallindustrie konnte seinen 50. Geburtstag feiern. Bei einer sorgfältigen Überprüfung seiner Aussichten kam er zu dem Schluß, es sei höchst unwahrscheinlich, jemals die Position des CEO zu erhalten. Obwohl er sich persönlich für den Posten geeignet fühlte, war er doch davon überzeugt, daß die Spitzenposition wohl nicht an ihn gehen würde.

Er war nicht zu alt, nicht bereit, sich zurückzuziehen, weder außerhalb noch innerhalb seines Arbeitsbereiches. Deshalb bat er den CEO um eine Aufgabe im operativen Bereich. Sechs Wochen später verließ er seinen Posten in der Unternehmensleitung, flog nach Europa und übernahm eine Woche später die Leitung der europäischen Betriebe seines Unternehmens. Weitab von der Hauptverwaltung, als sein eigener Chef und mit den umfangreichen Aktivitäten des operativen Bereichs fühlte er sich durch die neue Herausforderung verjüngt.

Warum ergriffen seine Vorgesetzten nicht die Initiative und schlugen ihm von selbst die Übernahme der Leitung der europäischen Betriebe vor? Wahrscheinlich, weil sie befürchteten, er würde diese neue Aufgabe als Herabstufung auffassen und ihnen das verübeln. Durch seine Initiative rettete er zum einen seine Karriere vor dem Plateau, und zum anderen wurde es ihm möglich, sich ohne Imageverlust auf der Karriereleiter seitwärts oder sogar nach unten zu bewegen.

Der Vice President eines großen Pharmaunternehmens meinte dazu: „Wir haben viele Naturwissenschaftler, deren Wissen überholt ist. Was sollen wir mit diesen Leuten anfangen? Wir haben Schulungen durchgeführt, doch das Gebiet wandelt sich so schnell, daß wir nicht Schritt halten können. Wir möchten uns unsere Mitarbeiter frisch von den Universitäten holen und die, die nicht mehr auf dem neuesten Stand sind, gehen lassen."

Viele Unternehmen kommen schließlich trotz guter Vorsätze dazu, so zu denken. Es ist kompliziert und meist auch kostspielig, die Karrieren von Naturwissenschaftlern, Ingenieuren und sogar Managern zu managen, deren Kenntnisse nicht mehr auf dem neuesten Stand sind.

Dies macht es für die Betroffenen notwendig, ihre Zukunft zu planen. Sie müssen entweder versuchen, mit dem technologischen Wandel Schritt zu halten und sich neue Kenntnisse anzueignen, oder sich um neue Aufgabenbereiche bemühen. Selbst wenn die neue Aufgabe unter der momentanen Bezahlung und Einstufung liegt, kann es trotzdem noch am klügsten sein, sie anzunehmen. Manchmal muß man einen Schritt zurück gehen, um die Möglichkeit zu haben, noch einmal vorwärts zu kommen.

Die Tochter einer multinationalen Computerfirma konnte die amerikanischen Bereiche nicht dazu bringen, ihr gute Manager zu schicken. Leitende Angestellte, die in den USA ihre Leistungen nicht steigern konnten, wurden weder neu geschult, noch bekamen sie alternative Aufgaben zugewiesen; stattdessen versetzte man sie nach Europa. Wiederholte Bemühungen durch das Topmanagement in Europa brachten dann eine Lösung zustande, wie man diese Praxis beenden könnte. Jeder amerikanische Manager, der einen Mitarbeiter für eine zwei- oder dreijährige Tätigkeit in Europa vorschlug, mußte einen „Wiedereingliederungsplan" für den Betreffenden ausarbeiten. In diesem Plan mußte eine Tätigkeit in Amerika spezifiziert werden, zu der die Führungskraft nach ihrer Auslandstätigkeit zurückkehren würde.

Diese Auflage senkte die Zahl der Leute, die für eine Auslandstätigkeit empfohlen wurden, um die Hälfte. Von nun an wurden nicht mehr diejenigen Mitarbeiter nach Europa geschickt, die die amerikanischen Manager nicht mehr gebrauchen konnten, sondern jene, die von der Europa-Erfahrung bei ihren künftigen Aufgaben in den Vereinigten Staaten profitieren würden.

Personelle Ressourcen brauchen Pflege

Mitarbeiter, die in ihren augenblicklichen Positionen leistungsschwach geworden sind, können durch eine andere Aufgabe zu neuem Leben erweckt werden. Diese Aufgaben kann ihnen das Unternehmen stellen, oder die Mitarbeiter stellen sie sich selbst. Jedoch liegt das Problem nach der Erfahrung vieler Manager oft auch darin, daß nicht der einzelne überflüssig geworden ist, sondern daß der gesamte Unternehmensbereich nicht mehr die geforderte Leistung bringt.

Errichtet ein Unternehmen einen neuen Betrieb, betrachten seine Manager dies als Investition in Gebäude und Maschinen. Sie wissen, daß die neue Produktionsstätte nicht für die Ewigkeit gebaut ist und bilden Rücklagen, um Gebäude und Maschinen später einmal ersetzen zu können.

Gebäude und Maschinen sind jedoch nicht die einzigen Produktionsmittel eines Unternehmens, die mit der Zeit verschleißen. Nachdem eine neue Anlage gebaut ist, wird sie mit Managern, Inspektoren, Technikern und Angestellten besetzt. Die Mitarbeiter lernen, wie die Anlagen zu betreiben sind, und gestalten ihre Beziehungen zueinander. Nach einigen Jahren sind diese Beziehungen zur Routine geworden.

Deshalb sorgen gute Manager durch ein Wartungsprogramm nicht nur dafür, daß die Anlagen und Geräte funktionstüchtig bleiben, sondern achten genauso sorgfältig auf gutes Betriebsklima im Unternehmen. Persönliche Kontakte werden gepflegt; Inspektoren und Arbeitnehmer bekommen gelegentlich neue Aufgaben und Möglichkeiten, damit sie sich persönlich weiterentwickeln können. Umschulungsprogramme und neue Aufgabenstellungen verhindern, daß der einzelne Mitarbeiter ein Plateau erreicht, auf dem seine Entwicklung endet.

Jedoch kann auch durch sorgfältige Wartung nicht verhindert werden, daß Anlagen und Geräte langsam veralten. Neue Technologien werden in neue Maschinen eingebaut. Alte Maschinen können vielleicht noch im Betrieb bleiben, werden aber in der Regel nicht auf eine moderne elektronische Steuerung umgerüstet. Wartung hält zwar sowohl Anlagen wie auch Maschinen funktionstüchtig, sie modernisiert sie aber in der Regel nicht – dafür ist eine neue Investitition erforderlich.

Ähnlich wird die personelle Besetzung meist nicht durch Wartung auf den neuesten Stand gebracht, sondern durch Neueinstellungen, Versetzungen oder Beförderungen. Das Dilemma hierbei ist, daß althergebrachte Verfahrensweisen trotzdem oft nicht verändert werden und somit die personelle Organisation auch weiterhin auf die veraltete Struktur abgestimmt bleibt. Wenn sowohl Maschinen als auch Menschen lediglich gewartet und gepflegt werden, sind sie zwar weiterhin funktionstüchtig, aber trotzdem allmählich veraltet. Dann kann es passieren, daß das Unternehmen versucht, die Technologie durch eine bedeutende Neuinvestition auf den neusten Stand zu bringen, aber versäumt, das gleiche auch bei der Belegschaft zu tun. Beide sind dann schlecht aufeinander abgestimmt, und die Vorteile der neuen Technologie gehen vielleicht verloren.

Unternehmen stellen routinemäßig Geldmittel zurück, um veraltete Anlagen und Maschinen zu ersetzen. Für die Erneuerung ihres Personals treffen sie jedoch keine derartigen Vorkehrungen. Dies ist ein schwerwiegendes Versäumnis, denn die personellen Ressourcen können nur erneuert werden, wenn Mittel für Aus- und Weiterbildung bereitgestellt, Aufgaben neu verteilt und Stellen neu beschrieben werden. Das Management muß hierfür viel Zeit und Mühe aufwenden, und all dies ist ebenso kostspielig wie neue Investitionen in Anlagen und Geräte.

Obgleich die heutige Praxis im Rechnungswesen die Kosten der Erneuerung oder des Ersatzes der personellen Gegebenheiten nicht berücksichtigt, kennen versierte Manager die Kosten, die entstehen, wenn Arbeitsgewohnheiten erfahrener Mitarbeiter verändert werden sollen, um den Bereich wettbewerbsfähig zu machen. In manchen Unternehmen ist das Problem nicht auf einige Einrichtungen beschränkt, sondern umfaßt möglicherweise die wichtigsten Elemente der ganzen Organisation.

Ein neuer CEO übernahm vor kurzem eines der größten amerikanischen Finanzdienstleistungsunternehmen. Die Firma hat ihren Hauptsitz in einem Wolkenkratzer in einer Großstadt an der amerikanischen Ostküste. Obwohl es etwa 25 Organisationsebenen in dem Gebäude gab, hatte das Management wenig Ahnung davon, was in den Mitarbeitern vorging, oder wie es um die Arbeitsbeziehungen bestellt war. „Unser größtes Problem besteht darin, daß wir Tausende von sehr guten Mitarbeitern haben, die wie der Teufel arbeiten und nichts zustandebringen", meinte der CEO.

Nichts zustandebringen! Jahrelang hatte das Unternehmen eines der größten Versicherungsvolumen verwaltet. Doch nach der Deregulation im Finanzdienstleistungsbereich wurde plötzlich von der Konkurrenz eine große Vielfalt neuer Produkte angeboten. Das Unternehmen konnte damit nicht Schritt halten. Seine Bemühungen, staatliche Stellen davon zu überzeugen, weiterhin die restriktiven Vorschriften aufrechtzuerhalten, die seinen Hauptgeschäftszweig vor der Konkurrenz schützten, schlugen fehl. Die Mitarbeiter entwickeln heute noch keine Produkte und Verkaufsstrategien für das veränderte Umfeld. So schuften Tausende weiter wie zuvor und verwalten Produkte, die immer mehr veralten, während das

Topmanagement verzweifelt herauszufinden versucht, wie es die Organisation umkrempeln kann.

Um die Aufmerksamkeit seiner Mitarbeiter zu erregen, hat das Unternehmen begonnen, kleinere Dienstleistungen an Subunternehmer zu vergeben. Wenn die Mitarbeiter feststellen, daß ein Teil ihrer Arbeit an andere vergeben wird, werden sie wahrscheinlich eher neue Produkte und kostensenkende Maßnahmen akzeptieren. Aber selbst wenn Mitarbeiter einsehen, daß eine Veränderung notwendig ist, muß das Unternehmen erhebliche Umschulungs- und Reorganisationskosten in Kauf nehmen.

Wenn Unternehmernsbereiche überflüssig werden

In amerikanischen Unternehmen gibt es ganz offensichtlich eine Menge Überflüssiges. Meist scheint es sich dabei um Mitarbeiter zu handeln, die ihre Tätigkeit nicht mehr effektiv ausfüllen; aber von weit größerer Bedeutung ist die hohe Zahl der Bereiche innerhalb der Unternehmen, deren Arbeitsmethoden und -Abläufe den Herausforderungen des neuen Wettbewerbs nicht mehr gewachsen sind.

Manager nehmen oft fälschlicherweise an, das Problem eines leistungsschwachen Betriebs oder Büros liege bei leistungsschwachen Mitarbeitern, obgleich in Wirklichkeit die Organisation selbst überholt ist. Meist können Angestellte, die aufs Abstellgleis geraten sind, mit neuen verlockenden Aufgaben zu neuem Leben erweckt werden. Schwieriger und kostspieliger aber ist es, einen ganzen Bereich wiederzubeleben.

11. Kapitel

Mehr aus den Mitarbeitern machen

Die besondere Leistung von Spitzenmanagern besteht vor allem in ihrer Fähigkeit, Mitarbeiter auf allen Ebenen zu ermutigen, einen aktiven Beitrag zum Erfolg des Unternehmens zu leisten. Um insbesondere die bisher unerschlossenen Mitarbeiterpotentiale zu nutzen, experimentieren manche Unternehmen heute damit, daß sie ihren Mitarbeitern mehr Gelegenheit geben, selbständig Ziele zu definieren und zu realisieren. Dieser neue Führungsstil ist notwendig, um wettbewerbsfähig zu bleiben, verlangt den Managern aber neue Fähigkeiten ab.

Probleme mit der Fluktuation

Als Rich Howards, Betriebsleiter bei Acme Motors, am Ende des Jahres über den Zahlen brütete, war er überrascht. Er wußte, daß die Fluktuationsrate bei den Werksmeistern hoch war – aber fast 50 Prozent? Er war noch schockierter, als er die Zahlen für neu angestellte oder beförderte Meister betrachtete. Die meisten von ihnen waren gegangen – entweder freiwillig oder weil ihnen gekündigt worden war.

Howards fragte sich, worauf dieses Problem zurückzuführen war. Gewiß, die Position eines Produktionsvorarbeiters war ein schwieriger Job. Die Meister waren für den Produktionsablauf verantwortlich; dazu gehörten Terminplanung, Instandhaltung der Maschinen, Bestellung und Inspektion von Ersatzteilen, Identifizierung und Lösung von Produktionsproblemen und Einhaltung von Qualitäts- und Leistungzielen. Die Personalaufgaben waren in dieser Position mindestens ebenso umfangreich. Jeder Meister war für fast 50 Leute an der Fertigungsstraße verantwortlich, mußte mit Gewerkschaftsfunktionären verhandeln, sich mit Beschwerden befassen, sich um Zuspätkommen und Fehlzeiten kümmern, Arbeitsnormen aufstellen und disziplinarische Maßnahmen durchführen. Die Fluktuationsraten bestätigten Howards wachsenden Verdacht, daß es auf dieser Managementebene erhebliche Probleme gab.

„Die Arbeiter wollen heute acht Stunden Lohn für acht Stunden befriedigenden und gut geführten Einsatz. Die Meister können diesem Anspruch nicht gerecht werden", hatte Howards dem zuständigen Bereichsleiter gesagt. „Deshalb haben wir eine schlechte Arbeitsmoral, eine niedrige Produktivität und hohe Kosten. Die Führungskräfte der untersten Ebene müssen dafür den Kopf hinhalten. Wir setzen sie von oben unter Druck, und die Arbeiter setzen sie von unten unter Druck. Sie können das nicht aushalten, deshalb kündigen sie.

Vor kurzem haben wir ein einmonatiges Trainingsprogramm für neue Meister eingeführt. Wir wußten aus Umfragen, daß es im Betrieb ein Arbeitsmoralproblem unter den Meistern gab, vor allem Unzufriedenheit über Karriereentwicklung, Kommunikation, sowie Kontroll- und Management-Praktiken. Wir versuchten, sie anzuleiten, wie sie ihre Arbeit besser machen könnten. Wir dachten, das würde die Unzufriedenheit verringern, denn wenn sie besser auf ihre Aufgaben vorbereitet wären, würden sie weniger Probleme haben. Es hat ein bißchen geholfen, aber es reichte nicht aus.

Die grundsätzlichen Probleme, mit denen sich die Meister auseinandersetzen müssen, bleiben nach wie vor bestehen. Die Arbeiter sind noch immer unzufrieden, vielleicht deshalb, weil sie mehr Mitspracherecht bei den Entscheidungen wollen. Wir hingegen haben jahrelang immer höheren Lohn geboten, als ob wir Zufriedenheit kaufen könnten, ohne an den grundlegenden Faktoren etwas zu ändern.

Es ist genau wie mit der Sicherheit. Vor Jahren bezahlten wir die Mitarbeiter, die gefährliche Arbeiten verrichteten, besser als andere. Wir hatten natürlich immer noch Unfälle. Schließlich beschlossen wir, unser Geld dafür auszugeben, die Arbeitsplätze sicherer zu machen, anstatt die Leute dafür zu bezahlen, daß sie gefährliche Arbeiten verrichteten. Das hat sich als besser erwiesen.

Aber wir bezahlen immer noch Leute, damit sie ein Arbeitssystem akzeptieren, das sie nicht mögen, über das sie sich ärgern. Sie nehmen das Geld, aber die Leistung wird nicht besser. Ich weiß nicht, wo ich anfangen soll, um die Situation zu verändern. Ich kann die Tätigkeiten nicht ändern, ohne die Struktur des Betriebes umzukrempeln. Ich kann die Mitarbeiter nicht an der Produktionsplanung beteiligen, ohne daß ich versuche, unsere Manager dazu zu bringen, den Vorschlägen der Arbeiter aufgeschlossener gegenüberzustehen, selbst wenn manche nicht sehr brauchbar sind. Und ich kann die Meister nicht dazu bringen, sich anders zu verhalten, wenn die gewerkschaftlich organisierten Arbeiter sie ständig unter Beschuß nehmen. Alles hängt miteinander zusammen und läßt sich nur schwer ändern. Manchmal habe ich das Gefühl, ich versuche einen Sandstrand mit einem Teelöffel umzuschaufeln. Immer wenn ich denke, ich hätte Fortschritte gemacht, kommt ein Sturm auf und macht meine Arbeit zunichte. Die Probleme bei unseren Meistern machen sich überall bemerkbar. Ich verliere langsam den Mut. Ich weiß wirklich nicht, wie ich das Ruder herumreißen soll.

An besonders schlimmen Tagen frage ich mich, ob mir das überhaupt jemals gelingen wird.

Vielleicht", schloß er, „haben wir das Pferd am Schwanz aufgezäumt. Wir haben die Betriebe unter dem Gesichtspunkt der Effizienz organisiert – aber die Folge davon ist, daß sich Arbeiter und Meister gegenseitig an die Kehle springen. Das untergräbt unsere Leistungsfähigkeit und treibt die Kosten in die Höhe. Vielleicht sollten wir zuerst die Arbeit so organisieren, daß sie auf unsere Mitarbeiter abgestimmt ist, und dann sehen, ob wir leistungsfähiger werden."

Ein unkonventioneller Betrieb

Zur gleichen Zeit, als sich Howards in einem Produktionssystem festgefahren fühlte, das offenbar nicht verändert werden konnte, war sein Vorgänger Jim Finley, inzwischen Betriebsleiter bei einem Hauptkunden von Acme, dabei, sich mit seiner neuen Firma und seiner neuen Position vertraut zu machen. Sein Befinden ließ sich allerdings am besten als „Schockzustand" beschreiben. Finley galt als fähiger, erfahrener Manager und konnte beste Zeugnisse vorweisen. Daß er die Stelle des Betriebsleiters bekommen hatte, zeigte, wie hoch die Firma seine Fähigkeiten einschätzte. Trotzdem war es ihm im Augenblick völlig unklar, ob es richtig war, diese Stelle anzunehmen. Nachdem er nun seit zwei Wochen in seinem neuen Betrieb arbeitete, wurde er das Gefühl nicht los, er sei in ein fremdes Land verpflanzt worden, weitab von den gewohnten Orientierungshilfen, einer vertrauten Sprache und den bekannten Ritualen, die innerhalb eines Betriebes ein Gefühl der Geborgenheit vermitteln und als Wegweiser dienen. Viel mehr noch beunruhigte ihn, daß er offenbar erst noch die Grundvoraussetzungen erlernen mußte, unter denen hier gearbeitet wurde. Oft entwickelten sich die Dinge, die er anpackte, ganz anders als erwartet, und seine instinktiven Reaktionen auf Ereignisse im Betrieb erschienen ihm oft völlig verkehrt.

Erstens hatte dieser Betrieb weit weniger Manager und Meister als die anderen Betriebe, in denen er gearbeitet hatte. In den ersten

Tagen verbrachte Finley den größten Teil seiner Zeit damit, sich zu fragen, wo alle steckten. Außerdem handelten die Manager nicht von ihrem Schreibtisch, sondern vom Produktionsbetrieb aus, wo sie sich spontan mit Gruppen von Mitarbeitern zu treffen schienen, um über Probleme zu sprechen und diese zu lösen. Ja, es hatte sogar den Anschein, daß sie überhaupt keine Vorgesetzten, sondern vielmehr ein Teil ihrer Umgebung waren. Es gab Augenblicke, in denen Finley dachte, die ganze Organisation sei von oben nach unten umgekehrt worden. Die Manager dienten als Assistenten und Instruktoren für Produktionsarbeiter, nicht umgekehrt.

Finley war nicht der einzige, der das Gefühl hatte, dieser Betrieb sei anders als die anderen Betriebe, in denen er zuvor gearbeitet hatte. An Finleys erstem Tag hatte Anderson, ein Produktionsarbeiter, mehrere Stunden lang den neuen Manager durch den Betrieb geführt und dabei den „Kulturschock" beschrieben, den er selbst erlebt hatte, als er ein Jahr zuvor in die Firma eingetreten war. „Als ich meine Stelle hier antrat, war ich an körperliche Arbeit gewöhnt, nicht an geistige Arbeit. Hier müssen wir beides tun."

Diese Äußerung trug noch mehr zu Finleys Verwirrung bei. Natürlich hatte er von dem neuen Arbeitssystem gehört, bevor er den Betrieb übernahm, aber die Realität war ganz anders als die Vorstellung, die er sich gemacht hatte.

Bei ihrem Rundgang durch den Betrieb fuhr Anderson fort: „In meinem alten Betrieb brauchte ich nur die Maschine zu bedienen. Heute tue ich das auch, aber ich muß auch dafür sorgen, daß die Maschine und der Arbeitsablauf funktionieren. Ich lerne immer einen neuen Teil der Verfahren hier, deshalb kenne ich inzwischen fast die ganze Fertigungsstraße. Zuerst hat es mir nicht gefallen. Manche waren so erschrocken über das, was es alles zu tun gab, daß sie kündigten. Es gibt viel Streß. Manchmal zuviel."

Finley dachte, daß ihm nun einiges klarer geworden sei. „Zuviel Druck von den Meistern?" fragte er aufs Geratewohl.

"Nein, nicht von den Meistern, sondern von den Kollegen", antwortete Anderson. „Wir arbeiten in Teams, und wenn einer von uns keinen Einsatz bringt, bekommt er mehr Schwierigkeiten von den anderen Teammitgliedern, als er jemals von einem Meister bekäme. Ich weiß das, ich habe das zu spüren bekommen, wenn ich mal einen schlechten Tag hatte. Man muß hier Leistung bringen, sonst läuft die Teamarbeit einfach nicht."

Einige Monate später traf Finley im Betrieb auf eine junge Dame. „Ich bin Vivian Wendel von Servomatic Systems. Ich soll hier den Einbau von Geräten überprüfen, die wir letzte Woche geliefert haben, und ich möchte sehen, wie das mit dem Produktionsablauf vereinbar ist. Mit wem soll ich sprechen? Wo ist der Meister für diesen Bereich?"

„Wir haben keinen", antwortete Finley.

„Was meinen Sie damit, sie hätten keinen?" fragte Vivian Wendel verunsichert.

„Genau das, was ich gesagt habe."

„Dann gibt es wohl einen übergeordneten Produktionsmanager, mit dem ich sprechen kann?"

„Den gibt es auch nicht. Ich habe drei Assistenten, aber sie wissen über den Ablauf in diesem Abschnitt auch nicht Bescheid."

„Wer weiß dann darüber Bescheid?"

„Der Teamleiter oder die Teammitglieder."

„Sie meinen die Arbeiter?"

„Ja."

„Aber ich brauche jemand, der verantwortlich ist."

„Jeder ist verantwortlich."

„Aber sie können nicht für die Firma sprechen."

„Doch, das können sie", antwortete Finley. „Wenn einer Ihre Fragen nicht beantworten kann, so ruft er noch jemanden hinzu, auch mich, wenn nötig."

Als Finley sah, daß die Besucherin immer noch zögerte, wandte sich Finley an ein Teammitglied in der Nähe. „Bitte begleiten Sie Ms. Wendel hinüber zum Fließband und bringen Sie sie mit dem Team in dem Bereich in Kontakt, wo wir die Geräte brauchen."

Einige Stunden später sah Finley Ms. Wendel wieder. „Haben Sie Ihre Informationen bekommen?" fragte Finley.

„Ja", antwortete Ms. Wendel, „aber ich bin es nicht gewohnt, mit einfachen Arbeitern zu verhandeln."

„Aber sie kennen sich doch aus."

„Ja, aber es ist mir dabei noch immer etwas unwohl," wandte Ms. Wendel ein. „Wie hat jeder von ihnen so viel über den ganzen Arbeitsablauf in der Abteilung gelernt?"

„Wir machen Job Rotation innerhalb der Teams."

„Wird es dadurch nicht schwer, sie zu bezahlen? Ich meine, ändert sich ihre Bezahlung nicht jedesmal, wenn sie von einem Arbeitsplatz an den nächsten und dann wieder zurück zur ursprünglichen Stelle rotiert werden?"

„Nein, wir bezahlen sie für die Anzahl von Tätigkeiten oder Aufgaben, die sie bewältigt haben, nicht dafür, was sie an einem bestimmten Platz tun."

„Wie lange brauchen sie, bis sie eine solche Fertigkeit erlernen?"

"Sechs Monate bis ein Jahr, meistens on the job."

„Wenn sie alle Aufgaben beherrschen...", begann Ms. Wendel.
„....bekommen sie das gleiche Entgelt wie alle anderen, die alle Aufgaben beherrschen", warf Finley dazwischen.

„Und was tun die Leute dann?"

„Das ist ein Problem", gab Finley zu. „Ich bin noch nicht lange hier, aber ich kann schon jetzt sehen, daß Mitarbeiter sich daran gewöhnen, neue Aufgaben zu bewältigen und sich dabei persönlich weiterzuentwickeln. Wir müssen uns eine Möglichkeit einfallen lassen, wie wir ihnen zusätzliche Chancen bieten, wenn sie in den Produktionsteams alles beherrschen.

Ein unkonventioneller Betrieb

Als ich hierher kam, erzählte mir mein Vorgänger, dies sei sein größtes Problem gewesen", fuhr Finley fort. „Er erzählte mir von einer Ölraffinerie in England, die dieses System vor 14 Jahren eingeführt hat. Dort gab es eine Menge Leute, die in der Gehaltsskala ganz oben standen, und die Konkurrenten warben ständig Leute ab für Management-Positionen in ihren traditionell geführten Betrieben."

„Warum sind die Leute weggegangen?" fragte Ms. Wendel.

„Zum Teil, weil sie die Spitze der Gehaltsskala ereicht hatten, vor allem aber, weil man sie ermutigt hatte, ehrgeizig zu sein und mehr zu lernen, innerhalb der Firma jedoch keine entsprechenden Aufstiegschancen einräumen konnte."

Finley bemerkte, daß Ms. Wendels innerlich triumphierte. Viel zu viele Führungskräfte sind immer zu sehr darauf aus, irgendeinen Haken an dem neuen System zu finden, dachte er. Jedes Problem, das auftritt, genügt ihnen, um das System als solches als völlig undurchführbar zu verwerfen.

„Aber schauen Sie doch, wie weit wir hier gekommen sind", fuhr Finley fort. „Als ich noch bei Acme war, habe ich mir lange überlegt, wie ich die Leute motivieren sollte – um in ihnen Einstellungen und Verhaltensweisen zu wecken, die das Unternehmen erfolgreich machen –, aber es ist mir nicht gelungen.

Hier dagegen ist es mein Problem, mit der Belegschaft Schritt zu halten. Die Mitarbeiter bringen hohe Leistungen und haben hohe Erwartungen. Heute versuche ich nicht, sie zu drängen oder mit irgendeinem Köder anzuspornen. Stattdessen versuche ich, ihnen vorauszubleiben. Es ist wirklich ein Problem, aber das ist mir lieber als die Probleme, die ich früher hatte."

„Wie groß ist Ihr Betrieb?" fragte Ms. Wendel.

„Wir haben 1700 Mitarbeiter", antwortete Finley.

„Wie viele Management-Ebenen?"

„Drei. Wieviele haben die Betriebe, mit denen sie sonst zu tun haben?" fragte Finley zurück, obwohl er die Antwort bereits wußte.

„Fünf, sechs oder sogar sieben", erwiderte Ms. Wendel und fragte weiter: „Arbeitet der Betrieb wirtschaftlich?"

„Unter uns gesagt, er liegt etwa 15 bis 20 Prozent über vergleichbaren traditionell geführten Betrieben."

„Aber Sie müssen beträchtliche Gemeinkosten haben, mindestens auf der Personalseite", wandte Ms. Wendel ein. „Jeder ist ausgebildet worden, alles zu können."

„Ja," stimmte Finley zu, „aber wir haben dafür sehr viel Flexibilität und Anpassungsfähigkeit. Die Leute arbeiten toll hier, und natürlich haben wir einige ganz wenige Manager oder white-collar-Spezialisten, die für Terminplanung, Lager oder Materialbeschaffung zuständig sind."

„Haben Sie eine hohe Fluktuationsrate?"

„Warum fragen Sie das?"

„Ich würde erwarten, daß Leute kommen und dann wieder gehen, wenn sie sehen, wie viel Arbeit hier geleistet werden muß – und wie anders sie ist."

„Wir haben eine gewisse Fluktuationsrate, aber sie ist unterdurchschnittlich. Wir wählen unsere Mitarbeiter sorgfältig aus. Wir interviewen die Bewerber, dann zeigen wir ihnen auf einem Videoband, wie das entsprechende Team arbeitet. Auf dem Video werden einige wichtige Dinge vermittelt: Zuerst, daß die Leute hier mit dem Kopf arbeiten und die Arbeit notfalls mit nach Hause nehmen müssen. Das bedeutet Streß. Zweitens, daß man bereit sein muß, sich in ein solches Team zu integrieren, zu Besprechungen zu gehen und miteinander zu kommunizieren. Drittens, daß wir Job-Rotation praktizieren, so daß die Tätigkeiten immer wieder andere sind. Man kann nicht einfach etwas finden, was einem Spaß macht, und dann aufgrund der Dauer der Betriebszugehörigkeit oder was auch immer dabei bleiben. Die Stelle gehört einem nicht. Viertens muß jeder Kritik von anderen Teammitgliedern vertragen können.

Niemand wird gerne kritisiert, und manche Leute werden sich an denen rächen wollen, die sie kritisieren. Das geht hier nicht. Man muß konstruktive Kritik austeilen, aber auch einstecken können.

Schließlich muß jeder eine Menge verschiedener Fähigkeiten erlernen und dann anderen Leuten beibringen können. Es ist, als ob man wieder die Schulbank drückt. Wir sagen: Wenn Sie ein Mensch sind, der gerne die Schraube A in Loch B dreht, dann wird es Ihnen hier nicht gefallen, dann ist dieser Arbeitsplatz nicht für Sie geeignet."

„Auf dem Videoband wird der Betrieb nicht besser dargestellt, als er ist", schloß Finley. „Eher sind wir darin selbstkritisch. Viele Leute sehen das Band und entscheiden sich dann gegen uns. Diejenigen aber, die eine Stelle annehmen, haben eine recht konkrete Vorstellung davon, worauf sie sich einlassen. Deshalb ist die Fluktuationsrate niedrig."

„Und Sie selbst? Gefällt es Ihnen hier?", fragte Ms. Wendel.

„Mir ist die Umstellung nicht leicht gefallen", antwortete Finley. „Es ist stressig, aber ein eigenartiger Streß. Ich bin daran gewöhnt, mich und andere Leute in die Pflicht zu nehmen. Hier muß ich mich zurückhalten. Ich muß es anderen überlassen, wie sie ihre Arbeit erledigen. Ich kann assistieren; ich kann versuchen, das Umfeld, in dem alles abläuft, weiterzuentwickeln, aber ich muß viel Selbstdisziplin aufbringen, um nicht in Versuchung zu geraten, die Dinge selbst zu tun.

Ich mußte meinen Managementstil grundsätzlich verändern. Früher saß ich in meinem Büro und bildete mir ein, es werde alles so gemacht, wie ich es angeordnet hatte, mit der Folge, daß sich jeder vor mir fürchtete.

Heute kommt ein Teammitglied – also eigentlich ein Arbeiter – ungeachtet aller Hierarchiegrenzen in mein Büro, um mir zu sagen, daß er von diesem oder jenem Hilfe braucht. Da das so ist, macht es keinen Sinn, hier zu warten, bis jemand hereinkommt. Deshalb verbringe ich viel Zeit draußen im Betrieb und lasse mich bei den Leuten sehen.

Wissen Sie, wir haben hier sehr wenige Nacharbeiten. Die Überarbeitung von mangelhaften Produkten frißt einen anderswo auf. Bei Acme verloren wir 40 Prozent des erwarteten Gewinns, weil wir Produkte, die schlecht gefertigt waren, noch einmal bearbeiten mußten. Es gelang mir damals lediglich, die Produktion zu beschleunigen, indem die Mitarbeiter noch stärker angetrieben wurden. Ich konnte sie nicht dazu bringen, auf Qualität zu achten oder sorgfältig genug mit den Dingen umzugehen. Hier haben wir das Problem nicht. Wir haben sehr wenig Nacharbeiten und damit auch ein besseres Geschäftsergebnis.

Die Teammitglieder setzen sich stärker ein als die Mitarbeiter anderer Betriebe, in denen ich gearbeitet habe. Hier enden Besprechungen zwischen Managern und Teammitgliedern öfter damit, daß das Team erklärt, was der nächste Schritt sein wird, als daß der Manager Schlußfolgerungen zieht und schließlich eine Anweisung erteilt."

„Ich glaube, das würde mir nicht gefallen", meinte Ms. Wendel.

„Vielen Managern gefällt das nicht", stimmte Finley zu. „Ich habe mehr Probleme mit Managern gehabt, die hier nicht hereinpassen, als mit Leuten, die wir von der Straße geholt und in die Teams integriert haben."

„Warum?"

„Ich glaube, es ist eine Frage der persönlichen Macht", meinte Finley. „Wenn man im alten System großgeworden ist, schaut man in der Hierarchie nach oben und sagt: ‚Eines Tages werde ich derjenige sein, der die Anweisungen gibt und jeden nach seiner Pfeife tanzen läßt.' Dann bekommt man seine Chance und nutzt sie auch wirklich. Man sagt allen anderen, was sie zu tun haben. Aber bei uns muß man sich zurückhalten. Hier ist man nicht mehr der ‚Big Boss', die persönliche Macht scheint einem genommen. Manchmal denke ich, daß ich für die Teams arbeite, nicht sie für mich. Sie sagen mir, was sie von den Lieferanten oder von der Unternehmensleitung brauchen, und ich muß versuchen, das zu realisieren.

Trotzdem", fügte er hinzu, „wenn man es genau betrachtet, verliert ein Manager bei uns keineswegs an Macht und Kontrolle. Man kann ja aus den Ideen der ganzen Belegschaft schöpfen, nicht nur aus den Ideen einer kleinen Gruppe von Managern. Das bedeutet in Wirklichkeit einen Machtzugewinn, ein Mehr an Macht, das entsprechend geteilt werden kann.

Ausgeprägter ist aber auch das Kontrollsystem – dies vor allem wegen der Art und Weise, wie Aufgaben delegiert werden. Feedback-Systeme sagen mir, was passiert, und der peer pressure sorgt dafür, daß effizient gearbeitet wird. Tatsächlich gibt es also mehr Kontrolle als in einem traditionell geführten Betrieb, nur wird sie anders erreicht und ausgeübt.

Ich habe bei Acme viel Zeit für Personalprobleme gebraucht", fügte er hinzu. „Immer habe ich versucht, die Leute dazu zu bringen, die Richtlinien einzuhalten. Hier brauche ich mich nicht um die Einhaltung von Vorschriften zu kümmern, sondern beschäftige mich damit, wie Probleme flexibel gelöst werden können. Die Manager haben in diesem Bereich mehr Macht. Diese Flexibilität ist ein wichtiger zusätzlicher Freiheitsgrad.

Was ein Manager von seinen Mitarbeitern wirklich erwartet, sind zwei Dinge: Erstens sollen sie den Zweck ihrer Arbeit verstehen, und zweitens sollen sie nachvollziehen können, nach welchen Kriterien ihre Arbeit bewertet wird. Dann kann der Mitarbeiter selbst seine Arbeit organisieren und ausführen und dafür sorgen, daß sie von hoher Qualität ist.

Der Manager kann sich dadurch ungehindert um Probleme kümmern und Hindernisse beseitigen, die ein erfolgreiches Arbeiten erschweren. Ich weiß, daß Manager, die in einem so geführten Betrieb gearbeitet haben, nur schwer wieder in einen ‚normalen' Betrieb zurückfinden. Ich glaube, mir ginge das genauso. Letztes Wochenende traf ich auf einer Management-Tagung einen Manager von einer großen Ölgesellschaft. Er war so jung wie ich, löste gerne Probleme – und tat alles, um einen harten Job gut zu meistern.

Er hatte bei einer Synthetiköl-Gesellschaft in Westkanada gearbeitet, die einer Gruppe von Ölgesellschaften gehörte. Sie war Mitte der 70er Jahre gegründet worden. Es gab wenig Kontrolle von oben, und jeder tat, was notwendig war, damit der Laden lief. Er fand die Arbeit dort phantastisch; jeder hatte die Einstellung, daß er alle notwendigen Arbeiten, die anfielen, auch anzupacken verstand.

Allerdings machte sich in der Chefetage der betreffenden Ölgesellschaft die Sorge breit, ob sich ihre Investition auch lohnen würde. Jede Menge Aufsichtspersonal wurde entsandt – mit der Folge, daß die Produktivität drastisch abnahm. Wenn früher der Führer einer Planierraupe Probleme hatte, trampte er mit einem LKW zum Betrieb zurück, besorgte sich Werkzeug, fuhr zurück zu seiner Planierraupe und brachte sie in Ordnung. Heute sitzt er untätig auf seiner Maschine, wartet auf jemanden, der lange nach ihm sucht, ihn nicht findet und dann in der Zentrale nachfragt, was zu tun sei.

Dieser Mann sagte mir, daß ihn solche Sachen verrückt gemacht hätten, deshalb ließ er sich versetzen. Ich glaube, wenn ich in einen solchen Betrieb zurückgehen müßte, könnte ich es auch nicht aushalten.

Es gibt noch eine letzte Sache", schloß Finley. „Ich habe mit vielen Leuten darüber gesprochen, wie sich die Unternehmen in der Zukunft organisieren werden, weil ich auf dem laufenden sein will. Ich habe mich gefragt, ob es mehr oder weniger Bürokratie geben wird. Dieser Betrieb hier ist kaum bürokratisch, und ich glaube, ihm gehört die Zukunft aus zwei wichtigen Gründen:

Erstens möchten die Mitarbeiter die Möglichkeit haben, ihren Verstand zu gebrauchen, zu partizipieren und einen individuellen Beitrag zu leisten. Sie wollen nicht herumkommandiert werden, und sie arbeiten so besser.

Zweitens brauchen wir nicht mehr so bürokratisch wie früher zu sein, weil der Computer die umfassende Verbreitung von Informationen ermöglicht. Die Information braucht nicht mehr die Hierarchiepyramide hinauf und hinunter zu laufen. Ein Teammitglied braucht nicht mehr zur Einkaufsabteilung zu gehen, um festzustellen, wie weit der Kauf einer neuen Maschine gediehen ist. Er geht nur zum Terminal, und schon weiß er Bescheid. Und wenn er damit ein Problem hat, schickt er einfach eine Computer-Nachricht an den zuständigen Sachbearbeiter, um den Vorgang zu beschleunigen. Er braucht keine Anfrage mehr an seinen Meister zu richten, der sie an den Einkaufsmanager schickt, der die Anfrage seinem Sachbearbeiter gibt, der wiederum die Antwort an seinen Vorgesetzten weitergibt, von wo sie wieder zum Werksmeister und von dort aus schließlich zum Produktionsarbeiter geht. Wir sparen eine Menge Geld, indem wir den ganzen Instanzenweg abkürzen."

Jim Finley war nicht der einzige, der sich umstellen mußte. Viele andere sind ebenfalls betroffen – Manager, die versuchen, ihren Führungsstil an veränderte Aufgabenstellungen anzupassen und die diese Herausforderung manchmal als Streß, oft aber als lohnend empfinden.

Ein Wettbewerbsvorteil

Heute gehören fast zu jedem großen amerikanischen Industriekonzern mindestens ein oder zwei Firmen, die in einigen Punkten dem von Finley geleiteten Betrieb gleichen. Sie stellen Experimente dar, haben die Aufbauphase aber schon hinter sich. Manche dieser Betriebe arbeiten schon seit fast zehn Jahren. Dennoch wird von diesen Bemühungen nur zögernd berichtet. Solche unkonventionell geführten Betriebe sind beim Management nämlich nach wie vor umstritten. Es scheint im Topmanagement eines jeden Unternehmens Leute zu geben, die nur auf Anzeichen von Fehlschlägen warten.

Aber die Optimisten haben ebenfalls Grund zum Schweigen. Für viele Unternehmen sind unkonventionelle Betriebe geradezu eine Trumpfkarte in ihren Bemühungen, einen Wettbewerbsvorsprung zu erzielen. Wenn Kosten gesenkt und die Qualität verbessert werden können, sind sie in der Lage, auf dem Markt entscheidende Vorteile zu erzielen. Warum sollten sie also die Wettbewerber mit der Nase auf ein Instrument stoßen, das die Chance größerer Erfolge in sich birgt?

Bis vor kurzem galten die jeweils angewandten Management-Techniken in den meisten amerikanischen Industrieunternehmen keineswegs als Geheimnis. Natürlich wurde über Kosten, Kunden, Technologie und Unternehmenspläne Stillschweigen bewahrt. Besondere Methoden des Personalmanagements hingegen galten nicht als Element einer Wettbewerbsstrategie. Heute jedoch hüllen sich die Unternehmen auch darüber in Schweigen, so daß der Umfang der Experimente und ihr Ergebnis vor der Öffentlichkeit verborgen bleibt.

Hinter diesem Vorhang des Schweigens verbergen sich sehr vielfältige Bemühungen. Manche gehen nicht ganz so weit wie in Finleys Betrieb, und doch sind sie von Bedeutung. Bei Champion International Corporation, einem bedeutenden Papierhersteller, werden Manager und Angestellte ermutigt, sich freiwillig für Problemlösungsteams zu melden. Dadurch erhält man nicht nur Vorschläge seitens der Mitarbeiter, sondern kann auch, was viel wichtiger ist, herausfinden, wo die Probleme liegen und welche Lösungsansätze denkbar sind. Probleme können in der Produktion auftreten, oder sie können in den Arbeitsbedingungen liegen; es bleibt der Gruppe überlassen, wo sie Schwierigkeiten oder Chancen sieht und woran sie arbeiten möchte. Es sind die Ideen, die helfen, Probleme zu lösen. „Ein Mitarbeiter, der einen Verbesserungsvorschlag einreicht, ist im wahrsten Sinne ein Geschäftspartner unserer Firma", pflegte der CEO dieses Unternehmens zu sagen.

Um arbeitsfähig zu sein, brauchen die Teams Geldmittel. Der Vorstand des Unternehmens hat daher einen Fonds eingerichtet, der nach dem Ermessen des Produktionsleiters verwaltet wird. Während der Vorstand also Ausgaben genehmigt hat, deren Verwendungszweck noch unbestimmt ist, kann der Produktionsleiter bei Vorschlägen, die er für lohnend hält, rasch reagieren.

Das Unternehmen führt über seine Ausgaben für Teamprojekte und die daraus resultierenden Kosteneinsparungen genau Buch. In einer Fünfjahresperiode, die Anfang der 80er Jahre zu Ende ging, stiegen die Kosteneinsparungen nachweislich von weniger als 1 Million Dollar pro Jahr auf über 20 Millionen Dollar an. Die Investitionsaufwendungen im fünften Jahr betrugen rund 1,5 Millionen Dollar für Teamprojekte bei einer durchschnittlichen Investition von über 20 000 Dollar pro Projekt.

Das Unternehmen verleiht nur noch Anerkennungen, keine Sondervergütungen für Vorschläge oder Kosteneinsparungen. Es zahlt den Team-Mitgliedern lediglich Überstunden, sofern welche anfallen. Eine Belohnung für die Teilnahme ergibt sich vor allem aus dem Engagement für die Arbeit selbst und aus dem Erfolg, den die von den Gruppen hervorgebrachten Ideen haben.

Vor kurzem hat das Unternehmen ähnliche freiwillige Problemlösungsteams in seiner Buchhaltung eingeführt.[21]

Andere Unternehmen sind noch weiter gegangen als Jim Finleys Firma. Zur General Motors Corporation gehört ein Betrieb, der heute ohne beaufsichtigendes Management der ersten oder zweiten Ebene läuft. Die Mitarbeiterteams erfüllen alle Funktionen, die in einem traditionell geführten Betrieb in der Regel mit dirckter Überwachung zu tun haben.

Die Dana Corporation hat einen drei Jahre alten Betrieb im Mittleren Westen der USA mit 200 Mitarbeitern und 3 Managern. Die Mitarbeiter kontrollieren sich selbst. „Wie läuft es?" wurde ein Dana-Manager gefragt. „Sehr gut. So gut, daß wir versuchen, auch aus anderen Betrieben eine Managementebene herauszunehmen."

Eine der umfangreichsten, am längsten bestehenden und effektivsten Bemühungen, die Belegschaft selbständiger arbeiten zu lassen, findet sich bei Procter & Gamble. In der Mitte der 60er Jahre begann das Unternehmen, neue Betriebe mit der Art von Arbeitssystem aufzubauen, wie es Jim Finley geschildert hat. Und in den frühen 80er Jahren ist nach einer langen Zeit der Frustration ein dramatischer Fortschritt in einigen älteren Betrieben des Unternehmens erzielt worden, die auf neue, unkonventionelle Systeme umgestellt wurden.

Das Unternehmen hat für die Partnerschaft zwischen Unternehmen und Mitarbeitern, um die es ihr geht, ein Schlagwort geprägt: „The

Adult Business Deal" (Geschäftsvereinbarung zwischen erwachsenen Partnern). Diese Beziehung zwischen Menschen auf allen Ebenen des Unternehmens ist von Vertrauen, Respekt, Engagement und Sicherheit gekennzeichnet.

Der traditionelle blue-collar worker, der in diesem neuen Arrangement „Techniker" heißt, soll möglichst gut informiert, umfassend ausgebildet und unternehmensorientiert sein. Jeden Tag bespricht er eine halbe Stunde lang Produktionsprobleme und Budgetplanung mit Mitarbeitern und Managern. Die Schnittstelle zwischen Managern und Technikern ist absichtlich verschwommen, um der Fähigkeit von Mitarbeitern, größere Verantwortung in ihrer Arbeit zu übernehmen, nach oben keine Grenzen zu setzen. Die Mitarbeiter qualifizieren sich für höhere Gehaltsstufen auf der Basis dessen, was sie wissen, was sie nachweislich tun können und wie gut sie in Teams zusammenarbeiten. Damit dieses System tragfähig wird, sind die Ausgaben für Ausbildung und Weiterbildung doppelt so hoch wie in den traditionell geführten Betrieben des Unternehmens.

Manager wie Jim Finley sind sich dessen bewußt, daß unkonventionelle Arbeitssysteme zu zahlreichen Mißverständnissen Anlaß geben. Er erinnerte sich an ein Gespräch mit einem leitenden Angestellten über die Mitbeteiligung der Arbeitnehmer. „Schlagen die Befürworter der Partizipation ernsthaft vor, daß eine Mitbestimmung nach europäischem Vorbild mit einer offiziellen Arbeitervertretung im Vorstand und daß Betriebsräte auch in den USA eingeführt werden sollen? Ist das die neue Welle?"

„Nein", versicherte Finley, „wir denken hier wohl weniger an eine Beteiligung an der Entscheidungsfindung, als an das Delegieren von Verantwortung. Es geht hier nicht darum, daß man ein Komitee zusammentreten läßt, um eine Entscheidung zu treffen, und dabei die Autorität und Veranwortlichkeit des Managements verwässert. Stattdessen gesteht man den Mitarbeitern mehr Eigeninitiative zu und gibt ihnen einen größeren Spielraum in ihrer Arbeit, den sie eigenverantwortlich ausfüllen." Finley fuhr fort: „Wenn ich darüber nachdenke, bin ich als Manager immer dann am erfolgreichsten gewesen, wenn ich den Mitarbeitern in groben Zügen erklärte, was zu tun war, und sie von da an selbständig weiterarbeiten ließ. Meine Arbeit bestand darin, zu koordinieren und dafür zu sorgen, daß alles klappte, aber nicht darin, den Mitarbeitern bis ins einzelne Anweisungen zu geben.

Es geht hier eigentlich darum", versuchte Finley zu erklären, „daß wir unsere Mitarbeiter ihre Fähigkeiten und Begabungen mehr nutzen lassen. Wenn man das einmal erlebt hat, stellt man fest, daß auf allen Mitarbeiterebenen erhebliches Können, Intelligenz und Fähigkeiten vorhanden sind. Meine Aufgabe als Manager besteht darin, diese Begabungen zu nutzen, und zwar im Interesse aller, die mit unserem Unternehmen verbunden sind: Mitarbeiter, Aktionäre, Kunden und Lieferanten.

Wir versuchen, die Begabungen zu nutzen, indem wir die Mitarbeiter mehr tun lassen – ob man das nun Delegieren oder Partizipation nennt – und indem wir die Qualität unserer zwischenmenschlichen Beziehungen verbessern. Es funktioniert, aber es ist schwierig, den Prozeß in Gang zu bekommen. Viele Manager sagen, das Ganze dauere einfach zu lange.

Wenn man jedoch die Einführung eines neuen Systems des Delegierens und der Verbesserung zwischenmenschlicher Beziehungen als Investition betrachtet, wird man erkennen, daß sie sich eines Tages auszahlen wird. Von unseren rund 100 Betrieben ist etwa ein Viertel dabei, ein neues System einzuführen, ein Viertel stellt dazu noch Fragen, ein Viertel macht sich darüber Gedanken, und ein Viertel tut überhaupt nichts. Was wir für unsere Investition bekommen, ist eine vom Wesen her produktivere Organisation."

Experimentelle Arbeitssysteme

Frühe Fehlschläge haben vielfach zu der Überzeugung geführt, es lohne sich nicht, mit einer größeren Eigenverantwortlichkeit auf Mitarbeiterebene weiterzuexperimentieren. Auf den ersten Blick schien es nämlich, als ob sich dadurch die amerikanischen Beschäftigungspraktiken nicht tiefgreifend verändern ließen: ganz im

Gegenteil. Im Laufe der Jahre sind die Experimente jedoch weitergeführt worden, und man hat sehr viel daraus gelernt. Heute bieten die neuartigen Arbeitssysteme vielleicht eine Möglichkeit, die Praxis in den Unternehmen zu reformieren und zu verbessern.

Worin bestehen diese Experimente? Sie sind komplex und können hier nur kurz umrissen werden. Es ist am einfachsten, zwei alternative Modelle einander gegenüberzustellen. Das erste Modell bezieht sich auf die gegenwärtige Praxis. Im allgemeinen verrichten die Mitarbeiter eine Tätigkeit mit eng definiertem Inhalt; sie bleiben auf ihrer Stelle und spezialisieren sich, sofern sie nicht befördert oder versetzt werden. Das Entgelt entspricht der spezifischen Arbeit oder der Leistung des einzelnen. Die Mitarbeiter arbeiten unter strenger Aufsicht, und ihre Leistung wird durch direkte Vorgesetzte beurteilt. Sie bekommen Überstunden zugeteilt oder werden nach genau festgelegten Regeln vorübergehend auf eine andere Stelle versetzt. In der Regel verrichtet jedoch der Mitarbeiter jahrelang die gleiche Arbeit, so daß sein beruflicher Werdegang von starker Spezialisierung gekennzeichnet ist.

Das experimentelle Modell weicht in fast allen Punkten von dem oben genannten ab. Hier sind die Aufgaben breit definiert, Mitarbeiterteams werden mit der Erfüllung einer Reihe von Aufgaben betraut, und die Mitarbeiter werden per Job Rotation durch die verschiedenen Stellen geschleust. Im Endeffekt wird das Team mit der Führung eines Geschäfts beauftragt. Das Team ist verantwortlich für Lagerhaltung, Materialdisposition, Personalplanung, Produktionsziele, Kostenziele und Produktqualität. Die Mitarbeiter werden nach der Anzahl der Aufgaben, die sie bewältigt haben, bezahlt. Es gibt wenig direkte Kontrolle. Die Mitarbeiter weden durch das Team kontrolliert und beurteilt. Man reagiert auf die Anfragen von Kollegen und nicht so sehr auf die Anweisungen eines Meisters. Anstelle von Vorschriften über Überstunden und Versetzungen gibt es einige wenige allgemeingültige Praktiken (wie sechsmonatige Job-Rotation-Perioden und formlose Absprachen, durch die die Arbeitslast gleichmäßig unter den Teammitgliedern aufgeteilt wird). Die „Karriere" eines Mitarbeiters beginnt mit dem Beherrschen einer Fertigkeit und wird fortgesetzt, bis er die Palette der Fertigkeiten beherrscht, die in den einzelnen Teams benötigt werden. Da die Bandbreite der Aufgaben groß ist, kommen auch besondere technische oder administrative Fähigkeiten zum Zug. Außerdem nimmt das Unternehmen darauf Rücksicht, daß es vielseitige Menschen mit verschiedenartigen Fähigkeiten beschäftigt und nicht einen maschinenartigen, spezialisierten Produktionsfaktor, der mit begrenztem Verwendungszweck in den Produktionsprozeß eingebracht wird. Wegen des Umfangs der Fertigkeiten und der Flexibilität, die diese Teamlösung für die Produktion mit sich bringt, ist bei diesem System häufig auch die Produktivität höher, und die Arbeitsplätze der Mitarbeiter sind etwas sicherer. (Tabelle 3).

Was das Vertrauen angeht, stellen neue Systeme an Management wie Mitarbeiter allerhöchste Anforderungen. Die Mitarbeiter dürfen sich keine Sorgen darüber machen, ob das Management die Flexibilität dazu ausnutzen wird, sie von nun an auszubeuten. Und Manager dürfen sich nicht darüber Gedanken machen müssen, ob die Mitarbeiter die Flexibilität dazu ausnutzen werden, ineffiziente Verfahrensweisen zu praktizieren. Die neuen Systeme bauen kein Vertrauen zwischen Mitarbeitern und Management auf; sie stützen sich darauf, daß ein solches Vertrauen bereits besteht. Sie erzeugen kein gegenseitiges Vertrauen, sondern sie setzen es voraus – zumindest am Anfang. Im Laufe der Zeit führt die erfolgreiche Durchführung der neuen Systeme allerdings tendenziell auch zu mehr Vertrauen zwischen Management und Mitarbeitern.

Die neuen Arbeitssysteme lassen sich besser verstehen, wenn man zwei verbreitete Irrtümer vermeidet. Erstens: Zwar verdanken diese Systeme ihre Entstehung zum Teil der Notwendigkeit, der japanischen Herausforderung auf dem Markt zu begegnen, jedoch handelt es sich keineswegs um Spielarten japanischer Modelle. Bei den neuen amerikanischen Systemen wird zwar besonderer Wert auf Teamarbeit gelegt; diese geht jedoch nicht zu Lasten des Individuums. Sie entsprechen im Gegenteil ganz der amerikanischen Psyche: dem Wunsch, eine eigene Leistung zu erbringen, etwas eigenes zu tun, die eigenen Fähigkeiten durch Bildung und Arbeit zu entwickeln, für die eigene Leistung anerkannt zu werden und Teil eines erfolgreichen Teams zu sein. Dies ist etwas anderes als das japanische Verständnis des eigenen Ichs und der Gesellschaft. Da sich die neuen Arbeitssysteme auf die amerikanische Individualpsychologie gründen und keinen Versuch darstellen, eine japanische Psychologie zu importieren, können sie in unseren Unternehmen wahrscheinlich weit erfolgreicher umgesetzt werden, als viele erwarten.

Die Japaner sind in der Lage, Führungsautorität mit guten zwischenmenschlichen Beziehungen zu vereinbaren. Den Amerikanern fällt das eher schwer, und die neuen Arbeitssysteme versuchen auch nicht, das Wesen der Amerikaner in dieser Hinsicht umzukrempeln. Stattdessen reduzieren sie die Bedeutung und die Rolle der Autorität ganz dramatisch. Die aufsichtführenden Vorgesetzten verschwinden weitgehend aus den Betrieben. Das Arbeits-

Traditionelle und unkonventionelle Arbeitssysteme

Traditionelles System	Unkonventionelles System
Eng definierte Tätigkeiten	Breit definierte Tätigkeiten
Spezialisierung auf eine einzelne Tätigkeit	Job rotation
Bezahlung nach Tätigkeit	Bezahlung nach Fertigkeiten und Kenntnissen (oder Tätigkeiten), die der Mitarbeiter beherrscht
Geschäftliche Information wird primär Managern vorbehalten	Geschäftliche Informationen werden an Mitarbeiter weitergegeben
Die Arbeit wird unter strenger Überwachung geleistet	Wenig direkte Überwachung
Die Vorgesetzten üben Leistungsdruck aus	Die Kollegen üben Leistungsdruck aus
Wenig Ausbildung/Weiterbildung	Ständige Ausbildung/Weiterbildung
Der einzelne arbeitet unter Aufsicht	Arbeit in Teams

Tabelle 3

team managt sich selbst. „Dies", so sagen japanische Manager über das neue System, „geht sehr viel weiter als das, was wir in unseren Betrieben tun."

Zweitens: Die neuen Arbeitssysteme zielen nicht in erster Linie auf Veränderungen in der Beziehung zwischen Managern und Belegschaft. Es geht nicht darum, Vorgesetzte und Mitarbieter einander näher zu bringen. Die meisten Amerikaner haben aufgrund ihrer Geschichte und Kultur ohnehin eine recht zynische Einstellung zu derartigen Versuchen, „auf Tuchfühlung zu gehen". Die neuen Systeme werden nicht die Beziehung zwischen Vorgesetzten und Mitarbeitern verändern; stattdessen heben sie sie auf, indem sie den Vorgesetzten auf unterster Ebene, den Meister oder Vorarbeiter, abschaffen. Die neuen Betriebe haben keine solchen Vorgesetzten auf unterster Ebene mehr. Die Mitarbeiter arbeiten nicht nach Anweisung, unter strenger Kontrolle oder disziplinärer Überprüfung. Stattdessen führen sie sich weitgehend selbst und werden von dem Team geführt, dem sie angehören, das heißt von peers, von gleichrangigen Kollegen. Die wenigen Manager in den neuen Betrieben üben Koordinations- und Kommunikationsfunktionen in der Nähe zur Belegschaft aus, ohne Anweisungen zu erteilen, zu kontrollieren oder disziplinarische Maßnahmen zu ergreifen. Da es die traditionelle Aufsichtsfunktion des Meisters oder Vorarbeiters nicht mehr gibt, kommt der Qualität der Beziehungen zwischen Belegschaft und ihren unmittelbaren Vorgesetzten keine besondere Bedeutung mehr zu.

Wichtig sind dagegen die Beziehungen zwischen den Mitarbeitern untereinander. Sie müssen einander mit Achtung begegnen. Sie müssen lernen, miteinander zu kommunizieren, sich gegenseitig zu kritisieren und einander etwas beizubringen – und auch als Individuen zu lernen und zu wachsen. Dies sind die dynamischen Prozesse, die die neuen Systeme lebensfähig machen. Wenn die Belegschaft Aufsichtsfunktionen im wesentlichen selbst übernimmt, verliert die Schnittstelle zwischen aufsichtführenden unmittelbaren Vorgesetzten und den Mitarbeitern ihre Bedeutung.

Die wichtige Frage in den neuen Systemen ist nicht, ob die Beziehung zwischen Mitarbeitern und unmittelbaren Vorgesetzten verbessert wird, sondern ob ein Betrieb langfristig mit dieser nichthierarchischen Struktur funktionieren kann.

Das Leben eines Mitarbeiters verändert sich mit dem neuen System. Anstatt gedankenlos ständig wiederkehrende Anweisungen auszuführen und abends alle Probleme am Arbeitsplatz zurückzulassen, übernimmt der Mitarbeiter weiterreichende Verpflichtungen. Der Streß, der mit dem Erreichen von Produktionszielen verbunden ist, macht sich nun unmittelbar bei den Teammitgliedern bemerkbar. Die Mitarbeiter müssen lernen, Kritik von anderen Teammitgliedern zu akzeptieren und darauf konstruktiv zu reagieren. Und die Mitarbeiter lernen ständig dazu: Sie lernen on the job, etwa wenn neue Verfahren, Technologien und Produkte eingeführt werden. Tatsächlich übernehmen Mitarbeiter Funktionen, die heute dem Management vorbehalten sind, und sie erleben den Streß, der mit solchen Managementaufgaben verbunden ist. Die neuen Systeme erfordern von den Mitarbeitern viel mehr Engagement für ihre Tätigkeit als die alten Systeme. Die höhere Produktivität leitet sich aus der gewachsenen Einsatzbereitschaft und der größeren Flexibilität in der Produktion ab.

Der gefährlichste Augenblick

„Unser zukünftiger Produktionschef wird wahrscheinlich aus einem dieser hochfortschrittlichen Betriebe kommen", sagte der CEO eines großen Autozubehörherstellers, „nicht weil er ein Befürworter dieser Idee gewesen ist, sondern weil er diese Methoden unter anderem dazu genutzt hat, unser leistungsstärkster Manager zu werden."

Aus der Überzeugung heraus, daß sich die neuen Systeme im Markt bewähren werden, achten Führungskräfte wie dieser CEO sehr darauf, daß das Konzept unter den Managern ihres eigenen Unternehmens verbreitet wird. Lange Jahre war es nur eine kleine Zahl von Leuten in der Industrie und an den Universitäten, die solche Experimente in dem Glauben unterstützten, daß eine Veränderung notwendig sei. Sie machten kaum Fortschritte, weil andere nicht verstanden, warum es nun anders werden sollte. „Ihr versucht

Der gefährlichste Augenblick

nur, an unserem Erbe herumzupfuschen", schienen sie einzuwenden.

Erst als sie aktuelle Geschäftsergebnisse vorlegen konnten, hatten es die Befürworter der neuen Systeme leichter. Die entsprechend geführten Betriebe konnten erhebliche Erfolge vorweisen; sie erwiesen sich als erstaunlich leistungsfähig für Manager, schienen aber auch den Arbeitern ein günstiges Umfeld zu bieten. Anstatt über Möglichkeiten zu spekulieren, können die Befürworter heute skeptische Interessenten in diese Betriebe schicken, damit sie das neue System selbst vor Ort erleben. „Schaut euch um", sagt man den Arbeitern, „überzeugt euch selbst, daß es sich nicht nur wieder um eine Methode handelt, mit der aus den Mitarbeitern mehr Leistung für weniger Geld herausgepreßt werden soll." „Schaut euch um", wird den Managern gesagt, „und überzeugt euch, ob die neuen Systeme nicht für euch wie für die Belegschaft flexibler, kostengünstiger und lebensfähiger sind."

„Wir hatten Strategien für alle Bereiche unseres Geschäfts", sagte der Vice President eines großen Finanzdienstleistungsunternehmens. „Aber sie lagen in den Schubladen unserer Konzernzentrale. Heute geben wir unsere Informationen weiter. Wir stoßen nicht mehr auf Widerstand, wenn wir unsere Verfahrensweisen im Hinblick auf den Wettbewerb ändern müssen. Stattdessen können wir Schritt halten, da unsere Manager auf der unteren Ebene versuchen, den Vorsprung vor den Konkurrenten zu halten."

Wie steht es nun mit Managern, die so in das alte System eingebunden sind, daß das Neue nicht Fuß fassen kann? Ein großes Unternehmen wird auf der Basis der traditionellen Befehlskette geführt. Jede Sparte hat eine Gruppe von Grundfunktionen wie Werbung, Verkauf, Produktion, Forschung, Finanzwesen und Personal, die alle hierarchisch aufgebaut sind. Jede Sparte hat auch Kosteneinsparungsteams, die rein partnerschaftlich organisiert sind und keine Befehlskette haben. Jede Gruppe hat einige Mitglieder, die auf Job-Rotation-Basis arbeiten, und bildet auch die freiwilligen Teammitglieder aus. Die Teams arbeiten ohne Hierarchie, mit Managern und Untergebenen als gleichberechtigten Mitgliedern. In diesen Teams zählt, ob eine Idee gut ist, nicht, woher sie stammt. Wegen der Existenz dieser Teams erleben die Manager des Unternehmens zwei unterschiedliche Managementstile: Der eine ist traditionell, der andere eher partnerschaftlich. In diesen Teams lernen die Manager etwas über den neuen Führungsstil und entwickeln allmählich ein Gespür für die neuen Arbeitssysteme.

In einem neuen System müssen Manager ständig darüber nachdenken, wie ihre Handlungen den Gesamtprozeß beeinflussen. Das Engagegement der Mitarbeiter läßt sich nur langsam aufbauen, aber schnell zerstören. Konsequenz schafft Vertrauen, und Konsequenz wird geschaffen von Managern, die sich ihrer eigenen Handlungen bewußt sind. Es muß immer wieder überprüft werden, warum dies oder jenes getan wird. Die Augenblicke einer Notsituation oder Krise im Geschäftsleben sind die gefährlichsten. Wird ein Manager, der die Verantwortung für ein partnerschaftliches System hat, auf Direktiven, Fristsetzungen und Autorität zurückgreifen, wenn der Druck steigt? Wenn das der Fall ist, werden Taten mehr sagen als Worte und das neue System untergraben.

Die Grenzen eines hohen Engagements

Sind diese neuen Systeme für alle Zeiten und Bedingungen gemacht oder gibt es auch Grenzen? Viele Manager meinen, es gebe solche Grenzen. Die neuen Arbeitssysteme sind in amerikanischen Managementkreisen ein vieldiskutiertes Thema. Geben solche Firmen ihren Mitarbeitern zuviel Freiheit? Es stellt sich die Frage, ob die Arbeitsmoral durch das Fehlen strikter Anweisungen, Kontrolle und Disziplin unterminiert wird. Weitere Kritikpunke lauten wie folgt:

1. Kleine Firmen können partnerschaftlich geführt werden, größere jedoch nicht.

2. Neue Firmen können ein fruchtbarer Boden für neue Konzepte sein, ältere, etablierte Firmen jedoch nicht.

3. Partnerschaft und Entlassungen sind miteinander unvereinbar.

Die Grenzen hohen Engagements

deswegen hat dieses Konzept bei Unternehmen, die starken Konjunkturschwankungen unterworfen sind, keine Chance.
4. Die meisten Manager werden ihre Machtstellung nicht aufgeben, so daß partnerschaftliche Systeme schon dadurch auf Grenzen stoßen.
5. Wenn ein Unternehmen seine Mitarbeiter sorgfältig auswählekann, kann es wahrscheinlich eine Gruppe zusammenstellen,der die neuen Systeme Spaß machen, aber dem größten Teil der Belegschaft mangelt es an Interesse und Initiative, sich zu engagieren.

In allen diesen Beobachtungen steckt ein Körnchen Wahrheit. Partnerschaft läßt sich leichter in kleinen Einheiten als in großen durchführen; neue Betriebe sind bisher die erfolgreichsten Experimentierfelder gewesen; in manchen Fällen haben Entlassungen das Vertrauen zwischen Mitarbeitern und Managern erschüttert, das für ein partizipatives System notwendig ist; der größte Widerstand gegen neue Systeme findet sich bei den Managern der mittleren Ebene, und viele erfolgreiche Experimente stützen sich auf eine sorgfältige Auswahl bei der Einstellung der Mitarbeiter.

Wie die Beispiele in diesem Kapitel zeigen, gibt es für alle Kritikpunkte Lösungsansätze. Größere Unternehmen können solche Systeme auf Betriebs- oder Spartenebene, d.h. in kleineren Einheiten, durchführen. Manche Unternehmen haben bereits Erfolge in etablierten Betrieben erzielt. Trotz zahlreicher Entlassungen zu Beginn der 80er Jahre, die auf schwere Konjunkturrückgänge zurückzuführen waren, gibt es weiterhin Bestrebungen, unkonventionelle Arbeitssysteme zu entwickeln und zu fördern. Manager auf unterer und mittlerer Ebene gewinnen langsam Erfahrung mit den neuen Systemen, und manche befürworten sie. In vielen Fällen haben die Mitarbeiter Interesse an den neuen Systemen bekundet, nachdem das Management die Ernsthaftigkeit seiner Absichten nicht nur durch Worte, sondern auch durch Taten zum Ausdruck gebracht hat.

Auf der Suche nach größerer Wettbewerbsfähigkeit erlaubt man

Wechselseitige Erwartungen von Mitarbeitern und Unternehmen

Traditionelle Erwartungen bei gewerblichen Arbeitnehmern und Büroangestellten		Erwartungen bei Spezialisten und technischen Mitarbeitern	
Verpflichtungen des Mitarbeiters	Verpflichtungen des Unternehmens	Verpflichtungen des Mitarbeiters	Verpflichtungen des Unternehmens
Zur Arbeit erscheinen	Angemessene Bezahlung und Zusatzleistungen bieten	Zur Arbeit zur Verfügung stehen	Angemessene Bezahlung und Zusatzleistungen bieten
		Probleme lösen	
Aufgaben erfüllen, die angeordnet und kontrolliert werden	Für angemessene Arbeitsbedingungen sorgen	Dafür sorgen, daß Fertigkeiten und Kenntnisse auf dem neuesten Stand sind	Dafür sorgen, daß Arbeitsmittel und Technologien auf dem neuesten Stand sind Herausforderungen bei der Arbeit bieten
Ein ordentliches Tagespensum erfüllen	Sichere Arbeitsbedingungen bieten	Einen kreativen Beitrag zu den Produkten, Verfahren und Dienstleistungen des Unternehmens leisten	Möglichkeiten für eine Karriere, oft auch für die persönliche Entwicklung bieten
		Flexibel und anpassungsfähig sein	Aus- und Weiterbildungsmöglichkeiten bieten

Tabelle 4

heute den Mitarbeitern, mehr zu lernen und mehr Eigenverantwortlichkeit zu praktizieren. Das Management tritt in den Hintergrund. Obgleich sie noch nicht zur Norm geworden sind, stellen sich die neuen Systeme als „gesunde Keime" dar, die nicht nur auf dem Boden seltener und ungewöhnlicher Bedingungen wachsen können. Bei vielen Spitzenunternehmen gelten die neuen Arbeitssysteme als eine durchaus lohnende Möglichkeit.

Unter traditionellen Umständen wird vom gewerblichen Arbeitnehmer und den Büroangestellten auf unterer Ebene erwartet, daß sie ihren Arbeitstag unter strenger Aufsicht gegen eine angemessene Bezahlung und unter ordentlichen Arbeitsbedingungen leisten. Hingegen wird nicht erwartet, daß der Mitarbeiter sich außerhalb der normalen Arbeitszeit mit seiner Tätigkeit beschäftigt. Auch wird von ihm nur ein Mindestmaß an Engagement für seine Arbeit erwartet.

Spezialisten und technische Mitarbeiter haben höhere Erwartungen, und es werden an sie auch höhere Anforderungen gestellt. Außer einer angemessenen Bezahlung und ordentlichen Arbeitsbedingungen erwarten Spezialisten und technische Mitarbeiter eine interessante Tätigkeit, Überwachung durch qualifizierte Vorgesetzte sowie eine Technologie, die auf dem neuesten Stand ist. Als Gegenleistung wird von ihnen nicht nur die Anwesenheit am Arbeitsplatz erwartet, sondern auch so viel Kreativität und Einfallsreichtum, daß sie die Probleme lösen können, die bei ihrer Arbeit anfallen. Sie müssen dafür sorgen, daß ihre Fähigkeiten und Kenntnisse auf dem neuesten Stand bleiben und ihre Leistung mit einem hohen Maß an Kompetenz erbracht wird (Tabelle 4).

Spitzenmanager, die sich im neuen Wettbewerb behaupten wollen, beziehen heute außer technischen Mitarbeitern und Fachkräften auch die gewerblichen Arbeitnehmer und die Büroangestellten in dieses System mit ein. Dies erhöht die Leistungsfähigkeit des Unternehmens ganz erheblich und bietet der Belegschaft eine wertvolle Möglichkeit, bessere Leistungen zu bringen und in der Achtung zu steigen.

12. Kapitel

Eine Arbeitsethik entwickeln

Aus- und Weiterbildung sind weitgehend unerschlossene Möglichkeiten, den einzelnen Mitarbeiter zu veranlassen, sich für seine Aufgabe voll einzusetzen. Effektive Manager haben ein Wertesystem, das zum Geschäftserfolg beiträgt, und vermitteln es anderen durch ein verbessertes Trainingskonzept, das sich nicht nur auf Kenntnisse und Fertigkeiten, sondern auch auf Wertvorstellungen bezieht.

Die Persönlichkeit eines Unternehmens beeinflußt auch das Leistungsniveau seiner Mitarbeiter ganz erheblich. Erfolgreiche Unternehmen wissen, welche Persönlichkeit sie anstreben, vermitteln sie ihren Mitarbeitern und „managen" die Weiterentwicklung der Unternehmenspersönlichkeit mit Hilfe verschiedenartiger Instrumente.

Bewirbt sich jemand um eine Stelle in dem im 11. Kapitel beschriebenen Produktionsbetrieb von Acme Motor, bekommt er zuerst einen Videofilm vorgeführt. In diesem Film berichten die Mitarbeiter des Betriebs, wie ihre Arbeit aussieht. „Man wird hier nicht auf Rosen gebettet", erklärt da jemand, und ein anderer meint: „Man kann hier gut verdienen, aber man muß etwas dafür tun."

Mittels eingeblendeter Untertitel werden die Kommentare der Mitarbeiter in einzelne Abschnitte aufgeteilt. Beim ersten Untertitel geht es um Streß. „Es gibt eine Menge Streß, eine Menge Kopfarbeit", kommentiert ein älterer Mitarbeiter. „Man muß die Arbeit mit nach Hause nehmen und sich darüber Gedanken machen."

Wertvorstellungen prägen

Andere Mitarbeiter berichten, daß sie Probleme hatten, sich an die Erwartungen der Mitglieder ihrer Produktionsteams anzupassen. Einer von ihnen griff auf Beruhigungsmittel zurück, ein anderer flüchtete in den Alkohol. Beide hatten häusliche Probleme. „Aber es liegt nicht an uns", sagt ein Mitarbeiter im Videofilm, „es liegt an der hohen Arbeitsbelastung." Trotzdem haben beide gelernt, mit dem Streß zu leben und über die Arbeit nachzudenken, ohne sich dadurch übermäßig unter Druck setzen zu lassen. „Zu Hause läuft es jetzt prima", sagt ein anderer. „Wir haben gelernt, mit den Problemen umzugehen."

Ein weiterer Untertitel bezieht sich auf die Kommunikation. „Sie ist hier von großer Bedeutung", meint ein Mitarbeiter. „Ich habe am Kommunikationstraining teilgenommen, das im Betrieb angeboten wird. Für mich war das wirklich wichtig, weil ich zu den Leuten gehörte, die Antworten geben, ohne wirklich zuzuhören, was der andere gesagt hat. Und das kann einen ganz schön in Schwierigkeiten bringen."

Ein weiterer Mitarbeiter fügte hinzu: „Wir hatten mit einigen Leuten Probleme. Sie äußerten sich bei Besprechungen nie. Unser Konzept beruht aber auf der Teilnahme aller. Die Leute müssen partizipieren.

Dann geht es darum, daß man selbst etwas lernen und anderen etwas beibringen muß. „Den ganzen Montageprozeß muß man regelrecht lernen", sagt ein Mitarbeiter. „Es ist fast, wie wenn man wieder die Schulbank drücken muß. Für manche Leute ist das schwierig. Sie sind es nicht gewöhnt zu lernen. Hier kommt ständig etwas Neues hinzu."

Eine Mitarbeiterin berichtet über ihre persönliche Job-Rotation-Erfahrung. „Sechs Monate lang machte mir meine Arbeit einen Riesenspaß. Dann mußte ich sie aufgeben. Das tat mir sehr leid. Doch ich machte die Erfahrung, eine neue Mitarbeiterin in meiner Tätigkeit anzulernen. Das hat positive und negative Seiten. Aber keiner hat einen Besitzanspruch auf eine Stelle – alles wird gerecht geteilt."

Der letzte Untertitel des Films ist ein Ratschlag. Ein junger Mann erklärt zum Abschluß: „Ich sage meinen Freunden, wenn ihr Menschen seid, die gerne den ganzen Tag damit zubringen, die Schraube A in Loch B zu drehen, dann paßt ihr nicht hierher. Es würde euch gar nicht gefallen. Ihr hättet nur Probleme." Mit diesen Worten endet der Videofilm.

Dieser Film zeichnet wohl kaum ein rosiges Bild des Betriebs. Versucht das Unternehmen, Arbeitssuchende abzuschrecken? Ja und nein. Versucht wird, eine bestimmte Gruppe von Menschen abzuschrecken – aber auch, eine andere Gruppe anzulocken. Das Unternehmen sucht Bewerber, die eine Herausforderung annehmen und nicht nur körperliche, sondern auch geistige Arbeit leisten wollen. Gefragt sind Anpassungsfähigkeit, Bereitschaft zur Teamarbeit und partizipative Fähigkeiten. Deshalb zeigt das Unternehmen den Videofilm – in der Hoffnung, daß sich die Bewerber, die die Selbstdarstellung des Betriebs als Herausforderung empfinden, für die angebotenen Stellen entscheiden, während sich andere dann anderweitig orientieren.

Mit Hilfe des Videofilms versucht das Unternehmen auch, die Erwartungen seiner Bewerber zu strukturieren. In einem Betrieb, der so stark von der Norm abweicht – ein Betrieb, wo Teamarbeit die Anweisung eines Meisters oder Vorarbeiters ersetzt, und wo von

Wertvorstellungen prägen

Mitarbeitern erwartet wird, daß sie in Produktionsbesprechungen mitdenken und partizipieren – besteht die Gefahr, daß neue Mitarbeiter nicht hineinpassen. Wenn sie Erwartungen in bezug auf Verhaltensweisen mitbringen, die anderswo eingefahren sind, werden sie vielleicht über ihre neue Tätigkeit entsetzt sein und die Abläufe eher stören. Zur Vermeidung einer hohen Fluktuationsrate und als Orientierungshilfe für neue Mitarbeiter erklärt das Unternehmen mit Hilfe des Videofilms, wie es im Betrieb zugeht und welches Verhalten man von den Mitarbeitern erwartet.

Mit Hilfe des Videofilms beginnt das Unternehmen zugleich – und dies bereits vor der Einstellung –, dem potentiellen Mitarbeiter die Wertvorstellungen zu vermitteln, auf denen die Arbeitsorganisation des Betriebs basiert. Kooperation, Partizipation, Lernen und Lehren sind nicht nur Techniken im Betrieb. Es sind positive Werte, die den neuen Mitarbeitern in Fleisch und Blut übergehen müssen und durch regelmäßiges Training verstärkt werden sollen.

Wenn neue Mitarbeiter bei der J.M. Smucker Company eingestellt werden, verbringen die künftigen direkten Vorgesetzten mit ihnen mehrere Tage auf einem Orientierungskurs, um sie mit Werten und Einstellungen vertraut zu machen, die das Unternehmen prägen.

Als der Nissan-Automobilkonzern Anfang der 80er Jahre einen großen Produktionsbetrieb in Smyrna, Tennessee, baute, schickte das Unternehmen zuerst große Gruppen amerikanischer Arbeiter nach Japan, um sie dort in seinen einheimischen Betrieben auszubilden. Bei diesem Training wurden produktionsbezogene Fähigkeiten, Einstellungen und Verhaltensweisen miteinander kombiniert. In Tennessee wurden die Bewerber streng daraufhin überprüft, ob sie dem Wertesystem des Unternehmens entsprächen. Manche durchliefen mehrere Einstellungsgespräche und eine Schulung, bevor man ihnen eine Stelle anbot.

In anderen japanischen Betrieben in den USA werden etwa 40 Prozent der Einarbeitungszeit auf die Einstellung zur Arbeit und Wertvorstellungen und etwa 60 Prozent auf technische Information, Fertigkeiten und Kenntnisse verwendet. Die Japaner wissen sehr wohl, wie wichtig die Entwicklung einer positiven Einstellung zur Arbeit ist; sie bezeichnen das als „Prägen von Wertvorstellungen".

Diese Vorgehensweisen bei der Auswahl und Orientierung neuer Mitarbeiter stehen in deutlichem Gegensatz zur Praxis der meisten amerikanischen Unternehmen. Traditionsgemäß stellen amerikanische Unternehmen ihre Mitarbeiter für eine spezifische Tätigkeit ein und suchen dementsprechende arbeitsbezogene Fertigkeiten und Kenntnisse. Die Ausbildung ist kurz und bezieht sich nur darauf. In vielen Fällen besteht das Training nur aus einer einstündigen Einweisung am Arbeitsplatz durch einen Meister oder Kollegen – nach dem Motto: „Wir können sie innerhalb einer Woche oder weniger für eine spezifische Arbeit schulen und lassen sie gehen, wenn das Geschäft schlechter, wenn der Arbeitsplatz überflüssig wird."

Bei den oben genannten amerikanischen und japanischen Unternehmen werden dagegen Monate auf die Einstellungsprozedur verwandt, und noch weitere Monate auf das Training – sowohl in bezug auf die Tätigkeit selbst als auch auf Einstellungen, Wertvorstellungen und Verhaltensweisen. Hier scheint die Philosophie zu sein: „Dies sind wichtige Leute, die wir gerne lange behalten möchten."

In einigen unserer Spitzenunternehmen werden Diskussionen über Fragen der Ethik und des Verhaltens inzwischen sehr ernstgenommen. Bei General Motors stellten Manager, die mit der Entwicklung von Führungskräften zu tun haben, fest, daß das Unternehmen von seinen Managern vor allem Engagement für die Aufgabe und das Vorleben von Wertvorstellungen erwarten muß. Unter Wertvorstellungen und Tugenden stellen sich die meisten Menschen etwas vor, das gelehrt und von denjenigen, an die es gerichtet ist, passiv aufgenommen wird. Das Management von GE, das diesen Widerspruch erkannte, fügte deshalb dem Management-Training einige Projekttage hinzu, um Teamarbeit, persönliche Loyalität und Respekt durch Engagement einzuüben.

Dieser Vorgehensweise liegt die gleiche Idee zugrunde, die Nissan mit dem Training seiner amerikanischen Arbeitskräfte in Japan verfolgte. In Japan sollten die Mitarbeiter einmal vor Ort erfahren, wie die Wertvorstellungen des Unternehmens in die Realität umgesetzt werden. Erst später wurde den Mitarbeitern formell etwas über die Werte gesagt. Ähnlich wie bei Smucker, wo sich die Vorgesetzten Zeit für die Einführung neuer Mitarbeiter nehmen, wird auch hiermit gezeigt, welche Bedeutung das Unternehmen der Vermittlung von Wertvorstellungen beimißt. Bei GE, Nissan und Smucker, um nur einige zu nennen, sagen Taten mehr als Worte.

Immer mehr erkennt man, daß Auswahl und Training von Mitarbeitern für das Erbringen von Leistungen im Unternehmen wichtige Faktoren sind. Bei einem großen Gummihersteller sucht man heute in Assessment centers mittels Tests – oft unter branchenfremden Bewerbern – Meister und Vorarbeiter für neue Betriebe aus. Solche Tests zeigten auch, daß etwa 25 Prozent der Meister und Vorarbeiter aus bestehenden Betrieben für die neue Position nicht geeignet waren.

Die Betriebe des Gummiherstellers arbeiten oft in Wechselschichten, was bei vielen Umstellungsschwierigkeiten hervorruft. Früher nahmen Bewerber eine Stelle an, ohne zu wissen, wie sich Wechselschichten auswirken können, so daß es eine hohe Fluktuationsrate und ständige Unzufriedenheit gab. Um die Fluktuation zu mindern und unter den Mitarbeitern mehr Einsatzbereitschaft zu fördern, entwickelte das Unternehmen ein Orientierungsprogramm, das der Einstellung vorausging. Die Bewerber werden gebeten, ihre Familie mitzubringen, damit alle sehen können, wie sich eine Wechselschicht auswirkt. Dann sollen sie erst einmal zu Hause das Stellenangebot überdenken, bevor sie es annehmen. Dadurch kann vermieden werden, daß ein Ehepartner eine Woche nach der Einstellung des Mitarbeiters in die Firma kommt und sich beschwert: „Ich wußte nicht, daß er (oder sie) nachts oder an Wochenenden weg sein würde."

Mit solchen Unternehmen ging eine deutliche Verbesserung des Trainings einher. Dies wurde weitgehend durch eine Verbesserung der Qualität des Ausbildungspersonals erzielt. Wer im Unternehmen Karriere macht, muß zeitweise auch Trainingsprogramme durchführen, und die Bedeutung der Trainings hat zugenommen. In den neuen Betrieben des Unternehmens sind alle drei Ausbildungsleiter nun auf dem Weg, Betriebsleiter zu werden. Auslese bei der Einstellung neuer Mitarbeiter und die Betonung einer qualitativ hochwertigen Ausbildung – beide Entwicklungen zeigen, daß sich das Unternehmen zunehmend darüber im klaren ist, daß Engagement und Leistung der ganzen Belegschaft für den Erfolg des Unternehmens von entscheidender Bedeutung sind.

Vor kurzem änderte eine große Zeitschrift ihr Auswahlverfahren für Anzeigenakquisiteure. Wie ein leitender Angestellter berichtete, bestand das alte Einstellungsverfahren aus einer Reihe von Mittagessen in einem Club. „Wenn man die Martinis und Hacksteaks überlebte, wurde man eingestellt", sagte er.

Heute hingegen sind fünf Leute an den Einstellungsgesprächen beteiligt. Einer von ihnen ist Psychologe, sich seit Jahren mit Zeitschriftenwerbung beschäftigt. Der Psychologe weiß sehr genau. was einen guten Akquisiteur ausmacht.

Über die Bewerber wird diskutiert, und sie werden miteinander verglichen. Der Psychologe führt mit jedem Interessenten einen mehrstündigen Test durch und teilt der betreffenden Abteilung das Ergebnis mit. Besonders wichtig ist dabei, ob der Bewerber Ausdauer besitzt. Wird er immer wieder nachhaken, wenn beim ersten Besuch kein Verkaufsabschluß getätigt wurde? Ausdauer ist eine wichtige Eigenschaft bei einem Mitarbeiter, vor allem in der Werbebranche, wo ein fester Kundenstamm von entscheidender Bedeutung ist.

Bei McDonald's und Holiday Inn, Inc. bemühen sich die unternehmenseigenen Ausbildungsstätten um ein universitätsähnliches Image. Erfolgreiche Absolventen erhalten eine Art akademischen Titel. Für manche Beobachter hat die Kombination akademischer Weihen mit der Banalität des Grillens von Hamburgern oder des Führens eines Hotelbetriebs eher etwas Komisches. Trotzdem können beide Unternehmen, die eine Professionalisierung ihrer Manager am jeweiligen Standort anstreben, auf diese Weise den Qualitätsstandard ihrer Dienstleistung und ihrer Unternehmensführung bei ihren weit verstreuten Einrichtungen gleichmäßig anheben.

Beide Unternehmen erkannten, daß viele Mitarbeiter höheren Einsatz, eine höhere Arbeitsmoral und größeres Engagement an den Tag legen, wenn sie als wirkliche Fachkräfte behandelt werden. Die Topmanager beider Unternehmen verstärken und lenken diese Bestrebungen gerade bei Mitarbeitern, die nur eine schmale Ausbildung vorweisen. Sie tragen dem Wunsch einer Generation Rechnung, die nicht nur nur auf der wirtschaftlichen, sondern auch auf der sozialen Leiter aufsteigen will, und verbesssern dadurch gleichzeitig ihre Wettbewerbsposition.

Der Lehrplan in diesen Ausbildungsstätten ist auf die Teilnehmer und gleichzeitig auf die Bedürfnisse der Unternehmen zugeschnitten. Der Lehrstoff beinhaltet Betriebsführung und Kundenorientierung, er ist wissenschaftlich fundiert, wird aber praxisnah vermittelt. Daneben gibt es praktische Kurse sowie eine Einführung darüber, welche moralischen Grundsätze und Verhaltensweisen vom Mitarbeiter im Unternehmen als Ganzem erwartet werden. Dies alles findet in einer niveauvollen Atmosphäre statt, die das Selbstgefühl des Teilnehmers hebt.

Am anderen Ende des Spektrums wenden manche Unternehmen, deren Wettbewerbsfähigkeit vor allem von hochqualifizierten Fachkräften abhängt, ebenfalls sehr viel Mühe für Auswahl und Ausbildung auf. „Watson Senior sagte oft", erklärte IBM-Chairman John R. Opel einem Reporter der Zeitschrift Fortune, ,ihr könnt mir meine Fabriken nehmen, meine Gebäude verbrennen, aber gebt mir meine Leute, und ich werde das Unternehmen von Grund auf wieder aufbauen.'[22] Und er hatte recht. Es ist keine Zauberei – es sind die Eigenschaften der Menschen, die unser Unternehmen stark machen."

„Wir sind positiv eingestellte Menschen", fuhr Opel fort, und bezog sich damit auf die Auswahlkriterien von IBM. „Ich glaube, daß Gleiches Gleiches hervorbringt. Man sucht Mitarbeiter, die die gleichen Eigenschaften haben wie die Leute, die den Erfolg unseres Unternehmens möglich gemacht haben."

Die Auslese der Mitarbeiter spielt bei IBM aus mehreren Gründen eine entscheidende Rolle. Die Unternehmenspolitik hat zum Ziel, die Mitarbeiter ein Leben lang zu beschäftigen, und legt besonderen Wert auf die Möglichkeit, aus den eigenen Reihen aufzusteigen. Die Auswahlkriterien stellen akademische Leistungen und die Fähigkeit, sich in das Unternehmen einzupassen, in den Mittelpunkt. Der Personalstab bei IBM führt eine Vorauswahl durch, wobei die allgemeinen akademischen Qualifikationen eines Mitarbeiters und seine persönlichen Eigenschaften beurteilt werden. IBM führt jedoch keine Nachforschungen über Bewerber durch wie etwa die Überprüfung der Kreditwürdigkeit, auch fragt es nicht nach dem Alter. Das Unternehmen meint, daß diese Dinge den Privatbereich verletzen, und für die Entscheidung über eine Einstellung unwesentlich seien. Genormte Intelligenztests werden jedoch durchgeführt. Die Entscheidung über eine Einstellung wird erst nach weiteren Vorstellungsgesprächen mit den Linien-Managern getroffen, bei denen es darum geht, ob der Bewerber aufgrund seiner Kenntnisse und Fähigkeiten in eine Zweigniederlassung oder Abteilung paßt.

„Wir glauben", sagte ein leitender Angestellter von IBM, „daß wir als Unternehmen alle Probleme durch Schulung lösen können." Der Erfolg des Unternehmens scheint ihm rechtzugeben. „In den ersten 30 Ausbildungstagen eines neuen IBM-Managers geht es hauptsächlich um Menschenführung – um Disziplin, Beaufsichtigung von Untergebenen, Entwicklung der Begabungen und Fähigkeiten der Mitarbeiter, Leistungsbeurteilung und Arbeitsentgelt. Das übrige Training beschäftigt sich mit Finanzwesen, Produktion und Verkauf, mit speziellen Kursen auf Abteilungsebene über Budgetierung und ähnliche Themen – alles unter dem Motto: „IBM möchte, daß Sie Mitarbeiter erfolgreich führen." Um diesen Punkt ganz deutlich zu machen, wird in der ersten Zeile des Leistungsbeurteilungsformulars gefragt, wie der Manager Mitarbeiter führt.

Für neue Manager und andere neu eingestellte Mitarbeiter des Unternehmens gibt es umfangreiche Orientierungsveranstaltungen, bei denen die Wertvorstellungen und Verhaltensnormen des Unternehmens besonders hervorgehoben werden. Von den Managern wird erwartet, die Verhaltensnormen und Wertvorstellungen vorzuleben, und dazu zählt auch, sich in einem sich rasch wandelnden Umfeld zu behaupten. Folglich besuchen alle IBM-Manager alle drei Jahre die Schule und erhalten etwa 40 Schulungsstunden pro Jahr, in der Regel durch unternehmenseigene Trainingsprogramme. Dabei werden die Wertvorstellungen des Unternehmens ständig wieder in Erinnerung gerufen. In den Verkaufsbereichen wird der besondere Wert, der auf die Leistung des einzelnen gelegt wird, durch Verkaufsschulungen, Auszeichnungen und monatliche Besprechungen, in denen die Leistung des einzelnen anerkannt wird, unterstrichen.

Eine unternehmensspezifische Arbeitsethik entwickeln

Viele amerikanische Manager sowie japanische Manager mit amerikanischen Belegschaften bemühen sich inzwischen ganz offen, ihren Mitarbeitern bestimmte arbeitsbezogene Wertvorstellungen und Verhaltensweisen zu vermitteln. Diese Bemühungen sind besonders bei solchen Mitarbeitern umstritten, die zum ersten Mal damit konfrontiert sind.

Die amerikanische Bevölkerung besteht aus einem Gemisch von Nationalitäten, Rassen, Kulturen, Einstellungen, Religionen und Wertvorstellungen. Im Vergleich zu den meisten Gesellschaften ist die amerikanische sehr heterogen. Deshalb sind auch die Mitarbeiter der amerikanischen Unternehmen heterogener als in den meisten anderen Ländern der Erde. Aufgrund dieser Vielfalt werden viele Amerikaner mißtrauisch, wenn gemeinsame Wertvorstellungen propagiert werden, gleichgültig, ob von der Regierung oder einem Unternehmen. Wenn sich ein Unternehmen bemüht, seinen Mitarbeitern Wertvorstellungen einzuprägen, stößt dies bei vielen Menschen, ob Managern, Akademikern oder einfachen Arbeitern, auf Ablehnung. Peer pressure und Konformität sind für viele ein rotes Tuch.

Warum sind manche erfolgreiche Unternehmen so sehr darauf bedacht, ihren Mitarbeitern ein Wertesystem zu vermitteln? Wollen sie Konformität oder Gleichförmigkeit nur um ihrer selbst willen? Zeigt sich darin mangelnde Toleranz gegenüber der natürlichen

Vielfalt, ein Streben nach einfallsloser Gleichmacherei? Sind allgemeingültige Wertvorstellungen ein Schmutzfleck auf der Weste ansonsten bewundernswerter Spitzenunternehmen?

Diese Fragen lassen sich leicht beantworten, wenn man das wirtschaftliche Umfeld betrachtet. Heute erfordert der harte Wettbewerb von den Mitarbeitern auf allen Ebenen sehr viel Einsatzbereitschaft. Wo das Engagement fehlt, kann ein Unternehmen seinen Marktanteil rasch an die Konkurrenz verlieren. Deshalb sind die Manager erfolgreicher Unternehmen ständig um die Motivation und das Verhalten der Mitarbeiter am Arbeitsplatz bemüht.

Es ist nicht einfach, eine Arbeitsethik in einem Unternehmen zu entwickeln. Manchen Unternehmen ist dies oft erst nach jahrelangem Experimentieren gelungen. Ein Unternehmen kann eben nicht einfach eine ganze Generation umkrempeln. Zwischen den Werten des Unternehmens und den Wertvorstellungen der Gesellschaft muß eine gewisse Übereinstimmung herrschen. Ein Unternehmen würde sich gewiß schwertun, etwa den Wertvorstellungen des späten 19. Jahrhunderts wieder Geltung verschaffen zu wollen. Das Unternehmen muß sich deshalb fragen, welche Werte es wählen soll, wer sie auswählen soll und durch welchen Prozeß sie realisiert werden sollen.

Obwohl es schwierig ist und viel Fingerspitzengefühl erfordert, ein tragfähiges Gleichgewicht zwischen der Arbeitsethik des Unternehmens und den allgemeinen Wertvorstellungen herzustellen, bewältigen manche Unternehmen diese heikle Aufgabe mit Erfolg. Es ist möglich, eine Arbeitsethik zu schaffen, ohne die Privatsphäre oder die persönlichen Wertvorstellungen der Mitarbeiter zu verletzen. Die Forderung nach einheitlichen Wertvorstellungen in Arbeitsangelegenheiten, während man gleichzeitig in anderen Sphären Vielfalt erlaubt und sogar fördert, ist durchaus legitim. Es kommt dabei auf die Fähigkeit des Unternehmens an, in der wichtigen Frage der Privatsphäre sensibel und im Laufe der Zeit durchaus flexibel zu reagieren. Da außerberufliche Interessen an Bedeutung gewonnen haben, möchten die Mitarbeiter ihre Freizeit nicht mehr den Vorstellungen ihrer Firma unterordnen. Viele amerikanische Unternehmen haben diese Veränderungen erkannt und reagiert, indem sie auf ein starkes Engagement der Mitarbeiter im außerdienstlichen Bereich (Betriebsfeiern etc.) verzichten.

Um eine konstruktive Arbeitsethik zu entwickeln, müssen Unternehmen die Mitarbeiter nicht nur für eine spezifische Tätigkeit ausbilden, sondern auch schwer faßbare Dinge wie Loyalität, Teamarbeit und Einsatzbereitschaft vermitteln. Solche Werte sind für den langfristigen Erfolg eines Unternehmers ebenso wichtig wie arbeitsbezogene Fertigkeiten. Die Mitarbeiter müssen wissen, was von ihnen als Mitgliedern einer „Arbeitsplatzgesellschaft" und was im konkreten Aufgabenbereich erwartet wird. Wenn die Erwartungen der Mitarbeiter durch das Unternehmen nicht konstruktiv geformt werden, kann der Manager seinen Mitarbeitern auch nicht vorwerfen, ihr Verhalten lasse einen Mangel an diesen schwer definierbaren Eigenschaften erkennen.

Bildung und Ausbildung wird in amerikanischen Unternehmen am stärksten unterschätzt. Die meisten Unternehmen vermeiden nach Möglichkeit jegliche Ausbildung. Sie ziehen es vor, wenn die Konkurrenz die Kosten für die Ausbildung der Mitarbeiter übernimmt und versuchen dann, gute Kräfte abzuwerben. Selbst Unternehmen, die Mitarbeiter ausbilden, versuchen, die Kosten zu begrenzen, indem sie die Ausbildung möglichst eng und tätigkeitsbezogen gestalten. Dazu ziehen sie häufig Kurse von auswärtigen Firmen heran, die vielleicht eine ausgezeichnete technische Unterweisung bieten, aber wenig vom Unternehmen oder seinen Werten wissen. Deshalb können diese kaum etwas zur Entwicklung arbeitsbezogener Wertvorstellungen beitragen.

Ein kombiniertes Training, das Kenntnisse und Fertigkeiten wie auch Wertvorstellungen vermittelt, ist eine sehr wirksame Methode, um eine unternehmensspezifische Arbeitsethik zu entwickeln. Dieses Training kann sich auf Produktivität, Qualität und die damit verbundenen Verhaltensweisen beziehen. Amerikanische Spitzenunternehmen wenden hierfür Zeit, Mühe und Ressourcen auf.

In den Unternehmen, die sich besondes intensiv darum bemühen, besteht dieses Training aus drei Elementen: Entwicklung von

Wertvorstellungen, Aneignung von tätigkeitsbezogenem Spezialwissen und Vermittlung eines breiten Allgemeinwissens. Vom Mitarbeiter wird erwartet, daß er an funktionsübergreifenden Trainingsprogrammen teilnimmt. Dadurch gewinnen die Mitarbeiter ein umfassendes Verständnis für den Kontext, in den ihre Arbeit eingebunden ist. Sie bewältigen nicht nur Aufgaben, sondern werden zu Problemlösern. Sie sind Spezialisten in ihrer Arbeit und gleichzeitig Generalisten im Wissen.

Training wird von manchen Unternehmen auch als Instrument benutzt, um unmittelbare Unternehmensprobleme zu lösen. Angesichts der Zunahme nicht zurückgezahlter Kredite nehmen Bankfachleute an Psychologiekursen teil, in denen sie lernen, die Persönlichkeit von Kreditinteressenten zu beurteilen. Kann ein Sachbearbeiter die Persönlichkeit eines solchen Antragstellers verstehen, kann er nicht nur dessen Kreditwürdigkeit besser beurteilen, sondern auch eine geeignete Methode finden, um den Betreffenden zur Leistung überfälliger Rückzahlungen zu bewegen.[23]

Am anderen Ende der Skala versuchen Unternehmen, die in einem sich schnell wandelnden wirtschaftlichen Klima kreativ sein wollen, ihren Führungskräften kreatives Denken beizubringen. Viele Unternehmen schicken heute ihre Mitarbeiter auf Seminare, in denen kreatives Denken geübt wird.

Denken ist vielleicht eine Fähigkeit, aber es ist auch eng mit einer Wertvorstellung verbunden – mit kreativer Problemlösung. Die Synergie, die das Training zu einem so wichtigen Werkzeug macht, ergibt sich aus der Synergie von Kenntnissen und Fähigkeiten und dem Engagement, diese zugunsten des Unternehmens optimal einzusetzen. Erstaunlicherweise betonen viele Unternehmen das erstere, während sie letzteres vernachlässigen. Im Gegensatz dazu streben die gut geführten Unternehmen bewußt beides an und sind ständig bemüht, eine unternehmenseigene Arbeitsethik zu schaffen, nicht zuletzt deswegen, um dauerhafte Vorteile auf dem Markt zu gewinnen.

Gewinne sind nichts Anrüchiges

Gewinne spielen in der freien Marktwirtschaft eine wichtige Rolle. Sie liefern den Ertrag für die Anleger, zugleich aber die notwendigen Mittel für Investitionen, durch die das Unternehmen wachsen kann. Außerdem sind Gewinne eine Quelle für Prämienzahlungen, sei es für leitende Angestellte oder auch für die ganze Belegschaft. Im allgemeinen kann ein Privatunternehmen nicht erfolgreich sein, wenn es keine Gewinne erwirtschaftet. Sein Wachstum hängt davon ab, oft auch sein Überleben. Ein unrentables Unternehmen wird wahrscheinlich Produktionsstätten reorganisieren oder schließen oder sogar Leute entlassen müssen.

Für Manager in vielen Unternehmen ist Rentabilität das wichtigste Ziel. Wenn sie sich um die Einsatzbereitschaft der Mitarbeiter für das Unternehmen und seine Zielsetzungen bemühen, möchten sie zwangsläufig auch, daß sich der Mitarbeiter dem Gewinnmotiv verpflichtet fühlt. Die logische Konsequenz davon wäre, daß Unternehmen Zeit und Mühe darauf verwenden, ihren Mitarbeitern die Aufgabe und Bedeutung des Gewinns in einem modernen Unternehmen verständlich zu machen. Wenn das Unternehmen Gewinne erwirtschaftet, nützt es auch dem Mitarbeiter, da dadurch sein Arbeitsplatz sicherer wird und sich aus dem Wachstum des Unternehmens auch für ihn neue Chancen eröffnen.

Diese Konzepte, bei manchen High-Tech-Firmen eine Selbstverständlichkeit, fehlen erstaunlicherweise bei vielen Unternehmen. Die meisten Manager sprechen mit ihren Mitarbeitern über alles andere, nur nicht über Gewinne. Befragungen, die mit mehreren hundert Managern für dieses Buch durchgeführt wurden, zeigten, daß nur 3 Prozent aktiv mit ihren Mitarbeitern über Gewinne diskutieren.

Die Medien berichten häufig über die nachteiligen Folgen für die Mitarbeiter, wenn sich Unternehmen zwischen Gewinnen einerseits und menschlichen oder sozialen Werten andererseits entscheiden müssen. Es heißt dann oft, Unternehmen stellten die Gewinne über menschliche Belange, wenn Betriebe geschlossen oder Arbeitskräfte entlassen werden. Die Tatsache, daß Gewinne auch Arbeitsplätze sichern und durch Reinvestition oft auch neue schaffen, wird dabei übersehen.

Da Gewinne so sehr mißverstanden und häufig von den Medien gebrandmarkt werden, ist der Begriff „Profit" in den USA in erstaunlichem Maße zu einem negativen Reizwort geworden. Manager scheuen sich, mit ihren Mitarbeitern über „Gewinn" zu reden, weil der Begriff mit Emotionen und Mißverständnissen belastet ist und als heißes Eisen gilt. Sogar Gewerkschaftsfunktionäre, die die Notwendigkeit einsehen, daß Unternehmen rentabel arbeiten müssen, sind von dem allgemeinen Mißverständnis nicht ausgenommen und attackieren fast jede Gewinnspanne als übermäßig hoch.

Wer sich dem freien Unternehmertum verpflichtet fühlt, muß sich aber fragen, welche Aussichten ein Wirtschaftssystem langfristig hat, in dem ein maßgebliches Ziel von so vielen mißverstanden wird. „Unternehmensgewinn" ist kein einfacher Begriff, und auch die verschiedenen Verwendungszwecke sind ohne entsprechende Aufklärung nur schwer zu verstehen. Da es an einer solchen Aufklärung mangelt, betrachtet die Allgemeinheit Gewinne als etwas Negatives und hält sie für höher, als sie in Wirklichkeit sind. Dadurch entsteht in der Öffentlichkeit der Eindruck, als ob freies Unternehmertum ausschließlich die Sache von Managern und Investoren sei.

Natürlich ist die Frage berechtigt, wie Unternehmen ihre Gewinne verwenden. Wie sollen die Gewinne auf Lohnerhöhungen, Reinvestitionen und Dividenden aufgeteilt werden? Werden Reinvestitionen getätigt, indem man durch Akquisitionen oder Fusionen eine schlecht durchdachte Diversifikation betreibt?

In gut geführten Unternehmen wissen die Manager, daß die Mitarbeiter die Bedeutung des Gewinns verstehen und sich für die Rentabilität des Unternehmens einsetzen müssen. Sie wissen auch, daß die Sorgen der Mitarbeiter berechtigt sind, wenn es darum geht, ob die erzielten Gewinne zur Sicherung ihrer Arbeitsplätze benutzt werden oder nicht.

Wer seinen Mitarbeitern Wertvorstellungen vermitteln will, muß ihnen auch über Gewinne und deren Verwendung Auskunft geben können. Zu einem erfolgreichen Unternehmen gehört nicht nur Rentabilität; Rentabilität ist mehr ein Maßstab für Erfolg als Erfolg selbst. Mitarbeiter müssen Rentabilität verstehen und sich der Rentabilität ihres Unternehmens verpflichtet fühlen. Manager, die mit ihren Mitarbeitern nicht über Gewinne reden, untergraben die Einsatzbereitschaft ihres Unternehmens und langfristig das System des freien Unternehmertums überhaupt.

Die Persönlichkeit eines Unternehmens

Bei einem Vorstellungsgespräch wird der Bewerber häufig danach fragen, wie die Arbeit in dem betreffenden Unternehmen konkret abläuft. Hören Manager ihren Mitarbeitern zu? Wie werden mir Aufgaben zugeteilt? Habe ich einen Einfluß darauf, welche Tätigkeiten ich zugewiesen bekomme? Welche Zusatzleistungen bekomme ich bei dieser Stelle? Welche Zusatzleistungen bekommen andere Mitarbeiter? Welche Beziehungen bestehen zwischen den einzelnen Abteilungen? Sind diese Beziehungen organisiert oder informell? Sind in diesem Unternehmen formelle Vorgehensweisen wichtiger als informelle oder umgekehrt? Wer beurteilt meine Arbeit? Nach welchen Maßstäben wird sie beurteilt? Werde ich einzeln oder als Teil einer Gruppe behandelt? Wie bekomme ich die Zustimmung und Mittel für ein neues Projekt oder für eine Idee, die ich vielleicht habe? Wie behandelt das Unternehmen seine Kunden? Wünscht das Unternehmen, daß ich mich um öffentliche Belange kümmere? Interessiert man sich für meine Familie? An wem orientiert sich das Unternehmen in Führungsfragen? Nach welchen Kriterien wird ein Mitarbeiter befördert? Welche Werte werden in diesem Unternehmen besondes geschätzt?

Die Antworten auf Fragen wie diese zeigen, was es heißt, für ein bestimmtes Unternehmen zu arbeiten. Sie wirken sich auf die Motivation der Mitarbeiter aus und schaffen entweder ein Klima hoher Leistung oder das Gegenteil. Die Antworten auf diese und andere, ähnliche Fragen stellen das dar, was man als „Persönlichkeit eines Unternehmens" bezeichnen kann. Manche Unternehmen haben eine starke Persönlichkeit. Das bedeutet, daß es relativ einfach ist, diese Fragen zu beantworten, und daß an jedem Standort und in jedem Zweigbetrieb die gleichen Antworten gegeben werden. In manchen Unternehmen, die eine starke Persönlichkeit haben, läßt es sich nicht gut arbeiten, und es wird dort keine hohe Leistung erbracht. Die Persönlichkeit in einem solchen Unternehmen besteht vielleicht darin, daß die Mitarbeiter auf ihren eigenen Vorteil bedacht sind, daß Beförderungen durch „Beziehungen" erreicht werden, daß es ständig Intrigen unter den Mitarbeitern gibt, und daß das Konkurrenzdenken einen Keil zwischen die Abteilungen treibt. Die Persönlichkeit eines solchen Unternehmens ist stark und selbstzerstörerisch zugleich.

Ein Unternehmen kann jedoch auch eine starke Persönlichkeit haben, die einen Wettbewerbsvorteil darstellt. Mitarbeiter können individuell beurteilt werden. Beförderungen, Chancen und Ressourcen können den besten Leistungsträgern zufließen. Die Manager schenken den Beiträgen der Mitarbeiter ein offenes Ohr. Die Beziehungen zwischen den Abteilungen können informell und freundlich sein. Zum Beispiel kann ein Ingenieur in einer Zweigniederlassung seinen Kollegen in einem anderen Zweigbetrieb anrufen und mit ihm ein gemeinsames Problem besprechen, ohne erst einen Vorgesetzten einschalten zu müssen.

Bei manchen anderen Unternehmen ist die Persönlichkeit unvollständig. Zum Beispiel können Manager manche dieser Fragen zur Funktionsweise ihres Unternehmens beantworten, andere aber nicht. „Was wird hier belohnt?" lautet eine Frage. „Das weiß ich wirklich nicht genau", antwortet der Betreffende. „Manchmal denke ich, es ist die Leistung, manchmal befürchte ich auch, daß es vor allem auf die ‚Beziehungen' ankommt. Ich habe mich auf meine eigene Leistung konzentriert, aber frage mich langsam, ob ich einen Fehler gemacht habe und meine Taktik ändern sollte," sagen viele besorgte Mitarbeiter.

Schließlich gibt es auch Unternehmen, die fast gar keine Persönlichkeit haben; jede Sparte, jede Zweigniederlassung, jede Abteilung und sogar jeder Manager verfährt dabei nach eigenen Vorstellungen. Die Vorgehensweise eines jeden Managers trägt individuelle Züge, und Kopien davon gibt es an anderen Stellen im Unternehmen nur zufällig. Wenn ein Mitarbeiter von einer Zweigniederlassung in eine andere versetzt wird, ist es, als ob er zu einer anderen Firma wechselte. Und wenn Manager in Schlüsselpositionen aufsteigen, kann es sein, daß die Persönlichkeit des Unternehmens einer abrupten Veränderung unterworfen wird, so daß es vorübergehend zu einem heillosen Durcheinander kommt.

Die Persönlichkeit eines Unternehmens (manche sprechen lieber von seiner „Kultur") ist nicht das gleiche wie eine Unternehmensphilosophie. Eine Philosophie wird in der Regel als relativ beschränkte Zahl von Pflichten oder Zielen ausgedrückt. Viele Unternehmen haben ähnlich lautende Philosophien. In ihrer Persönlichkeit gleichen sich Unternehmen jedoch nur selten.

Es ist das Verhalten der Mitarbeiter, das die Unternehmenspersönlichkeit bestimmt. Eine Philosophie wird nur dann Bestandteil der Unternehmenspersönlichkeit, wenn die Philosophie stark genug ist, das Verhalten der Mitarbeiter im Unternehmen nachhaltig zu beeinflussen.

Das vielleicht eindrucksvollste Beispiel, wie eine Unternehmensphilosophie als Schlüsselelement einer Unternehmenspersönlichkeit dienen kann, lieferte Johnson & Johnson während des Tylenol-Vergiftungsskandals. Das „Glaubensbekenntnis" von Johnson & Johnson beginnt mit der Erklärung: „An erster Stelle steht unsere Verantwortung gegenüber den Ärzten, dem Krankenpflegepersonal und den Patienten, gegenüber Müttern und allen anderen, die unsere Produkte benutzen und unsere Dienstleistungen in Anspruch nehmen." Als die ersten Todesfälle im Zusammenhang mit dem Gebrauch von Tylenol im Gebiet von Chicago bei der Unternehmenszentrale bekannt wurden, trat das Topmanagement zu einer geheimen Besprechung zusammen. Wie ein Teilnehmer berichtete, wurde dabei das „Glaubensbekenntnis" spürbar: Es gab überhaupt keine Diskussion, ob das Produkt zurückgerufen werden sollte, obwohl das Unternehmen kurzfristig erhebliche finanzielle Verluste hinnehmen mußte. „Wir kannten unsere Prioritäten", sagte er.

Das „Glaubensbekenntnis" von Johnson & Johnson besteht aus

vier Abschnitten. Der erste wurde bereits zitiert. Im zweiten Abschnitt wird die Verpflichtung des Unternehmens gegenüber seinen Mitarbeitern zum Ausdruck gebracht, im dritten die Verpflichtung gegenüber den Kommunen, in denen das Unternehmen tätig ist, und im vierten die Verpflichtung gegenüber den Aktionären. Nach diesem Glaubensbekenntnis schützte das Unternehmen zuerst die Anwender und potentiellen Anwender seiner Produkte – dann erst bemühte es sich, die finanziellen Interessen seiner Aktionäre zu retten. Die Stärke des Glaubensbekenntnisses lag nach Auskunft der Johnson & Johnson-Manager darin, daß es alle akzeptiert hatten und so kaum Zeit mit der Diskussion darüber verschwendet werden mußte, ob man doch versuchen sollte, Verluste zu vermeiden, indem man den Rückruf hinausschob. Da das Glaubensbekenntnis von den Topmanagern verinnerlicht worden war und ihr Verhalten beeinflußt hatte, war es zum Bestandteil der Unternehmenspersönlichkeit geworden. Als die Tylenolkrise schließlich überstanden war, erholte sich das Unternehmen schnell, und der Wert des Glaubensbekenntnisses als Richtlinie für eine klare unternehmerische Entscheidung wurde erneut bestätigt.

Oft ist dies nicht der Fall. Viele Unternehmen haben Überzeugungen und Philosophien, aber oft handelt es sich nur um Lippenbekenntnisse. Das Verhalten basiert auf anderen Werten und Zielen. Die Philosophien spielen für die Unternehmenspersönlichkeit keine Rolle.

Im heutigen Wirtschaftsleben erkennen die Manager, daß die Eigenschaften eines Unternehmens, die das Verhalten der Mitarbeiter beeinflussen, wichtige Wettbewerbsaspekte darstellen können.

So berichtete der Executive Vice President einer Süßwaren- und Spezialitätenfabrik: „Wir sind ein ‚freudvolles' Unternehmen. Die Firma wurde um 1900 gegründet und wird immer noch von derselben Familie geführt. Die Familie ist für das Unternehmen von entscheidender Bedeutung. Unsere Produkte bringen Freude. Wir fördern die Idee des Familienbetriebs bei unseren Mitarbeitern und Kunden. Wir wirken so, als ob wir die Eigenschaften eines Kleinbetriebs hätten, aber in Wirklichkeit sind wir ein sehr großes Unternehmen. Die Mitarbeiter sind für unser Unternehmen entscheidend, deshalb muß sich das Management ihrer bewußt sein."

Bei einem bedeutenden Hersteller der metallverarbeitenden Industrie meinte der Produktionsleiter: „Da wir wissen, wie sehr es auf die Bemühungen unserer Mitarbeiter ankommt, besucht unser President jeden unserer 19 Betriebe, um mit den Mitarbeitern zu reden. Ein Drittel unserer Gewinne wird an Mitarbeiter ausgeschüttet, und wir haben alljährlich stattfindende Firmenessen, bei denen wir den Mitarbeitern Auszeichnungen verleihen. Nach einjähriger Firmenzugehörigkeit bezeichnen wir unsere Mitarbeiter als ‚Mitglieder'.

Wir glauben, daß sich das für das Unternehmen auszahlt, obwohl es sich nur schwer quantifizieren läßt. Unsere Ertragskraft wächst ständig, im Gegensatz zur Konkurrenz. Ich bin sicher, daß da ein Zusammenhang besteht, denn unsere Zahlen sehen gut aus.

In unserer Unternehmensstrategie gibt es eine Personalkomponente. Damit haben wir ein Ziel, auf das wir hinarbeiten können. Es führt uns ständig vor Augen, daß es die Leistung der Mitarbeiter ist, die uns Gewinne bringt. Das bestimmt auch, welche Leute wir einstellen. Wir schätzen das Format unserer Mitarbeiter – das ist in unserer Firma zur Tradition geworden."

IBM hat seine Überzeugungen in aller Öffentlichkeit dargelegt und präzise definiert. Diese Überzeugungen, die zuerst von IBM-Gründer Thomas J. Watson formuliert wurden, stellen persönliche Ziele in den Mittelpunkt:

- Streben nach Spitzenleistungen
- Achtung vor dem einzelnen
- Optimaler Kundendienst
- Guter „Bürger" des Unternehmens sein

Bei IBM werden diese Überzeugungen von den Mitarbeitern akzeptiert und bilden einen wichtigen Bestandteil der Unternehmenspersönlichkeit. IBM hat keine Persönlichkeit nach japanischem Vorbild, wie manche Autoren irrtümlicherweise behaupten. Seine im Gegenteil sehr amerikanische Persönlichkeit legt besonderen

Wert auf das Individuum, nicht auf die Gruppe, und auf persönliche, nicht unternehmerische Ziele. Im Kern der Wertvorstellungen von IBM steht die Überzeugung, daß das ganze Unternehmen profitieren wird, wenn einzelne ihre Bestleistung erbringen. IBM ordnet den einzelnen weder der Gruppe unter, wie es japanische Konzerne oft tun, noch fordert IBM vom einzelnen, die persönliche Identität, Ziele oder Leistung der Gruppe zu opfern.

Unternehmen unterscheiden sich nicht nur durch die Persönlichkeit, die sie besitzen – oder auch nicht besitzen –, sondern auch durch bestimmte Aspekte der Beziehung, die ein Unternehmen zu seiner eigenen Persönlichkeit hat. Wie jedes Individuum kann sich auch ein Unternehmen seiner eigenen Persönlichkeit bewußt sein oder nicht. Wenn es sich seiner Persönlichkeit bewußt ist, kann es offen und explizit sagen, was es darunter versteht, oder es für sich behalten. Jedenfalls können solche Unternehmen ihre Persönlichkeit bewußt gestalten.

Unternehmen, die zu den starken Unternehmenspersönlichkeiten gerechnet werden, wie General Electric, IBM und Hewlett-Packard, sind in allen Bereichen ihrer Persönlichkeit sehr aktiv. Jedes dieser Unternehmen ist sich seiner Persönlichkeit bewußt und will sie verstärken. IBM macht seine Persönlichkeit deutlich, indem es die Wertvorstellungen des Unternehmens immer wieder zum Ausdruck bringt; Hewlett-Packard erzielt dies, indem es betont, daß die Dinge „auf HP-Art" erledigt werden. General Electric führt ein umfangreiches Management-Training durch, bei dem das Ziel des Unternehmens besonders betont wird, in jedem der vielen Geschäftszweige Nummer eins oder Nummer zwei zu sein. Jedes Unternehmen strebt eine einzigartige, unverwechselbare Persönlichkeit an und will erreichen, daß diese Persönlichkeit in allen Tätigkeitsbereichen gleich ist. Außerdem ist jedes dieser Unternehmen bestrebt, seine Unternehmenskultur aktiv zu gestalten.

Vor über zehn Jahren sahen die leitenden Angestellten bei Hewlett-Packard, daß sich die Gründer Bill Hewlett und David Packard langsam aus der Unternehmensführung zurückziehen würden. Wie ließen sich die Werte und Einstellungen der Unternehmensgründer,

Die Persönlichkeit eines Unternehmens

die die Führungskräfte des Unternehmens als den Schlüssel für eine hohe Mitarbeiterleistung betrachteten, auf neue Generationen von HP-Mitarbeitern übertragen? In dem Wissen, daß IBM schon früher mit einem ähnlichen Problem konfrontiert gewesen war, trafen HP-Manager heimlich mit Kollegen von IBM zusammen. Das Ergebnis war ein kontinuierliches internes Kommunikationsprogramm, bei dem von den Gründern und den Problemen, die in den frühen Jahren des Unternehmens aufgetaucht und gelöst worden waren, berichtet wurde.

Wenn ein Unternehmen sich für eine bestimmte Art von Persönlichkeit entscheidet, bedeutet dies zwangsläufig, daß ein Ausgleich zwischen Gegensätzen geschaffen werden muß. Bei Hewlett-Packard zum Beispiel wird Wert darauf gelegt, daß bestimmte Verfahrensweisen eingehalten werden. Damit wird gleichzeitig die Freiheit eingeschränkt, sich anders zu verhalten. Management by objectives ist ein professionelles Instrument, um die Leistung des einzelnen zu fördern, wenn es (wie es in der Regel bei Hewlett-Packard der Fall ist) richtig durchgeführt wird. Auch beim Management by objectives verliert der einzelne ein gewisses Maß an Autonomie. Wenn man von einem Mitarbeiter verlangt, für ein neues Projekt erst die Zustimmung von Vorgesetzten einzuholen, so trägt das zur innerbetrieblichen Kommunikation bei und hält die Beteiligten auf dem laufenden. Aber es beschränkt auch die Initiative des einzelnen.

„Es erscheint oft so, als ob wir für unsere Vorgehensweise – mit einer starken Unternehmenspersönlichkeit – keine Opfer bringen müßten. Beispielsweise ist die Einstellung von hochkarätigen Ingenieuren für uns unproblematisch, weil unsere Firma bei ihnen ein gutes Image hat. Aber auch das hat seinen Preis.

Wir können unsere Auswahl nur unter dem Teil der Leute treffen, die so leben wollen, wie wir. Es gibt deshalb sehr intelligente Leute, die nicht zu HP kommen wollen, weil sie hier kaum Vorrechte bekommen; es gibt keinen Karriereentwicklungsplan für Manager, und viele wollen auch nicht partnerschaftlich und kollegial, sondern autokratisch arbeiten. Auch der Verlust von wenigen, sehr intelligenten Leuten an die Konkurrenz, macht sich in einer Branche, die so innovationsabhängig ist wie unsere, wirklich bemerkbar."

Dennoch ist Hewlett-Packard im großen und ganzen mit seiner Wahl zufrieden. Seine starke Unternehmenspersönlichkeit, die sorgfältig formuliert und gestaltet wird, ist für viele hervorragende Akademiker und Fachleute attraktiv und trägt dazu bei, sie zu einem hohen Leistungsniveau zu motivieren.

Vielen erscheint der Begriff einer Unternehmenspersönlichkeit oder -kultur sehr abstrakt. Es scheint sich dabei nur um ein neues Reizwort zu handeln, das nicht in die Praxis umgesetzt werden kann. Diese Auffassung ist falsch. Der Begriff der Unternehmenspersönlichkeit oder des Unternehmenscharakters hat einen wichtigen Platz in der amerikanischen Rechtsprechung. Gerichte, Aufsichtsbehörden, Verbraucher und die Öffentlichkeit beurteilen in der Regel den Charakter eines Unternehmens nach einem Vorfall oder einer Reihe von Vorfällen und gehen dann dazu über, die übrigen Aktivitäten des Unternehmens vor diesem Hintergrund zu beurteilen. Ein Vorfall wird von Menschen – ob von Richtern oder von Kunden – immer im Zusammenhang, selten als isoliertes Ereignis betrachtet. Damit werden solche Vorfälle, die die Manager vielleicht lieber isoliert betrachten möchten, von anderen als Indiz dafür angesehen, ob das Unternehmen als ganzes ein guter oder schlechter Arbeitgeber, ob es ein konstruktives oder verantwortungsloses Glied der Gesellschaft ist. „Unternehmenscharakter" ist somit kein verschwommener Begriff, sondern kann ganz unmittelbare und beträchtliche Auswirkungen auf ein Unternehmen haben – sowohl durch die Leistung seiner Mitarbeiter wie auch durch die Einstellung und das Verhalten von Gerichten, Aufsichtsbehörden oder Kunden.

Manchmal nimmt ein ganzer Industriezweig eine „Persönlichkeit" an. Die amerikanische Automobilindustrie ist zum Beispiel von vielen Schocks erschüttert worden – von Ölkrisen, aggressiver ausländischer Konkurrenz und der Verlagerung der Verbraucherpräferenzen von großen zu kleineren Autos. Verschlimmert wurden jedoch diese äußeren Schocks durch eine unterschwellige Tendenz in der Meinung eines beträchtlichen Teils der amerikanischen Öffentlichkeit, daß die Qualität amerikanischer Autos – insbesondere im Hinblick auf die Sicherheit – den ausländischen Fahrzeugen unterlegen sei. Die Automobilkonzerne gerieten immer mehr in den Verdacht, ihnen sei die Sicherheit der amerikanischen Autofahrer gleichgültig.

Die Überzeugung, daß die Produkte eines der wichtigsten amerikanischen Produktionssektoren unsicher und von schlechter Qualität seien, führte dazu, daß die kollektive Persönlichkeit dieses Sektors als „verantwortungslos" geschmäht wurde. Eine Zeitlang wurden die Versuche der Automobilkonzerne, mit den Japanern zu konkurrieren, dadurch zusätzlich erschwert. Durch gewaltige Anstrengungen gelingt es ihnen allmählich, das Negativimage bei der amerikanischen Öffentlichkeit zu beseitigen. Trotzdem müssen sie noch gegen die Vorstellung ankämpfen, benzinsparende, in Amerika gebaute Kleinwagen könnten in der Qualität noch nicht mit vergleichbaren japanischen Autos mithalten. Um dieses Problem endgültig zu überwinden, haben die Automobilkonzerne eine Public-Relations-Kampagne gestartet, um zusammen mit ihrer Belegschaft für „neue" Sicherheit und Qualität zu werben.

Die Unternehmenspersönlichkeit ändern

Kann ein Mensch seine Persönlichkeit ändern? Die Psychologen bejahen das, aber leicht ist es nicht. Kann ein Unternehmen seine Persönlichkeit ändern? Ja, aber es ist vielleicht eine noch kompliziertere und schwierigere Aufgabe. Dennoch versuchen heute viele amerikanische Unternehmen, ihre Persönlichkeit zu verändern.

Nirgendwo sind die Bemühungen, die Unternehmenspersönlichkeit zu verändern, gegenwärtig aufschlußreicher als im amerikanischen Bankwesen. Seit dem Beginn der 70er Jahre verschärfte sich der Wettbwerb zuerst bei den Banken und dann bei anderen Finanzdienstleistungsunternehmen. Im Herbst 1982 traf die Regierung der USA wichtige Maßnahmen zur Lockerung der gesetzlichen Auflagen und Vorschriften (Deregulation). Anfang der 70er Jahre erkannten viele Banken, daß sich die traditionellen Arbeitsweisen im Bankwesen ändern würden.

Bei einer großen New Yorker Bank begann die Umstellung Anfang der 70er Jahre mit einer umfassenden Reorganisation. Die wichtigsten Veränderungen bezogen sich nicht auf die hierarchische Struktur, sondern darauf, wie die Manager des Unternehmens ihre Aufgaben sahen. Früher galt diese Branche als ausgesprochen risikoscheu. Ein wesentliches Kennzeichen der Tätigkeit eines Bankdirektors war die Sicherheit des Arbeitsplatzes und ein hohes soziales Ansehen, das sich aus der Tätigkeit bei einer großen Bank und einem eindrucksvollen Titel ableitete. Bankangestellte übten in der Regel risikoarme Routinetätigkeitn aus. Da man keinen großen Unterschied zwischen guter und schlechter Leistung machte, war die Bezahlung relativ gering.

Heute haben die Banken ihre Persönlichkeit erheblich verändert. Dies wird daran deutlich, daß die Funktion eines Bankdirektors heute völlig anders gesehen wird. Das Bankgeschäft gilt im Gegensatz zu früher als risikoreich und stark wettbewerbsorientiert, denn es gibt heute im Bankgeschäft viele neue Elemente, wie zum Beispiel neue Anlageformen, das internationale Kreditgeschäft und der Devisenhandel. Heute erkennen die Banken, daß manche Mitarbeiter – als Spezialisten wie auch im Management – viel höhere Leistungen erbringen können als andere, und daß die herausragende Leistung von Spitzenkräften für den Erfolg der Bank von wesentlicher Bedeutung ist. Folglich ist die Anerkennung von Einzelleistungen an die Stelle der Anonymität in der Masse getreten, und statt einem allgemein anerkannten Mittelmaß wird der Leistung besondere Aufmerksamkeit geschenkt. Angesichts des hohen Risikos und der Chance zu herausragenden Leistungen wird weniger Wert auf Status und Titel gelegt, und die Bezahlung nimmt einen höheren Stellenwert ein. Wer viel leistet, bezieht heute ein hohes Gehalt und sogar Prämien.

Die jungen Operating Managers der Banken glauben vielfach, daß sie es waren, die die neuen Wertvorstellungen eingebracht haben. Ihrer Meinung nach wurden die Banken durch ihre neuartigen Einstellungen und Erwartungen gezwungen, die Gelegenheit beim Schopf zu packen und neue Finanzdienstleistungen anzubieten, die sich durch die plötzliche Öffnung des Marktes boten, sowie höhere

Risiken und ein rasches Wachstum zu akzeptieren. Zuguterletzt erkannte auch das Senior Management die Veränderungen im Bankwesen und begann, seine Einstellung zur Branche zu ändern und eine neue Gesamtstrategie zu verfolgen. In den Augen des Middle-Managements erkannte das Senior Management der Banken immer nur widerstrebend die Änderungen und stellte den Neuerungen auf vielerlei Weise immer noch Hindernisse in den Weg.

Das Senior Management – und das ist nicht erstaunlich – sieht den Zusammenhang zwischen Ursache und Wirkung anders. Bei der Umstellung von geringem Risiko, Sicherheit und Status auf hohes Risiko, Leistung des einzelnen und personalisierter, leistungsbezogener Bezahlung sieht es sich selbst als treibende Kraft. Durch aktive Personalakquisition brachte es die Spezialisten und Manager der neuen Generation in die Bank. Dies war keine leichte Aufgabe, denn die neue Generation beäugte zunächst mißtrauisch die schwerfällige Organisation der Banken, und die Fachleute waren bei den Börsenmaklern und anderen Konkurrenten im Finanzdienstleistungsgeschäft stark gefragt. Abgesehen davon, daß sie neue Leute rekrutierten, wuchsen die Senior Manager aus dem engen Konzept des Bankwesens, das sie ererbt hatten, hinaus und schufen neue Dienstleistungszweige, die neuen Leuten neue Entwicklungschancen boten. In den Augen der Topmanager ist die veränderte Persönlichkeit der Bank auf die neue Strategie zurückzuführen, die vom Senior Management begründet worden war, eine Strategie, die auf einen neuen Mitarbeitertyp und neuartige Dienstleistungen für Anleger und Kreditnehmer abhob. Aus der neuen Strategie entwickelte sich die neue Persönlichkeit der Bank.

Wahrscheinlich haben beide Seiten mit ihrer Analyse recht. Die Senior Manager machten die Veränderung möglich, indem sie neuen Leuten und neuen Geschäftsinitiativen die Tür öffneten. Aber es war die neue Generation von Spezialisten und Managern, die diese Veränderungen dann tatsächlich realisiert hat. Zwischen beiden gab es gelegentlich Reibereien, da das Senior Management langsamer auf Veränderungen zusteuerte und mehr Zweifel an der richtigen Vorgehensweise hatte, als es den neuen Managern lieb war, aber immerhin bewegte sich etwas. Beide Seiten sind heute davon überzeugt, daß die Bank tatsächlich eine bedeutende, umfassende und wahrscheinlich irreversible Veränderung ihrer Persönlichkeit erfahren hat – eine Veränderung, durch die die Bank heute weit besser auf dem stark wettbewerbsorientierten Markt dasteht als früher. Als sich in den 70er Jahren der Wettbewerb verschärfte, schien die Bank ein schwerfälliger Dinosaurier zu sein, der vom Aussterben bedroht war. Seither hat sie sich in ein ganz anderes Lebewesen verwandelt, das sehr wohl laufen kann, wenngleich seine Bewegungen noch etwas ungeschickt sind.

Eine Persönlichkeitsveränderung ist auch bei einer bedeutenden Bank an der amerikanischen Westküste im Gange, die heute ein Konkurrent der bereits erwähnten New Yorker Bank ist. Doch der Prozeß setzte langsamer ein, verlief primär von oben nach unten und ist noch nicht so weit fortgeschritten. Die finanziellen Ergebnisse belegen das.

Diese Bank nahm in den 70er Jahren einige Umstellungen vor; aber erst im November 1982 erkannte sie, daß sie einer Woge intensiven Wettbewerbs und rascher Veränderung ausgesetzt war. Auf allen Ebenen wurden die Mitarbeiter nervös und besorgt. Das Senior Management kam zu dem Schluß, daß die Ziele, Werte und Einstellungen des Unternehmens revidiert werden mußten. In einer Zeit des Wandels wollten sie die traditionelle Persönlichkeit umstrukturieren und neu definieren.

Um ihren Konkurrenten beim Eintritt in rasch expandierende, neue Märkte auf den Fersen zu bleiben, stellte die Bank einige neue Führungskräfte ein. Bei der Beobachtung dieser neuen Mitarbeiter erkannte das Topmanagement, daß die traditionelle Persönlichkeit der Bank großteils verändert werden mußte. Bald begann das Senior Management daher, die Veränderungen aktiv zu erzwingen. Im Gegensatz zu der New Yorker Bank, wo das Senior Management viele neue Leute einstellte, um die Veränderungen in Gang zu setzen, und die „Winde des Wandels" dann sanft in die richtige Richtung lenkte, um einen Sturm zu verhindern, leitete das Topmanagement hier eine tiefgreifende Veränderung der Firmenpersönlichkeit ein und trieb sie voran. Immerhin hinkte man um ein ganzes Jahrzehnt hinterher.

Die Unternehmenspersönlichkeit ändern

Das Senior Management veränderte auch seine Auffassung über die Bedeutung der Titel, die die Manager trugen. So wurden in der internen Korrespondenz keine Titel mehr genannt – Briefe und Memos trugen nur noch den Namen des Verfassers. Dem lag der Gedanke zugrunde, daß es auf den Inhalt der Mitteilung und nicht auf ihren Urheber ankomme. Durch solche Maßnahmen sollte das hierarchische System zumindest teilweise durch ein kollegiales System ersetzt werden, in dem es nicht so sehr auf die Position, sondern auf die Leistung ankommt. Ganz allmählich und mit großem Abstand zur New Yorker Bank, begann sich die Persönlichkeit der Bank an der Westküste zu verändern.

Auch viele Industrieunternehmen streben Persönlichkeitsveränderungen an, die ebenso tiefgreifend sind wie die im Bankwesen. Viele amerikanische Hersteller beklagen den Mangel an Einsatzbereitschaft unter ihren Mitarbeitern – eine Schwäche, die ausländische Hersteller gnadenlos ausgenutzt haben. Um die Situation wieder zu verbessern, legten amerikanische Unternehmen seither wieder mehr Wert auf Qualität. Einige mußten dabei erfahren, daß dazu mehr gehört, als sie angenommen hatten.

Der Einsatz für Qualität erweist sich in vielen Fällen weniger als eine technische Angelegenheit von Kontrollen, Proben und Inspektionen. Er ist vielmehr eine Frage des Verhaltens und der Einstellung der Mitarbeiter in allen Zweigen und Funktionen des Unternehmens. Die Mitarbeiter müssen sich über Qualität Gedanken machen, sich dafür einsetzen und dafür Opfer bringen. Daher erfordert Qualität eine Veränderung der Unternehmenspersönlichkeit.

Während die Banken Persönlichkeitsveränderungen auf sich nehmen mußten, um in neue Geschäftszweige einzudringen, ändern Unternehmen wie General Motors ihre Persönlichkeit, um in puncto Qualität mit ihren Konkurrenten auf dem Markt gleichzuziehen. Aus diesem Bewußtsein heraus hat General Motors die Qualität nicht nur als technisches Können, sondern auch als moralische Verpflichtung hervorgehoben. Die Erklärung „Neue Qualitätsethik bei General Motors" hat sechs Punkte und beginnt mit dem Satz:

„Qualität hat bei General Motors höchste Priorität." Die Unterlagen, die der Erklärung zur Firmenethik beigefügt sind, heben Techniken der Qualitätskontrolle (einschließlich eines Konstruktions-Qualitätsindex, statistischer Verfahrenskontrolle und „Just-in-time"-Lagerhaltung) sowie auch das Engagement der Mitarbeiter, der Produktentwicklungsteams und die Rolle der Lieferanten hervor.[24]

Die Tatsache, daß sich Persönlichkeitsveränderungen in vielen bedeutenden amerikanischen Unternehmen – sowohl im Dienstleistungsbereich als auch in der Industrie – vollziehen, ist deshalb wichtig, weil viele Manager es für unwahrscheinlich halten, daß die Persönlichkeit eines Unternehmens oder auch nur einer Sparte oder eines Betriebs effektiv geändert werden kann. Viele Manager sind der Meinung, es sei leicht, eine konstruktive Persönlichkeit von Grund auf zu formen, wie es bei Hewlett-Packard oder IBM der Fall war. Bei Firmen, die bereits eine Persönlichkeit ausgeprägt haben, sei eine grundlegende Neubestimmung jedoch nicht möglich. Dennoch zeigen Beispiele wie GM, daß Persönlichkeitsveränderungen eintreten können und tatsächlich eintreten, sogar in großen Unternehmen mit jahrzehntelanger Erfahrung und einer Unternehmenspersönlichkeit, die von langer Tradition geprägt ist.

Wie bewirkt ein Manager eine solche Persönlichkeitsveränderung, wenn er von oben nach unten vorgeht? „Am besten läßt sich eine solche Persönlichkeitsveränderung in die Wege leiten", meinte der Senior Vice President eines großen Konsumgüterherstellers, „wenn die Sparten- oder Werksleiter von sich aus danach fragen." Sie suchen dann vielleicht um Hilfestellung nach, um die Persönlichkeit ihres Bereiches zu ändern, wenn sie sich selbst vom Erfolg überzeugen konnten, den eine Persönlichkeitsveränderung anderswo im Unternehmen mit sich brachte.

Oft können Topmanager die Mitarbeiter dazu bringen, ihr Verhalten zu ändern (und dies ist häufig der erste Schritt zu einer Veränderung der Einstellung und der Persönlichkeit) durch die Fragen, die sie stellen, durch die Zwecke, für die Geldmittel zugewiesen werden, und durch die Dinge, für die sie sich interessieren, wenn sie vor Ort erscheinen.

Gleichgültig, ob man nun eine solche Persönlichkeitsveränderung anstrebt, um die Qualität zu verbessern oder um neuen Geschäften gerecht zu werden – eine solche Veränderung läßt sich nicht erreichen, wenn man sie als Projekt strukturiert, das mit anderen laufenden Projekten um die Priorität wetteifert. Stattdessen muß eine Verhaltensänderung um ihrer selbst willen durchgeführt werden, aufgrund des eigenständigen Wertes, den sie darstellt. Leider erfordern Verhaltensänderungen Zeit und Ausdauer, und daran fehlt es den amerikanischen Managern meist.

Außerdem übersehen viele Manager, wieviel Mühe und Sorgfalt erforderlich sind, um in einem neuen Bereich eine konstruktive Persönlichkeit zu schaffen. Sie scheinen zu glauben, daß die Manager in neuen Unternehmen ihre Wünsche über das Verhalten der Mitarbeiter nur zu äußern brauchen und sich alle sofort danach richten werden. Die Erfahrung in neuen Unternehmen zeigt, daß harte Arbeit und Ausdauer erforderlich sind.

Die Gesellschaft hat die Menschen „programmiert"; ein Unternehmen muß entweder diese Programmierung akzeptieren oder die Kosten und Mühen auf sich nehmen, sie zu verändern. Dies trifft für eine brandneue Firma ebenso zu wie für ein alteingesessenes Unternehmen. Die Kosten können minimiert werden, indem man Mitarbeiter auswählt, die tendenziell zur Persönlichkeit des Unternehmens passen, aber es gibt trotzdem noch viel zu tun. Deswegen verwenden IBM, Hewlett-Packard, Smucker und ähnliche Unternehmen so viel Mühe darauf, neuen Mitarbeitern die Wertvorstellungen des Unternehmens zu vermitteln und immer wieder in Erinnerung zu rufen.

Das Wertesystem der Gesellschaft bestimmt die Wertvorstellungen des einzelnen. Wenn Qualitätsbewußtsein, harte Arbeit und Engagement, Ehrgeiz, Zielstrebigkeit, Initiative und Kooperationsbereitschaft zu diesem Wertesystem gehören, kann ein Unternehmen, das diese Werte zur Wettbewerbsfähigkeit braucht, diese dankbar akzeptieren und die Kosten und Mühen einer Schulung sparen.

Wenn die Gesellschaft diese Werte aber nicht ausprägt, hat das Unternehmen keine andere Wahl, als zu versuchen, diese selbst zu entwickeln und zu fördern.[25]

In manchen Unternehmen bekommen Stabskräfte eine spezielle Aufgabe als Wächter der Unternehmenspersönlichkeit zugewiesen. Bei Hewlett-Packard prüft der Personalstab die Qualität der Kommunikation, einschließlich der geschäftlichen Kommunikation zwischen Verkauf, Produktion, Forschung und Entwicklung und so weiter. Wenn es Ärger, Kränkungen und dergleichen gibt, versuchen die Stabskräfte, die Atmosphäre zu bereinigen. Auf diese Weise sorgen die Stabskräfte für einen reibungslosen Ablauf und versuchen, die Persönlichkeit des Unternehmens gesundzuerhalten.

In anderen Unternehmen können die Leute nicht auf eine hohe Position im General Management befördert werden, ohne daß der Führungskräftepersonalstab seine Zustimmung dazu gibt. Dieser Stab gehört manchmal zur Personalabteilung wie bei General Motors, manchmal ist er eigenständig wie bei General Electric. Damit will man sicherstellen, daß Führungskräfte, die Schlüsselpositionen übernehmen, die gewünschte Unternehmenspersönlichkeit verstehen und fähig sind, sie anderen nahezubringen. Neue wie etablierte Unternehmen müssen neue Mitarbeiter ausbilden, das bereits vorhandene Training bei den älteren Mitarbeitern verstärken und sicherstellen, daß sich die Führungskräfte der Persönlichkeit des Unternehmens verpflichtet fühlen.

Wie beurteilt man die eigene Unternehmenspersönlichkeit?

Viele Unternehmen sind sich ihrer Persönlichkeit nicht bewußt, es werden keine expliziten Erklärungen dazu abgegeben, es findet kein Managen dieser Persönlichkeit statt. Das führt dazu, daß manche dynamische, von Werten bestimmte Manager sehr frustriert sind. Sie sehen, wie sehr eine bewußte Führung des Topmanagements zum Unternehmenserfolg beitragen könnte, wenn es die Unternehmenspersönlichkeit artikulieren und als Vorbild darstellen würde. Die neue Managergeneration würde sich in einer solchen Umgebung wohler fühlen.

Wie beurteilt man die eigene Unternehmenspersönlichkeit? 275

Der einzelne Manager kann eine solche Verfahrensweise nur beim Topmanagement anregen – ansonsten kann er nicht viel tun, um das Unternehmen als Ganzes zu ändern. Einzelne Manager können jedoch sehr viel in den ihnen anvertrauten Bereichen tun. Selbst wenn es einem Unternehmen an einer klaren Persönlichkeit mangelt, können sich Teile des Unternehmens eine solche Persönlichkeit aneignen.

Dabei beginnt man am besten damit, die augenblickliche Persönlichkeit der Abteilung und die Rolle des Managers darin zu bestimmen. Manager können eine Menge über ihr Unternehmen und sich selbst lernen, wenn sie die Frage beantworten: Was glauben meine Mitarbeiter, was von mir belohnt wird? Da die Antworten nicht immer schmeichelhaft sind, ist es oft nützlich, jemanden zu haben, der mit Mitarbeitern und Kollegen über solche Fragen spricht und die Meinungen weiterleitet.

Sind sich Manager erst einmal der Persönlichkeit ihrer Organisation und ihres eigenen Managementstils bewußt geworden, können sie die betreffende Einheit zur gewünschten Persönlichkeit entwickeln. Als ein neues Team von General-Electric-Managern einen Betrieb übernahm, setzte es zunächst eine Erklärung zur Unternehmensphilosophie auf. In Übereinstimmung mit ihren eigenen Wertvorstellungen wurden darin gemeinsame Entscheidungsfindung, Verpflichtung gegenüber Familie und Unternehmen sowie der Einsatz für Qualität besonders hervorgehoben. Die Philosophie wurde mit den einzelnen Mitarbeitern diskutiert, und die ganze Belegschaft wurde aufgefordert, diese Philosophie mitzutragen. Diese Vorgehensweise prägte die Erwartungen eines jeden einzelnen und führte auch zu höherem Engagement. Ein weiteres wichtiges Element der Philosophie war die Bereitschaft, Veränderungen mitzutragen, wenn es darum ging, fortschrittliche Technologien einzuführen oder das Unternehmen auf andere Weise aktuellen Erfordernissen anzupassen.

Die Zeiten, in denen Spitzenmanager einfach die Einstellungen und Verhaltensweisen akzeptierten, die Mitarbeiter mitbrachten, scheinen endgültig vorbei zu sein. Heute bemüht sich der Manager, der wettbewerbsfähig bleiben will, in seinem Unternehmen eine Persönlichkeit zu schaffen, die die Erwartungen der Mitarbeiter prägt und ihr Engagement verstärkt.

13. Kapitel

Zur Wertschöpfung beitragen

Verstärkter Wettbewerb zwingt die Unternehmen, sich zu fragen, welche Wertschöpfung durch ihre Stabsfunktionen erzielt wird. Fällt die Antwort unbefriedigend aus, müssen die Stäbe reduziert werden. Infolgedessen wird die Stabslaufbahn, einst der „sichere akademische Hafen" innerhalb des Unternehmens, allmählich verschwinden. Die erfolgreiche Stabsführungskraft von morgen muß den eindeutigen Beweis liefern können, daß die von ihr geführte Stabsabteilung einen Beitrag zum Unternehmen als Ganzes liefern kann.

An einem Samstag saß Sol Robbins frühmorgens in seinem Büro und ließ seine Gedanken schweifen, denn er versuchte, eine verzwickte Situation zu lösen. Er hielt sich selbst für eine Führungskraft, die einen knallharten Geschäftssinn mit einer humanen Einstellung zu seinen Mitarbeitern verband. Er war davon überzeugt, daß beide Einstellungen meist Hand in Hand gingen und sich gegenseitig verstärkten. Mitarbeiter, die gut behandelt wurden, brachten auch gute Leistungen, und sein eigener Einsatz für den Erfolg seines Unternehmens trug dazu bei, seinen Mitarbeitern einen sicheren Arbeitsplatz und Aufstiegsmöglichkeiten zu gewährleisten.

Leider hatte ihn sein persönlicher Aufstieg plötzlich mit einer Situation konfrontiert, in der er die Bedürfnisse des Unternehmens und die Unterstützung seiner Mitarbeiter nicht ohne weiteres miteinander vereinbaren konnte. Und, so überlegte er, dies lag weder an ihm noch an seinen Untergebenen. Das Problem war darauf zurückzuführen, daß sich die äußeren Bedingungen geändert hatten, und nun würde das Unternehmen eine Reihe drastischer Veränderungen erleben.

Eine unerwartete Herausforderung

Vor kurzem war Sol Robbins befördert worden, zum ersten Mal hatte er die Ebene eines Vice President erreicht. Zu seiner Überraschung war ihm eine Stabsstelle angeboten worden. „Wie bin ich durch meine jahrelange Erfahrung im operativen Bereich darauf vorbereitet, eine Gruppe von Spezialisten zu führen?" fragte er sich. Aber anscheinend war die operative Erfahrung im Geschäft genau das, was der Chairman des Unternehmens, Lawrence Spencer, wünschte. Nur wenige Führungskräfte bei Lancaster Inc. hatten eine so umfassende Erfahrung in den verschiedenen Sparten wie Robbins. Erst nach einem längeren Gespräch mit Spencer verstand Robbins, warum operative Erfahrung eine Voraussetzung für die Stabsstelle gewesen war. Und nun begann Robbins auch die Schwierigkeit der Aufgabe zu begreifen, die ihm zugeteilt worden war, und zu erahnen, in welchem Dilemma er sich befand.

Als Sol Robbins an seinem ersten Tag als Vice President sein Büro

betrat, empfand er die neuen Aufgaben, die auf ihn zukamen, als
reizvoll und beängstigend zugleich. Er war nicht mehr Division
General Manager, sondern ein Topmanager der Lancaster Inc.,
einem weit diversifizierten Hersteller mit einem Umsatz von 1,4
Milliarden Dollar, mit 20 000 Mitarbeitern und 20 Produktionsstätten.

Als Larry Spencer mit Robbins zum ersten Mal über dessen neue
Position sprach, betonte Spencer, er sehe in Robbins die Person,
die das neu formulierte Unternehmensziel „Chancen für unsere
Mitarbeiter" realisieren sollte. Mit diesem Ziel verpflichtete sich
das Unternehmen, wie es in einem Schreiben Spencers später zum
Ausdruck kam, „unseren Mitarbeitern in einer Atmosphäre gleichzeitigen Wachstums und Wandels Chancen und Sicherheit zu gewähren und hierzu sinnvolle Motivationsprogramme und Zusatzleistungen zu bieten".

Dieses umfassende Mandat und eine Reihe von persönlichen Gesprächen mit dem CEO des Unternehmens schufen den Kontext, in
dem sich Robbins bereit erklärte, sich einen Bereich zu schaffen,
der zur Neuorientierung des Unternehmens beitragen und ihn
selbst in die Lage versetzen würde, einen wichtigen Beitrag innerhalb der sich rasch verändernden äußeren Bedingungen zu leisten.

Robbins war sich darüber im klaren, daß dies keine leichte Aufgabe war. Doch er sagte sich, daß er die Stelle wegen der Veränderungen, die das Untennehmen durchmachte, angenommen hatte.
Lancaster durchlief gerade erfolgreich die Metamorphose von
einem konservativen Unternehmen mit einer zuverlässigen, aber
nicht besonders interessanten Produktpalette in ein innovatives
High-Tech-Unternehmen.

Robbins gefiel dieser Wandel. Er erhielt damit die Chance, etwas
Eigenständiges beizusteuern und Erfahrungen zu sammeln, was in
anderen Unternehmen, die nicht so schnell auf das neue Wettbewerbsklima reagierten, unmöglich gewesen wäre. Er sah eine Fülle
solcher Chancen, aber auch die Hindernisse, die gemeistert werden
mußten; und allmählich wurde ihm klar, daß er noch viele andere
Leute mit über diese Hürden bringen mußte. Monate später be-

Eine unerwartete Herausforderung

schrieb Robbins seine Gefühle an diesem ersten Tag: „Ich erwartete, daß sich meine Aufgabe vor allem auf Managementplanung und Managemententwicklung konzentrieren würde; die anderen Bereiche, so dachte ich, hätten routinierte Leute, die sich darin auskannten.

Ich wußte nicht genau, wie ich mich als Senior Corporate Officer verhalten sollte ... für mich war das Risiko deswegen gering, weil ich mich in wesentlichen Dingen kompetent fühlte. Wenn mir die Position auch nicht hundertprozentig auf den Leib geschneidert war, so würde es doch kein Desaster geben."

Er wußte, daß sein Erfolg im wesentlichen davon abhing, ob es gelingen würde, die Unterstützung des Topmanagements zu gewinnen und zu behalten. Dies war seinen fünf Vorgängern, die er im Laufe der letzten dreieinhalb Jahre gehabt hatte, nicht geglückt. Die raschen Veränderungen, die der CEO im Produktprogramm von Lancaster vorgenommen hatte, und das Beharren auf Veränderung als solcher hatte im Management zu Aufruhr geführt. Das rasche Ausscheiden von Robbins' Vorgängern war nur ein äußeres Zeichen dafür, daß das Unternehmen eine Metamorphose durchlief. Das Unternehmen hatte sein Geschäft verändert, aber die raschen Produktveränderungen und Spencers Druck auf die Mitarbeiter machten die Situation nicht leichter.

Robbins begann bereits an seinem ersten Tag herauszufinden, mit welcher Art von Problemen er konfrontiert wurde. Sie waren sehr unterschiedlich und vielfältig. Der Chairman hatte ihn gebeten, sich um eine Postsendung an seinen Polopartner zu kümmern, die von der Verwaltungsabteilung, die Robbins unterstellt war, statt per Luftpost mit normaler Post, also auf dem langsamsten Wege, nach Paris geschickt worden war. Dann war die Anfrage eines Mitarbeiters wegen seiner Pension seit zwei Monaten unbearbeitet. Außerdem gab es eine Flut von Anfragen, wie die Unternehmenspolitik anhand eines Handbuchs, das schwer verständlich und in vielen Punkten völlig unbrauchbar war, zu interpretieren sei. Er erfuhr auch, daß Lancasters Personalplanung darin bestand, daß jede Sparte einen Bericht zu erstellen hatte, wer im Linienmanagement wem nachfolgen sollte. Dieser Bericht sollte an die Personalplanungsstelle des Konzerns geschickt werden, wo er dann prompt in den Akten verschwand.

Nach dieser kurzen Einführung in seine Position war Robbins zu Spencer gegangen, um seine Pläne darzulegen. Nachdem er die Stelle des Vice President angenommen hatte, in die Unternehmenszentrale gezogen war und sich mit administrativen Aufgaben auseinanderzusetzen begann, dämmerte es Robbins zum ersten Male, was Spencer die ganze Zeit schon gewußt haben mußte: Um Spencers Vision von Lancaster Inc. verwirklichen zu helfen, würde sich Robbins zunächst nicht darauf konzentrieren können, im traditionellen Sinne Dienstleistungen für die operativen Bereiche zu erbringen. Stattdessen mußte er seine Stabsfunktion neu definieren.

Als Robbins dies immer mehr klarer wurde, sah er auch eine gewisse Zwangsläufigkeit. Im Laufe der letzten Jahre hatte das Unternehmen den Schwerpunkt von elektromechanischen Geräten, in erster Linie Pumpen, auf Elektronik, vor allem Prozeßleitsysteme, verschoben. Von den Sparten, die mechanische Geräte herstellten, war eine nach der anderen geschlossen oder verkauft worden. Dafür gab es zahlreiche Neuerwerbungen von kleinen Betrieben oder Produktionsstätten, mit denen das Zeitalter der Elektronik bei Lancaster eingeleitet werden sollte.

Viele Manager, Ingenieure und Produktionsarbeiter hatten die Firma im Zuge der Reorganisation verlassen. Tausende von neuen Mitarbeitern waren in das Unternehmen eingetreten. Robbins hatte zunächst angenommen, er sei ausgewählt worden, um bei diesem anhaltenden Transformationsprozeß mitzuwirken. Nun wurde ihm schlagartig klar, daß dieser Prozeß nach Spencers Auffassung weitgehend abgeschlossen war und nur noch routinemäßig weitergeführt werden mußte. Die Herausforderung, die Spencer für ihn im Sinn hatte, war von anderer Art. Spencer hatte es auf die Stabsfunktionen abgesehen. Er hatte Robbins gebeten, eine solche bedeutende Stabsfunktion zu leiten – und umzuformen.

„Lancaster wandelt sich, und dies wird so weitergehen, solange ich da bin. Damit dieser Impuls weiterleben kann, müssen wir die alte

Eine unerwartete Herausforderung 283

Vorstellung aufgeben, daß man ein Unternehmen führen kann, indem man Mitarbeiter eine sichere Nische in einer Stabsfunktion finden läßt, die sowohl von den Linienpositionen wie auch vom Markt weit entfernt ist. Es ist einfach zu teuer, ein Unternehmen so weiter zu führen. Und wir sind nicht die einzigen. Bei vielen Gelegenheiten habe ich gehört, wie andere Unternehmen Stabsstellen reduziert und dezentralisiert haben. Wir müssen uns umstellen, und das beginnt jetzt mit Ihnen. Wir können uns nicht den Luxus von Stabsstellen leisten, die kaum zur Wertschöpfung beitragen.

Sol, ich verlasse mich auf Sie, daß Sie diese Personalfunktion entsprechend verändern. Vielleicht können Sie durch Ihr Vorbild auch einige andere Stabsfunktionen dazu bringen, ihre Tätigkeit neu zu überdenken. Das wäre ein wichtiger Beitrag. Ich glaube, Sie können Ihrerseits auch von den anderen einiges lernen."

Robbins hatte von den umfassenden, ständigen Entlassungen von Middle Managern bei amerikanischen Unternehmen gelesen. Zuerst dachte er, diese seien nur eine Reaktion auf die schwere Rezession der frühen 80er Jahre gewesen. Doch als der Konjunkturaufschwung wieder einsetzte, gingen die Entlassungen, die tatsächlich als Reaktion auf die Krise begonnen hatten, weiter. Sie schienen nun zum permanenten Merkmal von Unternehmen zu werden, die versuchten, ihre Wettbewerbsfähigkeit in einem Umfeld zu erneuern, das auch nach der Rezession durch verschärften heimischen und ausländischen Wettbewerb gekennzeichnet war. Spencer fuhr fort: „Was wir brauchen, ist eine straffere, schlankere Organisation. Ihre Aufgabe ist es, in der Stabsorganisation, die Sie leiten, Wertschöpfung zu ermöglichen, und dies auch insgesamt in der Funktion, die Ihnen unterstellt ist." Dies bedeutete, daß Robbins die Personalfunktion völlig neu überdenken mußte, ebenso wie alle anderen Funktionen im Unternehmen neu überdacht werden mußten.

Alle Bereiche, die Robbins unterstellt waren, schienen gut zu laufen. Bald erkannte er jedoch, daß er das Geschäft als Ganzes im Auge behalten mußte, wenn er die Aufgabe seiner Abteilung neu formulieren wollte. Spencers Auftrag, „Chancen und Sicherheit für die Mitarbeiter" zu schaffen, hing nicht nur von dem Stab ab, dem Robbins vorgesetzt war, sondern auch von den Ressourcen, die für die Aufgabe zur Verfügung standen. Diese Ressourcen hingen wiederum vom Erfolg des Unternehmens ab, wie es seine Produkte verkaufte und wie es in Zukunft wettbewerbsfähig sein würde. Robbins erkannte, daß eine Neuorientierung seiner Funktion notwendig war und daß Spencer genau das von ihm erwartete. Robbins mußte weit über die Grenzen der gewöhnlichen Aktivitäten des Personalwesens hinausgehen und einen Weg finden, wie er zum Gesamterfolg der Firma beitragen konnte.

Er fragte sich, wie das Personalwesen einen solchen umfassenden Beitrag leisten könnte. Er kam zu dem Schluß, daß der Stab auf irgendeine neue Weise aktiver werden müßte. In dieser Anforderung lagen die Wurzeln des Dilemmas, in dem sich Robbins befand. Er hatte von seinen Vorgängern eine Gruppe von Personalfachleuten übernommen; viele von ihnen kannte er persönlich aus seiner früheren Tätigkeit. Sie waren Fachleute auf ihrem Gebiet, aber sie waren ebenso hinderlich wie hilfreich gewesen, als er noch Linienmanager war. Nun erkannte er, daß Spencer genau dieses Verständnis von einer Stabsführungskraft im Auge hatte – es war die Perspektive, aus der eine Stabskraft von den Managern im operativen Bereich gesehen wird. Dies war der Grund, weshalb Robbins die Position erhalten hatte.

Er erinnerte sich an den Zusammenschluß von zwei Sparten, an dem er mitbeteiligt gewesen war. Was hatte das Personalwesen getan? Man hatte, fast wie von einer Liste, eine Reihe von Aktivitäten abgehakt, die erledigt werden mußten: Outplacement-Beratung von überflüssiugen Managern und Fachleuten, Entlassung von überflüssigen Arbeitern und Büroangestellten, Neueinstufung von Stellen und Aufstellung neuer Lohn- und Gehaltsskalen, Programme zur Zusammenfassung von Zusatzleistungen. Diese Dinge mußten getan werden, aber etwas anderes wäre notwendiger gewesen. Man mußte dafür sorgen, daß die Leute ihre Arbeit auf höchstem Niveau weiterführten, trotz der Verwirrung, Unsicherheit und Gerüchte, die während der Fusion auftauchten. Dafür hätte man Hilfe gebraucht. Die Personalabteilung ging davon aus, daß durch die Zusammenlegung von Zusatzleistungsplänen und Outplacement-Beratungen für Mitarbeiter die Verwirrung möglichst gering gehalten werden konnte, aber sonst brachte sie keine Ideen ein.

Bei einer aktiveren Einstellung, überlegte Robbins, wäre es der erste Schritt des Personalmanagers gewesen, umfassende Ziele zu setzen. Dadurch hätte man die Linienmanager unterstützen können, die ja die tatsächlichen Aufgaben erfüllen mußten, die mit der Integration der beiden Sparten zusammenhingen. Durch eine erfolgreiche Fusion ließen sich die Kosten minimieren, die Produktivität steigern und die Arbeitsmoral verbessern. Um dies zu erreichen, folgerte Robbins, müßte der Personalleiter die Ressourcen überprüfen – das Budget, die Mitarbeiter und die zur Verfügung stehenden Instrumente (Beratung, Versetzungen, Umbesetzungen) – und sie mit den Zielen in Einklang bringen. Dies würde das Kernstück seiner neuen Konzeption von der Aufgabe des Personalleiters bilden. Und wenn die Personalmanager über den Status einer Dienstleistungsfunktion hinauswachsen wollen, müßten sie in der Lage sein, neue, aktivere Mitarbeiterbeziehungen zu praktizieren, und darüber hinaus eng mit dem CEO zusammenzuarbeiten, um ihre Vorgehensweise deutlich zu machen.

Wenn er als Vice President für Personalwesen nicht ganz schnell einen aktiveren Stab schuf, würde er die wichtige Chance versäumen. Es galt, die Personalfunktion innerhalb des Unternehmens zu stärken und das Personalwesen zu einem größeren und höher bewerteten Element zu machen, durch das das Unternehmen besser auf Veränderungen reagieren und seine Wettbewerbsfähigkeit steigern konnte. Robbins wußte, daß diese neue Aufgabenstellung von einem traditionellen Standpunkt aus nicht als Rückenstärkung der Personalmanager empfunden werden würde. Auch durften die Personalleute nicht plötzlich ihre spezifische Verantwortung aufgeben und zu Pseudo-Chefs werden, die aus den Mitarbeitern noch mehr Produktivität herausholen sollen. Spencer beabsichtigte nicht, Robbins' Stab mehr Macht zu übertragen. Vielmehr wollte er, daß sich seine Linienmanager dem Bereich der Human-Ressourcen stärker zuwandten, indem sie sich mit Robbins und dessen Stab berieten.

Das Personalwesen bekam unter Robbins' Führung die Chance, seine beiden Aufgaben, die sich aus den Unternehmenszielen ergaben, miteinander zu kombinieren. Die eine Aufgabe bestand darin, die richtige Anzahl von Leuten mit den richtigen Kenntnissen und Fähigkeiten zu bekommen; die andere war, sie zu hoher Leistung zu motivieren.

Dies ließ sich nur von einem Stab durchführen, der eng mit den Linienmanagern zusammenarbeiten wollte. Der General Manager würde weiterhin eine wichtige Verantwortung für das Personalmanagement haben, aber über seinen Stab sollte er zugleich dazu beitragen können, die Effektivität zu verbessern. Ein guter General Manager sollte diese Möglichkeit nun umfassender nutzen, um Einsatzbereitschaft und Leistung zu fördern und dadurch die Wettbewerbsfähigkeit des Unternehmens zu stärken.

Alle im gleichen Boot

Robbins' erste Wochen in seiner neuen Position vergingen wie im Flug, aber er nutzte die Gelegenheit, mit Managern aus anderen Bereichen über seine neue Vision für das Personalwesen zu sprechen. Dabei stellte er fest, daß sich viele seiner Kollegen über die gleichen Fragen Gedanken machten. Ralph Jones, der Vice President, durchlief selbst einen ähnlichen Prozeß und war zur gleichen Auffassung wie Robbins gelangt: „Im Finanzwesen beginnen Stab und Linie sich zu verändern. Aber jede Funktion wird sich auf ihre eigene, besondere Art organisieren, um die Wettbewerbsfähigkeit zu steigern. Die Finanzfunktion war bisher von einer gewissen Aura der Sicherheit umgeben. Da die Sprache der Finanzen aus Zahlen besteht, messen die Mitarbeiter anderer Bereiche dem Finanzwesen meist eine bestimmte Legitimität und Bedeutung zu, die anderen Funktionen nicht zuteil wird. Schließlich geht es im Geschäftsleben darum, was unter dem Strich herauskommt, und die Finanzfunktion kann das am besten feststellen. Das Finanzwesen bietet somit selbst in Zeiten raschen Wandels ein beruhigendes Gefühl der Sicherheit.

Aber, um ehrlich zu sein: Noch mehr Finanzakrobatik im Finanz-

Alle im gleichen Boot

wesen bringt nicht unbedingt mehr Klarheit in die Enscheidungen, die Spencer in Rücksprache mit uns treffen muß. In dem Maße, wie die Finanzfunktion leichter zugänglich wird und mit den anderen Sprachen, die im Unternehmen gesprochen werden, mehr im Einklang steht, werde ich in der Lage sein, aus meiner Position, den Positionen meines Stabs und dem Unternehmen selbst mehr zur Wertschöpfung beizutragen.

Das Finanzwesen der Zukunft wird immer weniger eine spezialisierte Stabsfunktion sein, die von den operativen Bereichen isoliert ist und sich in einer Sicherheit wiegen kann, die auf der komplizierten Manipulation von genauen Zahlen beruht.[26] Insgesamt wird sich die Hauptaufgabe meiner Funktion gleich bleiben: Es muß sichergestellt werden, daß ich zu einem kontinuierlichen Fluß von Geldmitteln Zugang habe, damit sie in alle strategisch wichtigen Programme geleitet werden können. Ein wichtige Folge hiervon ist natürlich, daß Geldmittel, die gerade nicht gebraucht werden, zum maximalen Nutzen des Unternehmens verwendet werden. Der Fluß der Geldmittel wird immer mehr einer Dienstleistungsfunktion entsprechen; dabei wird aber zunehmend auf die Prozesse Wert gelegt, während Genauigkeit als Endziel in den Hintergrund tritt."

Robbins hakte nach: „Spencer will von mir wissen, wieviel Wertschöpfung das Personalwesen dem Unternehmen bringt. Funktionen oder Mitarbeiter in diesem Bereich, die keine Wertschöpfung bringen, müßten gehen, sagt er. Wo sehen Sie im Finanzwesen Möglichkeiten zur künftigen Wertschöpfung? Wenn es nicht durch die Verfeinerung Ihrer Rechenmethoden geschieht, wie Sie sagen, wodurch dann?"

„Ich glaube", antwortete Jones, „daß die finanzielle Funktion besser mit der Linie koordiniert werden muß, um die Wettbewerbsfähigkeit der Firma durch Wertschöpfung zu steigern. Wir dürfen uns nicht nur auf die formellen Fixpunkte der Unternehmenspläne über Zeiträume von drei, fünf und zehn Jahren von heute an festlegen, sondern müssen die Fähigkeit entwickeln, auf Veränderungen im Markt und in anderen Funktionen – in der Produktion oder im Marketing – besser zu reagieren, damit das Unternehmen flexibler sein kann. Das wird bedeuten, daß das Finanzwesen stärker in andere Unternehmensbereiche integriert wird. Wir werden immer noch Notfallpläne aufstellen und Deckungsgeschäfte mit Devisen abschließen, um das Risiko zu minimieren, aber wir werden darüber hinaus noch mehr tun. Mein Problem besteht darin, Finanzfachleute zu finden, die ihr Geschäft verstehen und ihr Können im Sinne des Unternehmens einsetzen."

„Das ist auch mein Problem im Personalbereich", schloß Robbins.

Noch im gleichen Monat, in dem Robbins seine neue Position angetreten hatte, fragte ihn der Vice President für Marketing, ob er bei einer Präsentation vor einigen neu angestellten Außendienstmitarbeitern dabei sein wollte. Robbins stimmte begeistert zu in der Hoffnung, er würde dabei erfahren, wie der Vice President die Funktion des Marketing sah.

Der VP begann seine Ansprache: „Es gab einmal eine Zeit, als die Menschen in höherem Maße produktorientiert waren als heute. Das bedeutet, daß durch Lancasters Marketingbemühungen in vielen Fällen eine Nachfrage nach einem Produkt geschaffen oder gesteigert wurde und wir die Gewinne einstreichen konnten. Im Zeichen des sich verschärfenden Wettbewerbs ist es kaum noch möglich, der einzige Lieferant eines Produkts zu sein; der Kunde hat eine größere Auswahl. Viele verschiedene Unternehmen werden mit uns konkurrieren, um eine einmal geschaffene Nachfrage zu befriedigen. In einem so geprägten Umfeld muß das Unternehmen mehr verbraucher- als produktorientiert sein. Man wird sich immer weniger in eine Marktnische zurückziehen können, die nicht von in- oder ausländischen Konkurrenten angegriffen wird. Das hat hier und bei vielen anderen Unternehmen bereits zu Veränderungen geführt.

Ich will nur zwei Beispiele nennen, auf die ich in den letzten Wochen gestoßen bin. In der Schwermaschinenindustrie sind John Deere und die Caterpillar Tractor Company dem starken Wettbewerb mit den Japanern ausgesetzt. Als Reaktion darauf haben beide versucht, ihre Händlernetze zu Marktforschungszwecken zu nutzen. Gegen Ende 1983 reorganisierte die American Telephone

Alle im gleichen Boot

and Telegraph Company (AT&T) eine ihrer Tochtergesellschaften so, daß jede Sparte ihr eigenes Produkt sowie ihre eigene Marketing-, Verkaufs-, und Forschungs- und Entwicklungsabteilung hatte.[27] Die einst von der Produktion bestimmten amerikanischen Unternehmen werden zunehmend vom Markt bestimmt. Und auf diese Sensibilität gegenüber dem Markt kommt es hier bei Lancaster an. Sie als Außendienstmitarbeiter sind ein sehr wichtiges Bindeglied zu diesem Markt.

Vorbei sind die Zeiten, als Ingenieure und Techniker ein Produkt entwickelten, das dann der amerikanischen Öffentlichkeit aufgrund einer durch Marketingbemühungen geschaffenen Nachfrage verkauft wurde. Die amerikanischen Automobilhersteller hatten mit dem Verkauf großer Autos nicht deshalb Probleme, weil das Marketing nicht funktionierte, sondern weil eine Kluft zwischen Produktentwicklung und Markt bestand. Diese Kluft muß erheblich verringert werden, wenn die Unternehmen nicht aus den Augen verlieren wollen, was das Marketing erreichen kann, und dann ein finanzielles Desaster erleben. Deshalb dürfen wir nicht nur Produkte verkaufen, sondern müssen das Unternehmen darüber auf dem laufenden halten, was sich auf dem Markt abspielt.

Marketing muß mehr und mehr mit der Produktion zusammenarbeiten. Wenn wir als Marketingleute zur Wertschöpfung beitragen wollen, müssen wir dafür sorgen, daß sich die Informationen aus dem Umfeld, die Stück für Stück durch Marktforschungs- und Verkaufstätigkeiten zusammengetragen werden, unmittelbarer auf die Produktentwicklung und die Pflege neuer Märkte auswirken. Linien- und Stabsfunktionen müssen wirkungsvoll miteinander kooperieren. Eine größere Anpassungsfähigkeit an die Wünsche und Bedürfnisse der Kunden wird uns die notwendige Schlagkraft geben, um die Lebensdauer von angeblich reifen Produkten zu verlängern; vielleicht können wir aus den Grenzen ausbrechen, die das Modell eines zwangsläufigen Produktlebenszyklus der Innovations- und Reaktionsfähigkeit von Unternehmen auferlegt.

Das bedeutet, daß wir als Außendienstler eine Menge dazu beitragen können, nicht nur die Produkte von Lancaster zu verkaufen, sondern auch unsere Produktions- und F&E-Leute zu informieren, wie sie neue Produkte entwickeln können, die sich gut verkaufen lassen, oder wie sie unsere derzeitigen Produkte verbessern können. Wir können damit unser Unternehmen mehr als je zuvor mitgestalten. Ich weiß, daß dies bei Ihnen auf offene Ohren stößt."

Wie seine Kollegen dachten, erfuhr Robbins schließlich noch aus einer Diskussion mit dem Vice President für Produktion in der Konzernzentrale. Der Produktionsbereich, meinte der VP, würde seine Aufgabe umfassender sehen müssen. Es würde innerhalb wie auch außerhalb des Unternehmens auf eine große Anzahl von Interessenten reagieren müssen. Mit der Fülle neuer Produkttechnologien, der immer rascheren Entwicklung neuer Verfahrenstechnologien und der zunehmenden Bedeutung von Produktqualität, Kundendienst, Lieferung und Zuverlässigkeit auf dem Wettbewerbsmarkt wird der Produktionsbereich seine Reaktions- und Innovationsfähigkeit verbessern müssen.[28] Diese Flexibilität wird dafür ausschlaggebend sein, inwieweit Lancaster auf Veränderungen im Markt reagieren kann, meinte der Produktions-VP.

Lancasters strategische Planer, nahm Robbins an, würden als Zukunftsdeuter des Unternehmens noch stärker in Ungnade fallen, von ihrem Podest als exklusive Visionsträger hinabgestoßen werden. Und er betrachtete dies als eine gesunde Entwicklung. Die Akquisitionen, mit denen er zu tun gehabt hatte, hatten ihn mit strategischen Planern in vielen Unternehmen in Berührung gebracht. Im Laufe der Jahre schienen sie immer mehr in die Isolation zu geraten, entfremdet von den anderen Funktionen innerhalb der Unternehmen. Es war nicht so, daß sie keinen wichtigen Beitrag mehr zu leisten hatten, aber zum einen wurde zuviel und zum anderen zuwenig von ihrer Funktion erwartet. Man müßte diese Ungereimtheit korrigieren, wenn ihr Beitrag richtig verstanden und mit anderen Aktivitäten effektiv koordiniert werden sollte. Zugleich müßten die neuen Planungsstäbe die traditionelle Auffassung von der Planung als akademischem Hafen innerhalb des Unternehmens aufgeben, wo sie genügend Zeit und Muße hatten, zu reflektieren, zu analysieren und Vorschläge zu unterbreiten. Die neuen Stabsplaner müßten weniger reflektieren und stattdessen umfassender analysieren mit dem Ziel, die Positionierung des Unternehmens auf dem Markt aktiv zu unterstützen.

Robbins' geistige Rundreise durch die Stabsfunktionen bei Lancaster bestätigte, daß alle Funktionen, einschließlich des Personalmanagements, für Lancaster potentiell wichtig waren. Das Personalmanagement spielte für die Wettbewerbsfähigkeit des Unternehmens ebenso seine Rolle wie Marketing, Finanzwesen oder die Produktion. Jahrelang war das Personalmanagement eine Stabsaktivität gewesen, die offenbar wenig Verbindung zu den Linienfunktionen hatte. Dies, so wußte er, war ein kostspieliger Fehler gewesen. Die Linienkräfte haben tagtäglich die Verantwortung für die Überwachung, Anleitung und Leistungsbereitschaft der Mitarbeiter. Diese Pflichten sind oft schwierig, und die direkte Überwachung und Beurteilung von Mitarbeitern gehören nicht zu den erfreulichsten Aufgaben. Es gibt wenige unmittelbare Erfolge, und die Ergebnisse zeigen sich meist erst langfristig. Werden Linienkräfte bei Erfolgen anerkannt und belohnt? Führt gute Arbeit zu einer größeren Sicherheit des Arbeitsplatzes und zu besseren Aufstiegschancen? Werden Spitzenleistungen effektiv gefördert? Wird schlechten Leuten gesagt, daß sie den Anforderungen nicht genügen, und wird ihnen gezeigt, wie sie ihre Sache besser machen können? Eine effektives Personalwesen muß die richtigen Antworten auf diese Fragen finden.

Stabskräfte auf Konzernebene sind teuer und entsprechen einer größeren Kapitalinvestition. Robbins nahm sich fest vor, auch mit dem Personalwesen einen größeren Beitrag zur Wertschöpfung des Unternehmens zu leisten. Sein Programm bestand aus drei Teilen:

Erstens wollte er seine Funktion stärker in die langfristige Planung des Unternehmens einbeziehen und seine Stabskräfte dadurch mit der strategischen Ausrichtung des Unternehmens vertraut machen.

Der zweite Teil seines Programms bestand darin, eine engere Schnittstelle zwischen den Stabskräften der Konzernzentrale und dem Personalstab in den operativen Einheiten zu entwickeln. Seine Verantwortung für die Außendienstmitarbeiter war fast ebenso groß wie für die Mitarbeiter im Innendienst. Die Beziehungen zwischen Innendienst- und Außendienstmitarbeitern wollte er enger gestalten, ebenso die Beziehungen zwischen den Linienmanagern und den Stabskräften in den Produktionsbetrieben, Vertriebszentren, Forschungseinrichtungen, Reparaturwerkstätten und Verkaufsbüros.

Der dritte Teil seines Vorhabens bestand darin, hart an der Realisierung der ersten, langfristigen Planung zu arbeiten. Bei der Unternehmensplanung war seiner Meinung nach deswegen viel fehlgelaufen, weil man sich zu stark auf Ziele und zu wenig auf ihre praktische Umsetzung konzentriert hatte – zu sehr auf den Zweck, zu wenig auf die Mittel. Um dies bei seiner eigenen Planung zu vermeiden, baute er einen Realisierungs- oder Aktionsschritt in seine Hauptziele ein. Ein analytischer Planer würde dazu wahrscheinlich meinen, diese Kombination von Zielen und Maßnahmen sei unlogisch, aber ihm ging es mehr um die Funktionstüchtigkeit als um die formale Struktur.

Robbins verschaffte sich eine Übersicht über die Personalplanungsaktivitäten bei Unternehmen ähnlicher Größe. Er stellte fest, daß da, wo ein Unternehmen zu einer langfristigen Personalplanung übergegangen war, in 35 Prozent der Fälle das Topmanagement die Planung eingeführt hatte, ausgehend von der Vision der strategischen Bedeutung der Personalplanung. In weiteren 20 Prozent der Fälle hatte sich der Planungsprozeß einfach von selbst entwickelt. Es begann häufig damit, daß eine oder zwei auf Personalplanung bezogene Komponenten in die Unternehmensplanung aufgenommen wurden. Aus diesen bescheidenen Anfängen entwickelten sich fortgeschrittenere Personalpläne. Doch bei immerhin 18 Prozent der betreffenden Unternehmen hatte die Personalplanung als Reaktion auf eine Krise begonnen. Wenn potentielle Nachfolger für eine ausscheidende wichtige Führungskraft fehlten oder wissenschaftliche oder technische Mitarbeiter knapp waren, warteten viele Unternehmen zu lange und nahmen an, daß sich Leute mit den erforderlichen Kenntnissen und Fähigkeiten einfach immer irgendwie finden ließen. Dies erwies sich in vielen Fällen als völlig falsche Annahme und als kostspieliger Fehler.

Alle im gleichen Boot

An der Personalplanung muß ständig gearbeitet werden. Ein Senior Vice President eines großen Versicherungskonzerns sagte zu Robbins: „Die Personalplanung erfordert eine Menge harter Arbeit, und es gibt kein Unternehmen, das man sich anschauen und zum Vorbild nehmen kann... Die Gefahr besteht immer darin, daß man bei dem Versuch, zum nächsten Stadium überzugehen, dringendere Dinge zu tun findet... wir müssen uns vornehmen, jeden Tag daran zu arbeiten."

Der Konsens unter den Unternehmen, die Personalplanung betreiben, wurde vom Vice President eines Raumfahrtunternehmens so umschrieben:

„Personalplanung zahlt sich bestimmt aus. Es wird für das Topmanagement zur Pflicht, sich um seine Untergebenen zu kümmern. Andererseits würdigen es die Mitarbeiter, wenn sie merken, daß sich das Management über ihre Zukunft Gedanken macht."

Aus den Gesprächen mit seinen Kollegen in anderen Stabsfunktionen bei Lancaster erkannte Robbins bald, daß das, was für die Personalplanung in vielen großen Unternehmen zutraf, auch für die anderen Funktionen galt. Linienmanager delegierten die langfristige Planung und Analyse von Unternehmenschancen immer seltener an einen Spezialstab. Die Planer des Konzerns, gleich in welcher Funktion, müßten das Geschäft, seinen Kern wie auch seine Grenzen, auch wirklich kennen, und fester im Geschehen integriert sein. In einem effektiven Unternehmen arbeiteten Linie und Stab synchroner zusammen, oder es gab überhaupt keinen Stab.

Die Linienmanager akzeptierten übertriebenes Spezialistentum nicht mehr, gleichgültig, um welchen Funktionsbereich es sich handelte. Sie forderten, daß die Stabsarbeit vor allem auf der Basis der vorhandenen Wettbewerbssituation erfolgen müßte, um die zukünftige Wettbewerbsentwicklung im voraus zu erkennen und wirkungsvolle Reaktionen zu ermöglichen.

Um nicht als überflüssiger, für den heutigen Markt zu teurer Luxus abgeschafft zu werden, erkannten die Spezialisten in den Stäben, daß sie mehr zur Wertschöpfung beitragen und weniger aus der Distanz, sondern mehr im Zentrum des Geschehens tätig sein mußten. Folglich verlagerten sich die traditionellen, unterstützenden Forschungs- und Planungsaktivitäten, die von den Konzernstäben ausgeführt wurden, von detaillierten und umfangreichen Dokumentationen auf Aktivitäten, bei denen Pläne mit Aktionen und Szenarien mit Reaktionen kombiniert werden.

Was der CEO von General Electric „staff on staff" nannte, gehört in vielen amerikanischen Unternehmen allmählich der Vergangenheit an. Aufgrund der Fragen nach der Wertschöpfung in Stabspositionen können Manager, die am Anfang oder in der Mitte ihrer Laufbahn stehen, nicht erwarten, daß ihre Stabstätigkeit weiterhin automatisch vom Unternehmen als wertvoll erachtet wird. Sie müssen vielmehr ihre Aufgaben neu überdenken und sie unmittelbarer zur Wettbewerbsfähigkeit des Unternehmens in Bezug setzen. Andernfalls können ihre Aufgaben weiterhin an Bedeutung verlieren und schließlich ganz verschwinden.

Planung, also die Vorschau auf Kommendes, ist zwar weiterhin wichtig, aber ihre Effektivität hängt vermehrt vom Einsatz von Linienkräften und von einer flexiblen Handhabung ab. Der Markt ändert sich so rasch, daß Linienmanager es nicht wagen können, den Blick in die Zukunft an eine Spezialisten-Bürokratie zu delegieren.

Probleme auch im operativen Bereich

Im operativen Bereich von Lancaster kam Robbins zu wichtigen Erkenntnissen darüber, welchen Einfluß der Personalstab auf Linienführungskräfte ausüben kann. Deren Aufgabe bestand darin, zum langfristigen Unternehmensziel beizutragen. Nichts war in dieser Hinsicht so wichtig, überlegte Robbins, wie den Linienmanagern zu helfen, ihre eigene Tätigkeit richtig zu verstehen.

Heute stellt sich wegen der technologischen Entwicklungen genau in diesem Bereich ein entscheidendes Problem. Der Personal Computer ist die Ursache dafür. Der Personal Computer ermöglicht es Linienmanagern, umfassende, aktuelle Informationen in einem zuvor unbekannten Ausmaß zu bekommen. Mehrere Ebenen von Managern, deren Aufgabe es gewesen war, Informationen über den Stand des Unternehmens zu sammeln und aufzuarbeiten, sind heute überflüssig. Bei Lancaster waren deswegen mehrere hundert Middle Manager freigesetzt worden, was dem Unternehmen Beträge in Millionenhöhe einsparte. Nicht nur von den Stabsleuten wurde also gefordert, ihren Wert für den Konzern nachzuweisen.

Spencer war der Überzeugung, daß der operative Bereich nicht weniger effizient arbeitete, nachdem die überflüssigen Managementebenen verschwunden waren. Robbins war ebenfalls dieser Meinung, aber er machte sich Sorgen über die längerfristige Entwicklung. Wenn hohe Operations Manager sich nun um Einzelheiten im Produktionsbetrieb oder im Verkauf kümmerten, wer kümmerte sich dann um die Bedürfnisse des Unternehmens als Ganzes? Wer bereitete die nächste neue Produkteinführung, die nächste Generation von Produktionsmaschinen, die nächste Reorganisation vor?

Robbins befürchtete, daß Topmanager immer mehr in die Einzelheiten des Produktionsablaufs eingespannt würden. Welche Ironie darin doch liegt, dachte er. Wir waren der Meinung, wir könnten Manager der unteren Ebene eliminieren und die Topmanager erhalten. Stattdessen müssen sich unsere Topmanager jetzt mit den Tätigkeiten des unteren Managements abgeben, und damit haben wir nebenbei und sozusagen aus Versehen die Schlüsselpositionen auf höherer Ebene abgeschafft.

Robbins fürchtete, daß in seinem Versuch, die Spezialisten in den Stäben stärker mit den Bedürfnissen des operativen Bereichs zu konfrontieren, eine ebensolche Gefahr lag. Die Gefahr lag darin, daß die Stabsorganisation nicht nur Bürokratie-Ballast abwerfen, sondern auch gleichzeitig ihre fachliche Funktion einbüßen würde. Der Stab sollte die Operations Manager ergänzen, aber keinen Abklatsch ihrer Tätigkeit darstellen.

In allen Managementpositionen muß sorgfältig darauf geachtet werden, daß ein Gleichgewicht zwischen den Extremen erzielt wird, dachte Robbins. Seine frühere Tätigkeit als Division General Manager hatte von ihm gefordert, überflüssige Managementebenen zu streichen, ohne daß das Bild des Unternehmens als Ganzes und seine Bedürfnisse darunter litten. Seine neue Stabsposition als Vice President verlangte von ihm, daß die Spezialisten ihre Aufmerksamkeit unmittelbarer auf die gegenwärtigen Probleme richteten, ohne ihre nüchterne Sichtweise hinsichtlich der Erfordernisse der Zukunft dafür zu opfern.

Ein Dilemma wird beseitigt

Im Anschluß an diese Überlegungen setzte Robbins sein Programm Schritt für Schritt in die Praxis um. Er dachte, daß er durch eine vorausschauende Planungsarbeit seinen Mitarbeitern helfen könnte, sich die zukünftige Unternehmensentwicklung besser vorzustellen und sich darauf vorzubereiten. Damit ließe sich auch im Personalwesen eine Generation von Stabskräften heranbilden, die zur Wertschöpfung beitragen könnten.

Er wurde selbst zum Vorreiter seiner Idee, indem er seinen Mitstreitern zeigte, wie man mit Linienmanagern kommuniziert und eine gut funktionierende Beziehung aufbaut. Mit einer Video-Kamera und einem Tonbandgerät besuchte er die Führungskräfte der einzelnen Sparten und führte mit ihnen lange Gespräche über die Situation des Unternehmens. Da er sich auf diese Gespräche sorgfältig vorbereitete, wußte er genau, was er fragen sollte. Nicht zuletzt deshalb waren die General Manager sehr entgegenkommend und sprachen offen über ihre Bedürfnisse und Ziele. Mit Hilfe der Videobänder konnte Robbins seinen eigenen Mitarbeitern zeigen, wie man das Vertrauen der Linienmanager gewinnen konnte und welche Vorstellungen diese hatten.

Er brachte Personalstabskräfte des Konzerns und des Außendienstes zu zwei- bis dreitägigen Meetings zusammen. Man ging Probleme in den verschiedenen Abteilungen durch, und suchte dabei immer nach einer Möglichkeit, wie das Personalwesen aktiver auf die Bedürfnisse des Unternehmens eingehen konnte. Wenn Linienmanager bereits einen Aktionskurs eingeschlagen hatten, mit dem der Personalstab nicht einverstanden war, forderte dieser seine

Ein Dilemma wird beseitigt

Leute auf, ein besseres Programm zu entwickeln und die Linienmanager davon zu überzeugen.

Im Blick auf die Zukunft bestand Robbins darauf, daß die Leute vor Ort, die Management-Nachfolgepläne vorbereitet hatten, mehr tun sollten, als nur Listen zu führen. „Unser Stab muß an der Entscheidung beteiligt werden, wer auf diese Listen kommt", sagte Robbins seinen Leuten. „Spencer verlangt von mir unter anderem, die Motivation unserer Mitarbeiter zu fördern. Besonders wichtig ist es dabei, aus dem künftigen Managementment-Team solche Manager herauszuhalten, die sich später als ‚Neandertaler' erweisen. Das kann man aber erst dann tun, wenn man Einfluß darauf hat, wer zur Beförderung ausgewählt wird. Und das ist erst möglich, wenn man von den General Managern respektiert wird."

Bei all dem machte sich Robbins wenig Illusionen. Trotz Spencers eindeutiger Warnungen hielten einige seiner Spezialisten an der Vergangenheit fest; ihre Einstellung war nach wie vor dienstleistungs- statt geschäftsorientert. Sie richteten sich mehr nach ihren Kollegen in anderen Unternehmen aus als an den Managern der eigenen Firma; sie hielten sich eher an ausgetüftelte Planungen und Programme, statt vorläufige, rasche und zeitadäquate Lösungen zu geschäftlichen Problemen anzubieten. Robbins wußte, daß er diese Leute nicht bei Lancaster behalten konnte. Spencer würde es nicht dulden. Die neuen Wettbewerber, die in der Branche führend waren, wären ihrerseits auch nicht bereit, Mitarbeiter zu bezahlen, deren Leistungsbeitrag gering ist. Selbst wenn Robbins sie als Spezialisten mochte und respektierte, konnte er sie nicht behalten.

Sein Dilemma war beseitigt. Ich kann keinen Mitarbeiter halten, der sich nicht anpassen wird, gestand er sich ein. Der intensive Wettbewerb schließt isoliertes Spezialistentum aus. Sicher mußte man die Entlassung solcher Kräfte bedauern, aber sie ließ sich nicht vermeiden.

14. Kapitel

Entscheiden oder nicht entscheiden

Es ist ein Mythos, daß die wichtigste Aufgabe von Spitzenmanagern darin bestehe, Entscheidungen zu treffen. In der Hierarchie großer Unternehmen funktioniert diese Vorstellung nicht und kann auch nicht funktionieren, weil dann die Mitarbeiter zu wenig gefordert wären. Das Management muß den „Grundton anschlagen", delegieren, Verantwortung übertragen und führen. Aber das Management darf nicht die Arbeit der Untergebenen tun. Es gibt dafür viele Gründe; der wichtigste ist, daß der Untergebene diese Arbeit wahrscheinlich besser tut.

Dieses Kapitel handelt von den grundlegendsten Elementen des Managements: Entscheidungen treffen, Delegieren und Verantwortung tragen. Es steht fast am Ende dieses Buches, weil es dabei um die Anwendung der in den vorausgegangenen Kapiteln entwikkelten Prinzipien geht. Diese Grundprinzipien werden hier auf eine ganz selbstverständliche Weise befolgt. Voraussetzung dazu ist, daß alle betroffenen Führungskräfte ein tiefes Verständnis von ihrer Rolle haben. So liefert dieses Kapitel ein Beispiel für amerikanisches Topmanagement in seiner besten Ausprägung – für das Management schlecht strukturierter, unangenehmer Probleme, die sich in erheblichem Maße auf das Unternehmen auswirken können. Diese Probleme werden behutsam angegegangen, geleitet von der Erfahrung und der sorgfältigen Abwägung kurzfristiger und langfristiger Überlegungen. Denn an den Feinheiten und Nuancen, mit denen grundlegende Management-Prinzipien angewandt werden, sind die herausragenden Führungskräfte zu erkennen.

Das Problem des Benjamin-Projekts

Zur einem kurzfristig festgelegten Zeitpunkt sollte das Management-Komitee eines großen Büromaschinenherstellers den Stand eines Spitzentechnologieprojekts überprüfen. Die beiden wichtigsten Konkurrenten des Unternehmens hatten bereits rund 25 Millionen Dollar in die Entwicklung eines Pilot-Projekts investiert. Nach vorsichtigen Schätzungen des Unternehmens arbeiteten bei allen potentiellen Wettbewerbern zusammen inzwischen mindestens 500 Ingenieure an dem Projekt.

Zur Diskussion stand das Problem, welche Anstrengungen das Unternehmen selbst in dieser Sache unternehmen sollte. Unter den leitenden Angestellten gab es bereits heftige Kontroversen; dadurch war das Top-Management auf die Sache aufmerksam geworden. Die eine Partei wurde vom Group Executive und dem President der Computer Division (CD) vertreten. Als Manager mit langjähriger Berufserfahrung und 28jähriger Firmenzugehörigkeit unterstand dem Group Executive nun auch die Computer Division, der größte Bereich des Unternehmens. Er besaß einen Doktortitel in Physik, und in den ersten zehn Jahren seiner Laufbahn hatte er Positionen im Forschungsbereich des Unternehmens innegehabt. Der President der Division hatte ebenfalls in Physik promoviert und konnte auf eine lange Dienstzeit bei seinem Unternehmen zurückblicken.

Die Computer Division war für die Entwicklung dieser Technologie zuständig. Bis vor kurzem waren die Entwicklungsarbeiten in den Forschungslabors gelaufen, aber man glaubte, das Projekt sei nun so weit fortgeschritten, daß man in den Produktanwendungslabors der Computer Division weiterarbeiten sollte. Ein Jahr zuvor hatte die Division einen Geschäftsplan zur Überprüfung auf Konzernebene vorgelegt, in dem drei getrennte Projekte im Rahmen dieser Technologie aufgeführt waren, Programme, die Andrew, Benjamin und Charlie genannt wurden.

Mit der neuen Technologie wurde versucht, ein neues und sehr schnelles Speichersystem für Computer zu entwickeln. Das Projekt Andrew sollte die Technologie in ein Stadium bringen, in dem zunächst ein Massenspeicher eingesetzt werden könnte.

Das Benjamin-Projekt war ein Folgeprojekt von Andrew, das Leistung und Kosten der Speichereinheit nach deren Einführung weiter verbessern sollte. Charlie war ein längerfristiges Programm mit der Aufgabe, ein völlig neues Speicherverfahren zu entwickeln, das dann bei Andrew eingesetzt werden sollte.

Die Computer Division, der sehr viel daran lag, ein neues Produkt auf den Markt zu bringen, schlug in ihrem Geschäftsplan vor, Andrew rasch voranzutreiben, Benjamin hingegen nur wenig Aufmerksamkeit zu schenken. Charlie hingegen war mit viel Personal ausgestattet, weil es dabei um eine andere Speichertechnologie ging und das Projekt in bezug auf Engineering-Fähigkeiten nicht mit Andrew im Wettbewerb stand. Nach der Meinung der Computer Division gab es jedoch eindeutig eine Konkurrenz zwischen Andrew und Benjamin.

Um Benjamin mit voller personeller Besetzung durchzuziehen, waren nur 30 Ingenieure erforderlich, und das in einem Unternehmen, das Tausende von Ingenieuren beschäftigte. Allerdings handelte es sich um hochqualifizierte Leute, die sich in einer Technologie auskannten, über die nur wenige in oder außerhalb des Unternehmens Bescheid wußten. Ingenieure, die bei Benjamin eingesetzt werden sollten, konnten auch an Andrew arbeiten, und das Andrew-Projekt war noch nicht abgeschlossen. „Wir haben noch nicht einmal ein Produkt", klagte der Leiter der Computer Division. „Wie kann ich dann schon die nächste Generation vorantreiben?" Da die Ingenieure für die Arbeit an Andrew gebraucht wurden, räumte die Computer Division Benjamin nur eine geringe Priorität ein und stellte wenig Ressourcen dafür bereit.

Auf Konzernebene wurde der Plan der Computer Division von verschiedenen Stabsstellen geprüft, darunter auch vom Office of Technology (OT). Diese Abteilung, die von einem Physiker mit langjähriger Erfahrung sowohl innerhalb des Unternehmens als auch in wichtigen politischen Funktionen geleitet wurde, wachte über die technische Zukunft des Unternehmens. Der Leiter des OT war besorgt über die geringe Priorität, die Benjamin eingeräumt wurde, und brachte folgendes Argument vor: „Diese Technologie macht rasch Fortschritte, und unsere Konkurrenten arbeiten hart daran. Sollte es ihnen gelingen, sie erfolgreich auf den Markt zu bringen und rasch eine zweite Generation folgen lassen, könnten wir schweren Schaden erleiden. CD räumt der Entwicklung des Primärproduktes eine viel zu hohe Priorität ein. Als ein Bereich, der sowohl Umsätze als auch Kosten hat und auch versuchen muß, Rentabilitätsziele zu erreichen, möchte CD das Entwicklungsniveau natürlich so nah wie möglich dem Markt anpassen. Deshalb legt man besonderen Wert auf Andrew und vernachlässigt Benjamin in der Hoffnung, bei Andrew rasch Umsätze zu machen und die Kosten unter anderem dadurch zu senken, daß man nur wenig an Benjamin arbeitet. Daraus kann bei CD ein größerer kurzfristiger Gewinn resultieren, ein Gewinn, der aber wahrscheinlich zu Lasten der langfristigen Marktposition des Unternehmens gehen wird."

Bei Gesprächen zwischen den Führungskräften von CD und OT konnte die Meinungsverschiedenheit nicht behoben werden, und so kam es dann zu einem gemeinsamen Meeting von Topmanagement, CD und OT.

Unbehagen beim Topmanagement

Bei der Durchsicht des Protokolls dieser Besprechung und der Überlegungen der Beteiligten kommt man zwangsläufig zu dem Schluß, daß sich das Topmanagement mit diesem Problem nur ungern auseinandersetzte. War diese Frage wirklich wichtig genug, um auf dieser hohen Ebene besprochen zu werden? Schließlich waren nur 30 Ingenieure und ein winziger Prozentsatz des Budgets der CD davon betroffen. Wie auch immer: Die Frage der Einstellung des Unternehmens zu einer sehr wichtigen, in der Entwicklung begriffenen Technologie war zweifellos von großer Bedeutung.

Vielleicht beruhte das Unbehagen auch darauf, daß keiner der Topmanager die gründliche technische Ausbildung besaß, wie sie sowohl der President der Computer-Division als auch der des Office of Technology hatten. Der CEO des Konzerns hatte Politische Wissenschaften studiert, bevor er seinen MBA erworben hatte. Er war seit über 30 Jahren im Unternehmen tätig und über den Verkauf und das General Management aufgestiegen. Der Chief Operating Officer war ebenfalls MBA und hatte über Verkauf und Marketing Karriere gemacht. Der Executive Vice President war im Rechnungswesen und später im Controlling tätig gewesen, dann war er Vice President für Finanzwesen. Diese drei Führungskräfte, die eine wichtige Rolle bei der strategischen Planung des Großunternehmens spielten, wurden hier mit einer Frage konfrontiert, die weitgehend technischer Natur war: Wie wahrscheinlich war es, daß die fragliche Technologie in den Computer-Speichersystemen der Zukunft ein wesentlicher Faktor sein würde? Da die Wissenschaftler keine übereinstimmende Antwort geben konnten, wurde das Problem nun einer Gruppe von Wirtschaftsfachleuten zur Lösung vorgelegt.

Was war die Frage?

Wie lautete die Frage, die dem Topmanagement-Komitee vorgelegt wurde? Auf der ersten Ebene ging es darum, zu entscheiden, welche Ressourcen bzw. mit welcher Priorität Ressourcen dem

Benjamin-Projekt durch die Computer Division zugewiesen werden sollten.

Auf etwas höherer Ebene jedoch war die zuvor festgelegte Unternehmensstrategie zu überprüfen, die dieser neuen Technologie eine wichtige Rolle in der Gesamtplanung zuwies. Weigerte sich die CD, Benjamin mehr Mittel zuzuteilen, weil sie insgeheim bezweifelte, daß Benjamin oder sogar Andrew überhaupt durchführbar sei?

Oder war das gar nicht die eigentliche Frage? War es möglich, daß es zwischen dem Spitzentechnologen und CD gar keine wirklichen Meinungsverschiedenheiten gab? Immerhin betonten beide, daß sie darin übereinstimmten, daß Benjamin wichtig sei, und daß der einzige Meinungsunterschied darin bestünde, welche Ressourcen wofür eingesetzt werden sollten. Konnte es sein, daß die augenscheinliche Meinungsverschiedenheit nur ein Mittel war, mit deren Hilfe sich die CD an die Konzernleitung wenden konnte, um zusätzliches Geld zu fordern, und das Office of Technology als Hebel benutzte, um es zu bekommen?

Und schließlich: Ging es vielleicht um wichtige Statusfragen oder sogar um interne politische Angelegenheiten? Der Technologe hatte eine Stabsposition inne, und seine Fähigkeit, die Entscheidung von Operating Managern wie den Managern der Computer Division zu beeinflussen, hing vom Grad der Unterstützung seitens des Topmanagements ab. Nur selten hatte er bisher Meinungsverschiedenheiten mit einem Linienmanager vor das Topmanagement-Komitee gebracht. Die Tatsache, daß er es in diesem Fall tat, wies darauf hin, daß er es für wichtig genug befand, und er wußte, welches Risiko er damit auf sich nahm. Denn wenn das Komitee ihn nicht unterstützen würde, so war es fraglich, ob seine Stellungnahmen in Zukunft noch genügend Gewicht hätten. Außerdem war er vor allem für die langfristige Positionierung des Unternehmens in technologischer Hinsicht verantwortlich. Konnte seine Meinung zu einer Frage wie dem Benjamin-Projekt vom Topmanagement außer acht gelassen werden, ohne daß damit seine Rolle als Technologe untergraben würde?

Vielleicht waren dies die Fragen, um die es in dieser Auseinandersetzung wirklich ging. Auf jeden Fall waren diese weit komplexer als die fachlichen physikalischen Fragen, die vordergründig zur Debatte standen. Als Einstein einmal gefragt wurde, wieso sich der menschliche Geist Begriffe wie Quantenmechanik und Relativitätstheorie ausdenken, aber unterschiedliche politische Theorien nicht miteinander vereinbaren könne, antwortete er: „Aber die Politik ist doch so viel schwieriger als die Physik." Und die Topmanager hätten vielleicht hinzugefügt: „Und das Geschäftsleben scheint noch viel komplizierter zu sein."

Eine Antwort wird gegeben

Das Topmanagement-Komitee hörte beide Seiten an. Dann meinte der Board Chairman, wahrscheinlich unter Bezugnahme auf seine mangelnde Sachkenntnis in technologischen Fragen, er glaube nicht, daß er irgendwelche Erkenntnisse zu der geforderten Entscheidung beitragen könne. Trotzdem tendiere er dazu, mehr „Kohle in das Projekt hineinzuschütten".

Als sie die Besprechung verließen, wandten sich die Leiter der Computer Division an den Technologen und fragten, wie der Chairman nun seiner Meinung nach über Benjamin entschieden habe. „Ich glaube, daß man Ihnen gesagt hat, daß Sie das Projekt durchführen sollen", antwortete der Technologe. „Wir haben befürchtet, daß Sie das glauben," anworteten die CD-Manager. Danach informierte das Topmanagement die Computer-Division, daß sie außer den schon bereitgestellten Mitteln keine weiteren bekommen würde, so daß zusätzliches Personal, Raum und Geldmittel für Benjamin von anderen Programmen abgezogen werden müßten.

Was bedeutet diese Antwort?

Das Topmanagement hatte sich mit den zerstrittenen Führungskräften getroffen und irgendetwas war geschehen. Aber was?
Über dieses Fallbeispiel ist im Laufe von mehreren Jahren mit Managern aus vielen Unternehmen diskutiert worden. Dabei hat sich

gezeigt, daß die Manager zu fünf verschiedenen Ergebnissen kommen. Mit anderen Worten: Es gibt fünf verschiedene Interpretationsmöglichkeiten. Sie hängen zum Teil davon ab, wie der einzelne Manager die Art der Frage interpretiert, die dem Topmanagement-Komitee vorgelegt wurde.

Es wurde eine Entscheidung getroffen

Manche Manager sind der festen Überzeugung, das Komitee habe eine Entscheidung getroffen und die Computer-Division angewiesen, das Benjamin-Projekt mit Volldampf weiterzubetreiben. Es sei, so argumentieren sie, die Aufgabe des Komitees gewesen, über die ihm vorgelegte Frage zu entscheiden, und dies habe es auch getan.

Doch wenn eine Entscheidung erreicht worden war, auf welcher Basis wurde sie getroffen? Der Chairman des Unternehmens schickte während der Beprechung seinen Äußerungen voraus, daß er nicht sicher sei, ob er irgendwelche Erkenntnisse zur Sache beitragen könne. Mit Sicherheit traf das Komitee keine Entscheidung aufgrund von technologischen Gesichtspunkten.

Wurde eine Entscheidung über die Bedeutung der Technologie für die Wettbewerbssituation des Unternehmens getroffen? Die Computer Division hatte ja die potentielle Bedeutung der zu entwikkelnden Technologie nicht bestritten, sondern war nur nicht mit der hohen zeitlichen Priorität einverstanden, die der Technologe ihr zugedacht hatte. Es hatte keine Revision in der Frage der Marketingstrategie gegeben. Hätte das Topmanagement-Komitee eine Entscheidung über eine Geschäftsstrategie getroffen, ohne die umfassenderen Fragen zu überprüfen? Wahrscheinlich nicht.

War vielleicht eine Entscheidung über die politische Frage getroffen worden? Der Technologe war unterstützt worden. Aber war seine Position dadurch stärker geworden? Wie würden die Führungskräfte der CD danach auf Vorschläge des OT reagieren? Die meisten Führungskräfte meinten dazu, daß sie sie so wenig wie möglich beachten würden. Warum? Um sich für die Kränkung zu rächen, die ihnen der Technologe zugefügt hatte, indem er ihre Position anfocht und sie vor dem Topmanagement-Komitee blamierte. Dann sähe es so aus, als ob diese Entscheidung des Topmanagement-Komitees unklug gewesen wäre.

Es gab keine Entscheidung

Viele Manager, die diesen Vorfall unter die Lupe nehmen, behaupten, das Topmanagement-Komitee habe überhaupt keine Entscheidung über das Benjamin-Projekt getroffen. Der CEO habe nur gemeint, er sei geneigt, „Kohlen hineinzuschütten", was bestenfalls zu Hoffnungen berechtigen könnte, die aber auch enttäuscht werden könnten.

Bei dieser Variante meinen manche, die Tatsache, daß das Komitee keine Enscheidung traf, sei ein fundamentaler Verstoß gegen die Pflicht des Topmanagements gewesen, dem Technologen und den CD-Führungskräften eine klare Antwort in ihrem Streit zu geben. Es sei, so argumentieren sie, die Pflicht des Managements auf allen Ebenen, Entscheidungen zu treffen.

Andere argumentieren, es habe keine Entscheidung gegeben, und es hätte auch keine geben sollen. Die Frage wurde an die Manager zurückgereicht, die sie vorgetragen hatten. Es sei durch die Einschaltung des Topmanagement-Komitees in die Angelegenheit nichts erreicht worden. Es sei dadurch kein zusätzlicher Wert geschaffen wurden, und der Stand der Dinge sei genauso wie zuvor. Der CD-Leiter, so argumentieren sie, habe schließlich nach der Besprechung die Initiative ergriffen, indem er den Technologen nach seiner Meinung fragte und offenbar beschloß, das Benjamin-Projekt fortzuführen, um ihn zu besänftigen.

Das Komitee bestrafte die streitenden Führungskräfte

Viele Manager werden sehr ärgerlich, wenn sie diesen Vorfall untersuchen, und vertreten die Ansicht, eine so unbedeutende Frage hätte dem Topmanagement nie vorgelegt werden dürfen. Nach ihrer Auffassung sollten die Führungskräfte, die die Frage des Benjamin-Projekts vorgebracht hatten, für ihre Vorgehensweise bestraft werden. Indizien dafür, daß das Topmanagement-Komitee dies tun wollte, lassen sich vielleicht daraus ableiten, daß es sich

Was bedeutet diese Antwort?

weigerte, die Frage zu entscheiden, sie an die streitenden Manager zurückgab und es ablehnte, der Computer Division zusätzliche Ressourcen zuzuteilen.

Nach dieser Auffassung würde jeder untergeordnete Manager, der eine Frage vor seinen Vorgesetzten bringt, einen Prozeß der Überprüfung und Beurteilung einleiten. Anstatt über die Sache zu entscheiden oder bei ihrer Lösung mitzuhelfen, kann sich der Vorgesetzte auch entschließen, daß er sich damit nicht abgeben möchte. Das aber kann die Leistungsbeurteilung, die der Chef gegenüber dem Untergebenen abgibt, nachteilig beeinflussen.

Dieses Verhalten ist in der Regel für den Vorgesetzten gefährlich. Wenn ein untergebener Manager sich über die Bedeutung einer Frage nicht sicher ist – und gerade bei den wichtigsten Fragen ist das häufig der Fall – und sich daher scheut, sie vorzutragen, hat der Vorgesetzte möglicherweise eine lebenswichtige Kommunikationslinie zerstört.

Das Komitee erarbeitete eine Lösung zwischen den betroffenen Managern

Wenn das Topmanagement keine spezifische Sachkenntnis in der ihm vorgelegten Frage hat (wie in diesem Fall), ist es vielleicht am besten, die streitenden Manager zu einer Überkeinkunft zu bringen. Vielleicht kann man das hier erreichte Ergebnis so interpretieren.

Der Chairman neigte der Meinung des Technologen zu, der in der gegebenen Situation kein großes Gewicht hatte, und überließ es dem CD-Leiter, mit ihm zu einer Übereinkunft zu gelangen. Aber es wäre überraschend, wenn das Topmanagement-Komitee seine Arbeit so unvollständig erledigt hätte, wenn es zwischen dem Technologen und dem President der CD hätte vermitteln wollen. Um einen Kompromiß zu vermitteln, wäre normalerweise ein Mitglied des Topmanagement-Komitees oder ein Stabsmann des Chairman beauftragt worden, mit dem Technologen und den Führungskräften der CD so lange zu verhandeln, bis eine Übereinkunft erzielt worden wäre. Die streitenden Führungskräfte einfach wegzuschicken, damit sie nach Möglichkeit eine Lösung finden, und ihre künftigen Beziehungen zueinander und die Zukunft des Benjamin-Projekts dem Schicksal zu überlassen, wäre eine sehr ungewöhnliche Vorgehensweise gewesen.

Den Führungskräften sollte eine Lektion erteilt werden

Das Topmanagement-Komitee befand sich bei diesem Vorfall in einer unerfreulichen Situation. Wichtige Führungskräfte hatten Meinungsverschiedenheiten (auf die Frage selbst kam es dabei kaum an) und hatten sich so entzweit, daß sie ihren Konflikt auf oberster Ebene ausbreiteten. Damit hatten sie sehr viel aufs Spiel gesetzt: den Status ihrer jeweiligen Einheit, den Respekt ihrer Mitarbeiter (die sehr aufmerksam beobachteten, wie es ihren Chefs vor dem Komitee erging) und die Beurteilung ihrer eigenen Leistung seitens der Topmanager. Eine Entscheidung zugunsten des einen würde dem anderen schaden und die Arbeitsbeziehung zwischen ihnen belasten. Dennoch mußten beide Parteien in Zukunft zum Wohle des Unternehmens weiter zusammenarbeiten.

Angesichts so vieler Fehler bei der Behandlung dieser Sache ist es verständlich, daß das Topmanagement vielleicht ungeduldig und/oder frustriert darüber war, mit dieser Angelegenheit konfrontiert zu werden. Es war verlockend, sich das Problem wegzuwünschen, indem man betonte, daß der Technologe und die CD-Leiter diese Sache nie hätten vor das Topmanagement bringen dürfen. Aber die Weigerung, sich mit der Sache zu befassen, hätte das Problem nicht gelöst, sondern das Benjamin-Projekt in der Schwebe lassen und für die Stabsführungskräfte des OT eine schwere Belastung bedeutet.

Wo lag die Chance in dieser Situation? Was konnte Positives erreicht werden, wenn das Topmanagement-Komitee vorsichtig handelte?

Die Chance lag darin, den betroffenen Führungskräften zu helfen, diesen Streit und auch andere künftige Meinungsverschiedenheiten zu lösen, indem man ihnen die Vorstellung des Topmanagements vor Augen führte, wie Führungskräfte ihre Arbeit leisten sollten, und wie sie dabei miteinander umgehen sollten.

Die Schlüsselposition hatte der Group Executive der Computer Division inne, denn er trug die Gesamtverantwortung für diesen Geschäftszweig – mit Tausenden von Mitarbeitern und vielen Millionen Dollar Kosten und Gewinnen. Er trug auch die Veranwortung für die Rentabilität der ihm unterstellten Sparten, darunter auch der Computer Division. Eine der größten Gefahren bei der Behandlung dieser Angelegenheit bestand für das Topmanagement darin, die Verantwortung des Group Executive für die Leistung seines Bereichs zu untergraben oder seine Autorität und sein Ansehen bei seinen Untergebenen herabzusetzen.

Daher mußte die Botschaft des Topmanagements an die Führungskräfte der CD lauten: „Ihr tragt die Verantwortung für CD, einschließlich des Benjamin-Projekts. Es ist eure Aufgabe dafür zu sorgen, daß die CD den technologischen Vorsprung wahrt und die Maßnahmen durchgeführt werden, die zur Erreichung dieses Ziels notwendig sind." Die Botschaft an den Group Executive lautete: „Sie sorgen dafür, daß die richtige Arbeit auf dem High-Tech-Sektor getan wird ... Sie führen sie durch ... das Topmanagement-Komitee hätte nicht aufgefordert werden müssen, die Entscheidung über Benjamin zu fällen." Der Group Executive hätte sich auf sein eigenes Urteil verlassen müssen, selbst dann, wenn er Benjamin notfalls ganz einzustellen beabsichtigt hätte.

Wenn es auch die vorrangige Aufgabe des Topmanagements gewesen war, die Verantwortung und Autorität des wichtigen Linienmanagers zu stärken, so war das doch nicht alles. Wie brillant diese Topmanager vorgingen, wurde im folgenden Schritt deutlich.

Es genügte nicht, dem CD-Leiter zu sagen, daß er es sei, der die Entscheidung über Benjamin fällen mußte; der CEO hatte ihm auch auf subtile Weise vermittelt, *wie er* es tun sollte. Genau an diesem Punkt erhält der Kommentar des CEO Sinn: Er wisse nicht, wie er irgendwelche Erkenntnisse in die Entscheidung einbringen könnte (das bedeutet: „Sie sind die verantwortliche Führungskraft mit der notwendigen Information, und es liegt in Ihrer Verantwortung, die richtigen Schritte zu unternehmen"), aber er tendiere dazu („und damit auch Sie, wenn Sie meiner Führung folgen wollen"), „Kohlen in das Projekt zu schütten" (das heißt, den Rat des Technologen ernstzunehmen).

Die CD-Führungskräfte bewiesen, daß sie die Lektion verstanden hatten, als sie nach Verlassen der Besprechung die Frage aufwarfen und sich bestätigt sahen, daß der Technologe nach wie vor die Auffassung vertrat, Benjamin voranzutreiben, und dann erneut überprüften, ob es ratsam sei, weitere Mittel in das Projekt zu investieren.

Die Vieldeutigkeit in der Vorgehensweise des Topmanagement-Komitees erklärt sich dadurch, daß das Komitee es vermeiden mußte, für den Group Executive zu handeln, anstatt ihn zu beraten, wie er selbst am besten handeln könnte. Die angemessene Handhabung der Sache erforderte Fingerspitzengefühl, und die bewußte Vieldeutigkeit spielte hier nicht umsonst eine Rolle.

Jeder Zweifel darüber, daß sich das Topmanagement-Komitee seiner Rolle als Nachhilfelehrer bewußt war, wird beseitigt, wenn man erfährt, daß das Unternehmen einen Namen für diese Vorgehensweise hat: „Tone-setting", „den Grundton anschlagen". Durch „Tone-setting" wird keine Entscheidung gefällt, aber es wird als fundamentales Führungsprinzip akzeptiert.

Verantwortung und Delegation wurden neu bestätigt

Ist in dem oben beschriebenen Fall offenbar trotzdem eine Entscheidung durch das Topmanagement erreicht worden? Vielleicht ja. Der Chairman hatte ja durchaus gesagt, man solle „Kohlen in das Projekt schütten", der Technologe wiederholte diese Empfehlung ebenfalls, und die Manager von CD deuteten an, daß sie an Benjamin weiterarbeiten würden.

Könnte man also mit gutem Grund daraus schließen, es habe eine Entscheidung gegeben, daß Benjamin durchgezogen werden sollte? Nein. Ein anderes Mitglied des Topmanagement-Komitees des Unternehmens meinte dazu: „Die Tatsache, daß der CEO sagte, ‚laßt uns drangehen', bedeutet nicht, daß ein untergeordneter Manager es tut, selbst wenn das Unternehmen dabei zugrundegeht. Ob Er-

Verantwortung und Delegation wurden neu bestätigt

gebnisse der ‚Entscheidung' durchgeführt werden oder nicht, bleibt abzuwarten. Wir sind nicht sicher, ob die CD-Leute an dem Projekt arbeiten werden. Sie können vielleicht beschließen, daß das Projekt keinen Sinn hat und stattdessen die Mittel in ein anderes Projekt fließen lassen.

Die Linienmanager müssen die Option haben, Veränderungen vorzunehmen. Es kann Probleme mit dem Andrew-Projekt geben. Sie müssen die Möglichkeit haben, die Geldmittel dem optimalen Verwendungszweck zuzuteilen.

Was hat also das Topmanagement-Komitee wirklich gesagt? Wir sagten: ‚Also, hört mal zu, Leute in CD, das ist ein grundlegendes technologisches Problem. Findet einen Weg, um Benjamin voranzutreiben, um zu sehen, ob es funktioniert. Trotz aller Probleme, die ihr habt, soll euer Management Benjamin etwas Aufmerksamkeit widmen. Wenn es so aussieht, als ob es gut geht, dann steckt Mittel hinein; wenn es festgefahren ist, dann steckt die Mittel in andere Dinge.'"

Fünf Monate später hatte die CD trotz der offensichtlichen Entscheidung des Topmanagements, Benjamin voranzutreiben, dem Benjamin-Projekt nur acht Ingenieure zugeteilt. Und die Topmanager des Unternehmens waren damit einverstanden. Die Benjamin-Technologie ist weder in diesem noch in einem anderen Unternehmen erfolgreich entwickelt worden.

Die Rolle des Topmanagements hatte darin bestanden, erneut zu bestätigen, wo die Verantwortung lag. Den Führungskräften der Computer Division war die Verantwortung für Technologien wie Benjamin delegiert worden. Ihre Aufgabe war es, im technischen Wandel den Vorsprung des Unternehmens zu halten. Dabei, so riet das Topmanagement, sollten sie gewissenhaft auf die Ansicht des Technologen hören, aber nicht sklavisch nach seiner Anweisung handeln.

Delegation – Verantwortung – Beurteilung – Leistung – Belohnung – dies sind die kritischen Elemente in der Führungskette. Entscheidungen über diese Fragen sind ein wichtiger und ständig wiederkehrender Aspekt der Management-Aufgabe. Sachliche Entscheidungen, zum Beispiel, wie schnell man das Benjamin-Projekt vorantreiben sollte, sind oft gar keine Angelegenheit der höchsten Management-Ebene. Man sollte sie sachkompetenten Mitarbeitern überlassen.

Manchmal ist es klug, keine Entscheidung zu treffen

Um es noch einmal klar zu sagen: Es wäre unklug gewesen, wenn das Topmanagement in diesem Fall eine eindeutige Entscheidung getroffen hätte. Die beiden möglichen Konsequenzen einer solchen Entscheidung wären beide schlecht gewesen. Erstens hätte eine Entscheidung zugunsten des CD gegen den Technologen dessen Position ernsthaft untergraben. Seine Entscheidung, diese Frage dem Topmanagement vorzutragen, wurde nicht leichtfertig gefällt. Wäre der Technologe überstimmt worden, so hätte er vermutlich den Hut genommen. Aber eine Entscheidung zugunsten des Technologen wäre kaum weniger gefährlich gewesen. Denn das CD-Management hätte sehr wohl verärgert sein und dem Office of Technology künftig die kalte Schulter zeigen können. Aus dieser Erkenntnis heraus scheute das Topmanagement-Komitee vor einer klaren Entscheidung über Benjamin zurück.

Vielen Managern fällt diese Lektion zu lernen besonders schwer. Wenn sie in einem Unternehmen anfangen, haben sie das Gefühl, als ob sie stets die Anweisungen eines anderen ausführen. Sie sehnen sich nach dem Tag, an dem sie selbst die Entscheidungen treffen können und ihren Untergeben sagen können, was sie zu tun haben. In Positionen des mittleren Managements können sie sich wirklich so verhalten, operative Entscheidungen rasch treffen und von anderen erwarten, daß sie dementsprechend handeln. Außerdem können Mitarbeiter, die an klare Anweisungen gewöhnt sind, es als Schwäche oder Unentschlossenheit auslegen, wenn ein Manager zögert, klare Entscheidungen zu treffen.

Wenn sie eine Position im Topmanagement anstreben, sehen Manager auf mittlerer Ebene darin nur eine Erweiterung ihrer Rolle als Entscheidungsträger. Tatsächlich aber spielt die Entscheidungsfähigkeit dann eine zumindest andere Rolle. Nicht, daß eine klare

Entscheidung nicht wichtig wäre – das ist sie wohl, aber nur, wenn sie der jeweiligen Situation angemessen ist. Eine zu große Bereitschaft, einzuschreiten und eine Frage zu entscheiden, kann die Verantwortung der Manager auf unterer Ebene unterminieren und die Beziehungen zwischen wichtigen Mitarbeitern schädigen, die zum Wohle des Unternehmens zusammenarbeiten und sich mit Achtung begegnen müssen.

Wenn ein Manager aufsteigt, muß er die Fähigkeit entwickeln herauszufinden, wann klare Entscheidungen angemessen sind und wann nicht. Der Manager muß sich die Selbstdiziplin aneignen, Entscheidungen zu unterlassen, wenn sie nicht angemessen sind. Der Manager muß lernen, damit zu leben, daß er sich immer mehr auf die Fähigkeiten seiner Mitarbeiter verlassen muß. Obwohl er durchaus noch Entscheidungsträger ist, muß der Manager ein feines Gespür dafür entwickeln, wann eine Entscheidung erforderlich und wann sie fehl am Platze ist.

Ein aggressiver Manager hätte vielleicht den Disput über das Benjamin-Projekt als Gelegenheit genutzt, eine klare Entscheidung zu treffen – und hätte dabei einen Fehler gemacht. Manche Manager hätten sich gezwungen gefühlt, über die Frage zu entscheiden. Immerhin war die Frage vorgebracht worden, um eine Entscheidung herbeizuführen. Aber genau da ist Zurückhaltung erforderlich. Nur weil ein Mitarbeiter eine Entscheidung verlangt, bedeutet das nicht, daß ein Manager sie treffen muß. Manchmal ist es wichtiger, nur den Grundton anzugeben.

Ein Manager muß den Mut haben, einen Mitarbeiter eine wichtige Entscheidung fällen zu lassen – eine, bei der das Unternehmen viel verlieren oder gewinnen kann. Oft ist, wie in diesem Fall, der Untergebene aufgrund seiner Ausbildung und seines Informationsstands am besten geeignet, diese Enscheidung zu treffen. Sehr gute Manager erkennen ihre eigenen Grenzen, wenn es darauf ankommt. Sie erkennen, daß es nicht immer notwendig ist, daß der höchstrangige Manager eine Frage entscheidet, nur weil diese von großer Bedeutung ist. Die Entscheidung sollte auf der Ebene des verantwortlichen und kenntnisreichsten Managers getroffen werden – selbst wenn das Unternehmen mit dieser Frage stehen oder fallen kann. Dies ist die richtige Antwort – aber es erfordert Mut vom Manager, sie zu akzeptieren.

Einige Leser, die erfahrene Manager sind, erkennen vielleicht, daß sie sich so verhalten haben, oft ohne zu wissen, warum. Sie haben nachgedacht, welche Fragen sie selbst entscheiden und bei welchen sie Untergebene dahingehend trainieren sollten, daß diese selbst in der Lage sind, Entscheidungen zu treffen. Dennoch haben sich diese Manager vielleicht oft unbehaglich gefühlt. Hätte ich das entscheiden sollen? fragen sie sich. Habe ich mich vor meiner Pflicht, eine Entscheidung zu treffen, gedrückt?

Vielleicht ist es für sie ermutigend zu erfahren, daß auch Topmanager in sehr guten Unternehmen immer wieder neu entscheiden, ob sie in einer Frage die Entscheidung treffen sollen oder nicht. Für sie ist es hilfreich, wenn sie den Begriff des „Tone-setting" kennen. Tone-setting kann in solchen Fällen angewendet werden, in denen eine Entscheidung von ganz oben nicht ratsam ist. Das zu erkennen und mit einem Namen zu versehen, was man aus Erfahrung tut, und einen Instinkt dafür zu entwickeln, ist wichtig.

Ein passiver Manager hätte vielleicht versucht, die Manager von OT und CD zu einer Übereinkunft über Benjamin zu bewegen. Auch das wäre wahrscheinlich falsch gewesen. Es hätte nämlich bedeutet, daß Stabsmanager eine Vetovollmacht über Linienmanager gehabt hätten, daß CD nichts ohne die Zustimmung des Technologen unternehmen könnte. Eine solche Forderung hätte die Entscheidungsfreiheit der Linienmanager zu sehr beschränkt. Diese Formel wäre zu starr gewesen.

Das Topmanagement versuchte vielmehr, einen mittleren Kurs zu steuern. Es bestätigte die Linienmanager in ihrer Verantwortung zu entscheiden, was mit dem Benjamin-Projekt geschehen sollte, und zeigte ihnen, wie wichtig es ist, den Ansichten des Technologen wirklich Aufmerksamkeit zu schenken.

Wenn das Topmanagement-Komitee einen Fehler bei der Behandlung dieser Angelegenheit gemacht hat, so lag er darin, daß es die Sache auf der Seite des Technologen nicht weiterverfolgte. Offenbar verließ der Technologe die Besprechung in dem Glauben, das Komitee habe eine Entscheidung getroffen. Daß die Angelegenheit dem Group Executive überlassen worden war, realisierte dieser offensichtlich nicht. Außerdem war der Technologe nicht aufgefordert worden, CD beim Benjamin-Projekt beizustehen, eine Unterlassungssünde, die viele Linienmanager als signifkant betrachten. Damit die Empfehlungen des Technologen auf fruchtbareren Boden fielen, argumentieren sie, müsse er bereit sein, nicht nur größere Anstrengungen zu fordern, sondern auch helfen, weitere Ingenieure zu finden, die an dem Projekt mitarbeiten.

Was war das Ergebnis? „Wir gewannen innerhalb unseres Topmanagement-Teams ein besseres Verständnis dessen, was wir erreichen wollen", meinte ein Mitglied des Komitees. Die Topmanager hatten eine heikle Situation ohne Schaden bewältigt, hatten Führungskräften in Schlüsselpositionen geholfen, ihre Aufgaben und ihre Beziehungen zueinander besser zu verstehen. Sie hatten dafür gesorgt, daß die Benjamin-Frage auf der Ebene entschieden wurde, auf der die Entscheidung von vornherein hätte gefällt werden sollen, nämlich zwischen dem Group Executive und dem Technologen, und hatten dafür gesorgt, daß ein solcher Vorfall wahrscheinlich nicht wieder vor das Komitee gebracht würde.

In der Tat eine Spitzenleistung!

15. Kapitel

Was der Chef tun sollte

Der Chef formuliert Wertvorstellungen, schlägt den Grundton an und trifft bestimmte Entscheidungen. Der Chef sieht die Dinge langfristig, denn der alltägliche Betrieb des Unternehmens hindert andere an einer langfristigen Sichtweise. Es macht zwar Spaß, Chef zu sein, aber auch der Weg, auf dem man in eine solche Position aufsteigt, hat seine Reize. Und es wäre ein Fehler, diese Entwicklung zu überstürzen.

Der dauerhafteste Beitrag, den ein Manager leisten kann, besteht nicht in der Politik und nicht in Strategien, sondern in der Führung von Menschen. Dabei wird sich die Aufmerksamkeit, die den Mitarbeitern gewidmet wird, auf einem wettbewerbsorientierten Markt in jedem Fall auszahlen.

Die Teilnehmer des alljährlich stattfindenden Managementmeetings der Westover Company schauten sich entsetzt an, und fast wäre der zweite Teil der Rede des CEO in einem Raunen untergegangen. Die Zuhörer trauten ihren Ohren kaum: Der langjährige CEO Frank Steele, der nicht nur dafür bekannt war, daß er ein erfolgreiches, gewinnträchtiges Unternehmen aufgebaut hatte, sondern auch wegen seines aggressiven, autokratischen Führungssstils berüchtigt war, sprach, als ob er ein anderer Mensch sei: „Es wird nicht mehr vorkommen, daß in unserer Firma der Bote, der eine schlechte Nachricht überbringt, ‚umgebracht' wird. Von nun an werden wir alle unsere Mitarbeiter um Ideen, Vorschläge und Kommentare bitten. Und ich garantiere dafür, daß es keiner büßen muß, wenn er mir Probleme vorträgt oder Versuche unternimmt, die fehlschlagen."

Die Manager sahen sich ungläubig an und murmelten: „Mit wem hat Steele gesprochen? Was geht da vor? Stimmt das wirklich?" Es stimmte. Der CEO hatte tatsächlich vor, in Zukunft anders mit seinen Mitarbeitern umzugehen. Für die versammelten Manager war dies eine sehr willkommene Entwicklung, auch wenn sie der Sache noch nicht ganz trauten.

Der Chef als Visionsträger

Bei der Westover Company war ein neues Zeitalter angebrochen. Der Konzernvorstand bemühte sich, Entwicklungen einzuholen, die in Amerika seit 20 Jahren im Gange waren. Frank Steele war entschlossen, dabei eine führende Rolle zu spielen.

Was hatte diese Kehrtwendung verursacht? Frank Steeles Steckenpferd war Kriegsgeschichte. Diese Lektüre hatte ihn gelehrt, daß die Aufgabe von Generälen nicht nur darin bestand, strategiegemäß Truppen und Material per Befehl zu bewegen, sondern auch darin, die Kommunikation zu sichern. Darüber hinaus waren die großen militärischen Führer, die er bewunderte, imstande gewesen, Bilder und Symbole zu schaffen, die die Truppen vereint einem Ziel zustreben ließen.

Er identifizierte sich mit den militärischen Helden und zog Analogien zu seinem Leben als Unternehmensleiter. Kürzlich hatte er in solch einem militärischen Klassiker einen Satz gefunden, der ihm nicht mehr aus dem Kopf wollte. „Der psychologische Faktor, der Verlust oder Gewinn der Moral beim Soldaten und der Verlust oder Gewinn an Prestige beim Oberbefehlshaber, war und ist immer noch der entscheidende Faktor im Krieg."[29] Frank Steele fragte sich, ob und in welcher Form dieser psychologische Faktor im heutigen Wirtschaftsleben zum Ausdruck kommt.

Die tiefgreifende Veränderung seines Führungsstils war allerdings nicht nur auf die Lektüre der Militärgeschichte zurückzuführen. Die Zeiten hatten sich geändert. Er war zu dem Schluß gekommen, daß er sich anpassen mußte. Er las viel und sprach mit anderen CEOs auf verschiedenen Fachtreffen. Er begann, Manager mit einem weniger autoritären Stil zu bewundern. Dieser Stil schien sich offenbar zu lohnen, denn diese mußten mit den ihnen unterstellten Managern weniger feindselige Auseinandersetzungen ausfechten. Eine Zeitlang hatte er ihren Erfolg, den sie durch ihr partnerschaftliches Verhältnis zu den Mitarbeitern erzielten, mit dem Argument abgetan, die anderen könnten es sich eben leisten, kooperativ zu sein. Vielleicht waren sie in einer Branche tätig, die nicht so sehr dem Konkurrenzdruck ausgesetzt war, während in seiner Welt ein ‚Wolf den anderen fraß'. Mit der Zeit kamen ihm jedoch immer mehr Zweifel. Die anderen Unternehmen schienen nicht nur zu überleben, sondern konnten sich an neue Wettbewerbsherausforderungen anpassen und sogar florieren. War das vielleicht so, *weil* die CEOs einen freundlicheren Stil hatten und nicht, wie er immer angenommen hatte, *trotz* dieser Tatsache? Deshalb dachte er, es könne sich vielleicht lohnen, diesen neuen Stil selbst einmal auszuprobieren.

Für viele Manager ist es schwierig, ihrem Repertoire an Managementfähigkeiten auch Führungsqualitäten hinzuzufügen. Führung setzt sich aus vielen Elementen zusammen: Der Führende soll Unternehmen inspirieren, Veränderungen managen, Werte formulieren und als Botschafter des guten Willens dienen; all dies wird praktiziert, neben der Hauptaufgabe – Managen, um Gewinne zu erzielen. Manchmal erkennen CEOs heute, daß eine Veränderung des Führungsstils notwendig ist. Aber anstatt sich selbst zu ändern, fördern sie Nachfolger, von denen sie annehmen, sie könnten einen neuen Führungsstil einbringen.

Ein Unternehmen wird aufgeweckt

In einer kleinen Stadt in Ohio besaß George Smith einen Fertigungsbetrieb mit 100 Mitarbeitern. Auf der anderen Straßenseite befand sich ein weiterer Fertigungsbetrieb, der einer anderen Firma gehörte. Smith's Firma verdiente Geld, der andere Betrieb nicht. Deshalb hatte Smith beschlossen, ihn zu kaufen.

Sein Board of Directors riet ihm davon ab. „Es ist ein anderer Geschäftszweig", sagte ein erfolgreicher Geschäftsmann, der zu diesem Gremium gehörte. Smith's Unternehmen stellte nach einem sehr einfachen, erprobten technischen Verfahren große Lagertanks aus Metall her. Die Wettbewerbsfähigkeit des Unternehmens beruhte auf hoher Produktivität und niedrigen Kosten, was andere Firmen davon abhielt, mit Smith in Konkurrenz zu treten. Seine Kosten waren so günstig, daß seine Kunden, Öl- und Chemiefirmen, die viel größer waren als Smith, kein Interesse daran hatten, die Tanks selbst zu produzieren.

Die Firma, die Smith kaufen wollte, war anders. Sie beschäftigte die doppelte Zahl von Mitarbeitern und hatte ein wesentlich höheres Kontingent an Facharbeitern und Technikern. Dies rührte daher, daß das Produkt anders beschaffen war: Es handelte sich um ein kompliziertes Zulieferteil für die Automobilindustrie, das nach Sonderspezifikationen des Kunden angefertigt werden mußte. Qualität war wichtig, um die Kunden zu halten, und es konnte eine Menge schieflaufen.

Sogar Smith's Bankier, der ebenfalls ein Mitglied des Board war, riet ihm davon ab, eine Firma zu übernehmen, die Verluste machte. Smith's eigene Taschen waren nicht allzu gut gefüllt. Wenn das neue Unternehmen nach der Übernahme immer noch Verluste machte, könnte auch das Lagertankgeschäft gefährdet werden.

Aber gerade in den Verlusten, die seinen Bankier beunruhigten, sah Smith seine Chance; genau diese Verluste bewogen ja die Eigentümer, das Unternehmen zu verkaufen.

Smith's erfolgreiche Strategie in seinem eigenen Unernehmen bestand vor allem darin, einen intensiven Kontakt zu seinen Mitarbeitern zu pflegen. Smith kannte seine Mitarbeiter alle persönlich. Er war im Betrieb und in der Gemeinde geschätzt. Smith kümmerte sich um die Leute, die mit ihm zusammenarbeiteten, und erwartete von ihnen, daß sie sich ebenso um ihn und sein Unternehmen kümmerten. Er zahlte im Vergleich zu anderen ortsansässigen Unternehmen relativ bescheidene Löhne, erzielte aber eine gute Produktivität und hielt seine Kosten niedrig. Mit dieser Formel, so dachte er, könnte er auch das neue Unternehmen wieder flott machen.

Smith war als Manager versiert genug, um einzusehen, daß er nicht alles selbst machen konnte. Er vertraute darauf, daß die Manager in seiner eigenen Firma selbständig arbeiteten. Da er seine administrativen Aufgaben immer mehr delegiert hatte, konnte er nun die Zeit aufbringen und die Gelegenheit beim Schopfe packen, die ihm der Nachbarbetrieb bot.

Allein hätte er das Risiko nicht auf sich genommen. Aber seine alte Firma stand so gut, daß Smith bereit war, zwei oder drei gute Mitarbeiter umzusetzen. Dadurch, daß er seinen fähigsten Mitarbeitern größere Verantwortung übertrug, hatte er ihre Initiative gefördert und ihre Fähigkeiten weiterentwickelt. Das bedeutete in Smith's relativ einfachem Geschäftszweig kein übermäßig großes Risiko. Nun wollte er sehen, was er zusammen mit ihnen in einer neuen Umgebung erreichen konnte.

Am Morgen nach der Übernahme stand Smith bei Sonnenaufgang am Werkstor des neuen Betriebs, um seine Mitarbeiter zu begrüßen. Er war auch an den folgenden Tagen frühmorgens dort und auch in den folgenden Wochen ab und zu. So wurde er im Betrieb erst einmal bekannt. Er nahm sich auch die Zeit, seine Kunden kennenzulernen. Die gleiche Art von persönlicher Führung, die er bei seinem ersten Unternehmen praktiziert hatte, übertrug er erfolgreich auf das neue. Nachdem die Mitarbeiter effizientere Konstruktions- und Produktionstechniken akzeptiert hatten, wurden auch die Kosten gesenkt.

Smith's Erfolgsstory ist nicht einmalig. Vor einigen Jahren kaufte ein junger Mann die Aktienmehrheit einer Firma, die Schlafanzüge produzierte und dabei keine Gewinne erwirtschaftete. Das Unternehmen war in einer kleinen Stadt im Südosten Amerikas angesiedelt. An seinem ersten Tag als Geschäftsführer versammelte er alle Mitarbeiter im Unternehmen zu einer Besprechung. Um ihre Aufmerksamkeit auf sich zu ziehen, trat er in einem schicken Schlafanzug-Overall auf und teilte seinen Mitarbeiteren mit, daß sich von nun an einiges ändern würde. Das Wort „Problem" werde künftig nicht mehr gebraucht, alle Probleme seien neue Chancen.

Zu jener Zeit hatte das Unternehmen fast 300 Mitarbeiter. Daran hat sich bis heute kaum etwas geändert. Außerdem wirft das Unternehmen nun beträchtliche Gewinne ab, und der junge CEO ist Präsident eines großen Management-Verbandes.

Was diese beiden Manager gemeinsam hatten, war die Fähigkeit, gut mit ihren Mitarbeitern umgehen zu können und ihnen Vertrauen in ihr Unternehmen einzuflößen. Ebenso wichtig war die Bereitschaft beider, dies in die Praxis umzusetzen. Sie beschränkten sich nicht darauf, Entscheidungen zu treffen.

Dennoch hatten beide in gewissem Sinne besondere Vorteile. Beide führten Unternehmen, die ein großes Potential hatten, aber im Augenblick schlechte Leistungen brachten. Beide Firmen waren in Kleinstädten angesiedelt. Die Leute, die in den Unternehmen arbeiteten, waren bereit, zum Erfolg des Unternehmens beizutragen, sobald ihre Kooperationsbereitschaft gefragt war. Die Aufgabe, der sich die neuen Eigentümer gegenübersahen, war klar und eindeutig: Kosten mindern, sich auf Umsätze konzentrieren und bessere Erfolge erzielen.

Fenster nach außen öffnen

Viel komplizierter ist die Situation für einen Manager in einem ehemals erfolgreichen Unternehmen, dessen Markt nun von Wettbewerbern bevölkert ist und dessen Produkte und Herstellungsverfahren raschem Wandel unterworfen sind. Für George Smith bestand die Aufgabe darin, die Mitarbeiter dazu zu bewegen, eine bekannte Tätigkeit effektiver auszuführen. Joe Callahan hingegen, der bei einem erfolgreichen Finanzdienstleistungsunternehmen arbeitete, mußte seine Mitarbeiter dazu bringen, Tätigkeiten auszuführen, die sie bisher nicht kannten.

Vor 15 Jahren hätten es nur wenige für möglich gehalten, daß durch den Finanzdienstleistungssektor, der so lange ein Bollwerk des konservativen Geistes gewesen, durch staatliche Vorschriften strikt geregelt war und daher jeder Neuerung so ablehnend gegenüberstand, einst ein frischer Wind wehen würde. Joe Callahan hatte dazu beigetragen, diesen Übergang zu bewerkstelligen.

Allerdings war er nicht beliebt. In Anbetracht der heftigen Kritik seiner Führungskräfte rief er sie Ende 1982 zu einer Besprechung zusammen. „Sie treiben uns zum Wahnsinn", sagten seine Manager. „Wir haben uns montags auf eine Reihe von Plänen geeinigt, und bis zum Freitag haben Sie sie schon über den Haufen geworfen. Wir und unsere Leute sind ganz durcheinander, und wir haben manchmal das Gefühl, daß Sie nicht wissen, was Sie tun."

Dieser direkte Angriff auf Callahans Führung beruhte, wie er wußte, auf der Ablehnung seines Managementstils. Es war nicht seine Persönlichkeit, um die es ging, sondern sein bewußt gewählter Führungsstil.

Er hatte seine Gesellschaft aus einer kleinen, unerfahrenen Firma in ein großes, rasch wachsendes Finanzdienstleistungsunternehmen verwandelt, das in der Branche durchaus Gewicht hatte. Dies war durch kontinuierliche Innovation geschehen; eine neue Dienstleistung nach der anderen war angeboten worden – und immer war man der Konkurrenz um einen Schritt voraus. Veränderungen der Zinssätze, der gesetzlichen Vorschriften, des Spar- und Konsumverhaltens der Kunden, alle diese Dinge boten die Chance für ein neues Produkt oder eine neue Dienstleistung. In der Finanzwelt tat sich einiges, und Joe Callahan war mittendrin.

Aber wie sollte er den „Drive" des Unternehmens erhalten? Alles hing von der Kreativität ab. Im Gegensatz zu George Smith konnte er sich nicht den Luxus leisten, seine Mitarbeiter dazu zu bringen, immer billigere Produktionsverfahren für ein im wesentlichen gleichbleibendes Produkt zu finden. Kosten waren für Callahan zweitranging; es kam auf die Neuartigkeit an; darauf, der erste auf dem Markt zu sein. Mitarbeiter, die dies erreichen konnten, so überlegte er, konzentrierten sich nicht lange und intensiv auf ein einziges Problem – wie etwa auf die Reorganisation eines Produktionszweiges, um die Kosten weiter zu senken. Stattdessen befanden sie sich im Sog eines sich rasch wandelnden Umfelds, sie mußten ihre Ideen schnell formulieren und in Produkte für den Markt umsetzen, und dies mußte auch alles sehr rasch geschehen.

Callahans Lösung bestand darin, eine fließende Organisation zu schaffen und sich dabei nicht um Hierarchien oder bürokratische Formen zu scheren. Bei seinen Besprechungen wurde vorher keine Tagesordnung bekanntgegeben; damit wollte er seine Manager zwingen, ganz bei der Sache zu sein und sich nicht auf Routinen einstellen. Meinungen, Kritik, neue Ideen, Beschwerden – alle wurden sie ohne Ansehen des Rangs oder der Position innerhalb des Unternehmens vorgebracht.

Callahan ließ das Aufgabenfeld seiner Führungskräfte oft wechseln – kaum hatte jemand eine Tätigkeit erlernt, mußte er schon zur nächsten übergehen. Er schuf ständig Projektteams, nicht nur für spezifische Projekte, sondern auch für routinemäßige Managementaufgaben. Kein Organigramm sollte seine Mitarbeiter erstarren lassen.

Callahan beurteilte die Mitarbeiter im Hinblick auf ihre Fähigkeit, effektiv auf die sich verändernden Umweltbedingungen des Unternehmens zu reagieren. Die Geschäftsergebnisse konnten sich je nach der sich verändernden Situation verbessern oder verschlechtern – Spitzenleistungen konnten unter ungünstigen wie auch günstigen Bedingungen erzielt werden.

Callahan strebte nicht nach Perfektion. Rasches Handeln war ihm wichtig. Er wollte nicht warten, bis ein bestimmtes Vorhaben bis ins Detail ausgetüftelt war. Perfektion bedeutete seiner Ansicht nach häufig, daß man zu spät kommt und als letzter auf den Markt gelangt. Den Rahm schöpfen jedoch immer diejenigen ab, die etwas Neues brachten, während die Nachahmer oft leer ausgehen.

„Was ist meine Aufgabe?" dachte Callahan und spielte die Frage zum hundertsten Male durch. Sollte er als Schranke zwischen seinem Unternehmen und dem Wirrwar des Marktes stehen und versuchen, seine Mitarbeiter abzuschirmen – in der Hoffnung, daß sie in einer stabilen und sicheren Atmosphäre produktiv werden könnten? Oder sollte er zur Seite treten, wie er es bisher getan hatte, und den kalten Wind durch die Korridore seines Unternehmens pfeifen lassen? Konnte er seine Manager beraten, ja sogar herausfordern, wenn sie ihm ihre Ideen vortrugen, wie man auf die Erfordernisse des Marktes reagieren könnte?

Um die äußere Umgebung zu simulieren, manipulierte Callahan ganz bewußt das Klima in seinem Unternehmen, um ständig für innere Veränderung zu sorgen. Er wollte, daß seine Führungskräfte eine Umgebung erlebten, die der Wechselhaftigkeit des Markets so weit wie möglich glich. Nur wenige begrüßten das; nur wenige mochten ihn. Aber das Unternehmen florierte.

Daß seine Führungscrew von Zeit zu Zeit den Aufstand probte, überraschte ihn nicht. Das entsprach nur dem menschlichen Wunsch nach größerer Stabilität und Sicherheit. Callahan war davon überzeugt, daß dies eine falsche Sicherheit wäre, weil sie nicht die reale Welt widerspiegeln, sondern eine Traumwelt vortäuschen würde.

Manager des Wandels

Wie können Menschen eine derart vieldeutige Situation ertragen? Wie können sie auf die ständige Veränderung reagieren? Inwieweit kann Veränderung für sie lohnend sein?

Verständlicherweise wird es Reaktionen von langjährigen Mitarbeitern geben, wenn ein Unternehmen umgeformt werden soll, damit seine Wettbewerbsfähigkeit gesteigert werden kann. Und vielleicht stellen auch gerade die besten und einsatzfreudigsten Mitarbeiter die meisten Fragen. Bei Mitarbeitern, die schon lange bei der Firma arbeiten oder dies beabsichtigen, sollte dieses Infragestellen nicht als Widerstand gegen Veränderung interpretiert werden. Manche Manager werden durch eine solche Reaktion nicht entmutigt, sondern begrüßen sie sogar, denn sie hören heraus, daß der Mitarbeiter damit eignetlich aussagen will: „Wie kann ich weiterhin meinen Beitrag leisten? Kann ich mir einen Platz in der neuen Umgebung schaffen? Wird das Unternehmen mir helfen, den Wandel zu vollziehen, wenn das für mich notwendig ist?"

Carl Berk, der Manager der Verkaufsdivision von Wells Inc. im Mittleren Westen der USA, kam unangemeldet in Lester Wells' privates Büro im Gebäude der First National Bank. Wells war dort als Mitglied des Board geblieben, nachdem er im Vorjahr als President von Wells zurückgetreten war.

Berk entschuldigte sich: „Ich möchte eigentlich hier bei Ihnen nicht so hereinplatzen, aber ich dachte, es interessiert Sie, daß unser vielversprechendster junger Manager gerade gekündigt hat. Wir haben in den letzten zehn Monaten drei Spartenleiter und über 20 Manager der mittleren und unteren Führungsebene verloren. Ich brauche Ihre Hilfe, um mit Eliot sprechen zu können. Unser Konzern ist zu einem Kriegsschauplatz geworden."

Lee Eliot, ein intelligenter junger Manager, war ein Jahr zuvor als neuer President und CEO von Wells eingestellt worden. Er hatte das Unternehmen in halbautonome Profit Centers eingeteilt und wertete Umsatz und Gewinne monatlich aus. Sondervergütungen und Beförderungsaussichten basierten auf diesen monatlichen

Zahlen. In Berks Augen schien er das Unternehmen auch in anderer Hinsicht aufzuteilen.

Berk erklärte Wells: „Gewiß, die Ergebnisse sind gut; Wells hat die Gewinne dieses Jahr erheblich gesteigert. Aber, Lester, um welchen Preis! Wir zerstören den Geist von Wells. Die meisten von uns haben unser Leben dem Aufbau dieses Unternehmen gewidmet – wozu?

Ich möchte nicht überkritisch sein, aber als Sie und Ihr Bruder das letzte Aktienpaket an die neue Mehrheitsgruppe verkauften, haben Sie nicht nur Aktien verkauft. Sie haben Menschenleben verkauft, unser Erbe, unsere Hoffnungen, unsere Arbeit – unseren „way of life". Haben Sie damit die Worte Ihres Großvaters befolgt und sich um den Konzern wie um eine Familie gekümmert?

Es ist erschreckend zu sehen, wie schnell man Partnerschaft in eine Löwengrube verwandeln kann. Es geht nur noch ums Gewinnen – gleich mit welchen Mitteln. Stehlt Umsatz aus anderen Sparten, weigert euch, minderwertige Waren zurückzunehmen, und wenn jemand keine Leistung bringt, schmeißt ihn hinaus, egal, was er in der Vergangenheit geleistet hat."

Berk erinnerte sich an die alljährlich stattfindende Managementkonferenz vor einem Jahr, in der Eliots Wahl zum neuen President bekanntgegeben wurde. Bei der anschließenden Besprechung mit den Spartenleitern hatte Eliot seine Ziele betont, Wells „Kampfgeist" und „Wettbewerbsfähigkeit" zu vermitteln.

Berks Gefühle gipfelten in den Worten: „Was kommt unter dem Strich heraus? Wo ist der Schutz für diejenigen von uns, die den größten Teil unseres Lebens der Firma geopfert haben? Sind eine Gehalts- und Prämienzahlung von 360 000 Dollar an Eliot und eine zehnprozentige Dividendenerhöhung für unsere Aktionäre es wert, daß so viele Existenzen zerstört werden?"

Wells antwortete darauf: „Auf der einen Seite ist es aufregend und faszinierend, mitzuerleben, mit welchem Schwung, welcher jugendlichen Energie und welchem Ehrgeiz Eliot seinen Posten übernommen hat. Andererseits ist es eine heikle Angelegenheit, die Bedürfnisse der Mitarbeiter gegen das Streben nach Gewinn abzuwägen. Es scheint, daß unser Freund Eliot sich mehr um das kümmern muß, was die alte Garde als Schlüssel für den Unternehmenserfolg zu bezeichnen pflegte – um den Menschen.

Ich erinnere mich daran, daß wir immer versprochen haben, uns um die Mitarbeiter von Wells zu kümmern. Und das haben wir auch getan. Ich stellte die Forderung, daß kein Manager – egal auf welcher Ebene – entlassen werden durfte, ohne daß ich selbst den Fall persönlich prüfte. Deshalb war die Fluktuation der Führungskräfte bei Wells immer sehr gering. Führungskräfte auf allen Ebenen sahen bei uns ihre Tätigkeit als lebenslange Karriere. Auch in anderen Bereichen, in denen es um die Belange unserer Mitarbeiter ging, waren wir führend in unserer Branche.

Wir hatten eine private Familienstiftung, die jedem Mitarbeiter Hilfe bot – ob Manager oder Produktionsarbeiter. Wir waren auch führend in der Vergabe von Stipendien, in der Krankenversicherung für Mitarbeiter und Manager."

Lester Wells erkannte jetzt, daß Lee Eliot all dies verändert hatte, ohne es vielleicht selbst zu merken. Eliot hatte gewiß übersehen, daß diese verschiedenen Aspekte bei Wells, Inc. insofern wichtig waren, als sie den Managern ein zufriedenes Leben ermöglichten und indirekt, aber ganz entscheidend, zu deren effektiven Leistungsbereitschaft für die Firma beitrugen. Als Eliot alles auf die Formel „Return on Equity" reduzierte, begannen wichtige Führungskräfte die Firma zu verlassen, und als erste gingen die aktiven, dynamischen Manager aus Eliots eigener Generation.

„Hätte Lee Eliot dieses Problem vermeiden können?" fragt sich Lester Wells. „Hätte er das Unternehmen stärken können, ohne dessen Werte zu opfern?" Nachdem er mehrere Tage über diese Frage nachgedacht hatte, kam Wells zu dem Schluß, daß Eliot sich anders hätte verhalten müssen und dabei sogar effektiver gewesen wäre.

Es war ungeschickt von Eliot, seine wichtigsten Pläne, also Profit Centers einzurichten und die Manager nach einem Prämiensystem auf einer Return-on-Equity-Basis zu bezahlen, dem Unternehmen einfach in den ersten Monaten seiner Amtszeit aufzudrängen. Rückwirkend schien es fast, als ob Eliot zu beweisen versuchte, wie clever er war – daß er wußte, was er zu tun hatte und dabei keine Hilfe brauchte. Diese Vorgehensweise war ein Fehler gewesen.

Es wäre weit geschickter gewesen, schloß Lester Wells, wenn Lee Eliot zuerst mit den Führungskräften der Firma gesprochen hätte. Er hätte sie freiwillig entscheiden lassen sollen, ob sie ein ertragskräftigeres und größeres Unternehmen wollten – und Wells glaubte, daß sie das wollten. Wahrscheinlich hätte Eliot in diesen Gesprächen seine Vorstellungen geäußert, und vielleicht hätten sie die Führungskräfte so akzeptiert, als ob sie von ihnen selbst stammten. Es wären dann „ihre" Ideen gewesen.

Anstatt zu sagen: „Ich habe beschlossen", hätte Lee Eliot sagen können: „Sie haben vorgeschlagen", dann hätte er zum nächsten Schritt übergehen und sie fragen können, welche Probleme sie vorhersahen, wenn man in der Firma Profit Centers und Prämien einführte, um letztlich so die Rentabilität zu verbessern.

Wells sah auch, daß diese Vorgehensweise einen anderen Vorteil gehabt hätte. Wenn Eliot auf oppositionelle Gruppen gestoßen wäre, hätte er andere Manager heranziehen können, um sie zu überzeugen, oder notfalls Gegner mit ihrer Hilfe isolieren können. Stattdessen versuchte Eliot, jeglichen Widerstand frontal niederzumähen, und das ganze Unternehmen nahm ihm das zunehmend übel.

„Sie haben diese Sache nicht sehr geschickt gelöst", sagte Lester Wells zwei Tage später ganz offen in einem privaten Gespräch zu Eliot. „Lee, bringen sie das schnell wieder in Ordnung!"

Eliot war verwirrt, als er Lester Wells' Büro verließ. Ja, es gab Probleme. Er erkannte das jetzt. Aber wo hatte er Fehler gemacht? Was hätte er geschickter anpacken können? Wells hatte gesagt, es sei die Art und Weise, wie er Ideen umgesetzt hatte.

Als er sich die Sache überlegte, kam Eliot zu einer anderen Schlußfolgerung als Wells, einer, die mehr grundsätzlicher Natur war. Ein Fehler war nicht nur, wie ich vorgegangen bin, schloß Eliot, es war auch ungeschickt, was ich getan habe. Nicht, daß die Profit Centers und Prämien eine schlechte Idee gewesen waren; im Gegenteil, sie waren notwendig und angemessen. Aber vielleicht habe ich die falschen Ziele gesetzt. Ich glaube, ich habe versucht, die Spartenleiter dazu zu bringen, zu sehr als Block zu denken. Nicht sie leiten das Unternehmen, sondern ich. Sie brauchen meine Arbeit nicht zu machen und wollen das vielleicht auch nicht. Deshalb kann ich von ihnen nicht verlangen, daß sie das Unternehmen so sehen, wie ich es sehe. Und ich sollte wirklich in der Lage sein, ihre Arbeit aus ihrer Perspektive zu sehen und ihnen zu helfen, diese Arbeit besser zu tun.

Die Probleme waren dadurch entstanden, daß Eliot nicht erkannt hatte, daß die anderen Menschen im Unternehmen nicht so waren wie er selbst. Er hatte für sich beschlossen, daß er so lange alles andere in seinem Leben dem geschäftlichen Erfolg unterordnen würde, bis er ihn erreicht hatte. Weil er sehr fähig und auch sehr ehrgeizig war, hatte Eliot schon in jungen Jahren eine hohe Sprosse auf der Karriereleiter erreicht. Wenn er sich noch ein paar Jahre voll einsetzte, würde er finanziell abgesichert sein. Dann, so dachte er, würde er ein wenig entspannen, die Hobbys und die Nebenbeschäftigungen eines etablierten Geschäftsmanns aufnehmen. Seine Schwierigkeiten waren entstanden, als er versuchte, seine einseitige Zielstrebigkeit auf andere Manger im Unternehmen zu übertragen.

Die ersten Anzeichen von Schwierigkeiten waren schon bei der alljährlich stattfindenden Management-Konferenz acht Monate zuvor aufgetreten. Eliot hatte damals seinen Posten erst seit wenigen Monaten inne, aber bereits eine durchgreifende Reorganisation des Unternehmens angekündigt. Auf der Jahreskonferenz wollte er zum ersten Male seine Ziele für das Unternehmen vorstellen. Etwa 300 Manager aus dem ganzen Land waren versammelt. Einige kannte er gut, aber viele von ihnen hatte Eliot erst kurz zuvor kennengelernt. Andere kannte er überhaupt noch nicht.

Er begann seine Rede an diesem Abend etwas befangen und unsicher, indem er zugab, „Neuling in der Szene" zu sein. Doch nach diesem ungewohnten Anflug von Bescheidenheit ging er rasch zu seinem wichtigsten Thema über. „Dieses Unternehmen hat eine Menge Potential", sagte er den versammelten Zuhörern, „aber dieses ist nicht genutzt worden. Wir werden dieses Unternehmen zum Wachstum führen und seine Ertragskraft erheblich steigern."

Soweit, so gut, dachte Eliot, als er die Gesichter vor sich sah. Er fühlte den Wunsch, ein größeres, besseres Unternehmen zu schaffen. Bei seinen nächsten Worten stutzte er. Er sah, wie die Begeisterung in vielen Augen erlosch, aber er wußte nicht, warum. „Der Zweck dieses Unternehmens", betonte er, „besteht darin, einen Spitzenertrag auf das investierte Kapital zu erzielen. Das ist das Wichtigste, an das Sie denken müssen. Das ist es, was die Aktienkurse nach oben schnellen läßt. Wenn wir unseren Ertrag steigern können, wird der Markt uns mit steigenden Aktienkursen und Dividenden belohnen.

Wir sind nicht dazu da, Radios oder Reißverschlüsse herzustellen; das ist nur das Mittel, um Eigenkapitalrentabilität zu erzielen. Es geht hier um den Quotienten: Gewinne dividiert durch Eigenkapital. Wir können diese Zahl vergrößern, in dem wir den Zähler vergrößern oder den Nenner verkleinern. Daran sollten Sie denken."

Selbst Eliot spürte nun, daß er seine Rede zum falschen Zeitpunkt gehalten hatte und daß sie einseitig war. In einem stark wettbewerbsorientierten Umfeld mußten wohl die Produkte von Wells die besten sein, oder Umsätze und Gewinne würden zurückgehen. Aber Eliot merkte allmählich, daß die Herstellung von Spitzenprodukten von vielen Faktoren abhing, und nicht zuletzt davon, daß sich die Manager für Qualität und für den Kunden einsetzen. An die Stelle dieses Engagements nur die Rendite zu setzen, drohte das ganze System zu unterminieren.

Eliot hatte nicht erkannt, daß seine Führungsverantwortung mehrdimensional war. Rentabilität und Return on Investment waren sehr wichtig, aber ebenso wichtig waren die Pflege der Kundenbeziehungen, die Qualität des Produktes und der Teamarbeit im Unternehmen. Eine einseitige, gewinnorientierte Zielsetzung gefährdete oft andere Ziele, die entscheidende Voraussetzungen für Rentabilität waren.

Eine neue, engagierte, mehrdimensionale Führung ist gerade dann ein wichtiges Element, wenn das Management eines Unternehmens von den Gründern oder Eigentümern in ein professionelles, von außen angeworbenes Management übergeht, wie es bei Wells der Fall war. Dies war die Chance, die sich Eliot bot, aber er hatte sie verspielt.

Manager als Führende

Wer Manager geworden ist, hat bereits eine wichtige Entscheidung getroffen, welche Art von Tätigkeit er ausüben will. Er hat schon entschieden, daß er von der Leistung eines individuellen Beitrags innerhalb des Unternehmens zu einer Position übergeht, deren wesentliche Aufgabe es ist, die Dinge durch andere Leute erledigen zu lassen. Mit dieser größeren formalen Autorität über andere kann der Manager vielleicht etwas erwerben, das gleich wichtig oder noch wichtiger ist: Einfluß. Ein Vice President einer großen Computerfirma drückte das so aus: „Wenn man in der Welt aufsteigt, erkennt man allmählich, daß Einfluß oft viel wichtiger ist als Autorität." Ohne Einfluß werden Manager straucheln und CEOs untergehen.

Führung ist nicht gleich Autorität. Führung muß von anderen akzeptiert werden, um effektiv zu sein. Sie entspricht also eher dem Einfluß auf andere, als der Autorität über andere.

Früher resultierte die Fähigkeit eines Managers, Einfluß und formale Autorität zu gewinnen, daraus, daß der Manager den Informationsfluß innerhalb des Unternehmens lenkte. Dadurch, daß ein Topmanager einem Untergebenen mehr Einblick in die Zusammenhänge seiner Tätigkeit gewährte, konnte er seinen Mitarbeiter davon überzeugen, auf eine bestimmte Weise vorzugehen. Der Computer hat diese Quelle des Einflusses insofern zum Versiegen gebracht, als durch ihn die Information auch für andere Personen im Unternehmen besser zugänglich ist. Welche Rolle soll nun der Manager übernehmen, wenn die Steuerung der Information abgeschafft und der Einfluß des Topmanagers vermindert ist? Seine Aufgabe besteht nicht mehr nur im Treffen von Entscheidungen, sondern er wird immer mehr zum Trainer, zum Motivator und Lehrer. Der Vice Chairman von Honeywell, Jim Renier, meint dazu, die Rolle des Managements bestehe darin, die Ziele zu setzen und dann das Umfeld entsprechend zu gestalten, damit die Mitarbeiter diese Ziele erreichen können. „Die Mitarbeiter würden dann sich selbst managen."[30]

Heute müssen Manager, die nach Spitzenpositionen streben, außer technischen Kenntnissen und Management-Fähigkeiten auch die Fähigkeit haben, ein Image aufzubauen, Ziele zu setzen und Vorbild zu sein. Wenn ein Manager den Weg zur Spitze schafft, wird dieser Erfolg zum Teil auf der Fähigkeit beruhen, andere zu führen und zu inspirieren. Ob er sich an der Spitze halten kann, wird davon abhängen, ob er diese Fähigkeit dauerhaft besitzt.

Aufstrebende Manager sind oft zu ungeduldig. Man sollte sich aber nicht zu sehr zu beeilen, um an die Spitze zu kommen. Zu einem zu frühen Zeitpunkt kann diese Positon erstaunlich unbefriedigend sein. Der wichtigste Grund dafür besteht darin, daß es in gut geführten Unternehmen im Topmanagement weniger „Action" gibt. Die wichtigsten Entscheidungen und ihre praktische Umsetzung finden auf den unteren Ebenen statt. Es gibt Lohnendes auf jeder Stufe einer Management-Karriere, das man verpassen würde, wenn man zu sehr darauf bedacht ist, möglichst schnell „vorwärts zu kommen".

Auf der obersten Führungsebene gibt es weniger Aktivitäten und direkte Partizipation. Es geht mehr darum, Probleme aus der Distanz und durch Delegation anzugehen. Wer an ein Ärmelhochkrempelndes Problemlösen gewohnt – und darin darin gut ist –, kann dadurch frustriert und schockiert werden. Das trifft insbesondere auf Manager zu, die sehr ehrgeizig sind und vor allem deshalb eine Top-Position erreichen.

Als Gruppe ist sich die neue Generation von Managern bewußt, daß es heute nicht nur darum geht, den Lebensunterhalt von morgen zu sichern. Viele neue Manager engagieren sich zum Beispiel im sportlichen Bereich oder im Familienleben weit mehr als früher. Gesundheitsexperten haben die Bedeutung eines ausgewogenen Lebensweise herausgestellt und gezeigt, daß Verpflichtungen außerhalb der Arbeit wichtig sind, um die körperliche und geistige Spannkraft zu erhalten. Der einseitige „workaholic" erweckt mittlerweile mehr unser Mitgefühl als unsere Achtung.

Die neuen Manager sehen, daß das Leben viele Dimensionen hat und möchten sich selbst als harmonische Persönlichkeit, nicht nur als Führungskraft entwickeln. Sie erkennen, daß es eine zeitliche Abfolge im Leben eines Menschen gibt, in die die verschiedenen Stadien einer beruflichen Karriere passen. Menschen, die dies verstehen, sind besonders gut geeignet für die späteren Stadien des Lebens einer Führungskraft, wenn vom Betreffenden nicht mehr so sehr verlangt wird, etwas zu tun, sondern zu führen; nicht so sehr anzutreiben, als zu überzeugen. Ausgewogene Führungskräfte mit einer harmonischen Persönlichkeit haben ein tieferes Verständnis für andere Menschen, und dies bereichert wiederum ihre Führungsqualität.

Das Kopf-an-Kopf-Rennen zur Spitze, das für so viele jüngere Manager in der Vergangenheit kennzeichnend war, ist somit ein Aspekt des traditionellen Managements, das die neuen Manager nicht nachzuahmen brauchen. In der Vergangenheit stellte man zu oft fest, daß der Arbeitssüchtige, der die Top-Position bekam, nur wenige der erforderlichen Führungsqualitäten besaß. Die Abnahme der Wettbewerbsfähigkeit amerikanischer Unternehmen auf dem internationalen Markt hat zum Teil ihre Wurzeln in der Unfähigkeit vieler amerikanischer Topmanager, den umfassenden menschlichen und sozialen Anforderungen ihrer Tätigkeit gerecht zu werden.

Die ältere Generation ändert ihren Stil

In den vorangegangenen Kapiteln wurde gezeigt, wie Manager sich bemühen, das Arbeitsleben für die gewerblichen Arbeitnehmer und

Büroangestellten dadurch zu verbessern, daß sie den Wertvorstellungen und Zielen der heutigen Arbeitnehmer Rechnung tragen. Viele Unternehmen haben entdeckt, daß sich solche Bemühungen günstig auf Kosten, Qualität und Produktion auswirken, da sie Einsatzbereitschaft und Arbeitsmoral verbessern. Sind solche Bemühungen auch bis ins Innere der Managerbüros vorgedrungen und haben sie die Arbeitsweise dort verändert? Gibt es dort ein ebenso großes Engagement, die Qualität des Arbeitslebens der Manager den Werten und Zielen der heutigen Managergeneration anzupassen? Diese Frage läßt sich nicht eindeutig beantworten.

Zum einen hegen die Manager der mittleren Ebene den Verdacht, daß das Bemühen, bei der Belegschaft mehr Einsatzbereitschaft zu erzielen, auf ihre Kosten ging. Sie erkennen, daß der höhere Einsatz der Belegschaft dazu führt, daß weniger Manager der mittleren Ebene gebraucht werden. Darüber hinaus wird das Wesen und der Stil mittlerer Managementpositionen stark durch diese Innovationen in der Arbeitsorganisation beeinflußt. Der Management-Stil muß sich verändern. Manager spüren, daß sie weniger Kontrolle ausüben können, ohne daß gleichzeitig ihre Verantwortung gemindert wird.

Das Topmanagement in Unternehmen, die das Engagement der Belegschaft verbessern wollen, unterstützt diese Programme durch Reden, Budget-Erhöhungen und die Anerkennung und Beförderung derer, die Innovationsbemühungen vorantreiben. Bisher ist jedoch das Topmanagement meist noch nicht bereit gewesen, auf der eigenen Ebene zu praktizieren, was es als Modell für die unteren Ebenen predigt.

Deshalb besteht ein amerikanisches Unternehmen in Wirklichkeit oft aus zwei verschiedenen Unternehmen. Auf der Ebene des Betriebs, der Verkaufsbüros und Vertriebszentren wird es zunehmend imaginativ, innovativ, partizipativ und wettbewerbsorientiert. Im Gegensatz dazu geht es in der Konzernzentrale träge, traditionsgebunden, autokratisch und engstirnig zu. Der General Manager auf operativer Ebene, der gelernt hat zu delegieren, seinen Untergebenen zuzuhören und geduldig Spitzenleistungsträger zu beobachten

Die ältere Generation ändert ihren Stil

und zu entwickeln, wird in der Konzernzentrale herumkommandiert, eingeschüchtert und beschimpft.

Erstaunlicherweise bedeutet dieser starke Unterschied im Managementstil – die unteren Organisationsebenen werden zunehmend partizipativ, während die höheren Ebenen autokratisch bleiben – keineswegs, daß man dem Topmanagement Heuchelei vorwerfen muß. Ganze Unternehmen vertraten früher einen autokratisch geprägten Stil. Der Generationenwechsel hat zur Entstehung eines partizipativen Führungsstils geführt. Topmanager sind nur dann heuchlerisch, wenn Veränderung als ein Prozeß gesehen wird, der von oben nach unten verläuft, und wenn sie partizipatives Management bei anderen fördern, während sie selbst autokratisch bleiben. Tatsächlich haben partizipative Elemente ihre Stärke und Energie langfristig aus der Belegschaft gewonnen; von dort dringen die Auswirkungen allmählich in die Unternehmensspitze. Meist glaubt man nicht, daß sich Veränderungen innerhalb amerikanischer Unternehmen auf diese Weise vollziehen, aber die Realität sieht häufig so aus.

Dieses Kapitel begann mit einem Bericht darüber, wie ein Spitzenmanager seinen Managern gegenüber ankündigte, daß die Zeit des Wandels für ihn selbst und das Unternehmen gekommen sei. In Frank Steele war die Erkenntnis herangereift, daß ein nichtautokratischer Führungsstil auf den unteren Ebenen bei Westover erfolgversprechender wäre, und dies hatte ihn zu einer plötzlichen Kehrtwendung bewogen. Mit seiner letzten Handlung als Autokrat beschloß Steele einen neuen und offenen Stil für Westovers Führungskräfte einzuführen. So wie die Wellen langsam einen Fels von unten aushöhlen, bis er plötzlich mit lauten Getöse zusammenstürzt, waren die Grundlagen des alten Führungsstils erheblich geschwächt worden, lange bevor Steele dies erkannt hatte. Als er schließlich sah, daß der Knall bevorstand, nutzte er die Gelegenheit des alljährlichen Managementmeetings, um es zum Knall kommen zu lassen.

Es war keine Heuchelei, wenn Frank Steele jahrelang seinen Managern erlaubt hatte, einen neuen Stil im Umgang mit ihren Untergebenen zu entwickeln, während er den alten Stil beibehielt. Er hatte vielmehr allmählich von ihnen gelernt. Steele wußte dabei immer, daß er das Unternehmen führen mußte, aber erkannte nur allmählich, daß sich in den USA langsam ein anderer Führungsstil durchsetzte. Es verdient jedoch Anerkennung, daß er die Veränderung erkannte und bereitwillig akzeptierte, selbst wenn die Erkenntnis ein wenig spät kam.

Von der Notwendigkeit des Wandels überzeugen

Joe Callahans fließende Organisation, die zuvor beschrieben wurde, ist eine extreme Reaktion auf die Herausforderungen der heutigen Marktsituation. Diese Reaktion ist für viele Manager in älteren, größeren Unternehmen nicht ohne weiteres möglich, da dort die Stürme des verschärften Wettbewerbs abgeschwächt werden. Wie kann man Mitarbeiter von der Notwendigkeit des Wandels überzeugen?

Bei General Electric trat Jack Welch den Posten als CEO inmitten einer großen Rezession an. In dem sehr großen, mehrere hunderttausend Mitarbeiter umfassenden Unternehmen von GE hatte Welch nicht die Möglichkeiten, die Joe Callahan in einer viel kleineren Firma zur Verfügung standen. Doch ebenso wie Callahan sah er die Notwendigkeit, das Unternehmen herauszufordern, um es den Erfordernissen eines sich rasch wandelnden Umfelds anzupassen.

Welchs Lösung war brillant und einfach zugleich. Er bestand darauf, daß General Electric als diversifiziertes Unternehmen mit Hunderten von Geschäftszweigen in jedem seiner Geschäftszweige an erster oder zweiter Stelle stehen und sich aus den Bereichen zurückziehen sollte, wo dies nicht der Fall war. General Electric sollte nicht nur einen Geschäftsplan, sondern eine Vision haben, die die Aktivitäten inspirierte und lenkte.

Die Fähigkeit, ein Unternehmen herauszufordern oder zu inspirieren, findet sich bei allen großen Managern; sie sind Führende, nicht nur Verwalter. Diese Qualität beobachtet man nicht nur bei

Führungspersönlichkeiten in Industrieunternehmen, sondern auch in anderen Organisationen, von militärischen Verbänden bis hin zu den Kirchen.

Bei allzu vielen Managern liegt das Problem darin, daß sie glauben, ihre harte Arbeit und die ihres Unternehmens seien ausreichend. Sie haben kein Konzept vom Geist des Unternehmens, und die Mitarbeiter können einen solchen daher auch nicht entdecken. Ein Unternehmen hat eine Seele. Seine Manager müssen in der Lage sein, anderen dabei zu helfen, sie zu finden.

Manager müssen in der Zukunft leben. Die meisten Menschen leben bestenfalls in der Gegenwart, manche sogar in der Vergangenheit. Es ist selbstverständlich, daß Geschäftsleute für die Zukunft Prognosen und Pläne aufstellen.

In vielen Geschäftszweigen sind die Ereignisse von heute für das Management schon Schnee vom vergangenen Jahr. Die Ziele, Pläne und Mechanismen, die die Produktion und die Umsätze von heute schaffen, waren viele Monate zuvor festgelegt worden.

Diese Zukunftsorientierung verleiht dem Verhalten guter Manager in den Augen anderer Mitglieder unserer Gesellschaft eine paradoxe Dimension. Zum Beispiel kann das Geschäft heute ausgezeichnet laufen, die Gewinne steigen rapide an, aber das Management bereitet Entlassungen vor – weil es eine Rezession erwartet. Oder das Management investiert mitten in einem Konjunkturtief, in dem die rote Tinte wie Wasser fließt, in neue Maschinen, baut neue Produktionsstätten oder zieht sogar Neuerwerbungen in Betracht.

Eine Zukunftsvision ist selbst ein Führungselement, ein Mittel zur Inspiration des Unternehmens. Dieses fundamentale Führungswerkzeug ist allen Managern an die Hand gegeben. Wie der Segler, der auf dem Bug seines Segelschiffes Ausschau hält, sieht der Manager zuerst, was auf ihn zukommt.

Woher kommt es dann aber, daß so wenige Manager ihre Zukunftsvision anderen verständlich machen können, vor allem dem Fußvolk ihres Unternehmens? Obwohl diese Manager selbst schon in der Zukunft leben, gestatten sie es anderen Mitarbeitern ihres

Unternehmens nur allzu häufig, den Trott der Gegenwart beizubehalten. Dabei begehen sie einen großen Fehler, denn die Mitarbeiter können im allgemeinen auf ein Ziel reagieren – man muß es ihnen nur zeigen.

Macht es etwas aus, daß die Zukunftsvision des Managers begrenzt oder sogar fehlerhaft sein kann? Ja, in gewissem Maße schon. Aber Leute, die in der Zukunft leben, eignen sich rasch eine gewisse Flexibilität an, denn sie wissen, daß die Prognosen, die sie anstellen, keineswegs sicher sind.

Bei einer großen Installationsfirma meinte ein Manager: „Wie jeder langfristige Plan ist unsere Zukunftsvision verschwommen. Trotzdem können wir uns damit besser auf die Zukunft vorbereiten. Wenn uns das gelingt und wir auf dem laufenden bleiben, sind wir vor manch bösen Überraschungen gefeit." Und, hätte er vielleicht noch hinzufügen können, geben dem, was wir heute tun, Ziel und Richtung.

Das Vermächtnis einer guten Führung

Konstruktive Beziehungen sind immer zweiseitig: Der Manager vermittelt seinen Untergebenen die Vision, Herausforderung und Richtung, und er arbeitet andererseits auch für sie. Jack Welch fordert als CEO die Organisation von GE heraus. Er ist der Chef, an den die Gruppen-, Abteilungs- und Spartenleiter berichten. Gleichzeitig dient er auch dem Unternehmen und seinen Mitarbeitern. Nach außen ist er ein exzellenter Botschafter seines Unternehmens.

In den Jahren 1982-83, als das Investitionsgütergeschäft von General Electric stagnierte, wurde Welch zu einem Fürsprecher dessen, was er als „Wiederbelebung der Qualitätswirtschaft" bezeichnete. Diese Wiederbelebung würde sich seiner Meinung nach auszahlen, da sie zum wirtschaftlichen Potential Amerikas und der internationalen Wettbewerbsfähigkeit in den kommenden Jahren beitragen könnte. Dabei war er mit seiner Auffassung oft in der Minderheit, da sich die Politiker und Wall-Street-Analytiker mit einem kurzen Boom bei den Verbraucherausgaben zufriedengaben. Schon 1984 zeigten Welchs Ideen Wirkung. Die Investitionsausgaben erholten sich, als General Electric und andere Firmen neue Technologien einführten, um die Wettbewerbsfähigkeit amerikanischer Betriebe zu erhalten.

Viele Manager sind teilweise auch Förderer ihrer Unternehmen, indem sie neue Produkte verkaufen und neue Kundenbeziehungen aufbauen. Es ist ein harter Job, der Verkaufstalent und Diplomatie erfordert, und weit entfernt von der verbreiten Fehleinschätzung, Manager seien Autokraten, die ihren Mitarbeitern nur Anweisungen geben.

Ein Manager, der Spitzenleistungen bringt, hat auch eine helfende Funktion. Aus regelmäßigen Gesprächen mit seinen Untergebenen erfährt er, welche Fortschritte erzielt wurden oder welche Schwierigkeiten bestehen, und bietet seine Hilfe an.

Manager können auch als „Katalysatoren des Wandels" wirken und Mittler von Ereignissen sein, die von innen oder außen an das Unternehmen herankommen. Sie können signalisieren, welche Ereignisse so wichtig sind, daß man darauf reagieren muß, und welche nicht. Ihre Radarschirme können zu denen des Unternehmens werden.

Die Manager der mittleren Ebene möchten heute die Gelegenheit bekommen, zu zeigen, was sie können. Nimmt der Spitzenmanager die Sache in die Hand, indem er Kontrolle ausübt und Anweisungen erteilt? Was Untergebene wollen, ist Rat und Hilfe.

Kleine Ursachen haben hier oft große Wirkung. Kleine Beiträge bauen Vertrauen, Toleranz und Zufriedenheit in einer Gruppe von Leuten auf, die zusammenarbeiten. Spitzenmanager erkennen dies. Sie erwarten von ihren Untergebenen hohe Leistung und hohes Engagement. Sie sehen sich selbst nicht primär als Entscheidungsträger, sondern teilweise als Führende, teilweise als Helfer; sie sind bereit, diese vieldeutigen Aufgaben zu erfüllen. Wenn exzellente Unternehmensleiter eine Besprechung abhalten, ist sie kreativ und holt mehr aus den Mitarbeitern heraus, als sie sich selbst zugetraut hätten.

Die besten CEOs verstehen ihre Organisationen und beziehen letztlich in alle langfristigen Entscheidungen die Frage ein: Worin liegen die Stärken meines Unternehmens? Die Strategie wird an die Fähigkeiten der Mitarbeiter angepaßt, und die Organisationsstruktur ist auf die Strategie zugeschnitten.

Den dauerhaftesten Einfluß auf ihre Unternehmen können Topmanager weder durch Politik, Strategien oder Programme ausüben, die unter ihrer Obhut ausgearbeitet wurden, noch durch die Strukturen, die zu deren praktischer Umsetzung entwickelt wurden, wenngleich dies den größten Teil ihrer Zeit in Anspruch nimmt. Manager, die Führungspersönlichkeiten sind, müssen sich die Zeit nehmen, die personelle Seite des Unternehmens zu entwickeln. Dies ist schwierig in einer Welt, die hohe Anforderungen an die Zeit des Managers stellt. Dennoch ist der wichtigste, bleibende Beitrag, den ein Manager hinterlassen kann, nicht die Unternehmenspolitik, sondern die Menschen – die Art und Weise, wie sie die Dinge angehen.

16. Kapitel

Im Wettbewerb zeigt sich, wer erfolgreich ist

Die neuen Manager von heute sind stark von Wertvorstellungen bestimmt, leben aber in einer Zeit intensiven in- und ausländischen Wettbewerbs. Sie führen in ihren Unternehmen grundlegende Veränderungen herbei. Ein neues Management-System entsteht. Die besondere Fähigkeiten dieser Manager, in eine interaktive Beziehung zu ihrem Umfeld einzutreten, schafft für die betreffenden Unternehmen das Potential, auf den in- und ausländischen Märkten wieder erfolgreicher konkurrieren zu können.

Der scharfe Wettbewerb unserer Zeit prägt die neuen Manager, so daß sie sich von der früheren Generation stark unterscheiden. Die Unterschiede machen sich fast überall bemerkbar; besonders krass sind sie jedoch in Familienunternehmen.

Unkonventionelles Management

Zu Beginn der 80er Jahre traten in einer kleinen regionalen Fluggesellschaft zwei Brüder die Nachfolge ihres Vaters an, der das Unternehmen 30 Jahre zuvor gegründet hatte. Einer der Brüder erklärte einem Reporter eines Wirtschaftsmagazins dazu folgendes: „Unser Vater vertrat die Philosophie, sich zu verschanzen und den Wettbewerb zu meiden. Wenn irgendjemand drohte, ihn zu überrunden oder ihm Konkurrenz zu machen, lief er zu irgendwelchen staatlichen Stellen, um sich zu beschweren. So wurden die Dinge damals gehandhabt.

Aber wir sind jünger. Wir sind bereit, Risiken auf uns zu nehmen. Und wir hatten keine Angst vor Wettbewerb – wir stellen nämlich für die anderen selbst eine ziemlich scharfe Konkurrenz dar."[31]

Als die staatlichen Auflagen für Fluggesellschaften gelockert wurden, erkannten die Brüder, daß ihr kleines Unternehmen aufgrund des Wettbewerbs wachsen mußte, da es sonst von den anderen langsam erstickt werden würde. Um ihr Überleben zu sichern, verfolgten sie ein rasches Expansionsprogramm, das durch Darlehen und Aktienemissionen finanziert wurde.[32] Zur Zentrale im Nordosten der Vereinigten Staaten kam noch ein weiterer Stützpunkt in Florida hinzu. Dieser brachte mehr Geschäft im Winter, wenn im Nordosten kaum geflogen wurde, und dadurch das ganze Jahr über regelmäßige Einkünfte.

Aufgrund dieser Initiativen florierte das Unternehmen, aber der Vater widersetzte sich all diesen Neuerungen. Als die Gesellschaft in einen harten Kampf mit einem Konkurrenten verwickelt wurde, wollte der Firmengründer, daß seine Söhne die Expansion stoppten oder ihm auf der Stelle seinen ganzen Anteil auszahlten. „Er meinte, wir seien Verschwender, trieben zuviel Aufwand und seien zu versessen darauf, neue Sachen auszuprobieren", sagte einer der Brüder. Deshalb zahlten sie ihren Vater aus.[33] Bestimmte Aspekte des Unternehmens änderten sich dadurch nicht. Weiterhin wurden guter Service und erschwingliche Flugpreise geboten. Dies waren traditionelle Grundsätze im Unternehmen, wie auch die Verpflichtung gegenüber dem Kunden und die Zusicherung von hoher Qualität in vielen anderen Unternehmen traditionelle Grundsätze sind.

Allerdings haben sich die äußeren Bedingungen gewandelt, und zwar so sehr, daß ein Unternehmen nicht überleben kann, wenn es althergebrachte Vorstellungen unbesehen weiter pflegt. Die größte Veränderung besteht darin, daß ein neuer Wettbewerb geschützte Positionen auf dem Markt gefährdet. Deswegen müssen alle althergebrachten Vorstellungen daraufhin überprüft werden, ob sie sich im Umfeld von heute noch anwenden lassen. Der zuvor erwähnte Gründer der Fluggesellschaft hatte in manchen Dingen recht, aber nicht in allen. Seine Forderung, ausgezahlt zu werden, zeigte, daß er nicht in der Lage war, seine Geschäftsstrategie genügend an die neue Zeit anzupassen. Sein Unternehmen hatte insofern Glück, als seine Söhne es weiterentwickeln konnten, indem sie die notwendigen Veränderungen durchsetzten. Ihr unkonventionelles Management war auf die Zukunft ausgerichtet.

Der freie Markt bietet die Möglichkeit, große Erfolge zu erzielen. Siege über die Konkurrenz können sich in hohem Maße auszahlen. Aber es kann dabei auch rauh zugehen. Der Geschäftsführer einer großen Maschinenbaufirma ist ein weiteres Beispiel für die neue Generation von Managern und deren Einflußnahme auf den Wettbewerb. Sein Vater hatte ein sehr erfolgreiches Maschinenbau-Unternehmen aufgebaut. Wie im Grunde alle erfolgreichen Unternehmen in dieser Industrie in den 50er und 60er Jahren war es voll gewerkschaftlich organisiert. In der Mitte der 70er Jahre wurde das Unternehmen mit einer großen, nicht gewerkschaftlich organisierten Konkurrenz konfrontiert, die inzwischen in alle wichtigen Märkte vorgedrungen war. Um die rauhe Wirklichkeit des Wettbewerbs immer vor Augen zu haben, stehen bei dem jungen Geschäftsführer zwei Schilder auf dem Schreibtisch: „FÄLLE EINE

ENTSCHEIDUNG", lautet der eine Spruch. Auf dem anderen Schild steht: „RAFF DICH AUF UND MACH WEITER."

Aus den Beschreibungen der Situation in kleinen Unternehmen wie der Fluggesellschaft und der Maschinenbaufirma wird der Übergang von einer Generation zur nächsten deutlich. Allerdings erwecken sie auch den Anschein, dieser Übergang sei leichter zu bewerkstelligen, als es in Wirklichkeit und vor allem in größeren Unternehmen der Fall ist. Die Fluggesellschaft und auch die Maschinenbaufirma sind jeweils in nur einer Branche tätig, so daß ihre finanzielle Situation relativ direkt und klar mit ihrem operativen Bereich verknüpft ist.[34] Für diversifizierte Großunternehmen ist es eine viel komplexere Aufgabe, dem Wettbewerb erfolgreich zu begegnen.

IBM ist ein Großkonzern und in vielen Märkten tätig. Das Unternehmen stellt Tausende von verschiedenen Produkten für den Bürobedarf her. Wettbewerber kommen und gehen, manche halten sich, andere tauchen in einem einzigen, begrenzten Bereich auf und verschwinden wieder. Wie will IBM beurteilen, ob ein kleines Unternehmen eine langfristige Bedrohung in einem bestimmten Marktsegment darstellt? „Jeder Neuling kann ein heißes Produkt haben", antwortete ein IBM-Vizepräsident. „Entscheidend ist jedoch bei den neuen Firmen, ob sie Geld ins Engineering stecken. Aus diesem Bereich müssen die künftigen Produkte kommen."

Für etablierte Unternehmen, die bereits Geld in die technische Entwicklung neuer Produkte stecken, ist das Wichtigste die Qualität ihrer Strategie und Ausführung. Dahinter steckt die eigentliche Ressource, nämlich Ideenreichtum, Erfindergeist und Zähigkeit der Leute in den Schlüsselpositionen. In Anbetracht der langfristigen Wettbewerbsbedrohung durch ihre Konkurrenten kümmern sich IBM und andere alteingesessene Firmen besonders stark um die eigenen Mitarbeiter, um ihre Konkurrenzfähigkeit zu erhalten.

IBM und Hewlett-Packard werden in der Regel zu den erfolgreichsten amerikanischen Unternehmen gezählt. Sie gelten auch als Unternehmen, die sich ungewöhnlich stark für die Anerkennung und Entwicklung ihrer Mitarbeiter einsetzen. Viele amerikanische Manager beobachten diese beiden Unternehmen aufmerksam und bewundern die Aktivitäten ihres Managements, die dazu führen, daß ständig erfolgreiche Leistungen erbracht werden. Die Bewunderung gilt bei diesen Unternehmen vor allem dem klaren Verständnis ihres Auftrags, der Aufmerksamkeit, die den Kerngeschäften gewidmet wird, der Bereitschaft, Produkte wie auch Technologien bei Bedarf zu ändern, und dem Reaktionsvermögen auf neue Herausforderungen.

Büromaschinen sind ebenso wie Computer stark wettbewerbsorientierte Geschäftszweige, und das schon seit Jahrzehnten. In beiden Branchen gibt es zahllose Unternehmen, die weit weniger erfolgreich sind. IBM und Hewlett-Packard gelten in ihren Kerngeschäften als äußerst harte Konkurrenten.

Natürlich sind diese beiden Unternehmen nicht nur deswegen erfolgreich, weil sie sich die richtige Branche ausgesucht haben. Wenn dies der Fall wäre, gäbe es in dieser Branche nicht so viele erfolglose Unternehmen. Beide sind aufgrund ihrer Aktivitäten erfolgreich. Und seit den Gründertagen haben viele Elemente der bereits beschriebenen Unternehmenspolitik ihr Handeln bestimmt.

Es wäre sicher übertrieben, wenn man behaupten würde, IBM und Hewlett-Packard verdankten ihren Geschäftserfolg bestimmten Grundsätzen ihrer Personalpolitik, aber es besteht wahrscheinlich doch ein Zusammenhang zwischen diesen beiden Punkten. Die Personalpolitik trägt mit Sicherheit zur langfristigen Wettbewerbsfähigkeit dieser beiden Unternehmen bei, da eine solche Politik Spitzenleistungen fördert. Eine erfolgreiche Wettbewerbsposition ermöglicht wiederum, daß diese Personalpolitik weitergeführt werden kann. Dieser Zyklus, in dem Personalpolitik zum Geschäftserfolg beiträgt und der Wettbewerbserfolg es ermöglicht, daß diese Politik fortgesetzt werden kann, ist kein Circulus vitiosus, sondern ein positiver, gewinnbringender Kreislauf.

Manager in anderen Unternehmen sagen oft über IBM und Hewlett-Packard. „Wir können es uns finanziell nicht leisten, die Zusatzleistungen zu bieten, die diese Unternehmen ihren Mitarbeitern gewähren." Da sie keine solche Personalpolitik verfolgen, erzielen sie auch keine vergleichbare Leistung.

Ein Top-Manager bei White-Westinghouse erklärte einmal einer Gruppe von Managern, alle Managementprobleme seien entweder auf Geld oder auf Menschen zurückzuführen – es gebe nur diese beiden Alternativen.

Zunächst zum Problem Geld: Wenn ein Manager ein Projekt nicht genehmigt bekommt, dann war das Projekt nicht gut genug. Im Wirtschaftsleben gibt es für alles eine Priorität. Ein Manager muß seine Prioritäten kennen.

Grundsätzlich lassen sich alle Geldprobleme letzlich auf Menschen zurückführen. Genau betrachtet, haben alle finanziellen Katastrophen letztlich ihre Ursache im menschlichen Bereich. Hier gibt es zwei Arten von Problemen – der Mitarbeiter, der unfähig ist, seine Arbeit zu erledigen und seinem Unternehmen finanzielle Verluste bringt, und der Chef, der das Problem nicht früh genug erkennt.

Die Mitarbeiterleistung ist für den Geschäftserfolg von grundlegender Bedeutung. Manager, die daran zweifeln, die Mitarbeiterleistung verbessern zu können, indem sie ihre eigene Personalpolitik und die ihres Unternehmens verbessern, zeigen damit, daß sie eigentlich nicht wissen, worauf es im Geschäftsleben ankommt. Leider bietet der Wettbewerbsdruck keine Garantie dafür, daß ein Unternehmen den Weg zu einer bewußteren Personalpolitik findet. Ganz im Gegenteil scheint aufgrund des starken Wettbewerbsdrucks keine Zeit zu bleiben, um notwendige Maßnahmen zur Leistungssteigerung der Mitarbeiter zu treffen.

Vor acht Jahren begann ein bedeutender amerikanischer Hersteller mit einer Reihe von Experimenten, um die Leistung der Mitarbeiter in seinem Betrieb zu verbessern. Es wurden unkonventionell geführte Betriebe der Art, wie sie im 11. Kapitel beschrieben sind, eingerichtet. Obwohl es auch Probleme gab, florierten die Betriebe und hatten bereits Anfang der 80er Jahre eine Kostenwirtschaftlichkeit erzielt, die um 15 bis 20 Prozent höher lag als in den konventionell geführten Betrieben. Jedoch herrschte 1984 in den unkonventionell geführten Betrieben keine optimistische Stimmung.

Der Grund dafür war, daß ostasiatische Hersteller mit qualitativ guten Produkten auf den amerikanischen Markt vorgedrungen waren, die bis zu 40 Prozent unter den derzeitigen amerikanischen Preisen verkauft wurden. Der 15prozentige Kostenvorteil der unkonventionell geführten Betriebe reichte nicht aus, um es mit den neuen Wettbewerbern aufzunehmen. Heute versucht das Unternehmen, auf den neuen Wettbewerb dadurch zu reagieren, daß es seine Produktion nach Asien verlegt. Das vielversprechende Experiment mit den unkonventionell geführten Betrieben ist nun wegen des ausländischen Konkurrenzdrucks möglicherweise zum Scheitern verurteilt.

Vielleicht ist es für dieses Unternehmen schon zu spät, aber diese Erfahrung hat doch gezeigt, daß die Leistung in den Unternehmen, die noch nicht unter dem Wettbewerbsdruck zu leiden haben, unbedingt verbessert werden muß. Die Aufgabe ist dringend, denn wenn der Wettbewerbsdruck plötzlich auftritt, ist es oft zu spät oder eine Reaktion darauf zu kostspielig. Der Wettbewerbsdruck zwingt ein Unternehmen keineswegs immer zu größerer Effektivität – ganz im Gegenteil: Es kann ihm diese Chance genommen werden, so daß das Unternehmen gezwungen wird, immer mehr in die Defensive zu gehen, bis nur noch wenig von seiner früheren Größe oder von seinen Chancen übriggeblieben ist.

Der Produktionsleiter eines Textilunternehmens beschreibt die Bemühungen seines Unternehmens wie folgt: „Bevor uns die Wucht des ausländischen Wettbewerbs traf, hatten wir gesehen, daß die Mitarbeiter-Leistungs-Gleichung in einigen unserer Betriebe nicht mehr stimmte. Um etwas dagegen zu unternehmen, verbesserten wir die Kommunikation; die Leistung nahm zu, und das Geschäftsergebnis wurde besser. Wir entwickelten das Zugehörigkeitsgefühl unserer Arbeitnehmer zu ihrer Firma und pflegten das Image unseres Unternehmens. Es zeigte sich, daß dies notwendig war, auch bei unseren Kunden. Wir gelten als ein Unternehmen, das sich um seine Mitarbeiter kümmert, und das hilft uns auch, unsere Kunden trotz des wachsenden ausländischen Konkurrenzdrucks zu halten."

Auch ein Manager hat nur begrenzte „Aufnahmekapazität"

Die richtigen Unternehmensentscheidungen in einem komplexen Umfeld zu treffen, ist eine zentrale Aufgabe des Managements. Dies wird immer schwieriger, da es immer mehr Wahlmöglichkeiten gibt. Zugleich sind in den letzten Jahren die Alternativen immer komplexer geworden, da die Zahl der Aufgaben, mit denen sich der Manager befassen soll, zunimmt.

Manager haben lange ihre Aufmerksamkeit auf Produktion, Finanzen, Investitionen, Budgets und Umsätze konzentriert. Heute sind jedoch neue Aufgaben hinzugekommen. In den letzten acht Jahren haben Unternehmen ausgeklügelte Cash-Management-Programme entwickelt. Bei hohen Zinssätzen kann durch schlecht angelegtes Geld eine wichtige Chance vertan werden. Deshalb werden Cash-Management-Verfahren eingeführt, und die General Manager werden sich zunehmend der Tatsache bewußt, daß Geld eine Ressource des Unternehmens ist, mit der sorgfältig umgegangen werden muß. Bei Unternehmen, die Auslandsgeschäfte betreiben, kommt aufgrund der Devisenkursschwankungen eine weitere bedeutende Dimension im Finanzmanagement hinzu.

In vielen Unternehmen beschäftigt sich das Management auch mit dem Energieverbrauch. Diese Unternehmen setzen sich auf Konzern- und Spartenebene für Energiesparmaßnahmen ein und fordern ihre Manager auf, sich darüber Gedanken zu machen.

Das Technologie-Management wird immer komplizierter. In manchen Industriezweigen gibt es heute eine solche Fülle von Möglichkeiten, daß sie ein Unternehmen gar nicht alle gleichzeitig ausschöpfen kann. Viele dieser Möglichkeiten erfordern hohe Kapitalinvestitionen und brauchen viel Zeit zur Ausführung. Unternehmen, die sich um technologischen Fortschritt bemühen, stoßen manchmal auf die ablehnende Reaktion der Verbraucher, werden mit staatlichen Auflagen konfrontiert und sehen sich vielleicht dem harten Wettbewerb mit anderen Firmen gegenüber. Um nur ein Beispiel zu nennen, betrachte man etwa die Probleme von Managern, die energie- und wassersparende Haushaltsgeräte herstellen wollen. Werden die Kunden Geräte akzeptieren, die wenig Wasser verbrauchen? Wird der Verbraucher glauben, daß Wäsche oder Geschirr mit wenig Wasser sauber werden? Wird eine Hausfrau, die in ihrer Waschmaschine kein schäumendes Wasser sieht, dieser Maschine vertrauen?

Das rasche Tempo des technischen Wandels bewirkt, daß viele Mitarbeiter ihre Tätigkeit weniger effektiv ausführen. Heute geben jedoch viele Unternehmen diese Mitarbeiter nicht einfach auf. Stattdessen versucht man, ihre Berufswege durch eine geschickte Mischung von Maßnahmen zu entwickeln. Hierzu zählen Umschulung, Versetzung in eine andere Tätigkeit innerhalb des Unternehmens, frühzeitige Pensionierung und Outplacement-Beratung. Manager erstellen Pläne dafür, daß ihre Mitarbeiter nicht eines Tages ebenso „veralten" wie Produkte.

Die Regierung und die Öffentlichkeit fordern, mehr über die Unternehmenspraktiken zu erfahren. Produktsicherheit, Umwelteinflüsse, Auswirkungen auf das Gemeinwesen und das persönliche Wertesystem der Führungskräfte werden in bisher ungekanntem Ausmaß von außen kritisch überprüft. Um sich nicht auf peinliche und vielleicht kostspielige Art und Weise exponieren zu müssen, muß sich das Management umfassender als je zuvor mit den äußeren Einflüssen und den ideellen Werten des Unternehmens befassen.

Wie werden die Manager von heute mit der zunehmenden Komplexität des heutigen Unternehmensumfelds fertig? Man stelle sich die geistige Aufnahmefähigkeit eines Managers wie die Regale eines Einzelhandelsgeschäfts vor. Ebenso wie die Konsumgüterhersteller um den Regalplatz kämpfen („Man kann das Produkt nicht verkaufen, wenn der Kunde es nicht sehen und erreichen kann"), werben immer mehr Aufgaben um die Aufmerksamkeit des Managers. Aber wie in einem Supermarkt mit beschränktem Regalplatz kann sich der Manager nur einer begrenzten Zahl von Fragen zuwenden.

Das Volumen des Materials, das ein Manager durchsehen muß, expandiert weiterhin; die Zahl der Personen innerhalb und außerhalb der Firma, mit denen er kommunizieren muß, wächst ständig; und die Zahl der Aktivitäten nimmt permanent zu. Diese zunehmende Komplexität erfordert Manager, die in der Lage sind, das Umfeld sehr rasch zu durchleuchten. Manche Dinge sind nicht so wichtig; manche Dinge sind wichtig, können aber Assistenten überlassen werden, und andere Dinge sind wichtig und müssen persönlich behandelt werden. Der moderne Manager durchleuchtet das Material schnell, gibt Anweisungen, erhält umgehend wieder Berichte und teilt seine Zeit sorgfältig ein.

Da die Komplexität zunimmt, müssen Manager zunächst ihre Wahl treffen, ob sie nun versuchen, die neuen Themen zu beherrschen – oder die Zahl der Variablen durch Vereinfachung möglichst gering zu halten. Vieles spricht für letzteres Vorgehen, aber es läßt sich nicht erfolgreich durchführen, indem man einfach ignoriert, was die wichtigen Elelemente in der Unternehmensgleichung sein können. Vereinfachen kann der einzelne Manager nur dann, wenn er die Veranwortung für die Fragen, mit denen er sich selbst nicht beschäftigen kann, an andere delegiert. Dies wiederum kann nur dann gefahrlos geschehen, wenn die anderen kompetent sind. Deshalb legen die Firmen so großen Wert auf eine Managemententwicklung, wie sie im 5. Kapitel beschrieben wird.

Während die Spitzenmanager einerseits versuchen, sich selbst durch Delegieren von zahlreichen komplexen Fragen zu befreien, die um ihre Aufmerksamkeit wetteifern, wollen sie sich interessanterweise jedoch nicht noch weiter von der Alltagswirklichkeit ihrer Unternehmen isolieren. Sie haben sich nicht hinter vergrößerten Stäben zurückgezogen und versucht, alles auf einen vereinfachten Nenner zu bringen. Stattdessen haben sie versucht, sowohl mehr zu delegieren als auch mehr über die Leistung der Mitarbeiter zu erfahren, denen die Verantwortung übertragen wurde.

Deshalb war in den letzten Jahren in vielen Spitzenunternehmen auch auf oberster Führungsebene ein Trend zu einem Management festzustellen, das möglichst nahe am Geschehen angesiedelt ist. Der effektive Manager ist über den aktuellen Stand auf dem laufenden. Er besucht die Betriebe des Unternehmens. Entscheidungen werden an Ort und Stelle gefällt, und zwar mit den Mitarbeitern, die direkt davon betroffen sind. Das ‚Primat des Handelns' ersetzt langwierige Studien und Analysen. Es ist für das Management zu riskant, die Dinge aus der Distanz zu beobachten, da sich das wirtschaftliche Umfeld urplötzlich verändern kann und manche Wettbewerber wie ein Blitz aus heiterem Himmel auftauchen.

Der langfristige Wettbewerbsvorteil

Management hat etwas mit Wertschöpfung zu tun. Allgemein gesagt, wird Wert durch finanzielle und menschliche Hebelwirkung des Kapitals und der menschlichen Arbeitskraft geschaffen. Eine solche Hebelwirkung beinhaltet ein Risiko. Aufgrund dieses Risikos gibt es Wahlelemente über die Art und das Ausmaß dieses Risikos.

Die Wahlentscheidungen, denen die Management-Theoretiker so viel Bedeutung beimessen, ist ein wichtiger Teil der Wertschöpfung. Die Frage der Geschäftsstrategie zum Beispiel erhält theoretische Bedeutung, wenn man sie als die Wahl aus einem Portfolio realer Optionen des Unternehmens betrachtet, d.h. unter denjenigen Investitionsoptionen, die nicht nur finanzieller Art sind, sondern zu denen auch Ausrüstungen und Geräte, Organisation oder sogar Fragen wie Akquisitionen oder Fusionen gehören. In den letzten Jahren sind die Regeln für Portofolio-Entscheidungen, die die Unternehmenserträge aus verschiedenen Investitionsoptionen maximieren, differenziert entwickelt und publiziert worden.

Von gleichem Interesse sind jedoch diejenigen Aktivitäten, die die Reihe der realen Wahlmöglichkeiten für Manager noch ergänzen. Den Investitionen in die Personalseite einer Organisation schenken die Management-Theoretiker bei Investitionsentscheidungen nur wenig Aufmerksamkeit, aber sie erweitern trotzdem die Palette der Wahlmöglichkeiten. In vielen Spitzenunternehmen betreiben Manager Personalplanung, weil sie darin eine gewinnbringende Option sehen.

Viele Unternehmen scheuen zurück, wenn sie potentiell lukrative Investitionsmöglichkeiten sehen, weil sie erkennen, daß sie nie-

Der langfristige Wettbewerbsvorteil

manden haben, dem sie die Durchführung anvertrauen können. Sogar in Unternehmen, die ihm Rufe stehen, daß sie Manager systematisch entwickeln, gehen manche gute Chancen wegen des Mangels an geeigneten Managern verloren. „Es mangelt nicht an Kapital für neue Vorhaben", meinte ein Top-Manager einer solchen Firma, „sondern immer an Managern, denen man diese neuen Projekte anvertrauen kann."

In den letzten Jahren haben viele Unternehmensleiter lieber Finanzinvestitionen durchgeführt als neue Geschäftsvorhaben anzupakken, die Planung, Produktionsstätten und Organisation erfordern. Dies liegt daran, daß die Unternehmensleitung ihren Managern nicht die Fähigkeit zutraut, ein neues Geschäftsvorhaben erfolgreich durchzuführen. Obwohl die Entscheidung gegen die Durchführung eines neuen Vorhabens meist damit erklärt wird, daß die zu erwartende Rendite zu gering ist, verbirgt sich hinter solchen Zahlen meist die Tatsache, daß es an Managern mangelt, die in der Lage sind, Schwierigkeiten im operativen und Kostenbereich zu überwinden, um die Rentabilität des Vorhabens zu sichern. Das Problem besteht oft nicht darin, daß die Gewinnspannen zu hoch angesetzt sind, sondern daß es nicht genügend Manager gibt, die wirklich gute Arbeit leisten können.

Ein Unternehmen ist richtig positioniert, wenn es fähige Manager hat, die wichtige Geschäftschancen beim Schopfe packen können. Gegen Ende der 70er Jahre erkannten die Führungskräfte eines großen Elektrokonzerns, der seine Zentrale außerhalb der USA hatte, daß die Halbleitertechnologie für das Geschäft der Zukunft von entscheidender Bedeutung sein würde. Eine Reihe von Möglichkeiten wurde überprüft, wie der Einstieg in das – von den Amerikanern dominierte – Halbleitergeschäft bewerkstelligt werden könnte, und es wurde schließlich beschlossen, direkt einzusteigen.

Auf der Pressekonferenz, auf der diese Entscheidung bekanntgegeben wurde, fragten Wirtschaftsreporter den Chairman nach dem Grund: „Warum machen Sie das? Die Amerikaner haben die fortschrittlichste Technologie; Ihre Materialkosten werden so hoch sein wie die der Amerikaner, aber von den großen Märkten sind sie weiter entfernt."

Da die Reporter wußten, daß das Unternehmen für sein künftiges Produktprogramm eine sichere Bezugsquelle für Halbleiter brauchte und da diese Tatsache keiner weiteren Erklärung bedurfte, wies der Chairman auf einen anderen Aspekt seiner Entscheidung hin. „Wir haben sehr gute Leute", antwortete er, „und schneiden sehr erfolgreich auf unseren bisherigen Märkten ab. Unsere Leute brauchen eine neue Herausforderung. Und diese Herausforderung halten sie für die wichtigste."

Für den Konzern bestand die geschäftliche Notwendigkeit, in das Halbleitergeschäft einzusteigen; darüber hinaus verfügte er auch über die personellen Ressourcen, um das zu tun. Mit guten Leuten konnte das Unternehmen eine hohe Rentabilität erwarten; trotz kräftiger Konkurrenz im Halbleiterbereich hat es dies erreicht.

Nicht nur für die kurzfristige Erschließung eines weiteren Bereichs von Möglichkeiten sind die Mitarbeiter wichtig. Auch langfristig sind sie für den dauerhaften Erfolg eines Unternehmens von großer Bedeutung.

Wertschöpfung beinhaltet von jeher die Suche nach einer geschützten Marktnische, nach der monopolartigen Position, aus der beträchtliche finanzielle Vorteile gewonnen werden können. Heute ist das nur im Erscheinungsbild anders. Es ist heute weit schwieriger als früher, eine geschützte Nische zu halten. Die Konkurrenten kopieren neue Produkte schneller, sorgen dafür, daß Patente überholt werden, indem sie alternative Technologien entwickeln, verbessern den Kundendienst, um neue Kunden wegzulocken, und üben Druck auf die Regierung aus, um den Schutz vor Wettbewerb durch Deregulation zu verringern. Wo es freien und aktiven Wettbewerb gibt, werden langfristig alle Gewinne tendenziell verschwinden – das ist eine fundamentale Erkenntnis der Wirtschaftsanalyse. Daraus folgt, daß die langfristigen Gewinne das Ergebnis entweder einer Reihe kurzfristig monopolisierter Nischen sind, oder auf einem permanenten Wettbewerbsvorteil beruhen.

Der langfristige Wettbewerbsvorteil

Betrachten wir anhand eines Beispiels, wie die beiden Strategien miteinander in Wechselwirkung stehen. Die Division für elektrische Kraftwerksanlagen eines amerikanischen Konzerns hat jahrelang zugesehen, wie ihr Markt aufgrund der niedrigeren Kosten der Konkurrenten, die weitgehend die Technologie dieses Unternehmens kopiert hatten, unterhöhlt wurde. Während der letzten Rezession brach der Markt für neue Kraftwerksanlagen vollständig zusammen. Auf der verzweifelten Suche nach Aufträgen schaute sich die Division im Ausland um. Wegen der ständigen Ausgaben für Forschung und Entwicklung konnte sie die fortschrittlichste Technologie der Welt anbieten.

Das größte Stromversorgungsunternehmen eines ausländischen Staates interessierte sich für das Produkt dieser Division. Die Regierung dieses Landes setzte in die Importlizenz eine Klausel ein, wonach das amerikanische Unternehmen fünf Siebtel des Auftrags bekam; zwei Siebtel des Auftrags gingen an zwei Unternehmen in dem betreffenden Land. Als Bedingung für die Einfuhrlizenz mußte das amerikanische Unternehmen außerdem seinen beiden ausländischen Konkurrenten alle technischen Pläne und die notwendige technische Unterstützung liefern, um das Kraftwerk nach dem neuesten technologischen Stand zu bauen und auszustatten. Mit anderen Worten: Um den Auftrag zu bekommen, mußte das amerikanische Unternehmen sein technisches Know-how an zwei Konkurrenten übergeben. Sicher hätte es seine Technologie unter Lizenz verkaufen und Lizenzgebühren kassieren können, aber die lukrativere Rolle des Lieferanten hätte es verloren, denn die ausländischen Konkurrenten hätten niedrigere Arbeitskosten bieten können.

Das amerikanische Unternehmen nahm den Kraftwerksauftrag unter diesen Bedingungen an und begann, sein Technologie-Knowhow an die Konkurrenten zu transferieren. Was war der Grund dafür? Die Amerikaner brauchten das Geschäft. Hätten sie jemals einen solchen Auftrag bekommen, wenn ihre Konkurrenten selbst die Technologie besessen hätten? Wahrscheinlich nicht, zumindest dann nicht, wenn es die gleiche Technologie gewesen wäre. Aber sie setzten auf Forschung und Entwicklung in ihrem Unternehmen, um einen weiteren technologischen Vorsprung bieten zu können, der auch in Zukunft Verkaufschancen eröffnen würde.

Viele Unternehmen werden in diesem Beispiel die Realität des heutigen Marktes wiedererkennen. Es herrscht ein harter Wettbewerb, und die geschützte Marktnische, die für die Wertschöpfung so wichtig ist, ist ständig bedroht.

Worauf beruht der dauerhafte Wettbewerbsvorteil eines Unternehmens, der Vorteil, der die andere Quelle der Wertschöpfung darstellt? Er beruht auf dem kreativen Potential des Unternehmens; auf seiner Fähigkeit, der Konkurrenz einen Schritt voraus zu sein – in der Technologie, im Kundendienst, im Verkauf, im Finanzwesen – in all dem, was notwendig ist, um Kunden zu gewinnen und zu behalten. Die Grundlage für diese kreative Fähigkeit bilden die Mitarbeiter, aus denen das Unternehmen besteht, Mitarbeiter, die ständig schöpferisch tätig sein, die ein Spektrum kurzlebiger, gewinnträchtiger Nischen für das Unternehmen schaffen müssen.

Wenn Manager ihre langfristige Geschäftsstrategie in diesem Sinne betrachten, konzentrieren sie sich weniger auf bestimmte Produkte und Geschäftsabschlüsse, sondern mehr auf die Tiefe, Qualität und die innere Erneuerung ihres Unternehmens. Die Konzentration auf schöpferische Tätigkeit und Veränderung lenkt die Aufmerksamkeit auf die Management-Aktivitäten, die in den vorangegangenen Kapiteln geschildert wurden.

Das Treffen von Entscheidungen verliert gegenüber der Entwicklung der Fähigkeiten der Mitarbeiter an Bedeutung. Situationen, die schwierig zu sein scheinen, werfen die Frage auf: „Wo liegt hier unsere Chance?" Das Positive in einer Situation darf beibehalten werden, der Rest wird erkannt und dann vergessen.

Bedingungen in einem Unternehmen zu schaffen, durch die Mitarbeiter zu hohen Leistungen ermutigt werden, sind ein entscheidender Faktor für den Erfolg eines Unternehmens. Die Entlohnung muß flexibel genug sein, um Spitzenkräfte angemessen zu honorieren. Manager, denen die Leitung eines Geschäfts übertragen wird, müssen in der Lage sein zu erkennen, wann dieses Geschäft in die

Verjüngungsphase eintritt – zu riskant wäre es, dieses Geschäft einem „Verwalter" zu überlassen. Die leistungssteigernden Wertvorstellungen einer Organisation werden identifiziert, formuliert und Managern wie Mitarbeitern kommuniziert.

Manager, die Wert auf Wettbewerbsfähigkeit legen, sind zwangsläufig extrovertiert. Sie vergleichen sich selbst nicht mit anderen Managern im eigenen Unternehmen, sondern mit den Unternehmen außerhalb, mit denen sie im Wettbewerb stehen. Auf der Suche nach einem Marktvorteil rücken sie insbesondere Qualität, Kostenkontrolle und Innovation ins Zentrum ihrer Bemühungen. Aufgrund der Erkenntnis, daß tatsächlich jeder in einem Unternehmen entscheidend zu diesen Zielen beitragen kann, ermutigen sie die Mitarbeiter, sich aktiv zu beteiligen und stärker für ihre Arbeit zu engagieren. Entgeltsysteme mit einer großen Leistungskomponente ermöglichen die Belohnung von Mitarbeitern, die einen wichtigen Beitrag für das Unternehmen leisten.

Manager sehen häufig andere Manager und technische Spitzenkräfte als wichtige potentielle Beitragsleistende zum Unternehmen und ermutigen sie zur Partizipation. Nicht ganz so oft erkennen Manager den weniger glänzenden, aber immerhin auch sehr wichtigen Beitrag an, den die Mitarbeiter in den Werkshallen leisten können. Manager in Spitzenunternehmen sind sich dessen sehr wohl bewußt. Sie wissen, daß die Loyalität und das Engagement ihrer Belegschaft ein wichtiges Kapital ihres Unternehmens darstellt und berücksichtigen in ihrem Führungsstil auch die Belange der Mitarbeiter. Sie erkennen, daß sie oft in bezug auf ihre eigenen Interessen Kompromisse schließen müssen und nicht andere Menschen bis zum Äußersten antreiben dürfen, damit die Belegschaft auf eigene Initatiative das Unternehmensspiel mitspielt, bei dem der gewinnt, der im Konkurrenzkampf die anderen überflügelt.

Auch auf die Gefahr hin, übermäßig zu vereinfachen, kann man sagen, daß sich Manager in bezug auf die Behandlung ihrer Mitarbeiter in drei Gruppen einteilen lassen: Erstens gibt es diejenigen, die die Auffassungen der Mitarbeiter nicht hören wollen. Diese Manager strukturieren ihre Besprechungen in Form eines Monologs; die Untergebenen müssen zuhören und den Mund halten; sie sind anwesend, werden aber nicht angehört. Ein solcher Manager fühlt sich nur wohl, wenn er erklärt, Anweisungen erteilt und Instruktionen gibt – d.h. nur indem er selbst spricht.

In der Welt des heutigen Wettbewerbs ist ein solcher Manager für ein Unternehmen nicht von großem Wert. Wenn er ein hochkarätiger Wissenschaftler, Ingenieur, Verkäufer, oder Finanzmann ist – d.h. wichtige Einzelbeiträge leistet – dann sollte er auch eine Spezialisten- oder Stabsaufgabe bekommen, aber nicht versuchen, eine Managementaufgabe zu übernehmen. Dies gilt sogar, wenn der Betreffende das Unternehmen selbst gegründet hat.

Solche Menschen sind als Manager eine Katastrophe, weil sie aus den personellen Ressourcen, die ihnen anvertraut sind, eine zu geringe Hebelwirkung erzielen. Sie benutzen andere, um ihren eigenen Ideen eine solche Hebelwirkung zu verschaffen, aber gewinnen nichts aus den Ideen anderer. Sie hören nicht zu, deshalb können sie nichts lernen. Sie lösen die Frage, inweit sie delegieren können, dadurch, daß sie überhaupt nicht delegieren. Sie lösen die Frage, wieviel Partizipation man bei den Mitarbeitern fördern sollte, dadurch, daß sie keinerlei Partizipation fördern. Beide Extremlösungen sind falsch.

Der zweite Manager-Typ ermutigt Mitarbeiter, sich zu äußern, aber nur, um Grund zu haben, sie zu tadeln oder zu korrigieren. Die Mitarbeiter sind ständig aufgefordert, Berichte abzuliefern, aber jeder kleine Fehler stößt auf Kritik.

In der Regel ist dieser Manager von Unsicherheit geprägt. Er hat das Bedürfnis, ständig zu zeigen, wer der Chef, wer der Fachmann ist. Diese Manager haben ein Potential, weil sie zuhören können, vorausgesetzt, daß ihre Vorgesetzten ihnen helfen, ihre Unsicherheit zu überwinden Dieser Typ ist sehr verbreitet unter Managern, die aus dem „Fußvolk" aufgestiegen sind oder unter jungen Managern, die große Verantwortung tragen.

Der dritte Manager-Typ ermutigt Untergebene, sich zu äußern, über Leistung oder Schwierigkeiten zu berichten und Ideen anzubieten. Diese Manager hören zu, lernen und geben Ratschläge oder Lob. Wenn nötig, kann dieser Manager-Typ auch einen Mitarbeiter zurechtweisen oder beraten. Diese Manager sind wertvoll wegen des Wissens, das sie über ihr Unternehmen und ihre Mitarbeiter erworben haben, und weil sie die Fähigkeiten ihrer Leuten entwikkeln. Ihre Hebelwirkung ist groß; sie bezieht sich nicht nur auf die eigenen Ideen, sondern auch auf die der Mitarbeiter, für die sie verantwortlich sind.

Der Vice President einer großen Bekleidungskette beschrieb seine Bemühungen, Manager des dritten Typs in seinem Unternehmen zu entwickeln: „Wir sind nach jahrelanger Stagnation im letzten Jahr um das Doppelte gewachsen. Dazu haben wir eine horizontale Managementstruktur eingeführt. Wir haben Manager darin ausgebildet, sich in die Mitarbeiter einfühlen zu können. Die Mitarbeiter von heute sind mehr „ich-orientiert", deshalb versuchen wir unseren Managern zu helfen, sich dessen bewußt zu werden. Wir haben eine Politik der Beförderung aus den eigenen Reihen eingeführt und damit die Mitarbeiterfluktuation gemindert. Wir haben auch festgestellt, daß es weniger Fehlzeiten gibt und in unseren Filialen besser ausgebildet wird. Wir haben alle Management-Ebenen für die Mitarbeiter zugänglich gemacht, und wir legen Wert auf ihr Engagement."

Obgleich die Wertschöpfung nach der Kapitalakkumulation in einem Unternehmen gemessen wird, gehört mehr dazu als Finanz- und Sachinvestitionen. Für ein Unternehmen ist es kennzeichnend, daß die anfallende Arbeit organisiert und in wiederholbare Prozesse umgestaltet wird, so daß sie von der Belegschaft ausgeführt werden kann. Wenn eine Aufgabe niemals aus den Rängen des Managements oder hochqualifizierter Spezialisten herausdelegiert werden kann, so kann sie wahrscheinlich auch nicht fortgeführt werden, wenn Mitarbeiter in Schlüsselpositionen die Firma verlassen. Und wenn es für das Unternehmen wichtig ist, daß die Aufgabe ausgeführt wird, diese aber nicht delegiert werden kann, ist der Fortbestand des Unternehmens gefährdet. Der unersetzliche Mitarbeiter ist ein Feind der Wertschöpfung im unternehmerischen Sinne, ebenso wie der Mitarbeiter, der keine Leistung bringt. Personen, die unersetzlich sind oder überhaupt keine Leistung bringen, sind zwei entgegengesetzte Extreme – die Wertschöpfung im Unternehmen findet zwischen diesen beiden Polen statt.

Gute Manager erkennen, daß Prozesse in delegierbare Aufgaben umgewandelt werden müssen, wenn ein Unternehmen lebensfähig bleiben soll. Sie erkennen auch, daß sie das Unternehmen nicht für längerfristige Aufgaben vorbereiten können, ohne die Fähigkeiten der Mitarbeiter zu entwickeln. Die Aufgabe des Managers besteht darin, das Fachwissen der Spezialisten zu nehmen, es in Arbeit für andere umzuwandeln und die Fähigkeit der Belegschaft zu entwickeln, diese Arbeit auszuführen. Bemühungen, die Belegschaft zu mehr eigenständiger Leistung zu bringen, wurden im 11. Kapitel beschrieben. Dabei handelt es sich um die jüngsten und erfolgversprechendsten Versuche, den Prozeß der Übertragung der Arbeit auf die Belegschaft voranzutreiben. Lange Zeit haben viele Manager und ganze Unternehmen die Bedeutung dieses Prozesses für die Wertschöpfung aus dem Auge verloren.

Zu keiner Zeit in der amerikanischen Geschichte war die Wertschöpfung von grundlegenderer Bedeutung für das langfristige Überleben der Unternehmen als heute. Es ist ein Grundprinzip unseres Systems des freien Unternehmertums, daß ein Unternehmen, das mehr für Geld bezahlt, als es durch eine Investition verdient, seinen Aktionären Verluste bringen wird. Billy Fruhan hat wichtige Beispiele davon in der *Harvard Business Review* dokumentiert: Heute haben die Amerikaner (inflationsbereinigt) die höchsten realen Zinssätze ihrer Geschichte. Wenn sich daher eine Investition auszahlen soll, muß der Ertrag prozentual höher sein als je zu vor. Will ein Manager in diesem unsicheren wirtschaflichen Umfeld erfolgreich sein, muß er die Kosten kennen und sie unter Kontrolle haben. Er muß wissen, was der Kunde will, und dieses liefern können, und er muß auf harte Konkurrenz auf dem Markt gefaßt sein.

Das Abwägen von Risiko und möglichem Gewinn, von Wandel und Beständigkeit, von alten Weisheiten und neuen Denkansätzen, von Delegieren und Kontrolle/Überwachung – all dies ist für ein

Der langfristige Wettbewerbsvorteil

erfolgreiches Management von entscheidender Bedeutung. Management – das ja besonderen Wert darauf legt, daß das Verhalten optimiert und die Gewinnspanne so hoch wie möglich wird – unterscheidet sich etwa von einer naturwissenschaftlichen Disziplin vor allem durch diese Notwendigkeit des Abwägens. Auf den Manager wird von vielen verschiedenen Seiten Druck ausgeübt, und er soll viele gegensätzliche Bedürfnisse erfüllen. Deshalb kann er in einem sich rasch wandelnden Umfeld nur dann erfolgreich sein, wenn er ständig sondiert, ob der richtige Interessenausgleich gefunden ist.

Zu den wichtigsten Erwägungen gehören diejenigen, die direkt mit dem menschlichen Faktor in einem Unternehmen zu tun haben. Im allgemeinen erreichen das Firmen und Firmenbereiche, die Spitzenleistungen erbringen, dadurch, daß sie ein angemessenes Gleichgewicht zwischen zwei scheinbar entgegengesetzten Elementen der menschlichen Natur herstellen: Dem Bedürfnis nach individueller Anerkennung und Belohnung, und der Notwendigkeit, als Mitglied einer Gruppe oder eines Teams zu arbeiten, damit die Arbeit geleistet werden kann.

Ein besonderes Kennzeichen von Spitzenunternehmen ist ihre Fähigkeit, aus einer Gruppe von Menschen eine gut funktionierende Einheit zu machen, während gleichzeitig das Verdienst des einzelnen gesehen und anerkannt wird. Um zur Spitzengruppe zu gehören, muß ein Unternehmen daran arbeiten, diese Gegensätze ständig und für zahlreiche Mitarbeiter gegeneinander abzuwägen.

Was es Spitzenunternehmen ermöglicht, dieses schwierige Gleichgewicht zu erreichen, ist eine Kombination von Elementen, die in den letzten 30 Jahren entwickelt wurden und in diesem Buch beschrieben sind. Im Kern dieser Politik steht das ständige und selbstkritische Bemühen, das vom Spitzenmanagement getragen und von funktionellen und operativen Managern akzeptiert wird, engagierte Mitarbeiter anzuwerben, zu behalten und zu hoher Leistung auf allen Ebenen der Organisation zu motivieren. Zu den wichtigsten Methoden der Umsetzung dieser Politik zählen die Auslese bei der Einstellung neuer Mitarbeiter, das Schaffen und

Prägen von Wertvorstellungen, die Beurteilung der Einzelleistung, Entlohnung nach Leistung, Weiterbildung und Karriereentwicklung sowie die Verstärkung und bewußte Formulierung der Prinzipien und Verfahrensweisen des Unternehmens.

Ein letztes Wort

Die amerikanischen Unternehmen haben nach wie vor enorme Möglichkeiten, diese unternehmenspolitischen Maßnahmen und Techniken durchzuführen. Durch die große Publizität, die diese Methoden in den letzten Jahren bekamen, haben die meisten Manager wenigstens eine grobe Vorstellung davon, welche verschiedenen Komponenten den neuen Führungsstil ausmachen. Die meisten Manager wissen jedoch nicht, wie sie die einzelnen Komponenten zu einem Gesamtkonzept zusammenfügen sollen, das weit erfolgversprechender ist als jedes seiner einzelnen Bestandteile. Außerdem haben die meisten Manager noch nicht erkannt, welcher Zusammenhang zwischen den neuen Systemen und der Wettbewerbsfähigkeit ihres Unternehmens besteht. Stattdessen halten Manager, die diese Systeme von außen beurteilen, sie im wesentlichen für Schnickschnack, während für diejenigen, die in diese Systeme eingebunden sind, ihr Zweck und Ergebnis darin besteht, die Überlebenschancen und den Erfolg des Unternehmens zu vergrößern. Diese Systeme sind sicher nicht nur Instrumente der Rentabilität, weil sie auch Wertvorstellungen reflektieren, die von Rentabilität unabhängig sind, aber zweifellos tragen diese Systeme zum langfristigen Wettbewerbsvorteil des Unternehmens bei.

Ein Bankangestellter meinte dazu: „Unsere Branche steckt in einer Krise. Wir haben in der Vergangenheit immer kurzfristig reagiert, und unsere langfristigen Pläne waren weder objektiv noch realistisch. Aber wir bekamen vor kurzem einen neuen President, und unter seiner Leitung sind tiefgreifende Veränderungen durchgeführt worden.

Wir sind eine Finanzdienstleistungsorganisation. Wenn unseren Mitarbeitern bewußt gemacht wird, was ihre eigenen Leistungen sind, so haben sie irgendwie eine höhere Wertschätzung für unsere

Kunden. Und es wirkt sich günstig aus, wenn Kunden fair behandelt werden.

Damit unsere Manager ihren Kenntnisstand erweitern, rotieren wir sie durch verschiedene Tätigkeiten und bilden sie in den einzelnen Zweigen unseres Geschäfts aus. Wir ermöglichen es ihnen, das Unternehmen aus verschiedenen Blickwinkeln zu sehen. Dadurch gewinnen sie ein größeres Verständnis dafür, welche Abschlüsse getätigt werden müssen, um die Gewinne zu maximieren."

Zu unseren Befragten gehörte auch der Vice President for Operations einer sehr großen Maklerfirma, einem der stärksten Unternehmen in der amerikanischen Finanzdienstleistungsbranche. Plant das Unternehmen die zukünftige Managemententwicklung und die Rekrutierung wichtiger Mitarbeiter? „Nein." Versucht das Unternehmen, die Arbeitsmoral bewußt zu beeinflussen oder zu verbessern? „Nein." Integriert das Unternehmen seine Personalfunktionen in die langfristige Geschäftsplanung? „Nein." Hat das Unternehmen eine Persönlichkeit, deren es sich bewußt ist und die es unter seinen Mitarbeitern fördern will? „Nein, wovon reden Sie?"

Die beiden genannten Unternehmen waren in den letzten drei Jahren zu Konkurrenten geworden. Jedes dieser Unternehmen will seine Zukunft in der Finanzdienstleistungsbranche sichern, in der das integrierte Finanzdienstleistungskonzept immer noch primär eine Idee ist, deren Möglichkeiten noch nicht vollständig ausgeschöpft worden sind. Das Konzept besteht darin, einem Kunden alle Finanzdienstleistungen anzubieten, so daß die Vertreter des Konkurrenten nicht Fuß fassen können, indem sie eine bestimmte Dienstleistung anbieten und später andere Dienste hinzufügen.

Das umfassende Dienstleistungskonzept kann in einem Finanzdienstleistungsbetrieb nur dann funktionieren, wenn die Mitarbeiter in den verschiedenen Dienstleistungsbereichen die Möglichkeit für die Verknüpfung der verschiedenen Dienstleistungen sehen. Dies wird in den Finanzdienstleistungsunternehmen von heute nicht ohne weiteres machbar sein, weil sie im großen und ganzen keine Mitarbeiter mit umfassendem Horizont, sondern Spezialisten beschäftigen. Wenn man solche Verknüpfungen nicht schafft, werden sowohl die Institutionen im Finanzdienstleistungsbereich als auch die Kunden darunter leiden. Die Finanzdienstleistungsunternehmen werden dann als Konglomerate enden, die keine Synergie aus ihren vielen getrennten Aktivitäten gewinnen.

Der Wettbewerbskampf, in dem die Verknüpfungen geschaffen werden sollen, um dem Verbraucher eine vollständige Palette von Finanzdienstleistungen anzubieten, ist sehr hart. Von den beiden zuvor beschriebenen Unternehmen hat dasjenige, das versucht, die modernen Systeme des Delegierens, der Steigerung der Arbeitsmoral, der Entwicklung von Managern der Kommunikation von oben nach unten und umgekehrt sicher einen Vorsprung, wenn es darum geht, die notwendigen Verknüpfungen zu schaffen. Letztendlich werden sich diese Praktiken und der Wettbewerbsgeist, der dieses Unternehmen motiviert und inspiriert, auf dem Markt mit Sicherheit auszahlen.

Anmerkungen

1 Marshall, Martin: „Short Marketing Note No. 1" Harvard Business School, 1981
2 Livesay, Harold C.: *American Made; Men Who Shaped the American Economy* (Boston: Little, Brown, 1979), S. 238
3 „Business Bulletin: A Special Background Report on Trends in Industry and Finance", *Wall Street Journal*, 3. November 1983, S. 1
4 Ebd.
5 Grosskopf, Theodore E.: „Human Resources Planning Under Adversity", *Human Resources Planning* 1, Nr. 1 (1978), S. 47
6 LDG Associates' Stichprobenbefragung von 228 großen amerikanischen Unternehmen im Jahr 1983
7 Bolt, James F.: „Job Security: Its Time Has Come", *Harvard Business Review* 61, Nr. 6 (1983), S. 115
8 Ebd., S. 116
9 Diese Diskussion stützt sich weitgehend auf Bolt, *Harvard Business Review*, S. 115–123
10 Wojahn, Ellen: „A Raise in Every Paycheck", *Inc* (Februar 1984), S. 110
11 Veblen, Thorstein: *The Theory of the Leisure Class* (New York: A. M. Kelley, 1975). (Ursprünglich 1899)
12 Barber, Red, über „All Things considered", National Public Radio, 16. Dezember 1983
13 Skinner, Wikckham: „Manufacturing Strategy in Mature Industries", *Journal of Business Strategy* (Februar 1980), S. 6
14 Mills, D. Quinn und Lovell, Malcolm R.: „Competitiveness: The Labor Dimension", in *United States Competitiveness in the World Economy* (Cambridge: Harvard Business School, 1984), S. 436
15 Abernathy, William J., Clark, Kim B. und Kantrow, Alan M.: *Industrial Renaissance* (New York: Basic Books, 1983) S. 15–29
16 „Allied after Bendix", *Business Week*, 12. Dezember 1983, S. 76
17 „Brokerage Firms Spiraling Cost", *Wall Street Journal*, 3. Februar 1984, S. 25
18 Kotkin, Joel: „A Call to Action", *Inc.*, November 1983, S. 88
19 Vgl. z.B. McManus, Keith: „Who Owns Your Brains", *Forbes*, 6. Juni 1983, S. 168–179
20 „Patterns", gezeigt im Goodyear Television Playhouse
21 Tewksbury, Roger: „Employee Involvement – The Champion Experience", *Proceedings*, American Paper Institute, 18th Annual Presi-

dent's Forum, 3.–5. November 1983 (New York: API, 1984), S. 52–57
22 „Views From the Top", *Fortune,* 9. Januar 1984, S. 54
23 Williams, Mary: „Loan Seminar Puts Emphasis on Personality", *Wall Street Journal,* 17. November 1983, S. 1
24 *1983 Public Interest Report* (Detroit: General Motors Corporation, 1984)
25 Brief, Arthur P.: „Undoing the Education Process of the Newly Hired Professional", *Personnel Administrator,* 27, Nr. 9 (September 1982), S. 55–58
26 Piper, Thomas: „Notes on Financial Management", *Harvard Business School,* mimeographiert, S. 1–3
27 „To Market to Market", *Business Week,* 9. Januar 1984, S. 70–71
28 Skinner, Wickham: „The Taming of Lions: How Manufacturing Leadership Evolved 1790–1984", *Harvard Business School, Division of Research,* März 1984, S. 64–65
29 Fuller, Major General J.F.C.: *A Military History of the Western World,* (New York: Funk and Wagnalls, 1954), S. 51
30 Boyle, R. J.: „Wrestling with Jellyfish", *Harvard Business Review,* 62, Nr. 1 (1984), S. 80
31 Hartmann, Curtis: „PBA: A Tale of Two Airlines", *Inc.* (Februar 1983)
32 Der Wettbewerbsdruck kann auch ein Unternehmen in die Irre leiten, wie bei PBA, als die Nichtbeachtung von FAA-Vorschriften zu einer vorübergehenden Einstellung des Flugverkehrs führte
33 Ebd.
34 PBA, Annual Report, 1983, veröffentlicht 1984, S. 10

Stichwortregister

Abfindung 77, 204
Abschreibung 135, 136
Abstellgleis 195, 209
Acme Motors 215, 224, 245
ADL, Arthur D. Little 42
Aggressivität 37
Aktienbesitz 41
Aktienkapital 38
Anpassungsfähigkeit 31, 33, 45, 46, 222
Apple Computer Inc. 80, 182
Arbeitsentgelt 125, 138, 141, 142, 143, 154
Arbeitsethik 254, 255
Arbeitskosten 153
Arbeitskräftebedarf 90
Arbeitslosenrate USA 79
Arbeitslosigkeit 35, 81
Arbeitsmarkt 33
Arbeitsmoral 51, 60, 73, 74, 153, 193, 215, 251, 285, 338, 368
Arbeitsplatzbeschaffungsprogramm 77
Arbeitsplatzsicherheit 71, 82, 84, 88
Arbeitsplatzverlust 81
Assessment Center 249
AT & T 289
Aufstiegschancen 133
Aufstiegsmöglichkeit 75, 279
Außendienst 120
Auswahlnormen 93
Automobilindustrie 170, 173, 267, 323
Autorität 51, 199, 238, 311, 335
Beförderung 107, 260
Beförderungschance 104
Beförderungspraxis 62

Beförderungssystem 109
Bekleidungsindustrie 34
Bermudadreieck 49ff.
Beschäftigung 75, 78, 185
Beschäftigungssicherheit 91
Beschäftigungsunsicherheit 81
Betriebsergebnis 95
Betriebsgewinn 136
Betriebsklima 105
Betriebsrat 61, 230
Betriebszugehörigkeit 75, 104
Beurteilung 30
Beurteilung der eigenen Leistung 108
Beurteilungsverfahren 105
Bewerbung 194
Bezahlung 163, 164, 220, 240
Binnenmarkt 36
Binnenwettbewerb 36
Black & Decker 182
Bumping 88
Bürokratie 59, 188, 294, 296
Business School 102
Cash Flow 101, 176
Cash-Management-Programm 352
Citicorp 39, 40
Computer 36, 65, 66, 227, 295, 302
Computeranalyse 66
Computernetze 65
Consulting 42
Delegieren 46
Deregulation 43, 211, 358
Dienstleistungsangebot 40
Discounter 182, 183
Diversifikation 39, 40, 41, 258
Eigenkapital 334
Eignungsbeurteilung 202

Einkaufsabteilung 227
Einstellungsstopp 86
Engagement 45, 46, 61, 71, 81, 89, 91, 112, 120, 185, 248, 250, 251, 334, 338
Entgelt 232
Entgeltsystem 125, 135, 139, 140, 141, 148, 149, 153, 154, 155, 162, 164
Entlassung 75, 77, 80, 86, 88, 90, 202, 298
Entlassungspolitik 77
Entlohnung 149, 185
Entlohnunssystem 93
Erntestrategie 170, 171
Ertrag 51
Finanzmarkt 41
Finanzstrategie 192
Finanzwesen 99, 129
Flexibilität 88, 146, 222, 225, 234, 290
Fluktuationsrate 73, 215, 222, 223, 247, 249
Forschung 181
Führungsautorität 235
Führungsnachwuchs 111
Führungspersonalberater 117
Führungspotential 111
Führungsproblem 78
Führungsqualität 103
Führungsspitze 40, 59
Führungsstil 213, 227, 238, 321, 322, 323, 326, 339, 340, 366
Gehalt 127, 147, 151, 152, 167
Gehalts- und Sondervergütungssystem 136
Gehaltserhöhung 67, 130, 131, 135, 138, 156, 160, 163, 178
Gehaltsgespräch 67
Gehaltsskala 143, 144

Gehaltsstufe 230
Gehaltssystem 127, 128, 130, 131, 133, 138, 152, 161, 163
Gehaltsunterschied 161
Geheimhaltungspflicht 190
Geheimhaltungsvereinbarung 191, 194
Gemeinkosten 38, 222
General Electric 62, 76, 96, 98, 99, 112, 181, 188, 264, 274, 276, 294, 340, 342
General Motors 43, 68, 69, 117, 121, 180, 229, 248, 272, 274
Gesamtstrategie 167, 269
Geschäftserfolg 43, 243
Geschäftsergebnis 63, 224
Geschäftsklima 197
Geschäftslage 78
Geschäftsmethoden 37
Geschäftsplan 41
Geschäftspolitik 134
Geschäftsstrategie 35, 42, 348, 350, 356, 360
Geschäftsziel 46
Gewerkschaft 76, 84, 85, 203
Gewinn 60, 76, 77, 100, 167, 169, 171, 180, 224, 257, 258, 329, 334, 341, 359, 365
Handelskrieg 35
Havard's Advanced Management Program 99
Herstellungskosten 37
Hewlett-Packard 61, 80, 84, 88, 110, 115, 116, 264, 265, 266, 272, 274, 349, 350
Hochbeschäftigung 81
Holiday Inn 139, 250
Human Capital 143
Human-Ressourcen 91, 168, 195, 286

Stichwortregister

IBM 37, 77, 80, 84, 86, 87, 88, 147, 148, 182, 251, 252, 253, 263, 264, 265, 272, 274, 349, 350
Import 35, 36
Inflation 43
Inflationsrate 138
Innovation 42
Investmentbanken 100
Investoren 41
Job Rotation 111, 220, 222, 233, 238, 246
John Deere 289
Kapital 38, 41
Kapitalgeber 41, 42, 133, 179
Karriere 95, 110, 112, 115, 123, 206, 208, 233, 250, 336, 337
Karriereentwicklung 111, 112, 215
Karriereplanung 163
Karrierepotential 117
Kommunikation 49, 52, 59, 62, 63, 65, 67, 85, 182, 183, 185, 215, 245, 265, 352, 368
Kommunikationsablauf 59
Kommunikationsanalyse 64
Kommunikationsbranche 89
Kommunikationslinie 309
Kommunikationslücke 201
Kommunikationsprobleme 64
Kommunikationsprogramm 265
Kommunikationstechnologie 36
Kommunikationstraining 245
Konjunkturaufschwung 81
Konjunkturschwankung 79, 239
Konjunkturtief 341
Konjunkturzyklus 90
Konkurrenzausschlußvertrag 191
Konkurrenzausschlußklausel 192, 193, 194
Konkurs 43
Kostenaufwand 91

Kostendruck 169
Kosteneinsparung 60, 167, 229
Kostenkontrolle 162, 361
Kundenorientierung 251
Kündigungsfrist 75
Lagerbestand 39
Lagerkosten 39
Lebenszyklus 177
Lebenszyklus des Produkts 44
Leistung 30, 71
Leistungsbeurteilung 68, 107, 207
Leistungsbeurteilungssystem 154
Leistungsbewertung 162
Leistungsfähigkeit 81
Leistungswettbewerb 59
Leitende Angestellte 37
Lieferant 41
Liefervertrag 38
Linienführungskraft 51
Linienmanager 104
Linienposition 107
Linienverantwortung 115
Lohnkosten 33, 76, 170
Lohnkostenvorteil 33
Lohnminderung 76, 90
Lohnnebenkosten 33
Lohnstopp 90
Lohnunterschied 34
Loyalität 61, 79, 81, 100, 248
Management by objectives 265
Management by Walking Around 61
Managemententwicklung 97, 132, 281, 355
Managementerfahrung 201
Managementnachwuchs 93, 102, 112
Managementpotential 105
Managementressourcen 107
Managementstil 131, 180, 187,

223, 238, 275, 326, 338
Managementstruktur 63
Managementtechnik 30
Managernachwuchs 132
Marketing 35, 43, 44, 99, 175, 182, 197, 289
Marktanpassung 44
Marktanteil 37, 73, 165
Marktnische 360
Marktsegment 35, 44
Marktstrategie 35
Marktverhältnisse 139
Marktvorteil 40
Mc Donald 250
Merrill Lynch Pierce Fenner & Smith Inc. 183
Mitarbeiterpotential 213
Mitspracherecht 216
Motivation 46, 71, 75, 78, 79, 84, 125, 142, 148, 153, 164, 167, 168, 254, 260
Motivationsprogramm 280
Neue Technologie 82, 83, 181, 182, 203, 210, 343
Organigramm 327
Outplacement-Beratung 90, 285
Outplacement-Kosten 77
Partizipation 230, 231, 361, 362
Personalabteilung 61, 66, 117, 128
Personalakquisition 269
Personalbedarfsplanung 168
Personalbudget 87
Personaleinsparung 77
Personalentscheidung 118
Personalentwicklung 96, 98, 110
Personalkosten 35, 38, 165
Personalleitung 51
Personalmanagement 228, 291
Personalplanung 47, 85, 232, 281, 292, 293, 357

Personalplanungsgruppe 64
Personalpolitik 89, 350, 351
Personalprobleme 225
Personalstab 163, 274, 297
Personalwesen 284, 285, 286, 287, 291
Planung 45, 86
Planungsstab 167
Portfolio 167, 356
Prämie 137, 138, 144, 332, 333
Preiswettbewerb 172
Procter & Gamble 229
Produktion 76, 120
Produktionsanlage 37
Produktionsleistung 61
Produktionsrückgang 86
Produktionsstätte 36
Produktionsziele 232
Produktnachfrage 90
Produktqualität 232
Produktstrategie 192
Profit Center 329, 331, 332
Prognose 41
Provision 140
Public Relations 75, 267
Qualitätsstandard 251
Rationalisierung 167
Reifegrad-Modell 173
Reifephase 171, 174, 178, 180, 183
Rendite 357
Rentabilität 180, 182, 257, 259, 334, 357, 358, 366
Rezession 38, 74, 77, 83
Risikokapital 42
Schutzmechanismen 185
Schwerindustrie 170
Service 73
Sichere Beschäftigung 71, 74, 87
Sicherer Arbeitsplatz 81, 192
Sondervergütung 144

Sony 80, 86, 91
Sozialpartner 30
Sozialprogramm 75
Stab 285
Stabsführungskraft 65, 284
Stabsfunktion 115, 203, 277, 282, 283, 289, 291, 293
Stabskräfte 65, 274, 291, 292
Stabsposition 107, 203, 296
Stabsstelle 279
Stellenklassifikation 133
Strategie 37, 40, 45, 123, 359
Strategische Unternehmensplanung 46
Streik 38
Synergie 256, 368
Tandem Computers 80
Tarifvereinbarung 83
Tarifvertrag 88
Technologie 36, 37, 38, 40, 65, 102, 175, 189, 199, 211, 228, 236, 240, 276, 302, 303, 304, 307, 313, 358, 359, 360
Technologie-Management 353
Technologische Neuerungen 81
Technologische Veränderung 82
Technologischer Fortschritt 102, 181
Technologischer Wandel 66, 82, 112
Test 106, 107, 120, 249, 250
Tone-setting 312, 316
Transporttechnik 34
Transportwesen 73
Überstundenmanagement 90
Überstundenzuteilung 157
Überwachungsfunktion 120
Umsatz 44, 51, 75, 80, 88, 325
Umsatzprognose 41
Umsatzrückgang 79

Umschulung 75
Unterhaltungsindustrie 140
Unternehmensgewinn 75
Unternehmenspersönlichkeit 262, 264, 266, 267, 268, 272, 274, 275
Unternehmensplaner 167, 175
Unternehmensplanung 99
Unternehmenspolitik 68, 350
Unternehmensstrategie 46, 167, 263
Unternehmensziel 109, 295
Venture-Capital 41, 42, 179
Verjüngungsphase 174, 176, 177, 178, 181, 361
Verkauf 238, 274, 295
Verkaufsstrategie 212
Verlust des Arbeitsplatzes 71
Vertraulichkeit 51, 56
Vertriebsweg 44, 182
Verwaltungskosten 77
Wachstum 37
Wachstumsperiode 174
Wachstumsphase 171
Wachstumspotential 95
Wachstumsrate 85, 187
Wachstumsstrategie 171
Weiterbildung 87
Werbungskosten 44
Wertschöpfung 40, 41, 277, 283, 287, 288, 356, 358, 360, 363, 364
Wettbewerb 4, 31, 33, 34, 36, 37, 38, 39, 41, 44, 46, 47, 74, 89, 141, 165, 175, 177, 241, 270, 277, 340, 345, 347, 348, 352, 358, 361
Wettbewerber 35, 45, 73, 165, 175, 177, 191, 356
Wettbewerbsdruck 141

Wettbewerbserfolg 350
Wettbewerbsfähgikeit 31, 42, 43,
    49, 71, 82, 87, 100, 189, 240,
    251, 274, 283, 285, 294, 323,
    361, 366
Wettbewerbsherausforderung 36,
    37
Wettbewerbskampf 197
Wettbewerbsklima 280
Wettbewerbskraft 40
Wettbewerbsnachteil 35
Wettbewerbsposition 251, 350
Wettbewerbsstrategie 40, 93, 228
Wettbewerbsverbot 193
Wettbewerbsvorsprung 227
Wettbewerbsvorteil 40, 48, 84, 189,
    227, 260, 359, 360, 366
Wettbewerbswaffe 34
Wirtschaftsklima 36
Workaholic 337
Zukunftsorientierung 341
Zukunftsvision 342
Zusatzleistung 82, 147, 259, 284

MIX
Papier aus verantwortungsvollen Quellen
Paper from responsible sources
FSC® C105338

If you have any concerns about our products,
you can contact us on
ProductSafety@springernature.com

In case Publisher is established outside the EU,
the EU authorized representative is:
**Springer Nature Customer Service Center GmbH
Europaplatz 3, 69115 Heidelberg, Germany**

Printed by Libri Plureos GmbH
in Hamburg, Germany